"十二五"高等教育精品课程系列教材

纺织商品学

（第 2 版）

霍　红　刘　莉　主编

中国财富出版社

图书在版编目（CIP）数据

纺织商品学/霍红，刘莉主编．—2版．—北京：中国财富出版社，2014.6
（“十二五”高等教育精品课程系列教材）
ISBN 978-7-5047-4905-5

Ⅰ.①纺…　Ⅱ.①霍…②刘…　Ⅲ.①纺织品—商品学—高等学校—教材
Ⅳ.①F768.1

中国版本图书馆CIP数据核字（2013）第228586号

策划编辑　张　茜　　　　责任印制　方朋远
责任编辑　韦　京　禹　冰　　　　责任校对　饶莉莉

出版发行　中国财富出版社（原中国物资出版社）
社　　址　北京市丰台区南四环西路188号5区20楼　　邮政编码　100070
电　　话　010-52227568（发行部）　　010-52227588转307（总编室）
　　　　　010-68589540（读者服务部）　　010-52227588转305（质检部）
网　　址　http://www.cfpress.com.cn
经　　销　新华书店
印　　刷　三河市西华印务有限公司
书　　号　ISBN 978-7-5047-4905-5/F·2110
开　　本　710mm×1000mm　1/16　　版　　次　2014年6月第2版
印　　张　21.75　　印　　次　2014年6月第1次印刷
字　　数　451千字　　定　　价　42.80元

序 言

改革开放三十余年，我国经济已与世界接轨，并在世界经济格局中占据越来越重要的地位。我国经济的高速发展对经济管理人才提出了越来越高的要求，也对培养经济管理人才的高等教育提出了更高的要求。为配合当前经济发展水平对高等教育提出的要求，我们组织编写了“‘十二五’高等教育精品课程系列教材”。此套系列教材以出版精品课程教材为己任，以市场需求与实际教学为出发点，精选经受市场检验的教材为主要出版品种，同时紧跟前沿学科发展开发新品教材。

中国财富出版社（原中国物资出版社）2005年起出版的“21世纪商品学专业核心教材”系列由于教学内容丰富、体系安排合理得到了各院校商品学专业及相关专业师生的好评，已累计销售2万余册。鉴于近年来科学技术的飞速发展和教学要求的更新变化，中国财富出版社根据市场需求与教学要求对“21世纪商品学专业核心教材”进行增删，形成了“‘十二五’高等教育精品课程系列教材商品学系列”。此套商品学系列教材包括《基础商品学》《海关商品学（3版）》《食品商品学（2版）》《纺织商品学（2版）》《工业品商品学（2版）》《电子电器商品学（2版）》《冷链食品商品学》《纺织品检验学（2版）》《商品包装学（2版）》。

感谢全国各院校商品学专业及相关专业师生在第一版使用期间提出的建议与意见，是他们的建议与期望促使我们修订此套商品学系列教材，也感谢中国财富出版社一直以来在商品学教材建设方面所做的努力与探索。我们相信，此套教材的修订出版会进一步推动我国商品学专业教育的蓬勃发展，也将为我国经济人才的培养贡献力量。

“十二五”高等教育精品课程系列教材编委会

2014年5月

前 言

我国是一个纺织、服装大国，大力发展国外纺织贸易和开拓国内纺织市场，是当前我国纺织营销及外贸人员的责任。要搞好纺织品和服装的营销和外贸工作，不仅要懂得国内外市场行情，了解国际国内的政策和法律法规，还必须熟悉纺织的有关专业知识，了解从纤维到纱线、织物、服装等的品种、规格及加工知识，这样才不至于在贸易中产生因不识货而失去贸易良机的结果。

鉴于国内纺织商品业内连续几年发生的巨大变化，本教材编写人员结合自己近几年的研究和教学心得，在充分考虑同行与读者的意见基础上，对《纺织商品学》的内容进行了修改完善。本次修订，我们保留了第1版的内容体系，只是在个别章节做了较大的改动。本教材共分为九章：第一章主要介绍纺织纤维的概念与分类以及各类纤维的基本性质与结构；第二章主要介绍各类天然纤维的种类与结构成分；第三章主要介绍各种化学纤维的种类以及理化性能；第四章主要介绍新型纤维材料的功能与用途；第五章主要介绍纱线的分类及其特征，纱线的一般生产加工过程；第六章主要介绍织物的基本知识以及织物的生产；第七章主要介绍纺织物的染整过程及新型染整技术；第八章主要介绍各种服装面料的种类及外观风格；第九章则介绍了纺织产品的开发。

除保留了原来的结构及优点外，教材再版重点在以下几方面做了修订：

1. 对基本概念进行了深化：考虑到纺织业的发展应该更多地从实际出发，而不是受概念的束缚，本教材没有刻意拘泥于纺织商品学的权威性定义，而是从实际出发让读者了解纺织商品学的概念和所涉及的理论知识。

2. 减少了某些章节在技术上的难度：考虑到本书的许多读者并非商品学或生化专业的学生，缺乏一些必要的生化知识，因此对生化方面的知识进行了删减，改编重点体现在第二章中各种纤维的分子结构上，改编后更方便广大学生学习。

3. 根据实际增添了新的内容：中国的纺织业发展迅速，一些技术也得到了改进，新的方法、新的技术带动了产业的发展，所以本书也与时俱进，对内容进行了修改。主要体现在第四章“新型纤维材料”中重点加入了各种新的纤维材料；第七章“纺织物的染整”加入了新的染整技术；第八章“服装的面料”着重加入了新的服装面料的分类。

总之，本次修订可以更好地让读者了解现今最新的纺织商品学知识。

在修订的过程中我们运用了理论与实践相结合的方法：一方面，我们运用了相关理论对纺织业中的实际问题进行分析，同时也努力对纺织业实践中出现的一些新问题进行了总结以求提炼出一些新的理论与方法。我们希望能够通过修订本的出版及时反映纺织商品学理论与方法的最新进展。

全书由霍红、刘莉担任主编。全书由霍红统审，第一章至第六章由刘莉编写，第七章由刘刊编写，第八章、第九章由陶晓明编写，参加前期收集资料和后期整理的有毕玮、丁小洲、段铁剑等。由于编写时间仓促，加之编者水平有限，书中疏漏在所难免，敬请专家、学者和广大读者批评指正。

编　者

2013 年 11 月

目 录

第一章　纺织纤维的概述

学习目标

1. 了解纺织纤维的概念及其分类方法
2. 了解纺织纤维的基本性质
3. 了解纺织纤维的微观结构

第一节　纺织纤维的概念与分类

衣、食、住、行是人类生存的四大要素，衣乃四维之冠。在社会发展的长河中，人们的穿着经历了蔽体遮羞、保暖、美观、舒适和环保等几个阶段。

我国纺织历史源远流长，早在5000～6000年以前，我们的祖先就能利用葛、麻等植物韧皮制作服装。19世纪40年代，我国纺织工业开始实行机器化生产。随着纺织技术的不断提高，纺织品的应用已由传统的服装、装饰、产业三大领域不断向国防、医疗、航空航天、环保等领域渗透，在人们的生产和生活中发挥着越来越重要的作用。

一、纺织纤维的概念

（一）纤维的定义

纤维是一种长度比直径大上千倍的细长柔韧性物质，大多数是有机高分子化合物，少数是无机化合物。

（二）纺织纤维的定义

纺织纤维则是指用来纺织布的纤维。

（三）纺织纤维特点

纺织纤维具有一定的长度、细度、弹性、强力等良好物理性能，还具有较好的化学稳定性。例如：棉花、毛、丝、麻等天然纤维是理想的纺织纤维。

二、纺织纤维的分类

纺织纤维种类很多，习惯上按它的来源分为天然纤维和化学纤维两大类（如图 1－1 所示）。

（一）天然纤维

天然纤维包括植物纤维、动物纤维和矿物纤维。

（1）植物纤维，如：棉花、麻、果实纤维。

（2）动物纤维，如：羊毛、兔毛、蚕丝。

（3）矿物纤维，如：石棉。

（二）化学纤维

化学纤维包括再生纤维、半合成纤维、合成纤维和无机纤维。

（1）再生纤维，如：黏胶纤维、铜铵纤维。

（2）半合成纤维，如：醋酯纤维等。

（3）合成纤维，如：锦纶、涤纶、腈纶、氨纶、维纶、丙纶、氯纶。

（4）无机纤维，如：玻璃纤维、金属纤维等。

- 纺织纤维
  - 天然纤维
    - 植物纤维
      - 籽毛纤维——棉、木棉
      - 韧皮纤维——亚麻、大麻、黄麻
      - 叶质纤维——马尼拉麻、龙舌兰麻
      - 果实纤维——椰子
    - 动物纤维
      - 兽毛纤维——羊毛、山羊毛、安哥拉羊毛、骆驼毛
      - 丝纤维——家蚕丝、柞蚕丝
    - 矿物纤维——石棉
  - 化学纤维
    - 再生纤维
      - 纤维素系
        - 黏胶纤维
        - 铜铵纤维
      - 蛋白质系——牛奶蛋白、大豆蛋白、花生蛋白、再生丝
    - 半合成纤维
      - 醋酯纤维素系
        - 三醋纤维素质
        - 醋酯人造纤维
      - 其他——氯化橡胶、盐酸橡胶
    - 合成纤维
      - 聚酰酰系（尼龙）
      - 聚酯系
      - 聚胺酯系
      - 聚乙烯系
      - 聚丙烯系
      - 聚氯乙烯系
      - 聚氯亚乙烯基系
        - 丙烯腈单聚物
        - 丙烯腈共聚物
      - 聚合尿素系
      - 聚乙烯醇系
      - 聚醇系
      - 次丙烯腈系
      - 聚醚系
      - 其他
    - 无机纤维——金属纤维、玻璃纤维、岩石纤维、矿渣纤维

图1-1　纺织纤维的种类

第二节　纺织纤维的微观结构

一、纤维素纤维的微观结构概述

（一）纤维素纤维组成

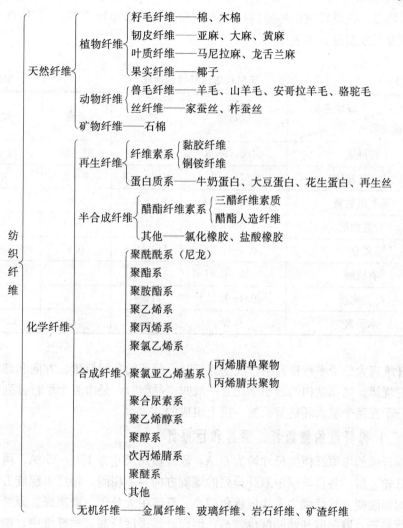

纤维素纤维的主要组成物质是纤维素，但是也还含有其他物质（天然纤维中

的伴生物质、化学纤维中提纯的残余物质和改性的添加物质等）。天然纤维素纤维的主要组成情况，如表 1－1 所示。

表 1－1　天然纤维素纤维的组成　单位：%

组成物质＼纤维种类	成熟棉	苎麻	亚麻	黄麻
纤维素	94.0～95.3	81～84	71～88	71～72
脂肪及蜡质	0.57～0.75	0.2～1.6	0.0～2.7	0.4
果胶类物质	0.28～0.99	1.9～6.5	2.0	0.2
含氮物质	1.0～1.3	—	—	—
灰分	0.8～1.2	1.4～2.8	0.8	1.3～1.8
有机酸	0.55～0.87	—	—	—
醣类物质	0.1～0.3	14.5	18.5	10～13
木质素	0.0	0.7	2.2	12～25

纤维素大分子平行排列结合成基原纤时，分子的空间位置、方向和顺序有较稳定的规律。结晶结构的最小单元（一般叫“晶胞”），是由五个平行排列的纤维素大分子在两个氧六环链节长的一段上组成的。

（二）棉纤维的微原纤、原纤和巨原纤

棉纤维的微原纤横向尺寸约为 60Å，原纤横向尺寸为 100～250Å，由原纤排成“日轮”层。各日轮层中原纤排列的螺旋方向并不相同，每层中螺旋方向也按各种周期改变。棉纤维中平均螺旋角越小，纤维中大分子、微原纤、原纤的排列越平行整齐，取向度和结晶度也越高，因而纤维强度较高。棉纤维中，微原纤内有 10Å 左右的缝隙和孔洞，原纤间具有 50～100Å 的缝隙和孔洞，次生胞壁中日轮层之间具有 1000Å 左右的缝隙和孔洞，因而棉纤维微观内部也是一种多孔性的结构。

（三）黏胶纤维的微原纤、原纤和巨原纤

黏胶纤维中微原纤、原纤的尺寸大体与棉纤维接近，但微原纤和原纤的排列方向没有棉纤维中整齐，取向度较低，非晶区较多，缝隙和孔洞大的多、小的少。

黏胶纤维中没有日轮层，不分初生层和次生层。但黏胶纤维由于纺丝凝固条件的影响，一般的表皮层和内芯层的结构有相当大的区别。皮层大分子取向度较高，结晶度较低；芯层大分子取向度较低，结晶度较高。因此，普通黏胶纤维截

面染色时，芯层上色快，皮层上色慢；长时间染色，深度相同后，再用水洗褪色时，芯层脱色快，皮层脱色慢。

（四）其他纤维素纤维的结构

其他纤维素纤维，如天然纤维中的苎麻、亚麻、黄麻等，也属单细胞纤维。它们的基原纤、微原纤、原纤的结构、尺寸与棉纤维接近。但一部分品种的取向度比棉纤维高，大分子、基原纤、微原纤的螺旋角较小，因而纤维强度较高，伸长变形较小，耐腐蚀性较好。但除苎麻外均含有木质素，因而纤维手感糙硬，脆性较高。部分纤维（如黄麻）单细胞太短，故纤维手感更为糙硬。

二、蛋白质纤维的微观结构概述

（一）蛋白质纤维的组成、氮分子的空间结构与基原纤

蛋白质纤维的化学组成，随纤维种类不同而有相当大的差别。几种主要蛋白质纤维的化学组成情况，如表 1－2 所示。

表 1－2　　蛋白质纤维中各种元素的含量　　单位：%

化学元素	羊毛的角朊	蚕丝的丝朊	蚕丝的丝胶	酪素朊
碳	49.0～52.0	48.0～49.1	44.3～46.3	53.0
氧	17.8～23.7	26.0～28.0	30.4～32.5	23.0
氮	14.4～21.3	17.4～18.9	16.4～18.3	16.0
氢	6.0～8.8	6.0～6.8	5.7～6.4	7.2
硫	2.2～5.4	—	0.1～0.2	—
磷	0.16～1.01	—	—	—
灰分	—	—	—	—

各种蛋白质纤维的朊类物质中，各种 α－氨基酸的比例差别是很大的。同一种蛋白质纤维，不同品种时成分差异也很大，甚至同一只羊身上的毛纤维，由于饲料的变化，各个时期也有差异，而且毛尖和毛干部分，由于日晒雨淋、气候作用等所引起的物理化学变化不同，也会引起组成成分的差异。朊类大分子的基原纤有数种。一种由三个 α－螺旋形大分子“捻合”而成，直径约 20Å，另一种是由α－螺旋形或曲折形的七个大分子“捻合”而成。羊毛角朊的基原纤属于前一种，叫做 α－角朊。在基原纤中，各大分子之间依靠分子引力、氢键、盐式键和胱氨酸二硫键等相结合，成为较稳定的空间形态。但在一定条件下极度拉伸后，原纤中氮分子的螺旋链也可能伸展成曲折链，这种结构的角朊叫 β－角朊。

（二）丝纤维的微原纤、原纤和巨原纤

蚕丝是腺分泌的液体凝固而成的，故无细胞结构。

蚕丝的基原纤，基本上是直线状曲折链的大分子束。它的微原纤和原纤，与毛纤维的角朊相似，微原纤横向尺寸（直径）为40～90Å，原纤横向尺寸为250～300Å。由于蚕丝中无论丝朊还是丝胶，胱氨酸含量极少，故横向结合的化学键很少。但是，一方面，蚕丝丝朊中含侧基很小的α-氨基酸（甘氨酸、丙氨酸等）比例提高，在高取向度条件下可以排列得比较紧密，使一般情况下，蚕丝有较高的强度；另一方面，丝胶中含有侧基带亲水性基团（羟基、胺基、羧基等）的α-氨基酸的比例极高，因而丝胶的水溶性较强。

（三）毛纤维的微原纤、原纤和细胞

毛纤维中的微原纤，是由11个基原纤平行排列组成的直径约80Å的棒状结晶区。其中有约10Å的缝隙和孔洞，并部分填有非晶态的朊类大分子。若干微原纤在结晶区中基本平行排列，仍依靠这些结合力联结成横向尺寸（直径）约300Å的棒状原纤。这些原纤组成毛纤维皮质层的角朊的纺锤状细胞。毛纤维皮质层细胞主要有两类：一类叫正皮质，它由横向尺寸为0.2～0.4μm的巨原纤组成，正皮质结晶区较小，吸湿性较高，吸湿膨胀率较大，机械性质和化学性质较柔软，对盐基性染料较易染色，抵抗酸的作用能力极强。另一类叫偏皮质，它直接由原纤比较均匀致密地堆砌而成，结晶区较大，吸湿性较小，吸湿后的膨胀率较低，机械性质和化学性质较坚硬，对酸性染料较易染色，抵抗酸的作用能力较弱。也还可能存在另一种间皮质细胞。

毛纤维的表面是鳞片层，它有多层结构，如图1-2所示。它和一般生物膜基本相同，每层膜的中间是磷脂类的双分子层。磷脂类是双尾线形大分子，一端有一含氨基和磷酸基的带极性的亲水性基团；另一端是两条烃类长链，不带极性，憎水。两层磷脂类分子极性基团向外，紧密排成两层平面；烃类长链向内，互相交叉纠缠。朊类分子在两面与极性基团结合，形成结构致密、抵抗腐蚀的表面。

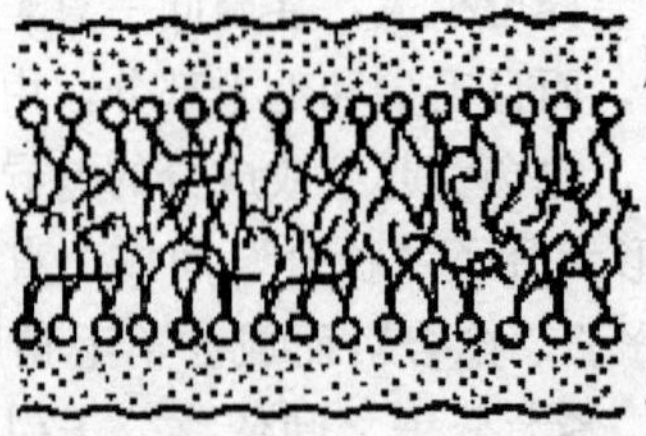

图1-2　羊毛鳞片纵横截面结构

三、合成纤维的微观结构概述

（一）合成纤维的大分子和基原纤

合成纤维各品种单基的立体构型各有不同。聚烯烃类、聚酰胺类合成纤维，由于现行大分子主链主要是碳原子或氮原子，碳原子的价键角是108°，氮原子在酰胺类化合物中的价键角是123°，所以主链基本上都是曲折链。但除了聚乙烯和聚丙烯之外，其他主链都有一定角度的旋转，像加捻的丝条。

聚乙烯、聚丙烯大分子平行排列或折叠后平行排列，依靠分子引力和严格对称形状的相互位置以及各个侧基的相互镶嵌而结合成比较规整结晶的基原纤。其他聚烯烃类和聚酰胺类大分子平行排列后，依靠分子引力和氢键而结合成结晶态的基原纤。

腈纶（聚丙烯腈类）由于链节结构简单，侧基不大又非常规律，使结晶区太规整，既不利于发挥纤维弹性好的特点，又不利于染色，也不利于纤维的耐磨，所以在纺丝时掺入部分第二单体甚至第三单体的链节，使结晶区规整性降低，以保证纤维较好的服用性能。聚丙烯纤维也由于链节简单整齐，侧基小而规整，又没有极性侧基，使染色极为困难，故在纺丝过程中掺入其他化合物，以改善染色性能。

聚酯类合成纤维的线形单分子主链，基本上也是带曲折的直链，它的侧基上没有极性基团，所以基本上不吸湿，吸附染料分子也极困难。大分子伸展平行排列后，依靠分子引力和大分子自然空间曲折形状的镶嵌而结合成基原纤。

聚酰胺66（锦纶66）的基原纤结晶的基本单元（晶胞），当相邻平行但分子在4碳链段和6碳链段分别平行对位时的α型结构，也属于三斜晶系。

（二）合成纤维的微原纤、原纤和巨原纤

大部分合成纤维的微原纤、原纤和巨原纤，没有很明显的界限。在合成纤维纺丝过程中，主要依靠纺丝后处理中反复的拉伸定型，才使大分子逐渐伸直、平行并结合成基原纤、微原纤，以提高纤维的取向度和结晶度。因而合成纤维的微观结构，以及由微观结构所决定的纤维性能，在很大程度上是依靠合成纤维纺丝过程的工艺来控制的。

第三节　纺织纤维的基本性质

一、纺织纤维的物理性质

（一）纤维的卷曲

卷曲可以使短纤维纺纱时增加纤维之间的摩擦力和抱合力，使成纱具有一定

的强力。卷曲还可以提高纤维和纺织品的弹性，使其手感柔软，突出织物的风格，同时卷曲对织物的抗皱性、保暖性以及表面光泽的改善都有影响。纤维的卷曲性能可以有卷曲率、卷曲数、卷曲恢复率等表征。

天然纤维中，棉纤维和羊毛具有天然卷曲性。一般合成纤维表面光滑，纤维摩擦力小，抱合力差，使纺纱加工困难，所以在后加工时要用机械、化学或物理方法，使纤维具有一定的卷曲。

化学长丝由普通丝经加弹处理而成，此法也属一种赋予纤维卷曲的方式，但加弹处理的目的不是为了纺织加工的需要，而是为了改变纺织品的风格，使其质地厚实，手感丰满，外观有绒感等，改善了纤维的使用性。

（二）纤维的横截面及纵向形态结构

许多纤维有特别的纵向外观和横截面形状，了解这些形状特征对分析纤维性能和鉴别纤维非常重要。常见纤维的横截面形状及纵向外观形态特征如表1-3所示。

表1-3　常见纤维的横截面形状与纵向外观

纤维	横截面形状	纵向外观
棉纤维	腰子形，有中腔	扭曲的扁平带状
苎麻	多角形，有空腔	有竹节状横节及条纹
亚麻	扁圆形，有空腔	有竹节状横节及条纹
蚕丝	三角形，圆角	表面光滑
羊毛	不规则圆形	有鳞片状横纹
黏胶纤维	锯齿形	有条纹
醋酯纤维	三叶形或豆形	有1～2根条纹
涤纶	圆形	表面光滑
锦纶	圆形	表面光滑
腈纶	哑铃形	有条纹
丙纶	圆形	表面光滑
维纶	腰子形	有粗条纹

（三）纤维的长度

纤维的长度是纤维的品质指标之一，它与纺织加工及成品质量的关系十分密切。纤维在充分伸直状态下的长度，称为伸直长度，也即一般所指的纤维长度。各种纤维在自然伸展状态下都有不同程度的弯曲或卷缩，它的投影长度为自然长度。纤维自然长度与纤维伸直长度之比，称为纤维的伸直度。羊毛和化学纤维的卷曲率也是根据它的自然长度与伸直长度计算得出。

各种纺织纤维由于品种和来源不同，长度分布是非常复杂的。天然纤维的长度受品种和生长条件的影响，其中，蚕丝最长，故称之为长纤维，可不经纺纱直接用于织造；棉、麻、毛等都被称为短纤维，其中羊毛较长，一般长度在 50mm 以上，最长可达 300mm；棉纤维长度较短，细绒棉一般在 33mm 以下，长绒棉一般小于 50mm，长度超过 50mm 的为超长绒棉。

纤维长度可用集中性指标如主体长度或平均长度来表示。实际上，纤维长度很不均匀，品种之间差异很大，即使同一棉籽上的纤维或同一头羊身上的羊毛，长度也不一样。化学纤维的长度可以加工成等长的或不等长的。等长化学纤维在丝束切断时由于张力不匀或开松时纤维受到损伤，也会产生约 10%的长度不匀。纤维长度不匀可用整齐度表示。天然纤维的长度整齐度差异很大，如棉纤维的长度随产地而异，印度棉为 12.7～15.9mm，埃及棉为 27.0～34.9mm，海岛棉为 38.1～44.5mm。长度整齐度对纺织加工和产品质量都有影响，在考虑纤维长度时，还必须考虑纤维的长度整齐度。

纤维长度与纱线质量的关系十分密切。纤维长度越长，纤维间接触面积越大，纱线受外力时纤维不易滑脱，可提高纱线强力，但纤维长度达到一定数值以后，长度的增加对成纱强力的影响渐趋减小。棉纤维长度较短，其长度对成纱强力的影响较为显著；羊毛的长度较长，其长度对毛纱质量的影响不及羊毛细度。

（四）纤维的细度

纤维的细度是影响纱线性质最重要的因素之一。如细羊毛比粗羊毛具有更高的纺纱和商业价值；化学纤维的细度对织物的某些性能具有特殊作用，因而近年来发展了超细纤维织物产品。

纤维细度在很大程度上影响纺织品的弯曲刚性、悬垂性以及手感。织物的抗弯刚度与纤维的模量、截面形状、密度和细度有关，其中以纤维细度的影响为最大。细的纤维易于弯曲，手感柔软，弯曲后易于恢复，其织物抗皱性能也好。

纤维细度还影响织物的光泽，因为纤维细度决定了织物单位面积单个反射表面的数目。细纤维纺制的织物表面带有柔和的光泽。纺织品的染色速率也与纤维细度有关，纤维越细，染料吸收效果越好。

纤维细度对纱条的均匀度具有重要影响。纱条线密度一定时，截面内纤维根数与纤维线密度成反比，纤维越细，纱条截面内纤维根数越多。由纤维随机分布所造成的纱条不匀率，与截面内纤维根数的平方根成反比，也就是说，在纱条线密度一定时，纤维越细，纺制的纱线越均匀。而纱线均匀度又影响到纱线强力、织物外观以及在纺纱织造过程中纱线的断头率。

纱线的抗扭刚度与纤维细度、纤维的扭转模量以及纤维密度有关，其中也以纤维细度的影响为最大。细的纤维在纱线加捻时具有较低的抗扭阻力，纱线内由于加捻而产生的内应力小，捻度易于稳定，这对某些用途纱线如缝纫线是十分重要的。此外，细的纤维表面积大，纱线内纤维相互接触面积大，纤维相互滑移时的摩擦阻力大。使用较细的纤维纺纱，在其他条件不变的情况下，纱线所需捻度小，纺纱生产效率较高。

二、纺织纤维的力学性质

纤维的力学性质，微观上可视为力场中分子运动的表现；宏观上指在拉伸、压缩、剪切和扭转等作用下所表现出的各种行为。纤维的力学性质与纺织品的消费性能有密切的关系，是纤维化学与物理学科的重要内容之一，也是纺织加工中选择纤维材料的主要依据之一。

（一）纤维的拉伸性质

纤维制品在使用中会受到拉伸、弯曲、压缩和扭转等外力的作用，产生不同的形变，但主要受到的外力是拉伸。

纤维制品的拉伸性能主要包括强力和伸长两方面。纺织品的拉伸性能与组成它的纤维的拉伸性能有关。除拉伸断裂特性外，纤维在外力作用下的变形回复能力影响纺织品的尺寸稳定性和使用寿命。有时还需要考察纤维制品的蠕变、应力松弛、反复拉伸特性等。

1. 纤维的应力—应变试验

（1）纤维的应力—应变曲线。表示纤维制品拉伸过程受力与变形的关系曲线，称为拉伸曲线，它可以用应力—应变曲线表示，也可以用负荷—伸长曲线表示。图1-3为纤维典型的应力—应变曲线。图中纵坐标是应力，横坐标是应变，α点称为比例极限，0α近乎一条直线，表示应力与应变成正比，直线的斜率即为试样的弹性模量（又称杨氏模量），它表示纤维材料伸长的难易程度：直线越陡，即斜率越大，则弹性模量越大，纤维材料越硬，越难伸长。

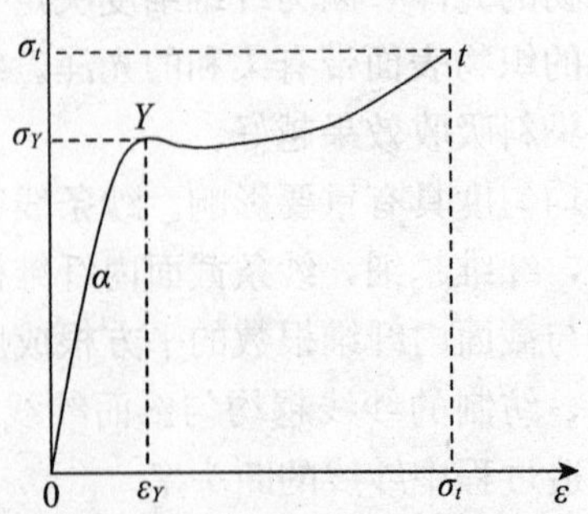

图1-3 纤维的典型应力—应变曲线

Y 点称屈服点，与该点对应的应力 σ_Y，称为屈服强度或屈服应力，ε_Y 称屈服伸长率。

t 点称为断裂点，与该点对应的 σ_t，称为拉伸强度或断裂应力，ε_t 称为断裂伸长率。断裂应力可能高于屈服应力，也可能低于屈服应力。

当应力超过拉伸强度 σ_t 时，纤维材料被拉断而破坏。纤维材料的破坏通常有两种方式：脆性破坏和韧性破坏。两种破坏可从拉伸应力—应变曲线的形状和破坏时断面的形态进行区分。纤维材料在断裂前变形小，在出现屈服点之前断裂，断裂表面光滑，即为脆性破坏。纤维材料在破坏之前有较大形变，拉伸过程有明显的屈服点和细颈现象，断裂表面粗糙，即为韧性破坏。

（2）纤维应力—应变曲线的类型。有学者将各种高分子化合物的应力—应变曲线分为五类：柔而弱、柔而韧、刚而脆、刚而强、刚而韧。常用纺织纤维的应力—应变行为有如图 1－4 所示的几种形式。

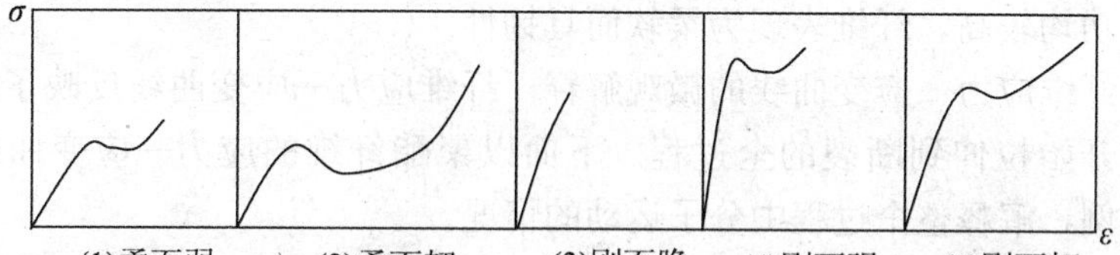

图 1－4　纤维的应力—应变曲线

拉伸是纺织、染整加工和纤维制品使用过程中的基本力学作用形式。拉伸应力—应变行为可用模量、屈服应力、断裂应力和伸长等几个指标表示。通常用于描述力学性质的术语与对应这些指标间的关系如表 1－4 所示，其中：“软（柔）”和“硬（刚）”用于区分模量的低或高；“弱”和“强”是指强度的大小；“脆”是指无屈服现象而且断裂伸长很小；“韧”是指断裂伸长和断裂应力都较高的情况。因此，有时可将断裂功（即至断裂点处应力—应变曲线下的面积）作为“韧性”的标志。

表 1－4　　纺织纤维应力—应变行为的几种典型特征

术语	应力—应变特征				对应图 1－4 中曲线类型	代表纤维
	模量	屈服应力	断裂应力	断裂伸长		
刚而脆	高	无	中	低	(3)	棉纤维
刚而强	高	高	高	中	(4)	丝

续 表

术语	应力—应变特征				对应图 1-4 中曲线类型	代表纤维
	模量	屈服应力	断裂应力	断裂伸长		
刚而韧	高	高	高	高	(5)	涤纶
柔而弱	低	低	低	中	(1)	羊毛
柔而韧	低	低	等于屈服应力	高	(2)	锦纶

一般来说，棉纤维的初始模量较高，断裂强度中等，而断裂伸长与断裂功甚低，纤维表现为刚而脆；羊毛的断裂强度、初始模量与断裂功的数值均较低，而断裂伸长中等，纤维表现为柔而弱；蚕丝的断裂强度与初始模量较高，断裂伸长与断裂功中等，纤维表现为刚而强；涤纶的初始模量、断裂强度、断裂伸长与断裂功等均较高，纤维表现为刚而韧；锦纶的初始模量较低，而断裂强度、断裂伸长、断裂功均较高，纤维表现为柔软而具韧性。

(3) 纤维应力—应变曲线的微观解释。纤维应力—应变曲线反映了纤维从无延伸状态开始拉伸到断裂的全过程。下面以聚酯纤维的应力—应变曲线（见图 1-5）为例，解释整个过程中分子运动的情况。

图 1-5 中，*ab* 段是一条直线，应力与应变之间的关系服从胡克定律，应变量很小，这主要是由于大分子键角和键长在外力作用下发生改变的结果，但分子链和链段都还没有发生运动，试样显示出高的抗拉伸阻力，应力与应变之比称为初始模量。

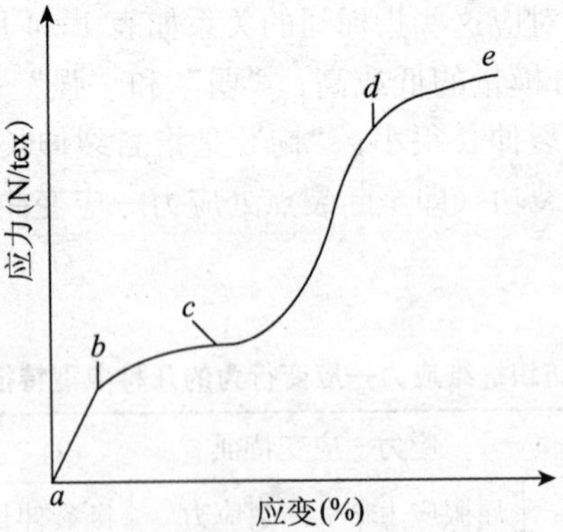

图 1-5　聚酯纤维的应力—应变曲线

在 *bc* 段，由于应力的增加，大分子已具有足够的能量并产生屈服，可以克服分子链间的相互作用力而开始做不改变分子链质心的相对位移。与 *ab* 段相比，

bc 段每单位应变所需的应力减小，这是由于随着应力的增大，纤维的松弛时间会相应减少。

在 *cd* 段，由于前一段的链段运动，纤维分子沿着拉伸方向取向，大分子将沿着拉伸方向发生改变质心的相对移动，进一步趋于平行排列，这时形变主要发生在纤维的无定型区。在这个区段，纤维的形变能力降低，应力急剧增加。

在 *de* 段，试样已拥有足够的能量，足以克服结晶区内某些分子间的相互作用力，发生第二次塑性流动，直至纤维断裂。

2. 纤维的强度

纤维的强度是表示其坚牢程度的重要指标，为了便于比较，通常用相对强度表示，相对强度就是每特［克斯］（tex）纤维受力被拉伸至断裂时所能承受的最大外力，其计算式：

$$P_0=\frac{P}{D}$$

式中：P_0——相对强度，N/tex；

P——纤维被拉断时所需的力，也称绝对强度，N；

D——纤维的线密度，tex。

（1）理论强度

一般纤维材料的强度指其抵抗破坏所能承受的最大外力。从宏观上看，它是不可逆的；从微观角度看，是某一类或几类键发生大规模的破坏。因此，强度（若用单位面积的断裂应力计算）必然与单位面积的键数量和键本身的强度有关，而键的强度必然与键的本质相关，它取决于键的类型；对纤维而言，最重要的键型包括：分子间作用力即范德华力、氢键和共价键，三者键能的数值分别为 4～21kJ/mol、8～42kJ/mol 和 290～420kJ/mol。理论计算一个聚乙烯分子链所能承受的最大应力为 25GPa（$2.5\times10^6 N/cm^2$），这个数值是目前最好的样品实际能达到的强度的 15～20 倍。

（2）实际强度

决定纤维实际强度的因素主要有两个：一是纤维的结构，二是测试条件或使用条件。

①纤维的强度与结构的关系。纤维的强度与结构的关系可从以下几个方面进行阐述。

a. 化学结构。绝大多数纤维是部分结晶的固体，从破裂行为看，主要特点是有较高的延性和韧性。

纤维材料的延性可用 σ_B 与 σ_Y 的相互关系表示，有三种不同的情况：脆性纤维材料 $\sigma_B<\sigma_Y$，呈脆性断裂；部分延性纤维材料 $\sigma_Y<\sigma_B<3\sigma_Y$，在无缺口试验中呈延性断裂，但在有缺口试验中呈脆性断裂；完全延性纤维材料 $\sigma_B>3\sigma_Y$，呈延性断裂。大部分成纤高分子化合物属于上述第二类。

b. 分子量。分子链化学成分决定以后，分子量及其分布对强度有较大的影响。一般来说，分子量$\overline{Mn}$越大，强度越高，在一定范围内可用下式表示：

$$\sigma_B = A - \frac{B}{\overline{Mn}}$$

式中：A、B——常数。

c. 结晶和取向。结晶和取向状况是纤维材料极其重要的结构参数。结晶状况包括晶型、晶区尺寸和结晶度几个方面，取向状况可分为晶区取向和非晶区取向。

结晶度对模量和屈服应力有较大影响，结晶度越高，模量和屈服应力越大，但它对断裂强度的影响并没有明显的规律。

d. 纤维结构的缺陷。在纤维材料力学性质的讨论中，都将纤维材料视为连续体，而实际上纤维中存在许多裂隙、孔洞、气泡及缺陷、杂质等弱点，这必将引起应力集中，致使纤维强度下降。

②纤维的强度与使用或测试条件的关系。

a. 环境温湿度对强度的影响。在纤维回潮率一定的条件下，温度高，大分子热运动的动能高，分子间力削弱，因此一般情况下，温度高，拉伸强度下降，断裂伸长率增大，拉伸初始模量下降。在一定的温度下，一般纤维含湿越大，分子间结合力越弱，纤维强力降低，伸长率增大，初始模量下降。但棉纤维和麻纤维则与此相反，含湿增加，纤维强力反而增加。我国标准规定的纺织纤维制品试验温度为（20±2）℃，相对湿度为（65±3）%。

b. 试样长度对强度的影响。试样在一定的预张力条件下，未拉伸时强力仪两夹持器之间的长度称为试样的初始长度，简称试样长度。试样长度是由两夹持器之间隔距所决定的。由于纺织纤维制品沿长度方向的不均匀性，试样越长薄弱环节越多，而试样拉伸测试时总是在最薄弱的截面处拉断并表现出断裂强度，因此，随着试样长度增加，强力与伸长减小，减小的程度与纤维制品本身的不均匀性有关。当纤维试样长度缩短时，最薄弱环节被测到的机会减少，从而使测试强度的平均值提高，纤维试样截取越短，平均强度将越高。

c. 试样根数对强度的影响。由于每根纤维的强度并不均匀，特别是断裂伸长率不均匀，试样中各根纤维的伸长状态也不相同，这将会使各根纤维不同时断裂。其中，伸长能力最小的纤维达到伸长极限即将断裂时，其他纤维并未承受到最大张力，故各根纤维依次分别被拉断，使 n 根纤维成束被拉断测得的强度比单根测得平均强度值的 n 倍要小，而且根数越多，差异越大。

d. 应变速率对强度的影响。纺织纤维制品拉伸试验速度也是影响试验结果的重要因素。材料的强度具有明显的时间依赖性，这是材料共同的规律。但是温度降得越低，时间因素的表现越不显著。

3. 纤维的伸长性

（1）断裂长度。纤维的一端固定，另一端向下悬垂并不断延长，由于其自身重量而断裂时的长度，称为断裂长度，用 L_R 表示，单位为 km，它也是纤维自身重量与其绝对强力相等时的纤维长度。实际中，断裂长度是通过测定绝对强力 P 折算出来的。

$$L_R=\frac{P}{1000}\cdot\frac{1}{G}$$

式中：G——纤维单位长度的重量，g/m；

$1/G$——纤维单位重量的长度，m/g；

P——绝对强力，N。

显然，$1/G$ 就是公制支数 N_m，将它代入上式得：

$$L_R=\frac{P\cdot N_m}{1000}$$

（2）断裂伸长率（断裂延伸度）。纤维在拉力作用下发生伸长，且随拉力增大和作用时间的延长而不断增加，直至断裂。纤维断裂时的长度与原来长度之差称为断裂伸长，断裂伸长与纤维原来长度之比的百分数称为断裂伸长率或断裂延伸度，以 y 表示。

$$y=\frac{L-L_0}{L_0}\times100\%$$

式中：L_0——纤维的原长；

L——纤维伸长至断裂时的长度。

纤维的断裂伸长率是决定纤维加工条件及其制品使用性能的重要指标之一，反映纤维的柔韧性。断裂伸长率大的纤维手感比较柔软，在纺织、染整加工时，可以缓冲所受到的力，毛丝、断头较少；但断裂伸长率也不宜过大，否则织物容易变形。部分纺织纤维的断裂伸长率如表 1-5 所示。

表 1-5　各种纤维的断裂伸长率

纤维	伸长率（%）	纤维	伸长率（%）
棉纤维	3～7（9.5）	锦纶 66	16～75（18～78）
亚麻	2.0（2.2）	腈纶	35～45（41～50）
羊毛	25（35）	改性腈纶	30～60
丝绸	20（30）	维纶	12～125
黏胶纤维（普通）	8～14（16～20）	氨纶（Spandex）	400～700
黏胶纤维（HWM）	9～18（20）	聚乙烯纤维	70～100

续 表

纤维	伸长率（%）	纤维	伸长率（%）
醋酯纤维	25～45（35～50）	聚偏氯乙烯纤维（Saran）	15～35
聚酯纤维	12～55	含氟纤维	8.5
橡胶纤维	500	PBI	25～30（26～32）
玻璃纤维	3.1（2.2）	Lyocell 纤维	14～16（16～18）
锦纶 6	30～90（42～100）	Nomex	22～32（20～30）

注：括号前所列的是干态伸长率；括号中所列的是湿态伸长率；没有括号的表示干湿态伸长率。

不同的纤维由于其化学结构和物理结构不同，断裂伸长率也不同。即使是同一种纤维，由于其分子链排列状况不同，断裂伸长率也不相同。一般结晶度和取向度较高的纤维强度较高，但断裂伸长率却较低。另外，许多纤维的干湿断裂伸长率很不一样。

4. 纤维的拉伸弹性

(1) 纤维的初始模量。纤维的初始模量为应力—应变曲线起始一段直线的斜率，一般以纤维伸长率为 1%时的应力—应变之比值作为初始模量，单位为 N/dtex、G/d 或 GPa。通常，将产生 1%的应变所需的应力乘以 100，称为劲度或刚度，它具有初始模量的意义。

初始模量表征纤维对小形变的抵抗能力，在衣着上则反映纤维对小的拉伸作用或弯曲作用所表现的硬挺度，它反映纤维的刚性。初始模量大，表示纤维在外力作用下不易变形，纤维的刚性大，制成的织物抗皱性好，穿着较为挺括；初始模量小，表示纤维容易变形。如果两种纤维同样粗细，则初始模量小的其制品的手感较柔软。

纤维的初始模量取决于大分子链的结构及分子间的引力。大分子链的柔顺性越高，纤维的初始模量越小。同一类纤维中，结晶度和取向度高的纤维其初始模量也大。

(2) 纤维的弹性回复。纤维材料的弹性回复又称回弹性，常用拉伸负荷实验来测量，定量的处理可用伸长回复率和功回复率来表征。纤维在外力作用下发生形变，回弹性是指纤维从形变中回复原状的能力。回弹性高的纤维制品不仅有挺括的外观，而且耐穿、耐用。纤维的回弹性和其他机械性能一样，受环境的影响很大，通常是指该纤维在 20℃、相对湿度 65%条件下的回弹性。表征纤维回弹性的方法一般有两种：一种是一次负荷回弹性，通常用形变回复率（回弹率）或功回复率表示；另一种是多次循环负荷回弹性，可从多次循环负荷—伸长曲线中求得。

5. 纤维的断裂功与耐磨性

(1) 纤维的断裂功。纤维从受拉伸直到断裂，外力对纤维所做的总功称为断裂功。如图 1-6 所示，断裂功等于应力—应变曲线下的面积。

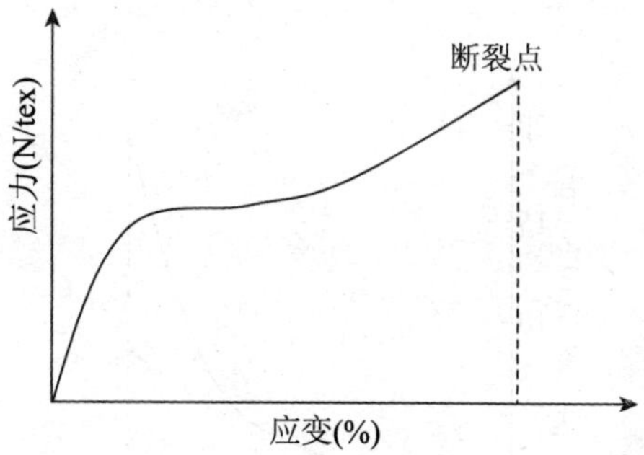

图 1-6　纤维的断裂功

纤维的断裂功随纤维的粗细和试样原始长度的变化而变化，为了便于比较，通常采用断裂比功来表示。断裂比功，是指单位线密度和单位长度的试样拉伸至断裂，外力所做的功。断裂功和断裂比功是量度纤维韧性的指标，它可以有效地评定纺织纤维的强韧性和耐磨性。

(2) 纤维的耐磨性。耐磨性是影响纤维耐用性能的主要指标，一般用纤维经多次拉伸后的断裂功来表示。实践证明，耐磨性是纤维强度、延伸度和回弹性三种机械性能的综合表现，其中又以延伸度和回弹性的影响更为重要。例如：麻纤维的强度虽高，但延伸度低，弹性差，故耐磨性也差；羊毛的强度虽低，但延伸度高，弹性好，经多次拉伸后的断裂功降低不多，故耐磨性好；锦纶则由于强度、延伸度和弹性都高，故耐磨性特别好。

(二) 纤维的压缩

1. 纤维压缩的基本规律

在研究纤维的弯曲性质时，所测定和计算的弯曲弹性模量综合了沿轴向拉伸和压缩的性质。随着横向压力的增大，纤维沿受力方向被压扁，沿垂直方向变宽。

纤维块体被压缩时，压缩形变曲线如图 1-8 所示。由于纤维块体横向变形系数很大，难以单纯用厚度变形率来准确表示形变，所以压缩曲线的形变坐标一般用体积质量（密度）表示，这样可以较为方便地折算成截面不变时的厚度，即纤维块体堆砌成一定截面的柱体，在截面不变、质量不变时，体积质量与厚度成反比。由图 1-7 可以看出，当纤维块体体积质量很小（纤维间隙很大）时，压力稍有增大，纤维间空隙缩小，体积质量增加极快，而且压力与体积质量的对应关系并不稳定。随着压力继续增大，体积质量增大，纤维间空隙减小，压缩弹性模量增大，压力与体积质量间对应关系也逐渐趋于稳定。当压力很大、纤维间空隙已很小时，再增大压力，将挤压纤维结构本身，故体积质量增加极微，抗压刚性很高，并表现出似乎以纤维密度为极限的渐近线特征。

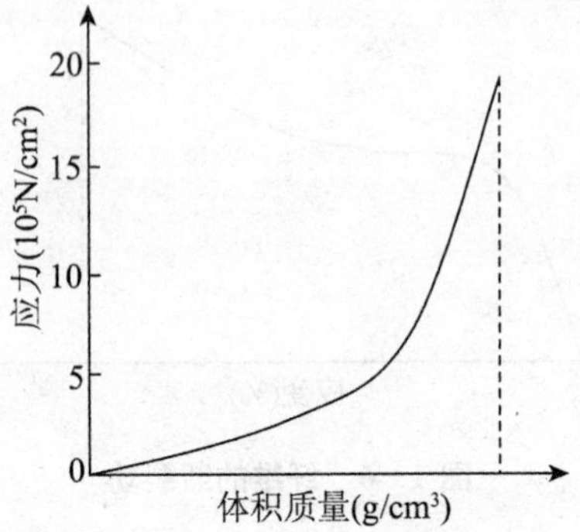

图 1－7　纤维的压缩形变曲线

纤维块体加压过程中的变形，与拉伸相似，有急弹性、缓弹性和塑性三类。不同温湿度条件下的压缩曲线是不同的，如涤纶、腈纶等恢复时，如果提高温度，压缩恢复率将有明显增加；而黏胶纤维在标准条件下，经过 15min，只能恢复 8%，但若浸泡在 20℃水中、经过 30s 则可恢复 100%。

纤维在压缩过程的蠕变和松弛也很明显，因而在反复压缩条件下也会出现类似于拉伸、弯曲、扭转的疲劳及其规律。

2. 纤维的压缩破坏

纤维在强压缩条件下会造成破坏。纤维块体在经受压缩时，纤维相互接触处出现明显的压痕（受压产生的凹坑）；再严重时，开始出现纵向劈裂（这与纤维中大分子取向度较高、横向拉伸强度明显低于纵向拉伸强度有关）；当压缩很大时，这些劈裂伸展使纤维碎裂成大原纤或原纤。如棉纤维块体在压缩后体积质量达 1g/cm³ 以上，恢复后的纤维在显微镜下可以发现纵向劈裂的条纹，而且纤维强度下降，长度略有缩短。

（三）纤维的弯曲

纤维在纺织加工和使用过程中都会受到弯曲力的作用，产生弯曲变形。因此，纤维的抗弯曲性能是纤维的又一力学性质。

1. 纤维的抗弯刚度

由材料力学可知，纤维在受到横向力 F（由 F 产生弯矩）作用时所产生的弯曲形变绕度 y，与纤维的结构因子 α、力与固定点的距离 f（l）、材料的弯曲模量

（拉伸模量和压缩模量的综合值）E、纤维断面惯性矩（I）之间有如下关系：

$$y=\frac{F\cdot f(l)}{\alpha\cdot E\cdot I}$$

当纤维的 $E\cdot I$ 值较大时，在横向力作用下的弯曲变形绕度较小，表示纤维比较刚硬，所以 $E\cdot I$ 值又称为抗弯刚度 R_f。各种纤维的抗弯刚度 R_f 的差异很大，如羊毛的抗弯刚度较小，而苎麻、亚麻、涤纶等则较大。

2. 纤维的弯曲破坏

纤维在弯曲过程中各部位的变形是不同的，中心面以上受拉伸，中心面以下受压缩。弯曲曲率越大，各层变形差异也越大。通常，纤维相互钩结、结节的部位最容易产生弯断。钩结强度是指两根纤维相互钩结套成环状，然后将其拉断所测得的强度。结节强度是指在一根纤维的中央打结，然后将其拉断所测得的强度（见图 1-8）。这两种强度一般以干强度的百分数表示，或以相对强度的单位（N/tex、cN/tex）表示。纤维的钩结强度和结节强度低，说明它的脆性较大，容易折裂，不耐磨，耐疲劳性能较差。钩结强度与结节强度的增减趋势是一致的，钩结强度高，结节强度也高。

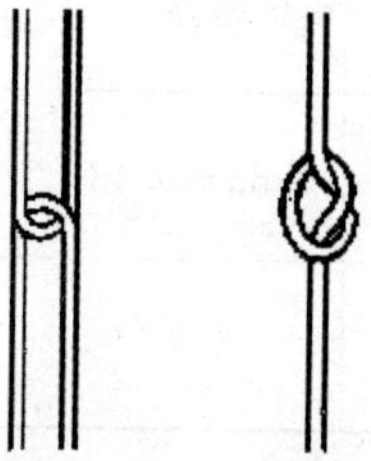

图 1-8 钩结和结节

纤维的钩结强度和结节强度一般低于纤维的拉伸强度，主要原因是钩结和结节处发生弯曲，当纤维拉伸应力尚未达到断裂强度时，弯曲处边缘的拉伸伸长率将超过断裂伸长率而致使纤维受弯折断。因此，相对抗弯刚度高、断裂伸长率大的纤维，其相对钩结强度和结节强度都比较高。

3. 纤维的反复弯曲疲劳

纤维在反复弯曲作用下，像反复拉伸一样会使纤维结构破坏，最后断裂。纤维的反复弯曲疲劳与试验条件，即温度、湿度、拉伸张力、折曲角度和反复弯曲频率有关。一般，拉伸张力越小，折曲角越小，纤维的耐反复弯曲性越好，聚合度、取向度和结晶度较高的纤维耐反复弯曲疲劳性也较好。

（四）纤维的扭转

1. 纤维的抗扭刚度

纤维在受到扭矩作用时都会产生扭转变形。当一个圆柱体在扭矩作用下，上端面对下端面产生扭转变形时，其扭转变形 θ、扭矩 T、长度 L、体积质量 ρ、剪切弹性模量 G、截面的极端面惯性 I_P 之间有如下关系：

$$\theta=\frac{T \cdot L \cdot 10^{-9}}{G \cdot I_P \cdot \rho}$$

在相同扭力条件下，物体的扭转变形与 $G \cdot I_P$ 成反比，$G \cdot I_P$ 越大，物体越不易变形，表示物体越刚硬。$G \cdot I_P$ 称为抗扭刚度 R_t。由于纤维的粗细不同，为了便于比较和表达，通常将抗扭刚度统一折合成 1tex 时的抗扭刚度，这就是所谓的相对抗扭刚度，以 R_{tr} 表示。纤维的相对抗扭刚度随着温度、湿度、形变速率的变化而变化。纤维在反复扭转应力作用下也会出现疲劳，其规律和拉伸、弯曲相似。表 1－6 比较了各种纤维的抗扭切变模量和拉伸模量。

表 1－6　各种纤维的抗扭切变模量和拉伸模量的比较

指标	羊毛	黏胶纤维	聚酯纤维	锦纶	腈纶	丙纶	玻璃纤维	Kevlar纤维	刚纤维
切变模量（GPa）	1.3	0.84～1.2	0.85	0.33～0.48	1～1.6	0.75	—	1.8	—
拉伸模量/切变模量	3.2	8.2	—	5.8	—	—	2.0	70	2.8

2. 纤维的扭转破坏

随着扭转变形的增大，纤维中剪切应力增大，在倾斜螺旋面上相互滑移剪切，造成结晶区破坏和非晶区大分子被拉断，沿纵向劈裂，直至断裂。通常用捻断时的捻角来表示纤维的抗扭强度。

三、纺织纤维的热学性质

纤维的热学性质直接与纤维的纺织加工和使用性能有关，它包括比热容、导热和热对纤维材料的影响。

（一）导热性

纤维内部和纤维之间有很多孔隙，孔隙内充满空气，因此纤维的导热过程是一个比较复杂的过程。纤维的导热性，用导热系数 A 表示，单位是 W/（mK）或 kJ/（mK・h），λ 值越小，表示该纤维的导热性越低，其热绝缘性和保暖性越高。图 1－9 列出常见纤维的导热系数。

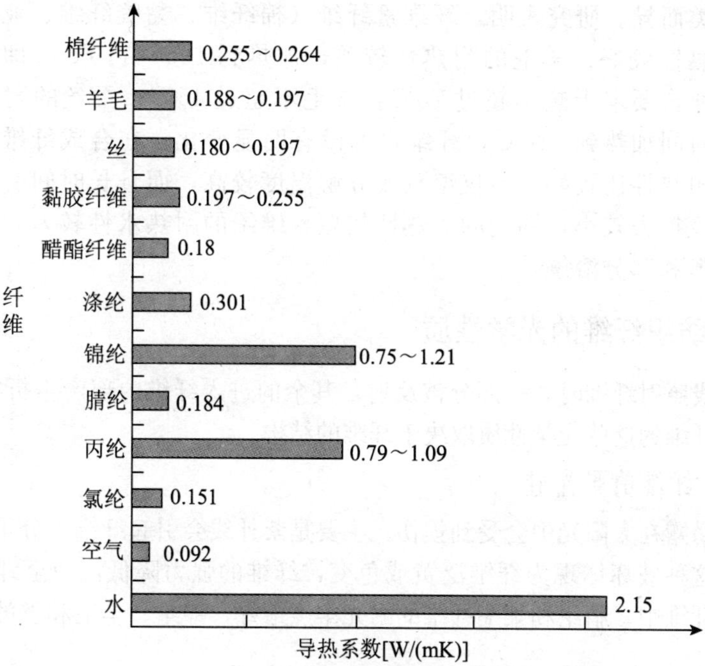

图 1－9　一些纤维的导热系数

（二）耐热性

纤维在热的作用下，温度逐渐升高，分子链间的作用力逐渐减小，分子的运动方式和物理机械状态也随之发生变化，最后熔融或分解。天然纤维素纤维和再生纤维素纤维以及蛋白质纤维的熔点高于分解点，因此在高温作用下，不熔融而分解或碳化。合成纤维随着温度的不同，可处于三种物理机械状态：玻璃态、高弹态和黏流态，且大多数合成纤维在高温作用下首先软化，然后熔融。一般把熔点以下 20～40℃的一段温度叫软化温度。纤维的玻璃化温度都应高于室温，在室温下纤维制品能保持一定的尺寸稳定性和刚挺性。对于非结晶性的纤维，在玻璃化温度以上时，织物稍加负荷就会产生很大的变形。

纤维的耐热性表示纤维在高温下保持自身性能的能力，它往往根据纤维受热时力学性质的变化来评定。

纤维是部分结晶的高分子化合物，温度升高会引起纤维内部结晶部分的消减和无定型部分的增加，使纤维的机械性质也相应改变。同时，随着温度的升高，在热的作用下，大分子在最弱的键上发生裂解，通常是热裂解和化学裂解（氧化、水解等）同时发生，这些裂解作用在高温时都加速进行。因此在热的作用下，纤维内结晶部分的消减和无定型部分的增大、大分子的降解以及分子间作用力的减弱，其结果是使纤维的强度下降。强度下降的程度随纤维种类而异。研究表明，纤维素纤维（棉纤维、黏胶纤维、亚麻、苎麻等）的耐热性较好；羊毛的耐热性较差，加热到100～110℃时即变黄，强度下降，通常要求干热不超过70℃，洗毛不超过45℃；蚕丝的耐热性比羊毛好，短时间加热到110℃，纤维强度没有明显变化；在合成纤维中，涤纶和腈纶的耐热性比较好，不仅熔点或分解温度较高，而且长时间受较高温度作用，强度损失较小，锦纶的耐热性较差，维纶的耐热水性较差，在沸水中会产生变形和部分溶解。

四、纺织纤维的光学性质

当光线照射纤维时，一部分被反射，其余的进入纤维内部产生折射、吸收、散射等。纤维的这些光学性质取决于纤维的结构。

（一）纤维的耐光性

纤维暴露在太阳光中会受到损伤，主要是紫外线会引起纤维大分子化学结构的破坏，这种破坏体现为纤维泛黄或色变，纤维的强力降低，乃至纤维完全降解。常见纤维中，腈纶和聚酯纤维的耐光牢度最好，锦纶、羊毛和丝的耐光牢度最差。

（二）二向色性

无定型高分子化合物通常是无色透明的，而纤维大多是部分结晶的高分子化合物，由于光散射而呈现出乳白色。纤维的颜色一般是加入染料、颜料等所形成的，加入没有溶解性的染料、颜料，则成为有色不透明体，但加入无色不溶物质（如二氧化钛），则成为无色的不透明体。在微观领域，分子的光吸收率不是一个标量，而是具有一定的方向性。若三个主方向上的吸收系数为α_1、α_2和α_3，两系数之差称为二向色性。宏观上吸收的二向色性表现为吸收系数具有方向性，这种宏观二向色性既与分子的二向色性有关，也与分子排列有关，故二向色性可作为取向度的一种表征方法。

一般，聚合物对可见光并无特征吸收，所以在可见光下不显二向色性。但如果将取向的纤维样品用某种染料进行染色，由于染料分子会进入纤维内部取向的无定型区，并以一定的方向取向吸附，因此染色纤维在可见偏振光下亦会表现出二向色性。当然，这种二向色性反映的是无定型区域和晶区边界处大分子的取向情况。另外，大分子链上某些官能团具有一定的方向性，它对振动方向不同的红外光也有不同的吸收率，也表现出二向色性，这种二向色性称为红外二向色性。红外二向色性所反映的是纤维中大分子的取向情况。将对振动方向平行于长链分子轴向的偏振红外光吸收较强的称为π二向色性；而对振动方向垂直于长链分子轴向的偏振红外光吸收较强的称为α二向色性。人们常利用染料分子的可见光二向色性和红外二向色性研究纤维大分子链的取向结构。不论哪种二向色性，其本质均是光的各向异性吸收，只不过是使用的波长范围不同而已。

五、纺织纤维的电学性质

纤维的电学性质，是指纤维在外加电压或电场作用下的行为及其表现出的各种物理现象，包括在交变电场中的介电性质，在弱电场中的导电性质，在强电场中的击穿现象以及发生在纤维表面的静电起电现象。在纺织加工过程中，特别是在合成纤维的纺织加工过程中，纺织纤维因摩擦而产生静电的现象会影响生产的正常进行，消除纤维带电现象是纤维加工经常需要考虑的问题。

（一）影响纤维电阻的因素

纤维是由许多原子以共价键连接而成的，价电子基本上处于较稳定的低能态，所以禁带宽度较宽，因此纤维材料一般都是绝缘体。影响纤维电阻的因素主要有湿度、温度、纤维的结构和杂质等。

1. 湿度因素

对于大多数吸湿性较好的纤维，在空气相对湿度为30%～90%时，纤维的含水率M与质量比电阻ρ_m之间存在以下经验公式：

$$\rho_m \cdot M^n = k$$

式中：n、k——常数。

吸湿性低的合成纤维，一般具有较高的电阻。在相对湿度低于80%时，每增加10%的相对湿度，纤维质量比电阻下降大约10倍；相对湿度超过80%，电阻率下降的速度更快。

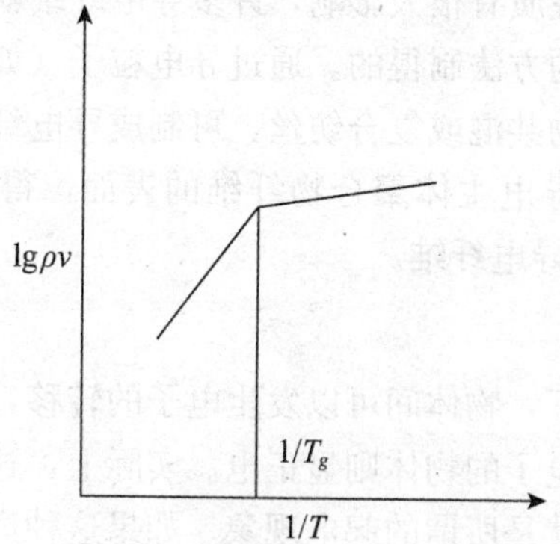

图1-10　体积比电阻的温度依赖性

2. 温度因素

合成纤维的体积比电阻在高于或低于玻璃化温度的区域内对温度的依赖性不同，如图1-10所示。许多合成纤维比电阻的活化能在温度低于T_g（均衡电阻值）时为25～113kJ/mol，在温度高于T_g时为175～360kJ/mol。这是因为，一方面，在高于T_g时除去偶极基团损耗外，还有偶极弹性损耗，后者与链段构象改变较大有关，这需要更多单体链节的协同运动；另一方面，离子型载流子的迁移率，显然还取决于纤维高分子的热运动。几种纤维的质量比电阻随温度的变化关系遵循下列经验公式：

$$\lg\rho m=\frac{k}{2}T^2-(x-y)MT$$

式中：k、x、y——实验常数；

M——纤维含水率（%）；

T——纤维的温度（℃）。

3. 结构因素

纤维的聚集态结构影响纤维的电阻，随着纤维结晶度的增大，纤维的电阻变大，随着取向度的增加，纤维电阻下降。化学结构影响吸湿性，一般而言，吸湿性好的纤维电阻较低。研究表明，要使纤维具有导电性，应使纤维大分子呈共轭体系平面状，使电子在纤维大分子内或分子间交迭，沿共轭双键主链，电子从一端流通到另一端，或禁带宽度较窄，从而使纤维具有半导电性甚至导电性。如经拉伸后的聚丙烯腈纤维经高温焦化后形成电导率大的半导体。

值得注意的是，一般来说，所有用作导体和半导体的纤维其大分子都具有共轭结构，具有共轭结构的大分子也是耐高温材料，但并不是全部（形式上的）共轭结构大分子都是导电的。

4. 杂质因素

杂质对纤维的导电性质有很大影响，许多导电纤维就是利用掺杂导电成分或通过导电成分包覆纤维的方法制得的。通过导电粒子（如金属粉末、炭黑、金属氧化物等）与基质聚合物共混或复合纺丝，可制成导电纤维；导电成分包覆纤维是将导电成分涂覆在非导电主体聚合物纤维的表面，得到具有很低体积比电阻（10^{-2}～$10^{-3}\Omega\cdot cm$）的导电纤维。

（二）静电及消除

在一定的外界条件下，物体间可以发生电子的转移，接受电子的物体由于电子过剩而显负电，失去电子的物体则显正电。实际上，这种在外界因素影响下使物体产生电荷的过程，就是所谓的起电现象。如果这种产生的电荷固定在物体上而不流动，称为静电荷或静电。带电荷的物体则称为带电体。纤维的静电现象，给其生产加工和使用带来了不可忽视的许多问题。静电对人体的危害性，目前已被人们普遍重视。

纤维之间相互摩擦或纤维与其他材料进行摩擦，甚至纤维在受到拉伸、压缩以及在干燥的电场中受到感应，都能起电。纤维静电的发生，大部分是在摩擦过程中产生的，但本质上还是由于两物体的接触作用，摩擦只不过是增加了接触面积，减小了接触间隙。纤维在生产加工和穿着使用过程中，由于接触面间的运动摩擦，发生了接触和分离的过程，电荷在表面层附近发生了移动，因而产生了静电。实验证明，两物体的表面接触距离小于 2.5×10^{-7}cm 时，它们就具备了摩擦起电的可能性。摩擦和运动越激烈，就越可以增加两物体达到小于 2.5×10^{-7}cm 以下接触距离的可能性。部分纤维与金属摩擦接触的带电序列为：

（－）乙纶　丙纶　氯纶　腈纶　涤纶　维纶　醋酯纤维　麻纤维　丝　棉纤维　黏胶纤维　锦纶　羊毛　（＋）

上述静电电位序列是在温度 30℃、相对湿度 33％的条件下获得的。当两种纤维材料相互摩擦时，排在静电电位序列中靠左端的物质带负电荷，靠右端的带正电荷。可以看出，羊毛、锦纶等纤维排在序列的右端，纤维素纤维居中，一般化学纤维排在序列的左端。带电序列与纤维大分子所含官能团及性质有关，若电子容易从官能团中脱离，即供给电子能力强者带正电，反之带负电。各种官能团的极性顺序如下：

（－）$—Cl<—COOCH_3<—OC_2H_2—<—OCH_2<—COOH<—OH<—NH_2$（＋）

纤维的静电积聚过程，实际上是电荷产生和电荷逸散的动态平衡过程。在纤维的摩擦接触中，产生了静电积聚，此时与大地的电位差就会增加，泄漏的电荷量也增加。

纤维制品的静电现象与其带电后静电衰减的快慢直接相关。绝缘材料放电困难，容易产生电荷积累，静电现象严重；反之，若纺织纤维制品导电性能好，一旦带电会很快放掉，不会产生电荷积累，就没有静电现象。因此，可以用纤维带电后内部电荷的逸散来评价纤维的静电性能，通常用静电半衰期 $T_{1/2}$ 来表示。

从上面的讨论可以看出，纤维表面积聚的静电可以因自身的传导（表面电导和体积电导）而耗散，也可以通过向空气放电等而衰减。增大空气湿度，用射线辐射使空气电离，都能减少静电。从纤维本身来看，纤维表面电导更易受环境的影响，在消除静电方面，表面电导的贡献比体积电导大得多。研究表明，静电电位衰减的速度和聚集的静电量，主要由表面比电阻 ρ_s 决定，ρ_s 与抗静电性有如图 1－11 的关系。

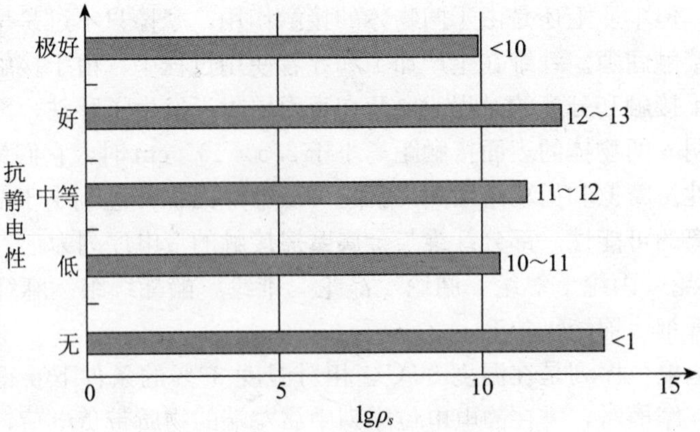

图 1-11　ρ_s 与抗静电性的关系

可以通过在纤维分子链上引入某些极性基团来减小纤维的表面比电阻。另外，能形成相反电荷的两种纤维混纺或交织可使静电荷相互抵消。

在纤维工业和纺织工业中，消除静电更为简单有效的方法是在纤维表面涂上一层抗静电剂。常用的抗静电剂有：阴离子型，如肥皂、烷基磺酸钠、芳基磺酸酯等；阳离子型，如季铵盐等；非离子型，如聚氧乙烯等。

课后习题

1. 简答天然纤维的种类。
2. 简答化学纤维的种类。
3. 简答化学纤维的物理性质。
4. 简答化学纤维的热学性质。

第二章 天然纤维

学习目标

1. 了解棉、麻、毛、丝性能及其质量标准
2. 通过学习掌握鉴别棉、麻、毛、丝质量的一般方法

第一节 棉纤维

一、原棉的分类

（一）按棉纤维的长度、线密度分类

1. 细绒棉

细绒棉又称陆地棉。纤维线密度和长度中等，一般长度为 25～35mm，线密度为 1.56～2.12dtex（4700～6400 公支），强力在 4.5cN 左右。中国种植的棉花大多属于此类。

2. 长绒棉

长绒棉又称海岛棉。纤维细而长，一般长度在 33mm 以上，线密度在 1.18～1.54dtex（6500～8500 公支），强力在 4.5cN 以上。它的品质优良，主要用于编制细于 10tex 的优等棉纱。中国种植较少，除新疆长绒棉以外，进口的主要有埃及棉、苏丹棉等。

（二）按棉花的初加工分类

1. 锯齿棉

采用锯齿轧棉机加工得到的皮棉称锯齿棉。锯齿棉含杂、含短绒少，纤维长度较整齐，产量高。但纤维长度偏短，轧工疵点多。细绒棉大都采用锯齿轧棉。

2. 皮辊棉

采用皮辊棉机加工得到的皮棉称皮辊棉。皮辊棉含杂、短绒多，纤维长度、整齐度差，产量低。但纤维长度操作小，轧工疵点少，有黄根。皮辊轧棉适宜长绒棉、低级棉等。

（三）按纤维的色泽分类

1. 白棉

白棉正常成熟、吐絮的棉花，色泽呈洁白、乳白或淡黄色。棉纺厂使用的原棉大多数为白棉。

2. 黄棉

黄棉指在棉花生长晚期，经霜冻冻伤后枯死的棉铃铃壳上的色素染到纤维上，使原棉颜色发黄的棉花。黄棉一般都属低级棉，棉纺厂仅有少量使用。

3. 灰棉

灰棉指棉花在多雨地区生长时，棉纤维在生长发育过程中或吐絮后，受雨淋、日照少、霉变等影响，原棉颜色呈灰白色。灰棉强度低、质量差，棉纺厂仅在纺制低级棉纱时搭用。

4. 彩棉

彩棉是指天然具有色彩的棉花，是在原来的有色棉基础上，用远缘杂交、转基因等生物技术培育而成。

二、棉纤维的形态结构与成分

（一）棉纤维的形态结构

1. 棉纤维的截面形态结构

棉纤维的截面由外至内主要由初生层、次生层和中腔三个部分组成。

成熟正常的棉纤维，截面是不规则的腰圆形，中有中腔。未成熟的棉纤维，截面形态极扁，中腔很大。过成熟棉纤维，截面呈圆形，中腔很小。

（1）初生层。初生层是棉纤维的外层，即纤维细胞的初生部分。初生层的外皮是一层蜡质与果胶，表面有深深的细丝状皱纹。初生层很薄，纤维素含量不多。纤维素在初生层中呈螺旋形网状结构。

（2）次生层。次生层棉纤维的初生层下面是一薄层次生细胞，由微原纤紧密堆砌而成。微原纤与纤维轴呈螺旋状排列，倾斜角在25°至30°。在这一层中，几乎没有缝隙和孔洞。次生层是棉纤维在加厚期淀积形成的部分，几乎都是纤维素。由于每日温差的原因，大多数棉纤维逐日淀积一层纤维素，故可形成棉纤维的日轮。纤维素在次生层中的淀积并不均匀，但均以束状小纤维的形态与纤维轴倾斜呈螺旋形，并沿纤维长度方向形成转向，这是棉纤维具有天然转曲的原因。次生层的发育情况取决于棉纤维的生长条件、成熟情况，它能决定棉纤维主要的物理性质。

（3）中腔。中腔棉纤维生长停止后，胞壁内遗留下来的空隙称为中腔。同一品种的棉纤维，中段初生细胞周长大致相等。当次生胞壁厚时，中腔就小；次生壁薄时，中腔就大。当棉铃成熟而示裂开时，棉纤维截面呈圆形，中腔亦成圆形，中腔截面相当于纤维截面积的 1/2 或 1/3。当棉铃自然裂开后，由于棉纤维内水分蒸发，纤维胞壁干涸，棉纤维截面就呈腰圆形，中腔截面也随之压扁，压扁后的中腔截面仅为纤维总面料的 10%左右。

2. 棉纤维纵向形态

棉纤维具有天然转曲，它的纵面呈不规则的而且沿纤维长度不断改变转向的螺旋形扭曲。成熟正常的棉纤维转曲最多，未成熟棉纤维呈薄壁管状物，转曲少，过成熟棉纤维呈棒状，转曲也少。棉纤维单位长度中扭转半周（即 180°）的个数称为转曲数。一般长绒棉的转曲数多于细绒棉，细绒棉的转曲数为 39～65 个/厘米。天然转曲使棉纤维具有一定的抱合力，有利于纺纱工艺过程的正常进行和成纱质量的提高。但转曲反向次数多的棉纤维强度较低。

（二）棉纤维的形态尺寸

棉纤维的宽度是比较均匀的，一般为 12～20μm，纤维中部宽，两端稍窄。棉纤维的长度随品种和生长条件的不同而有差异，一般为 13～70mm，多数为 25～35mm，其典型的长宽比为 1400，即 25mm/18μm。一般较长的棉纤维，宽度或直径较小，质量较高。棉纤维的相对密度为 1.54～1.56，线密度为 1.1～2.2dtex。目前，世界上栽培的棉花品种有陆地棉、海岛棉、亚洲棉等，其品质如表 2-1 所示。

表 2-1　　主要棉花品种的品质

品种	长度（mm）	细度（dtex）	适合纺纱细度（tex）
陆地棉	23～35	1.43～2.22	10～60
海岛棉	35～45	1.11～1.54	4～12
亚洲棉	13～25	2.5～4	>28

（三）棉纤维的成分

棉纤维的组成在生长过程中是不断变化的，成熟棉纤维的主体部分是纤维素，此外还含有一定量的共生物或称伴生物。成熟棉纤维的平均组成如表 2-2 所示。

表 2－2　　成熟棉纤维的平均组成（以绝对干燥纤维计）

成分	含量（%）	成分	含量（%）
纤维素	94.0	果胶物质（按果胶酸计算）	0.9
含氮物质（按蛋白质计算）	1.3	有机酸	0.8
灰分	1.2	多糖类	0.3
呤状物质	0.6	未测定部分	0.9

棉纤维中所含的共生物，如蜡状物质和果胶物质对纤维具有保护作用，能减轻外界条件对次生胞壁的损害，在纺纱过程中蜡状物质还能起润滑作用，是棉纤维具有良好纺纱性能的原因之一。但是这些共生物的存在影响棉纤维的润湿性和染色性，所以除个别品种（如起绒织物）需保留一定量的蜡状物质外，一般织物在染整加工开始时，都要通过煮炼和漂白使纤维素共生物从织物上除去。

三、棉纤维的性能及质量标准

（一）棉纤维的性能

1. 耐酸碱性

棉纤维耐无机酸能力弱。棉纤维对碱的抵抗能力较大，但会引起横向膨化。可利用稀碱溶液对棉布进行“丝光”。此外，棉纤维中还夹着杂质和疵点，杂质有泥沙、树叶、铃壳等，疵点有棉结、索丝等。它们既影响纺织的用棉量，也影响加工和纱部质量，所以必须进行检验，严格控制。

2. 吸湿性和吸水性

棉纤维在标准状态下的回潮率为 7%～8%，其湿态强度大于干态强度，其比值为 1.1～1.15。

3. 染色性

棉纤维吸湿性强，一般染料均可对棉纤维染色。

4. 耐热性

棉纤维在 100℃的高温下处理 8h，强度不受影响；其在 150℃时分解；在 320℃时起火燃烧。

5. 比电阻

棉纤维的比电阻较低，在加工和使用过程中不易产生静电。

（二）棉纤维的质量标准

1. 长度

棉纤维的长度主要取决于棉花的品种、生长条件和初加工。通常细绒棉的手扯长度平均为 23～33mm，长绒棉为 33～45mm。棉纤维的长度与纺纱工艺及纱线的质量关系十分密切。一般长度越长、长度整齐度越高、短绒越少，可纺的纱越细、条干越均匀、强度越高，且表面光洁、毛羽少；棉纤维长度越短，纺出纱的极限线密度越高。各种长度棉纤维的纺纱线密度一般都有一个极限值。

棉纤维长度是指纤维伸直时两端间的距离，是棉纤维的重要物理性质之一。棉纤维的长度主要由棉花品种、生长条件、初加工等因素决定。棉纤维长度与成纱质量和纺纱工艺关系密切。棉纤维长度长，整齐度好，短绒少，则成纱强力高，条干均匀，纱线表面光洁，毛羽少。

棉纤维的长度是不均匀的，一般用主体长度、品质长度、均匀度、短绒率等指标来表示棉纤维的长度及分布。主体长度是指棉纤维中含量最多的纤维的长度。品质长度是指比主体长度长的那部分纤维的平均长度，它在纺纱工艺中，用来确定罗拉隔距。短绒率是指长度短于某一长度界限的纤维重量占纤维总量的百分率。一般当短绒率超过 15%时，成纱强力和条干会明显变差。此外，还有手扯长度、跨距长度等长度指标。

2. 线密度

棉纤维的线密度是指纤维的粗细程度，是棉纤维的重要品质指标之一，它与棉纤维的成熟程度、强力大小密切相关。棉纤维线密度还是决定纺纱特数与成纱品质的主要因素之一，并与织物手感、光泽等有关。纤维较细，则成纱强力高，纱线条干好，可纺较细的纱。

3. 成熟度

成熟度是指棉纤维中细胞壁的增厚程度。成熟度是能反映棉纤维的内在质量的综合指标，它与纤维的各项物理性能都有密切的关系。正常成熟的棉纤维，其截面粗，强度高，弹性好，有丝光，天然转曲多，抱合力大，对加工性能和成纱品质都有利。而成熟度差的棉纤维，线密度较小，强度低，天然转曲少，抱合力差，瞬湿较多且染色性和弹性较差，加工中经不起打击，容易纠缠成棉结。过成熟的棉纤维偏粗，天然转曲少，成纱强度低。

表示成熟度的指标是成熟系数，是指棉纤维中段截面回复成圆形后相应于双层壁厚与外径之比的标定值（见图 2-1）。成熟系数 M 与棉纤维的壁厚及外径的关系为：

$$M=\frac{20\left(\frac{2\delta}{D}\right)-1}{3}$$

式中：M——棉纤维的成熟系数；

δ——棉纤维壁厚；

D——棉纤维界面复圆后的直径。

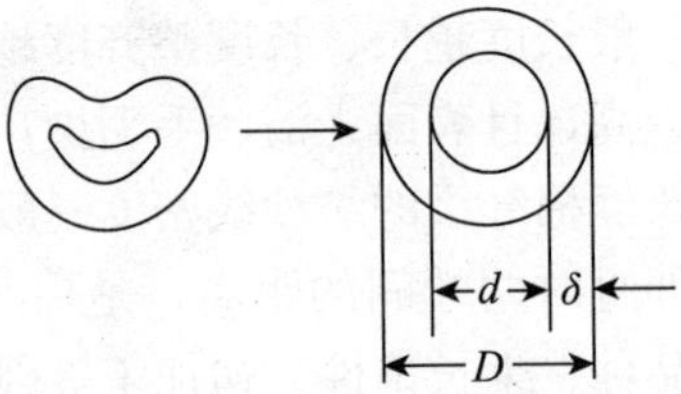

图 2－1　棉纤维的中腔与壁厚

成熟系数为 0 时，$\frac{2\delta}{D}=0.05$，是最不成熟的棉纤维；

成熟系数为 2.00 时，$\frac{2\delta}{D}=0.35$，是标准成熟的棉纤维；

成熟系数为 5.00 时，$\frac{2\delta}{D}=0.80$，是最成熟的棉纤维。

成熟系数越大，表示棉纤维越成熟。一般正常成熟的细绒棉，平均成熟系数为 1.5～2.0。成熟系数在 1.7～1.8 时，对纺纱工艺和成纱质量都较理想。长绒棉的成熟系数如用同样的腔宽壁厚比值来看，较细绒棉高，通常为 2.0 左右。

4. 吸湿性

棉纤维是多孔性物质，且其纤维素大分子上存在许多亲水性基因（—OH），所以其吸湿性较好，一般大气条件下，棉纤维的回潮率可达 8.5%左右。

5. 强伸性

棉纤维在纺织加工过程中不断受到外力的作用，要求纤维必须具备一定的强度，并且纤维强度越高纺得的纱线强度也越高。棉纤维的强度主要取决于纤维的品种、粗细等。一般细绒棉的断裂长度均为 20～30km，长绒棉更高一些。

6. 天然转曲

天然转曲是棉纤维特有的形态特征。天然转曲的多少取决于成熟度和棉花的品种，正常成熟的棉纤维天然转曲最多，未成熟和过成熟的棉纤维，天然转曲少。

棉纤维天然转曲较多时，纤维之间的抱合力大，有利于成纱质量。一般地，天然转曲越多的纤维，其品质越好。

7. 杂质和疵点

杂质是指原棉中夹杂的非纤维性物质，例如泥沙、枝叶、铃壳、不孕籽、棉籽、籽棉及虫屎、虫浆等。杂质对纺纱工艺和成品品质有较大影响，应在清花、梳棉和精梳工序中去除。

疵点是原棉中存在的、有害于纺纱的纤维性物质，主要有七种。

（1）束丝：纤维紧密纠缠在一起，形状大小不一，用手难以纵向扯开的、呈条状的纤维束，也叫“萝卜丝”。

（2）棉结：纤维紧密结合成圆形小结或粒状纤维结，又叫“白星”。

（3）黄根：是籽棉在皮辊轧棉时带下的靠近棉籽壳处的黄褐色底绒，长度为3～6mm，黄色，又叫“黄斑”。

（4）带纤维籽屑：带有纤维的碎小破籽，面积在 $2mm^2$ 以下。

（5）僵片：未成熟或受病虫害的带僵籽棉通过轧棉而成，无纺纱价值。

（6）不孕籽：表面附有短绒的小籽。

（7）破籽：轧碎的棉籽壳。

疵点在纺纱过程中不易清除，特别是细小疵点往往包卷在纱条中或附着在纱条上，使纱线条干恶化，断头增加，直接影响成纱的外观质量。

第二节　麻纤维

一、麻纤维的分类

麻纤维分茎纤维和叶纤维两类。茎纤维是从麻类植物茎部取得的纤维。茎部自外向内由保护层、初生皮层和中柱层组成。中柱层由外向内又由韧皮部、形成层、木质层、髓和髓腔组成。茎纤维存在于茎的韧皮部中，所以又称韧皮纤维，绝大多数麻纤维属此类。纺织上使用较多的主要有苎麻、亚麻、黄麻、槿麻（又称红麻、洋麻）、大麻、苘麻（又称青麻）和罗布麻等。叶纤维是从麻类植物叶子或叶鞘中取得的纤维，如剑麻（西沙尔麻）、蕉麻（马尼拉麻）等。这类麻纤维比较粗硬，商业上称为硬质纤维。

二、麻纤维的形态结构与成分

（一）麻纤维的形态结构

麻纤维成束地分布在植物的韧皮层中，而纤维束是由多根单纤维以中间层相互连接起来的，单纤维在纵向彼此穿插，因此纤维束连续纵贯全层，等于植物的高度。纤维束在横向又绕全茎相互连接。单根麻纤维是一个厚壁、两端封闭、内有狭窄胞腔的长细胞。纤维宽度很不规则，无天然扭曲，纵向有条纹（竖纹），其形成与纤维中由大分子组成的原纤的排列有关。宽度变化的地方有麻节（横节），这是在纤维的紧张弯曲处部分原纤分裂所致。所有麻纤维都具有这样的特征，但各种麻的单纤维其外形、长短和化学组成等却存在一定差异。苎麻单纤维两端呈锤头形或分支；亚麻两端稍细，呈纺锤形；大麻呈钝角形或分支；黄麻呈钝角形。各种麻纤维的纵向和横截面形状见图 2-2。

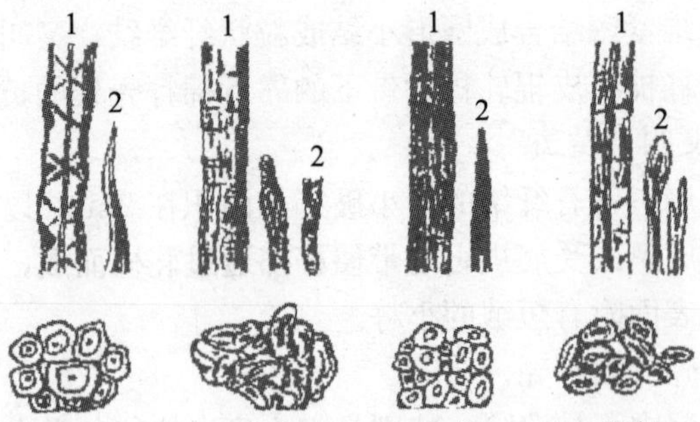

图 2-2　麻纤维的纵向和横截面形状

各种麻的单纤维其长度和细度也各不相同，这对纺织和染整加工具有很大的影响。表 2-3 所列数据是几种麻纤维的长度和宽度。

表 2-3　几种麻纤维的长度和宽度

麻的种类	苎麻	亚麻	黄麻	大麻	剑麻	蕉麻
长度（mm）	120～180	17～40	2～5	13～25	1～2	2～3
宽度（μm）	20～50	8.8～24	15～25	16～50	14～30	16～32

苎麻纤维是麻类中的最长者，长宽比达 2000 以上。苎麻的纤维形态不规则，有时显条纹，有时显横纹，两端形状有显圆形或如长矛形的。纤维的木质化程度很低，几乎不含木质素，故纤维富有韧性和弹性，不易折断。

亚麻纤维很长，长宽比达 1000 以上。纤维的外表面平滑，两端渐尖，胞腔甚小，胞壁较厚，腔壁上有明显的节纹及稀少的纹孔。

大麻纤维与亚麻纤维相似，但长度稍短，长宽比约为 1000。纤维表面有明显的条纹和横纹，纹孔稀少，胞壁甚厚，胞腔极小，纤维两端直径与中段直径近似相等，尖端为钝尖形。

黄麻纤维细胞互相黏结成束，每束由 20～30 根纤维细胞黏结而成，单根纤维长度大多在 2～5mm，宽度为 15～25μm，长宽比为 100 左右。纤维表面光滑无节，其横断面为多角形，内腔清晰、呈圆形，细胞壁厚薄不均匀。纤维的木质化程度较高，木质素含量较多。

（二）麻纤维的化学组成

麻纤维的主要成分也是纤维素，但含量较棉纤维的低，而共生物含量却较棉纤维的高。几种常见麻纤维的化学组成如表 2-4 所示。

表 2-4　　几种麻纤维的化学组成　　单位:%

麻的种类	苎麻	亚麻	黄麻	大麻
纤维素	65～67	70～80	57～60	77
半纤维素	14～16	12～15	14～17	9.3
木质素	0.8～1	2.5～5	10～13	9.3
果胶	4～5	1.4～5	1～2	3.5
灰分	2.6～3.4	0.7	0.5～1.5	—
水溶物	4～8	0.3～0.6	—	1.2
油蜡质	0.5～1	0.3～1.8	0.3～0.6	1.2

三、麻纤维的性能及质量标准

(一) 长度和线密度

麻纤维的单纤维长度分别是：苎麻长 50～120mm，亚麻长 17～25mm，黄麻长 2～4mm，槿麻长 2～6mm。麻纤维的单纤维线密度为：苎麻为 0.91～0.4tex、亚麻为 0.29tex 左右，黄麻的单纤维宽度为 10～28μm。

(二) 强伸性和弹性

麻纤维是天然纤维中强度最大、伸长最小的纤维，其中苎麻的断裂长度可达 40～55km，而苎麻、亚麻、黄麻的断裂伸长率分别为 2%～4%、3%、3%左右。麻纤维的弹性较差，麻织物的服装容易皱褶。

(三) 吸湿性

麻纤维的吸湿能力较强，其中以黄麻的吸湿性最大，一般大气条件下回潮率可达 14%左右，此外，麻纤维的吸湿、散湿速度快，所以其织品在夏季穿着凉爽舒适。

(四) 刚柔性

麻纤维的刚柔性是常见纤维中最大的，尤以黄麻、槿麻为甚，苎麻、亚麻则较小。其刚柔性除与品种、生长条件有关外，还与脱胶程度和工艺纤维的线密度有关。刚性强，不仅手感粗硬，而且会导致纤维不易捻合，影响可纺性，成纱毛羽多。柔软度高的麻纤维可纺性能好，断头率低。

(五) 化学稳定性

麻纤维的化学稳定性与棉相似，较耐碱而不耐酸。

第三节　毛纤维

一、毛纤维的分类

羊毛通常是指绵羊毛，它是纺织工业的重要原料。从羊身上剪下的毛称为原毛，原毛中除含有羊毛纤维外，尚含有羊脂、羊汗、泥沙、污物及草籽、草屑等杂质。羊毛纤维在原毛中的含量百分率称为净毛率，净毛率随羊毛品种和羊的生长环境等不同有很大变化，一般在40%～70%。可见，原毛不能直接用来纺织，必须经过选毛、开毛、洗毛、碳化等初步加工，才能获得较为纯净的羊毛纤维。

（一）按毛被上的纤维类型分

1. 同质毛

羊体各毛丛由同一种类型毛纤维组成，纤维线密度、长度基本一致。我国新疆细羊毛及各国的美利奴羊毛多属同质毛，同质毛质量较优。

2. 异质毛

羊体各毛丛由两种及两种以上类型毛纤维组成。土种毛和我国低代改良毛多属异质毛，质量不及同质毛。

3. 基本同质毛

在一个套毛上的各个毛丛，大部分为同质毛形态，少部分为异质毛形态，如改良一级毛。

（二）按纤维粗细分

1. 细羊毛

品质支数在60支及以上，毛纤维平均直径在25.0μm即属这类。

2. 半细羊毛

品质支数为36～58支，毛纤维平均直径为25.1～55.1μm的同质毛。

（三）按纤维结构分类

根据羊毛纤维中髓质层的存在情况分为以下种类。

1. 无髓毛

由鳞片层和皮质层组成。无髓质层的毛纤维主要指绒毛。这类纤维较细，卷曲多，颜色洁白，呈现银丝光，品质优良，纺纱性能好。

2. 有髓毛

由鳞片层、皮质层和髓质层组成，且髓质具有一定的连续长度和一定宽度的毛纤维。这类纤维一般较粗长，无卷曲，无光泽，呈不透明白色。

3. 两型毛

同时具有无髓毛和有髓毛特征的毛纤维。纤维一端表现似无髓毛形态，而另一端又表现有髓毛形态，或交替出现。纤维粗细差异较大，纺纱性能较绒毛差。

4. 死毛

除鳞片层外，整根羊毛充满髓质。这类纤维呈扁带状，脆弱易断，枯白色，没有光泽，不易染色，无纺纱价值。

（四）按取毛后原毛的形状分

1. 毛被

从羊身上剪得的羊毛是一片完整的羊毛集合体，称为毛被。

2. 散毛

从羊身上剪下的不成整片状的毛。

3. 抓毛

在脱毛季节用铁梳子梳下来的毛。

此外，按剪毛季节分为春毛、秋毛、伏毛；按毛纤维在纺织工业中的用途可分为精梳用毛、粗梳用毛、地毯用毛和工业用毛。

二、羊毛纤维的形态结构与成分

羊毛蛋白纤维由许多细胞聚集构成，具有近似于椭圆柱状的形状（一般椭圆形横截面的长短轴之比值为1.1～1.3），其直径、长度、卷曲及起鳞程度等差异很大。

虽然羊毛的某些结构目前尚未完全弄清楚，但它基本是由三部分组成的：包覆在纤维外部的鳞片层、组成羊毛实体主要部分的皮质层和处于纤维中心因含空气而不透明的髓质层。其中髓质层只存在于人发及较粗的羊毛中，有的呈连续状，有的呈断续状，细羊毛则无髓质层，含有髓质层的羊毛主要存在于未改良的土种羊毛被上。羊毛结构中各部分成分如表2-5所示。

表2-5　羊毛结构中各部分成分

组成成分		纤维中的含量（%）	胱氨酸交联度摩尔数（%）	蛋白质类型	备注
鳞片层	鳞片表层	0.1	6	角蛋白质	疏水性
	鳞片外层	6.4	10	角蛋白质	
	鳞片内层	3.6	1.6	非角蛋白质	亲水性
皮质层	原纤	74		角蛋白质	
	细胞残留物和细胞间质	12	1.6	非角蛋白质	亲水性

续 表

组成成分		纤维中的含量（%）	胱氨酸交联度摩尔数（%）	蛋白质类型	备注
细胞膜复合体	脂质	0.8		非蛋白质	醇溶性
	可溶性蛋白质	1	1.1	非角蛋白质	亲水性
	惰性膜	1.5	5	角蛋白质	

1. 鳞片层

鳞片层由角质化的扁平状细胞通过细胞间质粘连而成，是羊毛纤维的外壳。

羊毛纤维随绵羊品种的不同而有很大差异，但它们的鳞片差异并不大。每一个鳞片细胞是一个长宽各 30～70μm 、厚 2～6μm 的不规则四边形薄片；它的细胞腔很小，一般为 0.2～2.3μm，其中还包含干缩的细胞核。鳞片细胞一层一层地叠合包围在羊毛纤维毛干的外层。鳞片细胞的主要组成物质是角蛋白，它是由近 20 种氨基酸给缩合形成的蛋白质大分子。每个鳞片细胞内半层的蛋白质大分子堆砌比较疏松，具有较好的弹性；而外半层的蛋白质堆砌比较紧硬，具有更强的抵抗外部理化作用的能力。

鳞片层的主要作用是保护羊毛不受外界条件的影响而引起性质变化。另外，鳞片层的存在，还使羊毛纤维具有特殊的缩绒性。羊毛的鳞片层约占羊毛总量的 10%，有着十分复杂的结构。羊毛的鳞片层由鳞片表层、鳞片外层和鳞片内层组成。

在羊毛的工业加工中，采用化学方法破坏其鳞片结构或对其进行表面处理，称为防缩加工。经过防缩加工的羊毛表面，鳞片凸出物减小，毡化现象明显减轻。另外，在纺织染整加工中，控制好鳞片产生的定向摩擦效应，有提高织物丰满程度的缩绒作用，但不能过于激烈，否则易于毡化。如果羊毛的鳞片层因过度漂白、永久定型或剧烈化学试剂的作用而被破坏，皮质层就会裸露，羊毛的耐光性变差，严重影响其使用寿命。

2. 皮质层

羊毛纤维的皮质层在鳞片层的里面，是羊毛的主要组成部分，也是决定羊毛物理、化学性质的基本物质。皮质层由细胞堆砌而成。各种羊毛纤维的皮质细胞外形相差不大，都是中间宽厚、两端细尖的枣核形态。根据皮质细胞中大分子排列形态和密度，可分为正皮质细胞、偏皮质细胞和同皮质细胞。

3. 髓质层

羊毛纤维是由结构松散和充满空气的角朊细胞组成，该细胞由毛囊的毛乳头尖部基底层分裂生长形成。由于纤维髓质细胞中腔一般充填空气，保暖性较好。光学显微镜观察时因细胞壁与中腔相对折射率为 1.3 而呈现不透明形态，但当髓质细胞壁有破损使水浸入后，髓质部分在光学显微镜下呈透明形态。髓质层的存在使羊毛纤维强度、弹性、卷曲、染色性等变差，纺织工艺性能也随之降低。

4. 细胞膜复合体（CMC）

细胞膜复合体是指两相邻细胞的细胞膜原生质和细胞间质所组成的整体，在羊毛的毛囊中形成，由活性细胞的细胞膜和细胞间质演化而来。CMC 的含量虽然很少（仅占羊毛重量的 3%～5%），但由于其以网状结构存在于整个羊毛结构中，是羊毛内部唯一连续的组织，因而对羊毛的机械性能起着至关重要的作用。

CMC 主要由下列三部分组成：一是柔软的、易溶胀的细胞胶黏剂即细胞间充填物，该部分有轻微交联的球状蛋白；二是类脂双分子结构；三是处于球状蛋白和类脂结构之间的耐化学蛋白层，即惰性膜层。

CMC 是羊毛除鳞片表层以外的内部脂质，CMC 的脂质分布占整个毛干纤维的 57%，是羊毛的主要结构脂质，占羊毛质量分数的 5%～7%，在鳞片和皮质细胞之间的 CMC 厚约 28nm。CMC 脂质与蛋白质结合形成脂蛋白，能围绕羊毛纤维形成一个连续的网状结构，起到对鳞片细胞之间、鳞片与皮质细胞之间的黏合作用。CMC 脂质与人表皮角质层脂质类同，其主要组分为：脂酰基鞘氨醇、胆固醇硫酸酯、胆固醇等。由于 CMC 是鳞片和皮质细胞的重要黏合剂，因此当羊毛受到各种物理化学因素影响时，也会导致羊毛中 CMC 含量的减少，结果会使鳞片细胞脱落，鳞片翘起。

三、羊毛的性能及质量标准

（一）吸湿性和水

羊毛的吸湿性较强，在一般情况下，其含水量为 8%～14%，标准回潮率为 14%，公定回潮率为 15%，相对湿度为 60%～80%时的回潮率可高达 18%，高于其他纺织纤维。在非常湿的空气中，羊毛吸收水分高达 40%，而手感并不觉得潮湿。羊毛纤维吸水性高的原因，是质蛋白分子中含有亲水性的羟基(—OH)、氨基（—NH_2）、羧基（—COOH）和酰胺基（—CONH）等。另外，羊毛是一种多孔性纤维材料，具有毛细管作用，所以水分易被吸入纤维孔隙中。

羊毛纤维一般不溶于水，单纯的吸湿溶胀并不引起纤维分子结构的变化，但是在较剧烈条件下，水也会与羊毛纤维起化学反应，主要使质蛋白分子肽键水解，从而导致机械性能的变化。在 80℃以下的水中，羊毛纤维受影响较小，短时间汽蒸也无严重损害。随着处理温度提高和时间的延长，羊毛损伤加重，如将羊毛置于 90～110℃蒸汽中处理 3h、6h、60h，其重量损失分别为 18%、23%、74%；水温为 200℃时，羊毛几乎完全溶解。

在沸水中经较长时间处理，羊毛蛋白中的二硫键遭到破坏生成—CH_2－SOH 基。由于—CH_2—SOH 基不稳定，可进一步释放出 H_2S 而变为醛基；或与邻近的氨基反应，生成新的共价交联键。所以，羊毛在沸水中处理时，随着处理时间延长，羊毛中硫含量及胱氨酸含量会逐渐降低（见表 2－6）。

表 2－6　羊毛在沸水中处理时硫含量及胱氨酸含量的变化

处理时间（d）	羊毛溶解（%）	硫含量（%）	胱氨酸含量（%）
0	0	3.65	10.6
0.5	1.0	3.44	9.4
1	4.0	3.33	8.6
2	7.3	3.11	7.5
4	10.7	3.07	6.9
8	37.2	2.66	4.6

（二）舒适性

羊毛不仅具有通过吸收和散发水分调节衣内空气湿度的性能，而且还具有适应周围空气湿度调节水分含量的能力，使人感觉舒适。

羊毛纤维的导热系数较小，再加上具有较好的蓬松性，纤维中可以夹持较多的空气，使羊毛纤维层具有很高的绝热性。此外，羊毛在吸湿时还会放出比别的纤维更多的热量，使羊毛在冷湿环境下有很好的保暖性。因此，羊毛是理想的冬秋季服装原料。

在湿热天气里，羊毛服装却能使人感觉凉爽。这是因为：对于人体而言，在出汗不太多的情况下，人体表面温度一般要比周围环境的高，而相对湿度却较低，所以当羊毛服装接近相对湿度较低的皮肤时，羊毛纤维中的水分就会蒸发，衣服本身的温度就会下降，因而使人感觉凉爽。羊毛织物从皮肤表面向衣外空气层移动后，再吸收被排出的水分。羊毛吸收的水分最高可达纤维干重的 36%。每次与皮肤接触，羊毛纤维失去的水分虽然只是其纤维自重的 0.1%，但却能比同样质量的涤纶制品温度降低 1℃，这足以使人觉察出服装穿着感的不同。一次接触令人感到的凉爽是暂时的，而随着衣料与皮肤接近和远离过程不断进行，吸湿放湿周而复始，故穿着时使人一直感觉凉爽。要发挥“凉爽羊毛”的特殊功效，使羊毛也能成为夏令贴身穿着的理想服装原料，必须解决羊毛的轻薄化、防缩、机可洗及消除刺扎感等问题。

（三）拉伸与回复性

将羊毛纤维的拉伸曲线与其他纤维的相比较可以看出，羊毛纤维的拉伸强度是常用天然纤维中最低的。一般，羊毛纤度越细，髓质层越少，其强度越高。由图 2-3 可见，羊毛纤维的初始模量比较低，屈服应力和断裂强度小，但断裂延伸度却是常用天然纤维中最大的，断裂功也比较大，因而羊毛在很小的应力下即可产生较大的形变，尤其是在超过屈服应力时，更是如此。

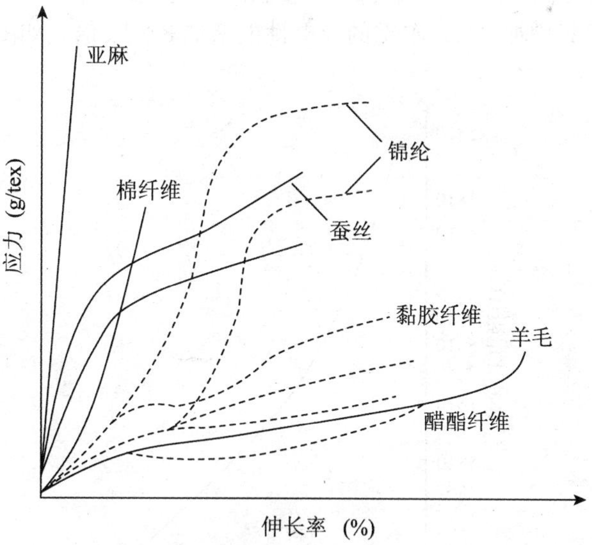

图 2-3 各种纤维的应力变化曲线

羊毛是吸湿性很强的纤维，随着相对湿度的变化，其拉伸性能也同时发生一定的变化，当相对湿度增大时，纤维的屈服点、断裂强度都发生下降，而断裂延伸度增加。

除相对湿度外，温度对羊毛的拉伸性能也有一定影响。湿羊毛随着温度提高，屈服应力和断裂强度皆明显下降，而断裂延伸度稍有增加，所以在湿热条件下，羊毛的拉伸定型容易进行，并有较好的效果。

羊毛在拉伸形变中回复的性能比较突出，一般条件下仅次于锦纶，而优于其他纺织纤维，特别是在低形变量时，羊毛的回复性能最好。由于羊毛具有优良的弹性，所以毛织物穿着挺括，不易起皱。

羊毛的拉伸和回复性能与其分子结构及聚集态结构有关。羊毛的多肽链是卷曲的，并具有螺旋构象，肽链之间存在着各种次价键包括共价的二硫键，当受到外力拉伸时，螺旋状的 α-构象可以转变成伸直的 β-构象，肽链之间的交联键能阻止分子链之间的相对滑移，所以，羊毛既具有较大的延伸性能，又具有良好的回复性能。羊毛在有水分存在下拉伸，当伸长率超过 20%时，其分子构象开始转变，趋于伸直；当伸长率达到 35%时，转变明显；当伸长率达到 70%时，α-

螺旋则完全转变为伸直链（β-折叠链）。

（四）电阻率

干净的干羊毛是电的不良导体，有很大的比电阻。但是，羊毛纤维本身含有电解质，其表面的和毛油也含有电解质，羊毛纤维的比电阻随着这些电解质种类和数量的不同而不同，故其所表现的导电性能也不同。一般，当回潮率在13%～16%时，回潮率每增加2%，羊毛的导电性能增加8～10倍，如图2-4所示。

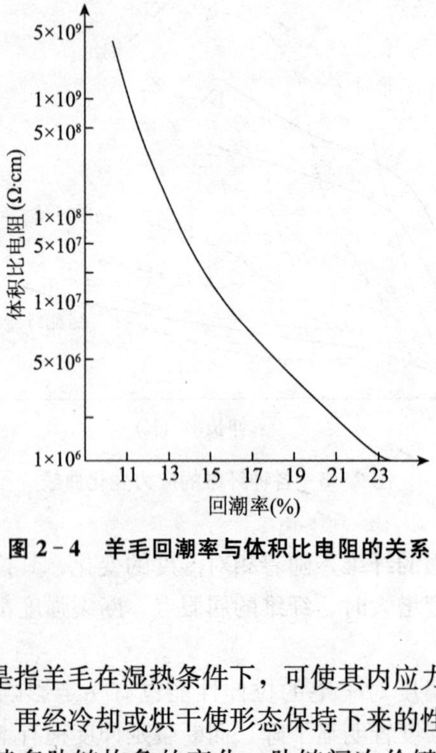

图2-4　羊毛回潮率与体积比电阻的关系

（五）可塑性

羊毛的可塑性，是指羊毛在湿热条件下，可使其内应力迅速衰减，并可按外力作用改变现有形态，再经冷却或烘干使形态保持下来的性能。

羊毛的可塑性与其多肽链构象的变化、肽链间次价键的拆散和重建密切相关。例如，将受到拉伸应力的羊毛纤维在热水或蒸汽中处理很短时间，然后除去外力并在蒸汽中任其收缩，纤维能够收缩到比原来的长度还短，这种现象称为“过缩”。若将受到拉伸应力的羊毛纤维在热水或蒸汽中处理稍长时间，除去外力后纤维并不回复到原来长度，但在更高的温度条件下处理，纤维仍可收缩，这种现象称为“暂定”。如果将伸长的羊毛纤维在热水或蒸汽中处理更长时间，如1～2h，则外力去除后，即使再经蒸汽处理，也仅能使纤维稍微收缩，这种现象称为“永定”。

（六）缩绒性

羊毛在湿、热条件下经外力的反复作用，纤维之间互相穿插纠缠，纤维集合体逐渐收缩变得紧密，这种性能称为羊毛的缩绒性。在天然纺织纤维中，只有羊毛具有这一特性。

羊毛的缩绒性主要是由于羊毛纤维表面有鳞片结构，纤维移动时，顺鳞片方向和逆鳞片方向的摩擦系数不同（两者之差称为定向摩擦效应），在反复的外力作用下，每根纤维都带着与它缠结在一起的纤维向着毛根的指向缓缓蠕动，从而使纤维紧密纠缠毡合。此外，羊毛的高度拉伸与回复性能以及羊毛纤维具有的稳定卷曲，也是促进羊毛缩绒的因素。

毛纺工业利用羊毛的这一特性，将毛织物在湿热状态下经机械力的反复作用，使织物的长度和幅宽收缩，厚度增加，表面露出一层绒毛，从而获得外观优美、手感柔厚丰满和保暖性较好等效果。这一加工工序称为缩绒。

（七）日光

在天然纤维中，羊毛是耐晒性较好的纤维，但日光对羊毛纤维也有破坏作用。在日光照射下，二硫键被裂解而使胱氨酸氧化分解为半胱氨酸，然后发生水解。日光照射可使羊毛纤维的分子量降低，颜色变黄，失去光泽，使强度及弹性降低，手感粗硬。试验表明，羊毛纤维经日光照射 1100h 后，其强力降低 50%。

（八）热

羊毛纤维在 100～150℃的温度中加热，可使它的水分完全蒸发，此时其手感变得粗硬，强力明显下降。长时间受热可使羊毛纤维分解、变黄。在 130℃干热的条件下，也可使羊毛纤维分解，205℃时可使羊毛纤维发焦，300℃时可使其燃烧。若在 100℃的温度下处理时间超过 48h，羊毛的角质将会分解。所以，散毛和毛织品的烘干温度不宜超过 100℃。

（九）酸的作用

羊毛对酸比对碱要稳定些，是耐酸性较好的纤维之一，因而可用酸性染料在 pH 值为 2～4 的染浴中沸染。另外，还可以用硫酸对原毛进行碳化处理，以去除草籽、草屑等植物性杂质。但是，随着酸的浓度、作用温度、作用时间以及电解质总浓度的增加，酸可以抑制羧基电离并与游离的氨基结合，从而拆散肽链间的盐式键，使纤维的强度降低。随着酸作用的条件不同，羊毛蛋白中的肽键会有不同程度的水解。羊毛在 1N（N 表示当量浓度，指溶液的浓度用 1 升溶液中所含溶质的克当量数来表示）盐酸溶液，于 80℃处理不同时间，纤维发生的变化如表 2-7 所示。

表 2－7　羊毛在 1N 盐酸溶液、80℃下处理所发生的变化

处理时间（h）	0	1	2	4	8
含氮量（%）	16.5	15.4	16.0	15.1	14.8
胱氨酸含量（%）	11.2	12.1	12.9	12.5	12.4
结合酸的能力（mg/100g）	0.82	0.88	0.95	1.03	1.12
肽键的水解（%）	0.00	0.92	2.58	4.74	35.70
纤维的溶解（%）	—	0.3	3.6	18.1	52.6
干强力保持（%）	100	83	75	51	4
湿强力保持（%）	100	78	49	10	5

（十）碱的作用

羊毛对碱比对酸要敏感得多，碱不仅能拆散肽链间的盐式键，还可催化肽键水解，影响这种水解作用的因素主要是碱的种类、浓度、作用温度和时间以及电解质的总浓度等。在其他条件相同时，苛性碱的作用最为强烈，而碳酸钠、磷酸钠、焦磷酸钠、硅酸钠、氢氧化铝以及肥皂等弱碱性物质对羊毛的作用较为缓和，如果条件控制得好，可不致造成羊毛纤维的明显损伤。

羊毛在不同浓度氢氧化钠溶液中于 100℃处理 1h 以及在 0.065N 氢氧化钠溶液中于 65℃处理不同时间，被溶解的羊毛百分率如图 2－5、图 2－6 所示。

（十一）氧化剂的作用

羊毛对氧化剂是比较敏感的。氧化剂对羊毛的破坏作用主要是使肽链间的交联受到破坏，另外还可能使蛋白质大分子中的肽键水解。氧化剂的作用主要集中在含硫氨基酸残基部分，但羊毛蛋白质中的其他部位，如二硫键、咪唑基等也可与氧化剂反应。氧化剂对羊毛的破坏程度取决于氧化剂的种类、浓度、溶液的 pH 值、处理时间、温度等因素。

含氯漂白剂对羊毛的作用很强烈，不适合用于羊毛的漂白。过氧化氢（H_2O_2）对羊毛的影响较小，常用于羊毛的漂白，但如果条件控制不当，也会造成羊毛纤维的严重损伤。损伤程度与过氧化氢的浓度、处理温度和时间，尤其是溶液的 pH 值有关；而铜、镍等金属离子的存在有催化作用，会加速其对羊毛纤维的氧化作用。

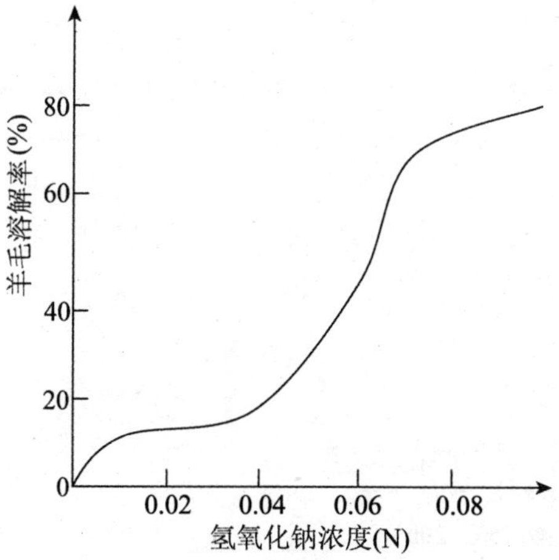

图 2－5 羊毛在不同浓度氢氧化钠溶液中处理 1h 的溶解率

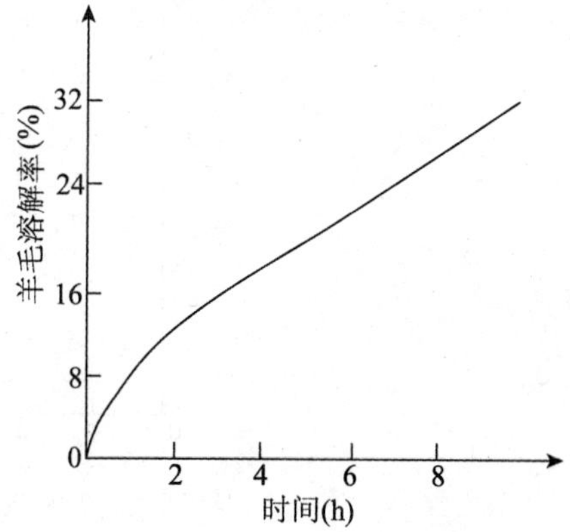

图 2－6 羊毛在 0.065 氢氧化钠溶液中处理不同时间的溶解率

（十二）还原剂的作用

还原剂对羊毛的作用，几乎只限定在与二硫键反应，而且在碱性介质中尤为剧烈。

羊毛用硫化钠处理时，由于水解生成碱，纤维发生较强的溶胀，使还原反应更易进行。当硫化钠的浓度为 1%，在 65℃时处理羊毛纱，纤维会遭到明显的损伤，作用 30min 后其重量损失可达 50%，含硫量从 3.16%下降到 3.04%。

羊毛与亚硫酸盐的作用，在条件缓和时，亚硫酸盐可不使羊毛中的二硫键遭到明显破坏；但在较剧烈条件下，二硫键可被还原。

如图 2－7 所示，此反应与溶液的 pH 值有很大关系。当溶液的 pH 值为 2～6 时，羊毛中的胱氨酸含量几乎是不变的，而当 pH 值大于 6 时，胱氨酸的含量开始下降。

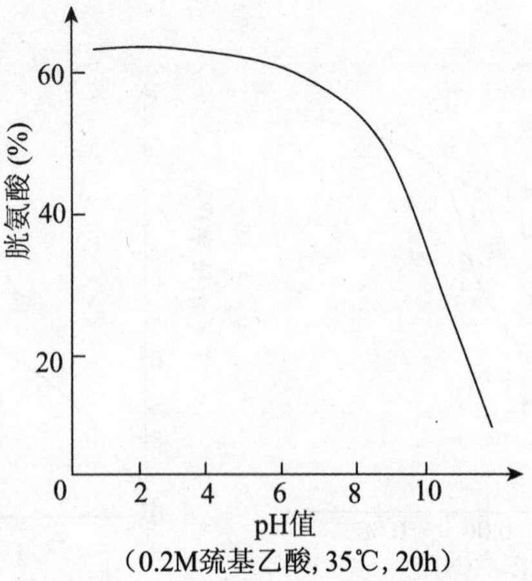

图2-7　羊毛胱氨酸含量与pH值的关系

在还原反应中所形成的巯基是很不稳定的，将其较长期地暴露在空气中或以强氧化剂如过氧化氢处理，很容易被再氧化成二硫键。此外，巯基还可与二官能度的化合物如二卤代烷基作用，生成—S—R—S—类型的共价交联键，R基可自—CH_2—到—（CH_2）$_6$—等。还原剂中除巯基乙酸外，人们还研究过不少其他还原剂，如亚硫酸氢钠与甲醛结合使用，可形成—S—CH_2—S—结构的共价交联键。

四、其他动物纤维

（一）山羊绒

从山羊身上梳取下来的绒毛，原产于中国的西藏。山羊绒绒毛纤维内部结构无髓质层，长度30～40mm，其强伸度即弹性变形较绵羊毛好，具有轻、软、暖的优良特征。用于制作：羊毛衫较多，还可做高级精纺服装原料及粗纺的高级山羊绒大衣呢、毛毯等。

（二）马海毛

安哥拉山羊毛，原产于土耳其。马海毛的形态与长羊毛相似，长度120～150mm，强度高、光泽强，是做提花毛毯、长毛绒、顺花大衣呢的理想原料。

（三）兔毛

兔毛的纤维内部结构都有髓质层，其特点是轻而细，保暖性好，但纤维膨松，抱合力差，强度较低，因此单独纺纱困难，多和羊毛或其他纤维作混纺织物（主要是针织物）。

（四）骆驼毛

双峰骆驼毛质量较好，单峰骆驼毛无纺纱价值。骆驼毛由绒毛、两型毛及粗毛组成，俗称其绒毛为驼绒，粗毛为驼毛。驼绒结构与羊毛相似，但纤维表面鳞片很少，强度高，光泽好，保暖性好，可织造高级粗纺织物、毛毯和针织物。

（五）牦牛绒

产量小，长度约为 30mm。

第四节 天然丝

一、丝的分类

蚕丝，具有柔和悦目的光泽、平滑柔软的手感、轻盈美丽的外观，其吸湿性好，穿着滑爽舒适，蚕丝的这些优良性质是任何其他纺织纤维无法相比的。蚕丝是高档纺织原料之一，历来被誉为纤维“皇后”。我国是世界上最早种桑、养蚕、缫丝、织绸的国家，迄今已有 6000 多年的历史。

蚕有家蚕和野蚕两类。家蚕在室内饲养，以桑树叶为饲料，吐出的丝称为桑蚕丝或家蚕丝（俗称真丝）；野蚕在野外饲养，吐出的丝有柞蚕丝、木薯蚕丝、蓖麻蚕丝、樟蚕丝等之分。蚕丝中以桑蚕丝的产量最高，应用最广，其次是柞蚕丝。

二、丝的形态结构与成分

（一）蚕丝的形态结构

1. 桑蚕丝的形态结构

蚕丝是蚕体内的丝液经吐丝口吐出后凝固而成的纤维，称为茧丝。蚕吐丝时同时吐出两根蚕丝，但凝固成形后，它们会并合成一根茧丝。茧丝的断面类似眼镜。每根茧丝中含有两根被丝胶黏结在一起的蚕丝纤维，称为丝素，即无胶的蚕丝纤维。它具有接近三角形的横截面特征，但形状与截面积大小并不均匀，如图 2－8 所示。蚕利用丝胶的黏着性，以“S”形或“8”字形吐出丝条。蚕茧表面的丝称为茧衣，蚕茧最里面靠近蚕蛹体的丝称为蛹衬，蚕茧的中间部分称为茧层。茧层的丝粗细均匀，占全部丝重的 70%～80%，经缫丝而获得的长丝称为生丝，可直接用于织造。茧衣、蛹衬的丝细而脆弱，不能缫丝，可作绢纺原料。

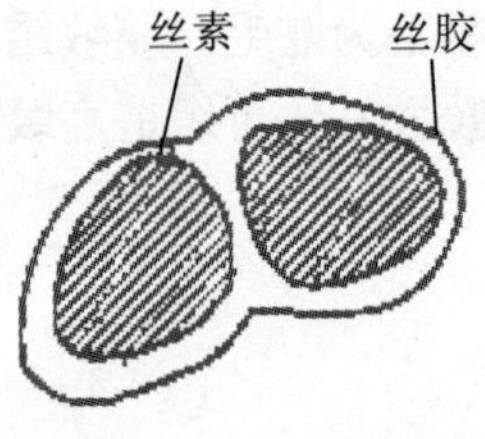

图 2－8　蚕丝的截面结构

丝胶是蚕丝表面的胶状水溶性蛋白质，丝胶与丝素相比，虽然氨基酸组成相似，但含量差异很大。由于丝胶分子表面分布着容易与水结合的基团（亲水性基团），所以丝胶在水中容易溶解。根据丝胶在水中溶解速度等的差别，它在茧丝的外围呈如图 2－8 所示的层状分布，由外层到内层依次为丝胶Ⅰ、丝胶Ⅱ、丝胶Ⅲ、丝胶Ⅳ。丝胶Ⅰ的溶解性能最好，对缫丝有利，在精炼时通过碱液预处理就能去除。丝胶Ⅱ、丝胶Ⅲ、丝胶Ⅳ的溶解性渐差，越接近丝素的丝胶层（丝胶Ⅳ）越难溶解。丝胶的存在使纤维的手感粗糙。柞蚕丝中的丝胶含量比桑蚕丝要低，但其丝胶粒子大，有的还渗入到丝素层深处，所以柞蚕丝的脱胶反而困难。

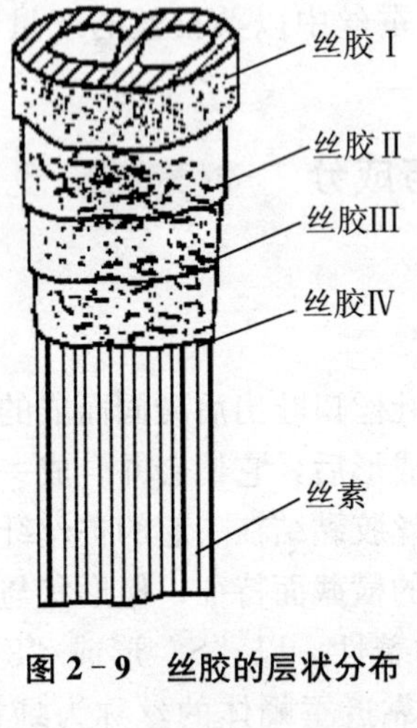

图 2－9　丝胶的层状分布

一般丝胶在热水中能够溶出的部分相当于蚕丝重量的 25%，在制丝过程中要损失 3%～4%，在生丝上只留下 20%左右。一个蚕茧的丝长为 1300～1500m，平均线密度为 3.1dtex，平均当量直径为 17.4%。若去掉丝胶，则一根丝素的线密度为 1.1dtex 左右，横截面积为 87.2μm^2。

普通的蚕吐丝，开始时线密度为 3.3dtex 左右，缓慢加粗，到 200～300m 时，可达 3.9dtex，以后再缓慢变细，直至 1.7dtex 左右。

生丝的相对密度为1.33左右，一般为1.25～1.37，远低于计算值1.45，因为蚕丝是一种多孔性物质，蚕丝吐出时会有水分脱出，形成很多小孔和间隙，结构疏松。

2. 柞蚕丝

柞蚕丝和桑蚕丝一样，也是由蚕体的绢丝腺所集储的丝胶和丝素，通过吐丝口而分泌出来的物质，柞蚕结茧时，都作有茧柄，以便把茧子缠绕在柞树枝条上，防止茧子坠落。在茧柄下部留有细小的出蛾孔，这里的茧丝结构疏松，煮漂时易造成"破口茧"，给缫丝造成困难。

柞蚕丝是由两根丝素合并组成的，丝素周围附有很多丝胶颗粒。柞蚕丝横截面如图2－10所示，基本上与桑蚕丝相同，只是更为扁平，一般长径约为65μm，短径约为12μm，长径为短径的5～6倍，越向内层，长短径差异越大，形态越为扁平。柞蚕丝内有毛细孔，这些毛细孔越靠近纤维中心越粗，靠近纤维表面的则较细。

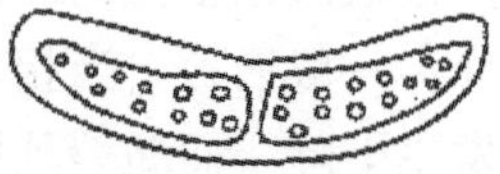

图2－10 柞蚕丝的横截面

柞蚕丝的丝胶含量比桑蚕丝少，为12%～15%，它分布在丝素外围，并扩展到丝素的内部。柞蚕丝中还含有微量的单宁，它与丝胶或丝素呈化学结合，丝素内还含有色素，这些杂质较难除去。

（二）蚕丝的组成

茧丝除了丝素和丝胶两种蛋白质外，还含有少量脂蜡、色素、碳水化合物和无机物等其他组分，其含量随蚕的品种、饲养条件等不同而变化。桑蚕丝和柞蚕丝各组分的比例如表2－8所示。

表2－8 茧丝的组成 单位：%

种类	丝素	丝胶	碳水化合物	无机物	脂蜡	色素
桑蚕丝	70～80	20～30	1.2～1.6	约0.7	0.4～0.8	约0.2
柞蚕丝	80～85	12～16	1.35	1.65	—	—

丝素蛋白和其他蛋白一样，除了含有碳、氢、氧、氮四种主要元素以外，还含有多种其他元素。用质子诱导X射线发射光谱对多种丝素蛋白进行研究表明，它们含有钾、钙、硅、锶、磷、铁和铜等元素，这些元素与丝素蛋白之间的相互

关系正在探索之中。

丝素蛋白包含 18 种氨基酸，其中，较为简单的甘氨酸（Gly）、丙氨酸（Ala）和丝氨酸（Ser）约占总组成的 85%，三者的摩尔比为 4∶3∶1，并且按一定的序列结构排列成较为规整的链段，大多在丝素蛋白的结晶区域；带有较大侧基的苯丙氨酸（Phe）、酪氨酸（Tyr）、色氨酸（Trp）等主要存在于非晶区域。带亲水基团的丝氨酸（Ser）、酪氨酸（Tyr）、谷氨酸（Glu）、天冬氨酸（Asp）、赖氨酸（Lys）和精氨酸（Arg）等约占氨基酸总量的 30%。酸性氨基酸多于碱性氨基酸。

三、丝的性能及质量标准

（一）丝的性能

1. 力学性质

蚕丝的应力—应变曲线中存在着明显的屈服点，就屈服应力和断裂强度来说，桑蚕丝比羊毛高得多。蚕丝是吸湿性很强的纤维，随着相对湿度的变化，其拉伸性能也同时发生一定的改变。一般而言，当相对湿度变大时，蚕丝的初始杨氏模量、屈服点、断裂强度都发生下降，而断裂延伸度增加。除相对湿度外，温度对蚕丝的拉伸性能也有一定影响。

2. 光学性质

丝的色泽包括颜色与光泽。丝的颜色因原料茧种类不同而不同，以白色、黄色茧为最常见。我国饲养的杂交种均为白色，有时有少量带深浅不同的淡红色。呈现这些颜色的色素大多包含在丝胶内，精炼脱胶后成纯白色。丝的颜色反映了本身的内在质量。如丝色洁白，则丝身柔软，表面清洁，含胶量少，强度与耐磨性稍低，春茧丝多属于这种类型。如丝色稍黄，则光泽柔和，含胶量较多，丝的强度与耐磨性较好，秋茧丝多属于这种类型。

丝的光泽是丝反射的光所引起的感官感觉。茧丝具有多层丝胶，丝蛋白具有层状结构，光线入射后，进行多层反射，反射光互相干涉，因而产生柔和的光泽，生丝的光泽与生丝的表面形态、生丝中的含茧丝数等有关。一般来说，生丝截面越近圆形，光泽柔和均匀，表面越光滑，反射光越强。精炼后的生丝，光泽更为优美。

蚕丝的耐光性较差，在日光照射下，蚕丝容易泛黄。在阳光曝晒之下，因日光中 290～315nm 近紫外线，易使蚕丝中酪氨酸、色氨酸的残基氧化裂解，致使蚕丝强度显著下降。日照 200h，蚕丝纤维强度损失 50%左右。柞蚕丝耐光性比蚕丝好，在同样的日照条件下，柞蚕丝强度损失较小。

3. 热性能

蚕丝对热的抵抗力较强，在 110℃下干燥，只能排除其中的水分，对生丝或蚕丝并无损害；到140℃时才逐渐变黄；到170℃时开始逐渐失重，颜色由白变成淡黄、棕色；至250℃时开始变成黑色。

4. 光氧化、光泛黄和光脆损

蚕丝对光的作用很敏感，是天然纤维中耐光性最差的一种纤维。如在夏天的光照和气候条件下，经10天实验，桑蚕丝的强度降低30%。有人以汞灯（100V、2A）为紫外线光源，将精炼的桑蚕丝（线密度为1.33dtex）放在相距30cm处照射（空气的相对湿度为70%）25h和54h后，其强度由5.58g分别下降到3.58g和2.76g，延伸度由12.5%分别下降到7.81%和6.06%。可见，日光中的紫外线是引起桑蚕丝机械性能下降的重要原因。

泛黄是指织物在使用和储藏过程中白度下降、黄色增加的现象。泛黄严重影响外观质量，甚至损及强度。通常认为，泛黄是一种氧化过程，引起泛黄的光是波长为230～350nm的紫外线。

蚕丝制品在光的作用下会产生泛黄现象，并进一步引起脆损，强力降低，逐渐失去光泽。这也是丝绸业的老大难问题之一。

5. 微生物的作用

有时丝素会发生霉烂变质，这是微生物的分泌物—酶作用的结果。丝素是一种蛋白质纤维，它们能为微生物的生长和繁殖提供养料，因此，丝素纤维对微生物的稳定性都较差。

6. 水和盐类的作用

蚕丝具有多孔性及较高的吸水回潮率，因此透气性好，光滑柔软，手感好，穿着舒适。

蚕丝与水接触时，丝胶能迅速膨化，以致部分溶解；丝素由于结晶区与无定型区的网状分布，只能产生有限膨化，而不能发生溶解。丝素、丝胶在水中的膨化、溶解性能，除了与它们各自的组成和结构相关外，还与处理温度、时间、溶液的pH值以及电解质的存在有关。单纯的吸湿溶胀，并不引起丝素分子结构的变化，但是在比较激烈的条件下，水会与丝素起化学反应，主要使蛋白质分子肽键水解，从而导致纤维失重和机械性能的变化。

丝胶在水中溶解之前先行膨化，随着温度的提高，膨化程度加深。如果温度低于60℃，丝胶的溶解度极小；温度在60℃以上时，丝胶溶解速度逐渐加快；在100℃时煮沸10h，则能全溶；温度高于105℃时，溶解速度明显增加；温度在110℃时，生丝在1h内可以完全脱胶。丝素在100℃时短时间处理，并不发生毁坏性变化，但长时间沸煮，丝素有部分溶解的倾向，这时纤维的光泽减弱。所以，工业上进行蚕丝及其织物的脱胶，常借助于化学助剂的作用，在100℃下进行。

蚕丝不溶于酒精、丙酮、四氯化碳等有机溶剂，但丝素可以溶解在某些特殊的盐溶液中，盐溶液主要有促进蚕丝纤维溶胀或溶解的作用。普通中性盐的影响已在酸、碱作用中提到，并可用膜平衡原理加以说明。各种盐类对蚕丝作用能力大小的顺序如下：

$$CNS^- > I^- > Br^- > NO_3^- > Cl^- > CH_3COO^- > C_4H_4O_6^{2-} > SO_4^{2-} > F^-$$

7. 酸的作用

蚕丝对酸比对碱要稳定些，因而可在酸性条件下染色。但随着酸的浓度、作用温度、作用时间以及电解质总浓度的增加，肽键会发生不同程度的水解。一般，在强无机酸（如盐酸、硫酸等）的稀溶液中加热，丝素虽无明显破坏，但纤维的光泽、手感都受到相当的损害，强力、伸度亦有所降低；在强无机酸的浓溶液中，不加热亦能损伤丝素，时间长能溶解丝素，加热时溶解更迅速。如桑蚕丝在2%～4%的稀硫酸中于95℃下处理2h，其失重可达10%；处理时间增加到6h，失重将增至25%。

将蚕丝在浓无机酸、室温条件下短时间处理，如1～2min，然后立即水洗除酸，其长度将发生明显收缩，称为蚕丝的酸缩。如用50%的硫酸、28.6%的盐酸可分别使蚕丝收缩30%～50%、30%～40%。酸缩后的丝纤维，不至于受到明显的损伤，可利用此原理制作皱缩的织物。

弱无机酸和有机酸，如醋酸和酒石酸等的稀溶液，在常温下并不损伤丝纤维，还可增进其光泽、手感并赋予“丝鸣”的特性。单宁酸很易被丝纤维吸收，这与其他纤维相比是较为特殊的，如纤维素纤维虽然也能吸收单宁酸，但易被水洗去；羊毛吸收单宁酸的量很少，而丝纤维吸收单宁酸的量可高达25%，并且不明显地改变其他性质，也较难被水洗去。因此，单宁酸可用作增重剂和媒染剂。

8. 碱的作用

丝素对碱的抵抗力比对酸的抵抗力弱，这是因为碱可催化肽键水解。影响这种水解作用的因素主要是碱的种类、浓度、作用温度和时间以及电解质的总浓度等。在其他条件相同时，苛性碱的作用最为强烈，而碳酸钠、磷酸钠、焦磷酸钠、硅酸钠、氢氧化铝以及肥皂等弱碱性物质，对蚕丝的作用较为缓和，如果条件控制得好，可不致造成明显的损伤。所以，在丝绸染整加工中经常应用纯碱、氨水、肥皂和泡花碱（Na_2SiO_3）等溶液。

碱对蚕丝的作用，除碱液浓度外，温度的影响也很重要，强碱在高温时对蚕丝的损伤较大。如桑蚕丝在1N的氢氧化钠溶液中，70℃处理2h的溶解量为25%，4h可增至40%以上；在0.1N的氢氧化钠中处理，90℃比70℃的溶解量明显增加。实际上在室温条件下，蚕丝对弱碱还是相当稳定的。将桑蚕丝置于碳酸钠和碳酸氢钠的混合液中，离子总浓度皆为0.03N，pH值不同，95℃下处理30min和60min，桑蚕丝所受到的影响如图2-11所示。从图2-11明显看出，即使溶液的 pH 值小于 10，丝纤维也会发生一定程度的水解，并且水解程度随着溶液 pH 值的提高而加剧。

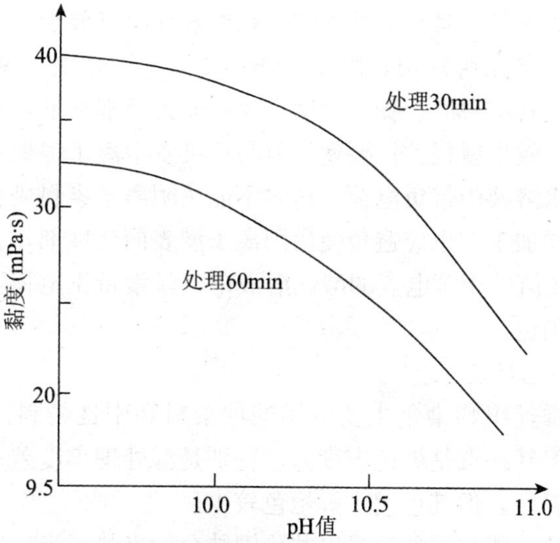

图 2-11 桑蚕丝黏度与溶液 pH 值的关系

在相同 pH 值的碱性溶液中，电解质总浓度也影响着碱对蚕丝的作用。如当碱液中加入中性盐时，可增加蚕丝的损伤，并且损伤与盐的种类有关，有研究资料指出钙、钡等盐类对损伤的影响尤为明显。从蚕丝的种类来说，在相同的处理条件下，柞蚕丝、蓖麻蚕丝等野蚕丝比桑蚕丝对碱的抵抗力要强。

酸、碱对丝素的作用随溶液 pH 值的变化而变化。在各自等电点附近的弱酸性溶液以及中性溶液中，丝素和丝胶都是稳定的。在 pH＝1.75～10.5 的溶液中，丝素基本不受损伤，而在 pH＜2.5 和 pH＞9 的溶液中，丝胶能很好地溶解和水解。所以，染整加工时，通常在 pH＝9～10.5 的范围进行脱胶处理。

9. 氧化剂和还原剂的作用

蚕丝对氧化剂是比较敏感的，其中，柞蚕丝对氧化剂的抵抗力比桑蚕丝的稍强。氧化剂的作用主要有三个方面：①氧化丝素肽链上的氨基酸侧基；②氧化肽链末端具—NH_2 的氨基酸；③氧化肽键。强氧化剂在高温下对丝素的氧化作用更为剧烈，如用高锰酸钾在高温下较长时间处理，可使丝纤维分解成氨、草酸、脂肪酸和芳香酸等产物。含氯氧化剂，如漂白粉、亚氯酸钠等不宜用于丝绸漂白，因为它们对丝素不仅有氧化作用，而且还有氯化作用，致使纤维强力降低乃至完全丧失。

还原剂对蚕丝的作用比氧化剂要弱得多，研究的也比较少。在蚕丝织物加工中常用的一些还原剂，如俗称的保险粉、亚硫酸盐及酸性亚硫酸盐等，在正常工艺条件下，不会使纤维受到明显损伤。

10. 蚕丝的两性性质

蚕丝属蛋白质纤维，具有两性性质。在丝素和丝胶分子中，都是酸性基团占优势，它们的等电点分别为 pH 值为 3.5～5.2 和 pH 值为 3.9～4.3。处于等电状态的丝素和丝胶其溶解度、膨化程度、反应能力等都最低，在这种状态下，若对蚕丝进行脱胶，效果就很差；要使染料与纤维发生离子键聚合也很困难。丝素在高于等电点的水溶液中带负电荷，这时不能用阴离子染料染色；同样，在碱性浴中进行蚕丝炼漂加工，也应避免使用阳离子型表面活性剂，否则会产生电性吸附。相反，在 pH 值低于等电点的酸性溶液中，丝素带正电荷，可与阴离子染料成盐结合，促进染色。

11. 蚕丝的染色性能

长期以来，蚕丝织物染色主要应用酸性染料和中性染料。酸性染料色谱齐全，色光鲜艳，但其缺点是染色牢度差，特别是湿处理牢度差；中性染料比酸性染料的染色牢度要好，但其色谱中鲜艳色较少。

反应染料是唯一能与蚕丝纤维以共价键结合的染料，当反应染料与蚕丝纤维以共价键结合时，染色牢度好，且颜色鲜艳，用反应染料染色有望从根本上解决蚕丝织物的染色牢度（湿牢度）问题。反应染料在蚕丝纤维上的反应性能，与蚕丝纤维的化学和物理结构特性密切相关，而蚕丝纤维的表面结构特性对于反应染料的吸附、反应以及最终染色物表面颜色深度、均匀性至关重要。反应染料不但可用碱性浴、中性浴、酸性浴染色，还可用先酸后碱法、先碱后酸法染色。含有多个活性基团的反应染料可在丝纤维非晶区形成蛋白质大分子间的交联，故有提高折皱弹性、抑制泛黄的作用。

反应染料在蚕丝织物上的推广应用，至今受到种种限制，其原因主要是染色的一次正确率低，改色困难。在应用酸性染料染色时，若色光不准，可容易地通过剥色后重新染色来补救，但应用反应染料染色时，由于染料与纤维间的共价键结合牢固，剥色困难，若一次染色色光不符，就很难调整。此外，反应染料染色通常需要大量电解质促染，对生态环境保护不利。

12. 柞蚕丝的水渍、起毛

柞蚕丝具有许多优良的特性，如强度高，弹性好，吸湿、透气性均优于家蚕丝等。但长期以来，柞蚕丝织物存在着水渍、起毛、泛黄等缺点，加之柞蚕丝织物的染、印制品色泽较萎暗等，引起了染整界的关注。

（1）水渍：是指织物局部着水再干燥后，着水部位显现出与未着水部位因光泽截然不同而形成的斑渍。水渍印除了与纤维结构形态有关外，一般还认为其程度是：干缫丝比水缫丝严重，缩水率大的织物比缩水率小的织物严重，高温条件下烘干比自然晾干严重，厚重织物比轻薄织物严重。当服用时间延长，纤维性能退化后，水渍现象随之减轻。水渍印产生后，若将织物全部入水浸渍，然后再均匀干燥，可使斑渍消失。采用热固性树脂处理丝织物，水渍印亦可有不同程度的克服。

(2) 起毛：是指织物使用过程中表面呈现茸毛的现象。有人认为这是柞蚕丝纤维横截面过于扁平，而且丝胶含量少，致使丝纤维的抱合力差而成。

（二）丝的质量标准

1. 长度

从茧子上缫取的茧丝长度很长，经缫丝，数根茧丝合并可获得任意长度的连续长丝（生丝），不需要纺纱即可织造。一粒茧子上的茧丝长度可达数百米至上千米。也可将下脚茧丝、茧衣和缫丝中的废丝等经脱胶切成短纤维，经绢纺纺纱工艺获得绢丝供织造用。

2. 细度和均匀度

把一定长度的生丝绕取在黑板上，通过光的反射，黑板上呈现各种深浅不同、宽度不同的条斑，根据这些条斑的变化，可以说明生丝细度的均匀程度。

生丝细度和匀度是生丝品质的重要指标，丝织物品种繁多，如绸、缎、纱、绉等。其中轻薄的丝织物，不仅要求生丝细度低，而且对细度均匀度有很高的要求。细度不匀的生丝，将使丝织物表面出现色档、条档等疵点，严量影响织物外观，造成织物其他性能如强度、伸度的不匀。

细度的表示方法：生丝细度用线密度表示，长期以来，纺织行业一直沿用纤度，其计量单位是旦尼尔（非法定计量单位），故下面以纤度表示生丝细度。纤度有实际纤度和平均纤度之分。

(1) 实际纤度（D_a），将丝条摇成一定长度（450m）的小绞，用纤度秤直接读出纤度数，或用天平称重后，按下列公式计算出纤度数：

$$D_a=\frac{g_a}{L}\times 9000=20g_a$$

式中：g_a——用天平称取的质量；

L——小绞丝的长度，一般为 450m。

(2) 平均纤度（D），用纤度秤称量时：

$$\overline{D}=\frac{\sum_{i}^{n}D}{n}$$

$$\Delta D=\frac{2n_1\ (\overline{D}-\overline{D}_1)}{n}$$

式中：D——平均纤度；

D_1——低于平均纤度的小绞丝的平均纤度；

n——检验纤度的总绞数；

n_1——低于平均纤度的小绞数。

(3) 限度最大偏差（ΔD_{max}）。取检验的小绞丝最粗、最细者各两绞，分别求其平均纤度，各与该批丝样的平均纤度比较，其差值最大者，即该批生丝的纤度最大偏差。

$$\Delta D_{max}=D_s-\overline{D}_{min} \text{或} \Delta D_{max}=\overline{D}_{max}-D_s$$

式中：D_s——平均公量纤度；

D_{min}——最细两绞丝的平均纤度；

D_{max}——最粗两绞丝的平均纤度。

影响生丝细度不匀的因素，是生丝截面内茧丝的根数和茧丝纤度的差异。此外，缫丝张力、缫丝速度等因素的变化，使生丝结构时而松散，时而紧密，也造成生丝细度的不均匀。因此，提高蚕茧的解舒丝长，减少断头，认真进行选茧、配茧工作，减少茧丝纤度的差异，是改善生丝细度均匀度的重要途径。

3. 相对密度

丝的相对密度较小，因此织成的丝绸轻薄。生丝的相对密度为 1.30～1.37，精炼丝的相对密度为 1.25～1.30，这说明丝胶相对密度较丝素大。在分析一粒茧内、中、外三层茧丝相对密度情况时，同样说明，外层茧丝因丝胶含量多，故相对密度较内层大。据测定资料介绍，外层茧丝的相对密度为 1.442，中层为 1.400，内层为 1.320。

4. 抱合

生丝依靠丝胶把各根茧丝黏着在一起，产生一定的抱合力，使丝条在加工过程中能承受各种摩擦。抱合不良的丝纤维受到机械摩擦和静电作用时，易引起纤维分裂、起毛、断头等，给生产带来困难。分裂出来的细小纤维使织物呈现“经毛”或“纬毛”疵点，影响织物外观。因此丝织生产，要求抱合试验中使丝条分裂的机械摩擦次数不低于 60 次。

5. 丝鸣

干燥的蚕丝相互摩擦或揉搓时发出特有的、清晰微弱的声响，称为丝鸣。丝鸣成为蚕丝独特的风格。

6. 吸湿性

无论是家蚕丝还是柞蚕丝都具有很好的吸湿本领，在温度为 20℃、相对湿度为 65%的标准条件下，家蚕丝的吸湿率达 11%左右，在纺织纤维中属于比较高的，如果含丝胶的数量多，纤维的含水量还会增加，因为丝胶比丝素更容易吸湿。比较起来，柞蚕丝因为本身内部结构的特点，吸湿性也高于家蚕丝。

四、制丝工艺

茧的工艺加工，一般系指从剥茧到制取生丝的整个工艺过程，包括剥茧、选茧、煮茧、缫丝和整理等工序。

（一）剥茧

剥去蚕茧外围松乱而细弱的茧衣，以利于选茧、煮茧和缫丝工艺。剥茧时，不可剥得太光，以免损伤茧层表面的茧丝。一般茧衣量约占全茧量的 2%，用它可作绢纺原料。

（二）选茧

选茧是选除各茧批中混有的下脚茧，如穿头茧、软绵茧、双宫茧、烂茧等。根据缫丝要求，将原料茧按茧层薄厚、茧形大小和色泽进行分选。

（三）煮茧

煮茧是利用水、热或药剂等的作用，使茧丝上的丝胶适当膨润和部分溶解，促使茧丝从茧层上依层不乱地退解下来，使缫丝顺利进行。

（四）缫丝

煮熟的茧子经过理绪，即把丝头理清，找出正绪，使茧丝由茧层离解，并以几根茧丝并合，借丝胶黏着，构成生丝。

生丝的线密度由茧丝的并合数和茧丝的单根纤维来决定，如计划缫制 2.3tex（20/22 旦）生丝时，一般以 7～9 根茧丝组成。由于每根茧丝各段粗细不同，缫丝并合时，要按规律搭配，以保证丝条均匀。

（五）整理

在复摇机上，把缫制的生丝，制成一定规格的丝绞，再经过整理打包，成为丝纺原料。

课后习题

1. 棉纤维的形态结构与成分是什么？
2. 羊毛纤维的形态结构与成分是什么？
3. 请分别说明水、盐、酸、碱对丝的作用。

第三章　化学纤维

学习目标

1. 了解化学纤维的分类
2. 了解几种化学纤维的生产方式
3. 了解几种合成纤维的性质及特点

第一节　化学纤维

一、化学纤维的分类

化学纤维，是指经过化学处理与机械加工而制得的纤维。可分为人造纤维和合成纤维两类。

（一）人造纤维

人造纤维是用含有天然纤维或蛋白质纤维的物质，如木材、甘蔗、芦苇、大豆蛋白质纤维、酪素纤维等及其他失去纺织加工价值的纤维原料，经过化学加工后制成的纺织纤维。人造纤维也称再生纤维。主要用于纺织的人造纤维有黏胶纤维、醋酸纤维、铜氨纤维。

1. 黏胶纤维

黏胶纤维是指从木材和植物藁秆等纤维素原料中提取的 α-纤维素，或以棉短绒为原料，经加工成纺丝原液，再经湿法纺丝制成的人造纤维。如将黏胶丝切断成短纤维，其长度和粗细近于棉花的叫人造棉，近于羊毛的叫人造毛。黏胶纤维做成的人造丝、人造棉、人造毛都是经过化学处理的天然纤维素。

2. 醋酸纤维

醋酸纤维是用木材，棉短绒等含纤维素的物质与醋酸及醋酐作用，生成醋酸纤维素浆，再分解成二醋酸纤维素，最后做成丝胶，经喷丝，凝固成醋酸人造丝。醋酸纤维实质上是天然纤维素经醋酸处理而制得的一种纤维，并因此而得名醋酸纤维。

3. 铜氨纤维

铜氨纤维是棉短绒经精炼漂白处理后，用铜氨溶液溶解制成黏稠液，再经喷丝、凝固、拉伸、精炼、水洗、稀酸处理后，制成铜氨长丝。铜氨纤维也是以天然纤维为原料经铜氨液处理而制得的，并因此而得名为铜氨纤维。

（二）合成纤维

合成纤维不是用含天然纤维素或含蛋白质的物质作原料，而是用石油，天然气，煤等为原料，先合成单体，再聚合而制成的纺织纤维。常见的合成纤维有聚酯纤维，聚酰胺纤维，聚乙烯醇纤维，聚丙烯纤维，聚丙烯腈纤维，聚氯乙烯纤维等。

1. 聚酯纤维

聚酯纤维是利用煤或石油加工中得到的苯、二甲苯、乙烯等单体制得的苯二甲酸或对苯二甲酸二甲脂及甲醇、乙二醇等为原料，经过缩聚反应而制得聚对苯二甲酸乙二酯，最后经熔融挤压纺丝而成纤维。聚酯纤维是聚对苯二甲酸乙二酯的简称。聚脂纤维是商品名为涤纶。其他名称有特丽纶、帝特纶、特达尔、达可纶等。

2. 聚酰胺纤维

聚酰胺纤维是用苯、环已酮等合成已内酰胺，再聚合成聚已内酰胺高分子，最后经纺丝及加工处理而成。聚酰胺纤维商品名为锦纶，其他名称有尼龙、耐纶、贝纶、赛纶、卡普隆等。根据生产时原料单体所含的碳原子数不同，锦纶名称常附加一个数字，如锦纶 6、锦纶 66，这个数字表示制造这种纤维的原料单体所含的碳原子数。

3. 聚乙烯醇纤维

用煤和石灰反应制成乙炔，或从天然气中、石油中制取乙炔，利用乙炔和醋酸作原料加工成醋酸乙烯，经聚合成聚醋酸乙烯，加醇分解得聚乙烯醇纤维。聚乙烯醇纤维商品名为维纶、维尼龙、妙纶、维纳纶等。

4. 聚丙烯纤维

炼油废气、天然气或石油裂解的烯烃气体，经提纯，聚合而制得聚丙烯树脂，再经熔融挤压法纺丝，最后加工成聚丙烯纤维。聚丙烯纤维的商品名为丙纶，帕纶。

5. 聚丙烯腈纤维

聚丙烯腈纤维是用丙烯腈作原料，经聚合成大分子的聚丙烯腈，然后经溶解，纺丝而制成。商品名为腈纶，也叫奥纶、开司米纶、克司纶、爱克斯纶等。

6. 聚氯乙烯纤维

聚氯乙烯纤维是用乙炔秘氯化或乙烯与氯气合成氯乙烯单体，然后进行聚合得到聚氯乙烯，再经熔融挤压纺丝而制成。商品名为氯纶，也叫天美纶、滇纶。

二、化学纤维的一般生产过程

除无机纤维外，化学纤维一般都是高分子化合物，能制造纤维的高分子化合物称为成纤高聚物。成纤高聚物必须具备三个条件：线型分子结构、适当的相对分子质量、可溶解性或可熔融性。

化学纤维由于原料来源、分子组成、成品要求等不同，其具体的制造方法也不一样。一般要经过纺丝液制备、纺丝成型和后加工三个工序。

（一）纺丝液制备

将成纤高聚物用熔融或溶解的方法制成纺丝流体。分解温度高于熔点的成纤高聚物，可通过加热直接熔化成熔体，称为熔融法；分解温度低于熔点的成纤高聚物，必须选择适当的溶剂将其溶解制成纺丝溶液。

制得的纺丝液必须黏度均匀、适当，不含气泡和杂质，以保证纺丝的顺利进行，并纺得优质的纤维。因此在纺丝前纺丝液必须经过过滤、脱泡等处理。

（二）纺丝

纺丝溶液或纺丝熔体通过计量装置定量供给喷丝头，使其从纺丝细孔中流出，再在适当的介质中固化成细丝，这一过程称为纺丝。常规的纺丝方法分为熔体纺丝和溶液纺丝。按凝固条件或介质的不同，溶液纺丝又分为湿法纺丝和干法纺丝。

1. 熔体纺丝

将熔融的成纤高聚物熔体从喷丝孔中挤出，在周围空气中冷却固化成丝，称熔体纺丝。该纺丝法过程简单，纺丝速度高，污染小，但喷丝头孔数较少，长丝一般为数孔到数十孔，短纤维一般为 300～1000 孔，最多可达 2200 孔。涤纶、锦纶、丙纶等合成纤维生产都是采用熔体纺丝。

2. 湿法纺丝

用溶液法制备的纺丝液从喷丝孔中喷出后，在液体凝固浴中因溶剂扩散和凝固剂渗透而固化成丝称湿法纺丝。该纺丝法的特点是喷丝头的孔数多，可达 5 万孔以上，但纺丝速度慢。由于液体凝固剂的固化作用，纤维截面形状与喷丝孔的形状有较大差异，且有明显的皮芯结构。黏胶纤维、维纶、氯纶等的生产多采用此法。

3. 干法纺丝

将溶液法制备的纺丝液从喷丝孔中喷出后，在热空气中因溶剂迅速挥发而凝固成丝称干法纺丝。干法纺丝的溶剂必须具有优良的挥发性，纺丝耐热空气的温度高于溶剂的沸点。该方法纺丝速度高，喷丝头孔数较少，为 300～600 孔，易污染环境，成本较高。醋酯纤维、维纶等少数纤维生产采用此法。

（三）后加工

从喷丝孔喷出后凝固的纤维称为初生纤维，初生纤维的强度低，缩率大，没有使用价值，必须进行一系列的后加工，以改善纤维的物理机械性能。后加工工序随长丝和短纤维及纤维品种而有所不同。短纤维的主要后加工工序如下。

1. 拉伸

将初生纤维集合成一定粗细的大股丝束，经多辊拉伸机进行一定倍数的拉伸。拉伸使纤维中大分子的排列改变，大分子沿纤维轴向伸直而有序排列，从而改善纤维的力学性能。若采用不同的拉伸倍数，可制得不同强度和伸长率的纤维。拉伸倍数小，制取的纤维强度较低，伸长率较大；拉伸倍数大，制取的纤维强度较高，伸长率较小。

2. 上油

将纤维丝束经过油浴，在纤维表面加上一层很薄的油膜，化纤上油的目的是减少纤维与纤维、纤维与机件之间的摩擦，提高纤维间的抱合力，改善纤维的柔软润滑性，增强合成纤维的吸湿能力，减少纤维在纺织加工和使用过程中产生的静电现象。

化纤油剂是根据纤维的不同品种和不同要求来选择不同的配方，包括润滑剂、乳化剂、添加剂等组成成分。润滑剂是天然动植物油、矿物油或合成酯类，主要起平滑、柔软作用。乳化剂是指表面活性剂，起乳化、吸湿、抗静电、平滑渗透等作用，添加剂主要有抗静电剂、防氧化剂、防霉剂、消泡剂等，起抗静电、防氧化、防霉等作用。化纤油剂就是按配方做成的一种乳化液。

3. 卷曲

使纤维具有一定的卷曲数，从而改善纤维之间的抱合力，使纺纱得以正常进行，同时提高成纱强度，改善织物的服用性。卷曲是将丝束送入具有一定温度的卷曲箱，经挤压后形成卷曲，该方法适用于具有热塑性的纤维，如涤纶、锦纶、丙纶等。其卷曲多呈波浪形，卷曲数较多，但卷曲牢度较差，容易在纺纱过程中逐渐消失。此外，还可利用纤维内部结构的不对称性，在热空气或热水中，使前段工序中的应力松弛，使纤维产生收缩。由于内部结构的不对称及不均匀内应力的存在，收缩不匀，也能产生卷曲。黏胶纤维、维纶等属于这种卷曲，卷曲牢度好。

4. 干燥定型

一般在帘板式烘燥机上进行，目的是除去纤维中多余的水分，消除前段工序中产生的内应力，防止纤维在以后的加工和使用过程中产生收缩。

5. 切断

在沟轮式切断机上将丝束切断成规定的长度。长丝的后加工主要包括牵伸、加捻、热定型、上油和成品包装等工序。

三、几种化学纤维的生产

（一）复合纤维的生产

复合纤维又叫双组分纤维，是模仿羊毛的双边结构，由两种或多种成纤高聚物的熔体或浓溶液，利用配比、组分、黏度或品种不同，分别输入同一个纺丝组件，在适当的地方汇合起来，在同一纺丝孔中喷出，合成一根纤维。复合纤维的品种很多，有并列型、皮芯型、散布型等。复合纤维以湿法生产为多。腈纶复合纤维可以带有永久卷曲，也有用熔体法生产的，如锦/涤皮芯复合纤维。

复合纤维通常具有立体卷曲，有高度的体积蓬松性、延伸性和覆盖能力，而且卷曲有可复性，即卷曲在外力作用下逐渐减少后，如用沸水、蒸汽或烘热处理，卷曲可以回复。

（二）异形纤维的生产

为了改善合成纤维织物的服用性，合成纤维模仿天然纤维制成非圆形截面，叫做异形纤维。异形纤维通常有三角形、五角形、三叶形、多叶形、哑铃形、椭圆形、L形、藕形和圆中空、异形中空等多种。三角形纤维具有闪光性，用于制造闪光绒线；五角形纤维毛型感强，有抗起球性，可制银枪大衣呢；五叶形复丝像蚕丝，织物滑爽而没有蜡感，可制仿真丝绸；L形纤维保湿性较好；中空纤维轻而保暖，手感好，可仿鸭绒。异形纤维通常用异形喷丝孔的喷丝头制造，成纤过程中要求纺丝液迅速均衡地凝固。

此外，也可采用熔体互黏、复合丝分离、后处理变形、中心吹气、复合异形或采用纤维表面变形等方法来制造。异形纤维可制成单丝、复丝、切段纤维及弹力丝等。

（三）高性能纤维的生产

超细纤维超细长丝的纺丝方法有直接纺丝改良法、高分子相互并列纺丝法、剥离型复合纺丝法等。以高分子并列纺丝法（亦称海岛型复合纤维纺丝法）为例，所得纤维截面为海组分的皮层包围岛组分的芯层，溶解除去海组分后即可得到岛组分的芯层。该法制得超细聚酯纤维的纤度为0.001dtex。超细短纤维通过喷射纺丝法（熔喷法）、闪蒸纺丝法等制成，主要用于非织造布制造。

1. 对位芳族聚酰胺纤维（PPTA）

PPTA采用界面缩聚、溶液缩聚和乳液聚合的方法合成，另外还有固相聚合和气相聚合。影响聚合物相对分子质量的因素有溶剂类型、单体的摩尔分数、搅拌的形式、反应温度、浓度等。其纤维成形技术是典型的由刚性链聚合物形成液晶性纺丝溶液，采用干喷湿纺的液晶纺丝技术，制取高强度高模量纤维。

2. 间位芳香族聚酰胺纤维（MPIA）

间位芳纶也采用界面缩聚法及低温溶液缩聚法合成，一般采用干法或干湿法制长丝，湿法纺制短纤维。

3. 超高分子量聚乙烯纤维（UHMW－PE）

制造方法采用冻胶纺丝——超倍拉伸法。先把高分子量聚乙烯溶解在萘烷或液体石蜡等溶剂中，制成稀溶液，脱泡后经喷丝头挤出，骤冷成冻胶丝，然后加热到结晶温度（90～150℃）以上，进行超倍拉伸，使分子链重排，形成伸直链结晶，得到高强高模纤维。

4. 聚四氟乙烯（PTEE）

采用悬液纺丝法（又称载体纺丝法）或膜裂法制备。悬液纺丝法以黏胶或聚乙烯醇水溶液为载体，把60%的粉末状聚四氟乙烯树脂均匀的分散于含有烷基或芳基聚乙二醇醚的8%纤维素磺酸酯溶液或聚乙烯醇溶液中。过滤悬乳液，在20℃条件下通过喷丝板（孔径50μm）压入凝固浴中，凝固浴含有10%硫酸、16%硫酸钠和10%硫酸锌。凝固后，在80℃温度下洗涤，190℃温度下烘干，再在380～400℃的高温下烧结，用作载体的纤维素或聚乙烯醇在高温下被烧掉，剩下的聚四氟乙烯颗粒则在高温下发生融结而成为均匀的丝条，随后在350℃时进行适度的拉伸即得成品。

5. 碳纤维

以黏胶纤维为原丝时，黏胶纤维可直接炭化和石墨化。纤维先进行干燥，然后在氮或氩等惰性气体的保护下缓慢加热到400℃，再快速升温至900～1000℃，使之完全炭化，可得到含碳量达90%的碳纤维。若以聚丙烯腈纤维为原料，则需先对原丝进行180～220℃、约10h的预氧化处理，再经炭化和石墨化处理，可制得具有优良性能的碳纤维。炭化温度为900～1200℃得到普通型（A型）碳纤维，炭化温度为1300～1700℃得到高强度型（C型）碳纤维，在温度高于2500℃条件下石墨化处理得到高模量碳纤维（B型）。聚丙烯腈碳纤维的制造工艺流程图如图3-1所示（图中PAN是过氧乙酰硝酸酯、OF是氟氧化、CF是氟化碳、CrF是氟化铬）。

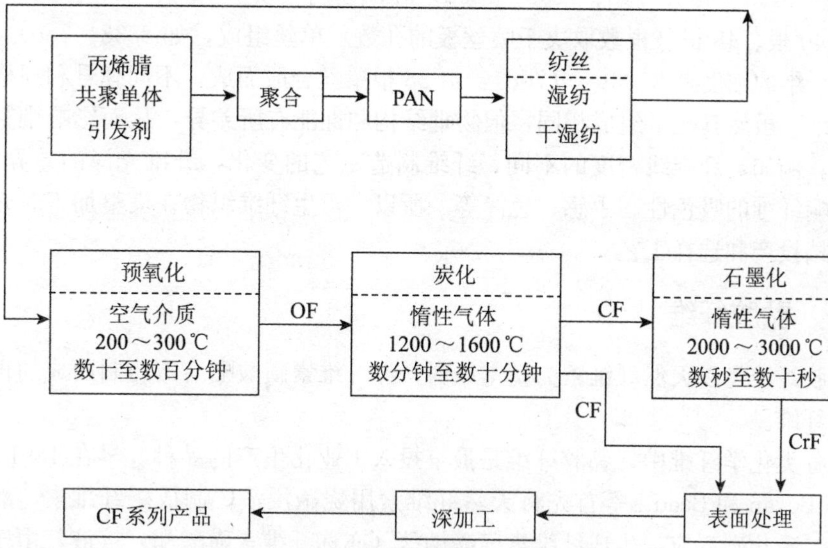

图3-1 聚丙烯腈碳纤维的制造工艺流程

（四）特种功能纤维的制造方法

特种功能纤维又叫机能纤维，是具有反渗透、分离混合气体、透析、吸附、离子交换、导光、导电等特殊功能的化学纤维。特种功能纤维有的是具有不同微孔结构的中空纤维，有的是用特种复合技术做成的复合纤维。例如，以高透明度的聚合物为芯材，以透明含氟树脂为皮就可复合成光导纤维，使光能在芯部沿其界面进行折射传导。如再在化纤中混入石墨或铜、镍、硫化铜等导电性添加剂，就可制得有导电性和抗静电性的特种纤维，供作抗静电防爆作业服、带电作业服等。

第二节　再生纤维

再生纤维素纤维是人造纤维中的一大类，其主要品种有黏胶纤维、铜氨纤维和醋酯纤维等，另外还有再生物纤维素纤维——甲壳素（质）纤维。它们是以天然纤维素为原料，经过一系列化学处理，将其精制成溶液，然后在压力下流过纺丝机的喷丝头小孔，接着在凝固浴中凝固成丝条。

再生纤维素纤维中以黏胶纤维发展最早，且有长丝与短纤维之分。铜氨纤维和醋酯纤维有长丝。再生纤维按外观光泽区分为有光丝、半光丝和无光丝三种。半光丝和无光丝是在纺液中分别加入不同量的消光剂而得到的，不加消光剂的为有光丝。

常见再生纤维的线密度（细度）有 4.44tex、6.67tex、8.33tex、13.33tex、17.78tex（40d、60d、75d、120d，160d）等，它们可以由 18 根、24 根、28 根、32 根、40 根、48 根（根数取决于喷丝板的孔数）单丝组成，如 8.33（75d）/28 表示该纤维的细度是 8.33tex（75d），由 28 根单丝合股而成。不同牌号和规格的再生纤维，虽然其化学组成相同，但物理结构和性能有所差异，从而影响染整加工性能。例如，纤维线密度的不同，纤维制造工艺的变化，纤维光泽的差异等，都会影响纤维的吸色性、手感、色泽等。所以，再生纤维织物在染整加工时必须分批分档投产和选择工艺。

一、黏胶纤维

黏胶纤维是以天然纤维素为基本原料，经纤维素磺酸酯溶液纺制而成的再生纤维素纤维。

在各类化学纤维中，黏胶纤维是最早投入工业化生产的品种。早在 1891 年，Cross、Bevan 和 Beadle 等首先将天然纤维素用烧碱浸渍，制成碱纤维素，然后使之与二硫化碳反应，生成纤维素磺酸钠盐（亦称纤维素磺酸酯）溶液，由于这种溶液的黏度很大，因而被命名为“黏胶”。黏胶遇酸后，纤维素又重新析出。根据黏胶的这种性质，1893 年发明了一种制备化学纤维的方法，由这种方法制得的纤维称为“黏胶纤维”。到 1905 年，Mailer 等发明了稀硫酸和硫酸盐组成的凝固浴，使黏胶纤维的性能得到较大改善，从而实现了黏胶纤维的工业化生产。早期的黏胶纤维都是长丝，俗称人造丝；后来发展了短纤维，棉型的叫人造棉，毛型的叫人造毛。目前，在黏胶纤维中，短纤维的产量约占 2/3，其余 1/3 是黏胶长丝和强力纤维。

（一）黏胶纤维的形态结构

由于黏胶纤维属于纤维素纤维，所以它的化学和物理性能与棉纤维的非常相似，但在结构上与棉纤维有很大差别。在显微镜下观察，普通黏胶纤维的纵向为平直的柱体，截面呈不规则的锯齿状。黏胶纤维的基本组成物质和棉、麻纤维的相同，都是纤维素，但聚合度较低，一般只有 250～350。由于生产过程中易受到氧化作用，其纤维素中羧基和醛基的含量较高。

研究表明，黏胶纤维也是部分结晶的高分子化合物，其晶胞参数与纤维素Ⅱ相同。它的结晶度较低，结晶尺寸也较小，在电镜中观察不到原纤组织，但结晶部分是由折叠链构成，它的聚集态结构可由经过修正的缨状胶束结构模型表示（见图 3-2）。黏胶纤维的取向度也较低，但可随生产过程中拉伸程度的增加而提高。黏胶纤维的截面结构是不均一的，纤维外层（皮层）和纤维内部（芯层）的结构与性质有所不同，皮层的结构紧密，结晶度和取向度较高；芯层的结构较疏松，结晶度和取向度都较低。与普通黏胶纤维相类似的是富强纤维，富强纤维（即高湿模量纤维）是一种改进型黏胶纤维，其聚合度高，强度也较高，湿强与干强之比达到 80%，常用于绦纶混纺。普通黏胶纤维与富强纤维在结构方面的差异如表 3-1 所示。

图 3-2　缨状胶束结构模型（阴影部分表示结晶区）

表 3-1　　普通黏胶纤维与富强纤维的结构差异

项目	普通黏胶短纤维	富强纤维
聚合度	300～400	500～600
截面形态	锯齿形皮芯结构	圆形全芯结构
微细结构	几乎无原纤结构	有原纤结构
结晶度（%）	30	44

续 表

项目	普通黏胶短纤维	富强纤维
取向度（%）	70～80	80～90
羟基可及区（%）	65	50

（二）黏胶纤维的性能

1. 物理机械性能

为了便于比较说明黏胶纤维的性能，特将黏胶纤维富强纤维和棉纤维的机械性能、物理性能列于表 3-2 中。

表 3-2　普通黏胶纤维、富强纤维和棉纤维的性能比较

性质	普通黏胶纤维	富强纤维	优质棉纤维
线密度（tex）	0.17～0.55	0.17	1.1～1.5
干态强度（cN/tex）	16～22	6～50	24～26
湿态强度（cN/tex）	8～13	8～13	30～34
湿强/干强（%）	50～60	75～80	1.05～1.15
湿模量（%）	8～11	2.6	—
干态伸长率（%）	>15	10～12	7～9
湿态伸长率（%）	>20	11～13	12～14
钩结强度（cN/tex）	1～9	4～5	—
7%氢氧化钠处理后的微纤结构	被破坏	无影响	无影响
水中溶胀度（%）	90～115	55～75	35～45

由表 3-2 可见，普通黏胶纤维的断裂强度较低，干、湿强度大大低于富强纤维和棉纤维，且其湿强仅为干强的 50%～60%，断裂延伸度较高，模量低。此外，弹性回复性能差，耐磨性和耐疲劳性均比棉纤维低，尤其湿态耐磨性更低，仅为干态耐磨性的 20%～30%。

2. 拉伸性能

天然纤维素纤维的结晶度、取向度和分子量都较高，分子链之间形成大量氢键。棉、麻纤维的断裂很可能是由于其聚集态结构中存在某些缺陷和薄弱环节，在受到拉伸时这些部位首先被破坏，并逐渐伸展，进而将应力集中于部分取向的大分子主链上，最后这些分子链被拉断而导致纤维断裂。棉、麻纤维在潮湿状态下，由于水的增塑作用，使应力分布趋于均匀，从而增加了纤维的强度。对黏胶

纤维来说，其结晶度、取向度和聚合度都较低，分子链之间的作用力较弱，在外力拉伸时，分子链或其他结构单元之间的相对滑移可能是纤维断裂的主要原因。黏胶纤维润湿后，由于水分子的作用削弱了大分子之间的作用力，有利于分子链或其他结构单元之间的相对滑移，所以它的湿强比干强低得多。如果在黏胶纤维的分子链之间进行适当的交联，由于增强了分子链之间的结合，不利于分子链或结构单元之间的相对滑移，从而能提高纤维的强度。

纤维在张力作用下发生伸长，主要是由两种作用引起的：一种是分子链的主价键和分子链间或结构单元间氢键的形变，但范围很小；另一种则是分子链或结构单元的取向。麻类纤维的取向度高，所以断裂延伸度最小；棉纤维的取向度比麻低些，所以断裂延伸度较大；由于黏胶纤维的聚合度只有 250～350，且结晶度、取向度又较低，因此在取向过程中纤维能发生较大的伸长，在同样大小的外力作用下，其形变量大于棉、麻等天然纤维素纤维。当黏胶纤维润湿后，纤维溶胀，分子间作用力进一步降低，纤维更易变形，容易起皱，所以在选择染整加工方式和设备时，必须考虑这一性质，将张力控制在黏胶纤维允许承受的范围之内。当然，如果在黏胶纤维的生产过程中，能设法提高成形时的拉伸倍数，以提高纤维的结晶度和取向度，也可制得强度和模量较高而延伸度较低的黏胶纤维。黏胶纤维的耐磨性较棉纤维差，特别是湿态耐磨性仅为干态的 20%～30%，因此洗涤其织物时，应避免强烈揉搓，否则将严重影响其使用寿命。

3. 吸湿性

黏胶纤维的吸湿性强是它的一大特点。当相对湿度为 65%时，黏胶纤维的标准回潮率可高达 13%，而棉纤维仅为 8.5%。黏胶纤维织物吸水后有明显的厚实和粗糙感，主要是因为纤维吸湿（或吸水）后膨化现象显著，其截面膨胀率可达 50%～140%，纱线直径变粗，排列更加紧密，因此，黏胶纤维织物的缩水率大。当然，黏胶纤维也不易引起静电，与其他合成纤维混纺，可以改善可纺性，混纺织物的舒适性也较好。

4. 耐日光性

长时间日光照射使黏胶纤维的强力降低，稍变黄。黏胶纤维的耐气候性也类似，长时间在室外，其强力稍有降低。黏胶纤维对光化学作用的稳定性略低于天然纤维素纤维，在日光照射下，棉纤维经 940h 后强度损失 50%，而同样强度损失黏胶纤维需经日光照射约为 900h。

5. 耐热性能

纤维素纤维的耐热性较好，因为这些纤维不具有热塑性，不会因温度升高而发生软化、粘连及机械性能的严重下降。实验证明，在一定温度范围内，黏胶纤维的耐热性优于棉纤维，例如，当温度由 20℃升高到 100℃，天然纤维素纤维的断裂强度约降低 26%，而黏胶纤维的断裂强度反而有所提高。

6. 化学性质

黏胶纤维的化学性质同其他纤维素纤维一样，对酸和氧化剂的抵抗力差，而对碱的抵抗力较强，但对碱的稳定性低于天然纤维素纤维，除了少数特殊品种外，一般的黏胶纤维不能经受丝光处理。黏胶纤维在碱液中会发生不同程度的溶胀和溶解，使纤维失重，机械性能下降，其程度首先取决于纤维本身的聚合度和结晶度，提高纤维的聚合度和结晶度可提高纤维的耐碱性。此外，纤维失重和机械性能下降的程度还取决于碱液的浓度和温度，例如，普通黏胶纤维在0℃经10%氢氧化钠溶液处理后，失重率高达78%，但失重率随碱液浓度的降低和温度的升高而减小。

7. 染色性

黏胶纤维和棉纤维的染色性能相似，凡能染棉纤维的染料，均可用来染黏胶纤维，并可获得鲜艳的色泽。但由于黏胶纤维存在着皮芯结构，皮层结构紧密，妨碍染料的吸收与扩散，而芯层结构疏松，对染料的吸附量高，所以低温短时间染色，黏胶纤维得色比棉纤维浅，且易产生染色不匀现象；高温较长时间染色，黏胶纤维得色比棉纤维深。

8. 服用性能

从服用的角度看，黏胶纤维的主要优点是吸湿性强、染色性好、发色性好、不易产生静电、可纺性好、能与各种纤维包括天然纤维及化学纤维混纺和交织，主要缺点是湿强低、易伸长、弹性差、塑性大、伸长回复率低、湿膨胀大、耐碱性差、易燃。富强纤维和高湿模量纤维已基本上克服了大部分缺点，达到了棉纤维性能的水平，有些还超过了棉纤维。

从织物的角度看，黏胶纤维织物，不论是长丝织物还是短纤维织物，虽有吸湿好、色彩鲜艳、穿着舒适等长处，但都具有易皱、易缩、易伸长、易变形、不耐磨、湿强低、不宜机洗等致命弱点。

（三）黏胶纤维的种类与用途

1. 普通黏胶纤维

普通黏胶纤维有长丝和短纤维之分，黏胶短纤维有棉型、毛型和中长型，可与棉、毛等天然纤维混纺，也可与涤纶、腈纶等合成纤维混纺，还可纯纺，用于织制各种服装面料和家庭装饰织物及产业用纺织品。其特点是成本低，吸湿性好，抗静电性能优良。长丝可以纯织，也可与蚕丝、棉纱、合成纤维长丝等交织，用于制作服装面料、床上用品及装饰品等。

2. 富强纤维

富强纤维是通过改变普通黏胶纤维的纺丝工艺条件而开发的，其横截面近似圆形，结构近乎全芯层，强度高于普通黏胶纤维，湿态强度明显提高。

3. 强力黏胶丝

强力黏胶丝结构为全皮层，是一种高强度、耐疲劳性能良好的黏胶纤维，强度可达棉的两倍以上，广泛用于工业生产，可做汽车轮胎帘子布，也可以制作运输带、胶管、帆布等。

（四）黏胶纤维的制法

以含有纤维素但不能直接纺纱的物质为原料，经蒸煮、漂白等提纯过程制成黏胶纤维浆粕，由黏胶纤维浆粕制成黏胶纤维的具体生产工艺流程为：浆粕→浸渍→压榨→粉碎→碱纤维素→老成→磺化→纤维素磺酸钠→溶解→混合→过滤→熟成→脱泡→纺丝→后处理→上油→烘干→黏胶纤维。

由浆粕制成黏胶纤维的主要过程如下。

1. 黏胶纺丝液的制备

将浆粕与浓碱作用制成碱纤维素，再将碱纤维素与二硫化碳作用生成纤维素磺酸酯。将纤维素磺酸酯溶解于稀碱液中，再经过滤、脱泡等过程制成符合纺丝要求的黏胶纺丝液。

2. 纺丝成形

经纺丝孔挤压出来的黏胶细流，进入含酸的凝固浴，纤维素磺酸酯分解，纤维素再生。

3. 后处理

包括水洗、脱硫、漂白、上油及烘干等过程。黏胶短纤维是将成形后的纤维束切断后再进行上述处理。

二、其他再生纤维素纤维

（一）铜氨纤维

铜氨纤维没有捻度，单丝十分纤细，最细的可达 0.11tex（1d）。所以，组成丝条的单丝根数多，手感柔软，光泽柔和，比黏胶纤维更接近于蚕丝。铜氨纤维的断裂强度与黏胶纤维相仿，但湿强度的降低比黏胶纤维少得多。铜氨纤维对酸的作用与黏胶纤维相似，易被冷浓酸和热稀酸溶解，对碱的稳定性也较差。铜氨纤维的染色性能基本上与黏胶纤维相同，但铜氨纤维的截面比较均一，轮廓光滑，没有明显的皮芯结构，因而在染液中容易膨化，吸色较快。由于吸色快，容易产生色花，故铜氨纤维织物染色时应选择低温条件，使用吸收性能及扩散性能良好的染料。

（二）醋酯纤维

醋酯纤维有三醋酯纤维（三醋纤）和二醋酯纤维（二醋纤）之分。醋酯纤维的外表较黏胶纤维的光滑，横截面为边缘微有凹凸的圆形，光泽更接近于蚕丝，弹性和手感较好，有一定的抗皱性。但醋酯纤维的强度差，为10.58～13.23cN/tex（1.2～1.5g/d），仅为蚕丝的40%，是普通黏胶纤维的65%～70%，其湿强度更低，为6.17～7.94cN/tex（0.7～0.9g/d）。

醋酯纤维分子由于亲水性的羟基（—OH）被乙酰化，其吸湿性远比黏胶纤维差，标准回潮率只有6.5%左右，使纤维疏水性增强，容易被有机溶剂膨化或溶解。三醋纤在冰醋酸中、二醋纤在丙酮或冰醋酸中的优良溶解性能，就是鉴别二者以及它们与其他纤维的好方法。

醋酯纤维为热塑性纤维，受热会软化，高温熨烫不当会发生熔融或发黏现象。它对酸的作用较为稳定，遇碱极易引起水解，因此，在染整加工中pH值不宜超过9.5，温度也应控制在85℃以下，否则会发生消光作用。醋酯纤维在水中膨化很小，用于一般纤维素纤维染色的染料（如直接染料、反应染料等）都很难上染，只能使用分散性染料染色。

第三节　合成纤维

合成纤维是将人工合成的、具有适宜分子量并具有可溶（或可熔）性的线型聚合物，经纺丝成形和后处理而制得的化学纤维。通常将这类具有成纤性能的聚合物称为成纤聚合物。与天然纤维和人造纤维相比，合成纤维的原料是由人工合成方法制得的，生产不受自然条件的限制。合成纤维除了具有化学纤维的一般优越性能，如强度高、质轻、易洗快干、弹性好、不怕霉蛀等外，不同品种的合成纤维各具有某些独特性能。

普通的合成纤维主要是指传统的六大纶纤维，即涤纶、锦纶、腈纶、丙纶、维纶纤维和氯纶纤维。

以产量排序为涤纶＞丙纶＞锦纶＞腈纶＞维纶纤维＞氯纶纤维。

一、涤纶纤维（聚对苯二甲酸乙二酯）

涤纶是合成纤维中的一个重要品种，是我国聚酯纤维的商品名称。它是以聚对苯二甲酸（PTA）或对苯二甲酸二甲酯（DMT）和乙二醇（EG）为原料经酯化或酯交换和缩聚反应而制得的成纤高聚物——聚对苯二甲酸乙二醇酯（PET），经纺丝和后处理制成的纤维。英文为Terylene，Polyester；国内俗称“的确良”。涤纶的用途很广，大量用于制造衣着面料和工业制品。涤纶具有极优良的定形性能。涤纶纱线或织物经过定形后生成的平挺、蓬松形态或褶裥等，在使用中经多次洗涤，仍能经久不变。

（一）性能

1. 强度高

涤纶短纤维强度为2.6～5.7cN/dtex，高强力纤维强度为5.6～ 8.0cN/dtex。由于吸湿性较低，它的湿态强度与干态强度基本相同。耐冲击强度比锦纶高4倍，比黏胶纤维高20倍。

2. 弹性好

涤纶弹性接近羊毛，当伸长5%～6%时，几乎可以完全恢复。耐皱性超过其他纤维，即织物不折皱，尺寸稳定性好。弹性模数为22～141cN/dtex，比锦纶高2～3倍。

3. 耐热性和热稳定性在合成纤维织物中是最好的

4. 涤纶表面光滑，内部分子排列紧密

5. 耐磨性好

耐磨性仅次于耐磨性最好的锦纶，比其他天然纤维和合成纤维都好。

6. 耐光性好

耐光性仅次于腈纶。

7. 耐腐蚀

可耐漂白剂、氧化剂、烃类、酮类、石油产品及无机酸。耐稀碱，不怕霉，但热碱可使其分解。

8. 染色性较差，但色牢度好，不易褪色

（二）品种

涤纶的大类品种有短纤维、拉伸丝、变形丝、装饰用长丝、工业用长丝及各种差别化纤维。其中涤纶短纤维还可进行以下分类。

按物理性能区分为高强低伸型、中强中伸型、低强中伸型、高模量型、高强高模量型；按后加工要求区分为棉型、毛型、麻型、丝型；按用途区分为服装用、絮棉用、装饰用、工业用；按功能区分为阳离子可染、吸湿、阻燃、有色、抗起球、抗静电；按纤维截面区分为异型丝、中空丝。

二、锦纶纤维（聚酰胺纤维）

锦纶（又称尼龙），其耐磨性居纺织纤维之冠，强度高，弹性优良，但初始模度低，容易伸出，织物保型性、耐热性不及涤纶，因此在棉、麻毛型外衣面料中并不多见，而在丝绸织物中，则可充分发挥其细而柔软、弹性伸长大的优良特性。

吸湿性在合成纤维中仅次于维纶，染色性在合成纤维中属较好的。耐光性和耐热性教差，初始模具比其他大多数纤维都低，因此在使用过程中容易变形，限制了锦纶在服装面料领域的应用。

（一）特色

锦纶吸湿性和染色性都比涤纶好，耐碱而不耐酸，长期暴露在日光下其纤维强度会下降。锦纶有热定型特性，能保持住加热时形成的弯曲变形。锦纶的长丝可制成弹力丝，短丝可与棉及腈纶混纺，以提高其强度和弹性。除了在衣着和装饰品方面的应用外，还广泛应用在工业方面如帘子线、传动带、软管、绳索、渔网等。

（二）性能

（1）强力、耐磨性好，居所有纤维之首。

它的耐磨性是棉纤维的10倍，是干态黏胶纤维的10倍，是湿态纤维的140倍。因此，其耐用性极佳。

（2）锦纶织物的弹性及弹性恢复性极好，但小外力下易变形，故其织物在穿用过程中易变皱折。

（3）通风透气性差，易产生静电。

（4）锦纶织物的吸湿性在合成纤维织物中属较好品种，因此用锦纶制作的服装比涤纶服装穿着舒适些。

（5）有良好的耐蛀、耐腐蚀性能。

（6）耐热耐光性都不够好，熨烫温度应控制在140℃以下。在穿着使用过程中须注意洗涤、保养的条件，以免损伤织物。

（7）锦纶织物属轻型织物，在合成纤维织物中仅列于丙纶、腈纶织物之后，因此，适合制作登山服、冬季服装等。

（三）分类

锦纶纤维面料可分为纯纺、混纺和交织物三大类，每一大类中包含许多品种。

1. 锦纶纯纺织物

以锦纶丝为原料织成的各种织物，如锦纶塔夫绸、锦纶绉等。因用锦纶长丝织成，故有手感滑爽、坚牢耐用、价格适中的特点，也存在织物易皱且不易恢复的缺点。锦纶塔夫绸多用于做轻便服装、羽绒服或雨衣布，而锦纶绉则适合做夏季衣裙、春秋两用衫等。

2. 锦纶混纺及交织物

采用锦纶长丝或短纤维与其他纤维进行混纺或交织而获得的织物，兼具每种纤维的特点和长处。如黏/锦华达呢，采用15%的锦纶与85%的黏胶混纺成纱制得，具有经密比纬密大一倍，呢身质地厚实，坚韧耐穿的特点，缺点是弹性差，易折皱，湿强下降，穿时易下垂。此外，还有黏/锦凡立丁、黏/锦/毛花呢等品种，都是一些常用面料。市场上最为常见的锦纶产品为锦纶6和锦纶66。

锦纶6：全名为聚己内酰胺纤维，由己内酰胺聚合而成。

锦纶66：全名为聚己二酰己二胺纤维，由己二酸和己二胺聚合而成。

锦纶 6 与锦纶 66 的共同特性：耐光性较差，在长时间的日光和紫外光照射下，强度下降，颜色发黄；其耐热性能也不够好，在 150℃下，经历 5 小时即变黄，强度和延伸度显著下降，收缩率增加。锦纶 6 与锦纶 66 长丝具有良好的耐低温性能，在零下 70℃以下时，其回弹性变化也不大。它的直流电导率很低，在加工过程中容易因摩擦而产生静电，其导电率随吸湿率增加而增加，并随湿度增加而按指数函数规律增加。锦纶 6 与锦纶 66 长丝具有较强的耐微生物作用的能力，其在淤泥水或碱中耐微生物作用的能力仅次于氯纶。在化学性能方面，锦纶 6 与锦纶 66 长丝具有耐碱性和耐还原剂作用，但在耐酸性和耐氧化剂作用上性能较差。

三、腈纶纤维（聚丙烯腈纤维）

腈纶是聚丙烯腈纤维在我国的商品名，也叫合成羊毛，国外则称为奥纶、开司米纶。通常是指用 85%以上的丙烯腈与第二和第三单体的共聚物，经湿法纺丝或干法纺丝制得的合成纤维。丙烯腈含量在 35%～85%的共聚物纺丝制得的纤维称为改性聚丙烯腈纤维。

腈纶的主要生产工艺：聚合 → 纺丝 → 预热 → 蒸汽牵伸 → 水洗 → 烘干 → 热定形 → 卷曲 → 切断 → 打包。

聚丙烯腈纤维的性能极似羊毛弹性较好，伸长 20%时回弹率仍可保持 65%，蓬松卷曲而柔软，保暖性比羊毛高 15%，有合成羊毛之称。强度 22.1～48.5cN/dtex，比羊毛高 1～2.5 倍。耐晒性能优良，露天曝晒一年，强度仅下降 20%，可做成窗帘、幕布、篷布、炮衣等。能耐酸、耐氧化剂和一般有机溶剂，但耐碱性较差。纤维软化温度 190～230℃。

腈纶纤维有人造羊毛之称。具有柔软、膨松、易染、色泽鲜艳、耐光、抗菌、不怕虫蛀等优点，根据不同的用途的要求可纯纺或与天然纤维混纺，其纺织品被广泛地用于服装、装饰、产业等领域。

聚丙烯腈纤维可与羊毛混纺成毛线，或织成毛毯、地毯等，还可与棉、人造纤维、其他合成纤维混纺，织成各种衣料和室内用品。聚丙烯腈纤维加工的膨体毛条可以纯纺，或与黏胶纤维、羊毛混纺，得到各种规格的中粗绒线和细绒线“开司米”。

四、丙纶纤维（聚丙烯纤）

丙纶的英文名为 polypropylene fiber，又称聚丙烯纤维。是用石油精炼的副产物丙烯为原料制得的合成纤维等规聚丙烯纤维的中国商品名。原料来源丰富，生产工艺简单，产品价格相对比其他合成纤维低廉。纤维的物理机械性能特点是 :强度高（短纤维为 4～6 克/旦，长丝为 5～8 克/旦），湿强度和干强度基本相同，比重小（0.91），耐磨损耐腐蚀等。由于丙纶具有生产工艺简单，产品价廉，强度高，相对密度轻等优点，所以丙纶发展得很快。目前丙纶已是合成纤维的第四大品种，是常见化学纤维中最轻的纤维。丙纶的生产包括短纤维、长丝和裂膜纤维等。丙纶膜纤维是将聚丙烯先制成薄膜，然后对薄膜进行拉伸，使它分裂成原纤结成的网状而制得的。

（一）化学性质

学名聚丙烯纤维，近火焰即熔缩，易燃，离火燃烧缓慢并冒黑烟，火焰上端黄色，下端蓝色，散发出石油味，烧后灰烬为硬圆浅黄褐色颗粒，手捻易碎。

它是由丙烯作原料经聚合、熔体纺丝制得的纤维。丙纶于1957年正式开始工业化生产，是合成纤维中的后起之秀。由于丙纶具有生产工艺简单，产品价廉，强度高，相对密度轻等优点，所以丙纶发展得很快。

丙纶的生产包括短纤维、长丝和裂膜纤维等。丙纶膜纤维是将聚丙烯先制成薄膜，然后对薄膜进行拉伸，使它分裂成原纤结成的网状而制得的。

（二）物理性质

1. 形态

丙纶的纵面平直光滑，截面呈圆形。

2. 密度

丙纶最大的优点是质地轻，其密度仅为0.91g/cm^{3}是常见化学纤维中密度最轻的品种，所以同样重量的丙纶可比其他纤维得到的较高的覆盖面积。

3. 强伸性

丙纶的强度高，伸长大，初始模量较高，弹性优良。所以丙纶耐磨性好。此外，丙纶的湿强基本等于干强，所以它是制作渔网、缆绳的理想材料。

4. 吸湿性和染色性

质轻保暖性好；几乎不吸湿，但芯吸能力很强，吸湿排汗作用明显；丙纶的吸湿性很小，几乎不吸湿，一般大气条件下的回潮率接近于零。但它有芯吸作用，能通过织物中的毛细管传递水蒸气，但本身不起任何吸收作用。丙纶的染色性较差，色谱不全，但可以采用原液着色的方法来弥补不足。

5. 耐酸耐碱性

丙纶有较好的耐化学腐蚀性，除了浓硝酸、浓的氢氧化钠外，丙纶对酸和碱抵抗性能良好，所以适于用作过滤材料和包装材料。

6. 耐光性

丙纶耐光性较差，热稳定性也较差，易老化，不耐熨烫。但可以通过在纺丝时加入防老化剂，来提高其抗老化性能。此外，丙纶的电绝缘性良好，但加工时易产生静电。由于丙纶的导热系数较小，保暖性好。

7. 强度高

丙纶弹力丝强度仅次于锦纶，但价格却只有锦纶的1/3；制成织物尺寸稳定，耐磨弹性也不错，化学稳定性好。但热稳定性差，不耐日晒，易于老化脆损，为此常在丙纶中加入抗老化剂。

（三）用途

1. 民用用途

可以纯纺或与羊毛、棉或黏纤等混纺混织来制作各种衣料。可以用于织各种针织品如织袜、手套、针织衫、针织裤、洗碗布、蚊帐布、被絮、保暖填料、尿布湿等。

2. 工业用途

可用于如地毯、工业滤布、绳索、渔网、建筑增强材料、吸油毯以及装饰布等。此外，丙纶膜纤维可用作包装材料。

五、维纶纤维（聚乙烯醇缩甲醛）

维纶是聚乙烯醇缩醛纤维的商品名称，也叫维尼纶。其性能接近棉花，有“合成棉花”之称，是现有合成纤维中吸湿性最大的品种。生产维纶的原料易得，制造成本低廉，纤维强度良好，除用于衣料外，还有多种工业用途。但因其生产工业流程较长，纤维综合性能不如涤纶、锦纶和腈纶，年产量较小，居合成纤维品种的第五位。

（一）特性

最大特点是吸湿性大，是合成纤维中最好的，号称“合成棉花”。强度比锦、涤差，化学稳定性好，不耐强酸，耐碱。耐日光性与耐气候性也很好，但它耐干热而不耐湿热（收缩）弹性最差，织物易起皱，染色较差，色泽不鲜艳。

维纶是合成纤维中吸湿性最大的品种，吸湿率为4.5%～5%，接近于棉花(8%)。维纶纺织布穿着舒适，适宜制内衣。

维纶的强度稍高于棉花，比羊毛高很多。在一般有机酸、醇、酯及石油灯溶剂中不溶解，不易霉蛀，在日光下暴晒强度损失不大。

其耐热水性不够好，弹性较差，染色性较差。

（二）用途

维纶的柔软及保暖性好，它的相对密度比棉花要小，因此与棉花相同重量的维纶能织出更多的衣料。它的热传导率低，因而保暖性好。维纶的耐磨性和强度也比棉花要好，因此维纶在很多方面可以与棉混纺以节省棉花。维纶主要用于制作外衣、棉毛衫裤、运动衫等针织物，还可用于帆布、渔网、外科手术缝线、自行车轮胎帘子线、过滤材料等。

维纶多和棉花混纺细布，府绸，灯芯绒，内衣，帆布，防水布，包装材料，劳动服等。

六、氯纶纤维（聚氯乙烯纤维）

聚氯乙烯虽是塑料的老大品种，但直至解决了溶液纺丝所需的溶剂问题和改善了纤维的热稳定性后，才使氯纶纤维有了较大的发展。由于原料丰富、工艺简单、成本低廉，又有特殊用途，因而它在合成纤维中居于一定的地位。聚氯乙烯虽然可采用混入增塑剂后，进行熔融纺丝，但大多数还是用丙酮为溶剂，以溶液纺丝而制得氯纶。

氯纶的突出优点是难燃、保暖、耐晒、耐磨、耐蚀和耐蛀，弹性也很好，可以制造各种针织品、工作服、毛毯、滤布、绳绒、帐篷等，特别是由于它保暖性好，易生产和保持静电，故用它做成的针织内衣对风湿性关节炎有一定疗效。但由于染色性差，热收缩大经不起熨烫，不吸湿、静电效应显著限制了它的应用。改善的办法是与其他纤维品种共聚（如维氯纶）或与其他纤维（如黏胶纤维）进行乳液混合纺丝。

氯纶的强度与棉相接近，断裂伸长大于棉。弹性和耐磨性在合成纤维重视较低的，但优于棉。氯纶几乎不吸湿，其电绝缘性强，容易积聚静电，产生的阴离子电荷有助于关节炎的防治。

氯纶的耐磨性、保暖性、耐日光性比棉、毛好。其抗无机化学试剂的稳定性好，耐强酸强碱，耐腐蚀性能强，隔音性也好，但对有机溶剂的稳定性和染色性能比较差。氯纶因其阻燃、耐腐蚀特点，主要用于装饰和产业用纺织品。

七、氨纶纤维

氨纶纤维是聚氨基甲酸酯纤维的简称，商品名称有莱克拉或莱卡（Lycra，美国、荷兰、加拿大、巴西）、尼奥纶（Neolon，日本）、多拉斯坦（Dorlastan，德国）等。首先由德国 Bayor 公司于 1937 年研究成功，美国杜邦公司于 1959 年开始工业化生产。

氨纶纤维具有优异的延伸性和弹性回复性能。莱卡可拉伸到原来的 4～7 倍，回复率 100％，与橡胶相比，弹性更长更持久，而且重量轻 1/3。

课后习题

1. 简述化学纤维的一般生产过程。
2. 简答黏胶的性能。
3. 简答涤纶纤维的特点。
4. 简述氯纶的优缺点。
5. 论述腈纶的特点和性能。

第四章 新型纤维材料

学习目标

1. 了解各种新型材料的类型
2. 掌握主要新型纤维材料的性能及应用

第一节 高性能纤维材料

一、概述

材料是人类用于制造物品、器件、构件、机器或其他产品的那些物质。材料具有重要性、普遍性和多样性。同样，纤维材料是组成纱线、织物和服装的物质，是纺织品性能的最重要的物质基础。纤维材料的品种极其繁多，除了棉、毛、麻、丝、“三大纶”等传统的纤维品种外，随着科学技术的进步，新型纤维材料也层出不穷。从“新型”纤维材料的角度着眼，有别于传统纤维材料的新型纤维，包括高性能纤维、高功能纤维和高感性纤维三大类。

高性能纤维是指对力、热、光、电等物理作用和酸、碱、氧化剂等化学作用有超常抵抗能力的一类纤维，分别具有高强度、高模量、耐高温、阻燃、耐腐蚀、防电子束辐射、防γ射线辐射等能力。高性能纤维通常用于制作尖端复合材料、产业用纺织品、特种防护用纺织品等方面，如制作导弹壳体复合材料的芳纶1414，制作高温烟尘过滤用无纺布的芳纶1313，制作防弹衣、防弹头盔的芳族聚酰胺纤维、芳族聚醋纤维、超高分子t聚乙烯纤维等。

高功能纤维是在外部物理、化学因素作用时，具有特定的响应能力，能实现一定的功能的一类纤维。这种响应能力虽然没有达到像传感器那样的准确性和响应程度，但已能够实现一定的功能，例如光导功能、光致变色功能、导湿功能、导电功能、光热转化功能、保温功能、吸湿功能、消毒功能、杀菌功能、物质分类功能、吸附交换功能、生物相容功能等。高功能纤维通常用于医疗保健（人工器官用纤维、医用缝纫线、止血纤维、抗菌防臭纤维）、功能性服装（保温、隔热、透湿、抗静电、变色迷彩）等。

高感性纤维是指在高功能纤维中，有一类纤维在服用纺织品的手感、风格、触觉、质感及成品外观方面有特殊贡献，使最终产品在服用性能方面或有独特风格，或优于天然纤维，或实现了特殊服用功能，是新合纤、新新合纤、超仿真纤维、超天然纤维及后续各种新型服用纤维的总称，也被人们称作新感觉纤维。

本章从应用的角度，根据使用功能归类，择要叙述高强高模类、耐高温阻燃类、电磁兼容类、电离辐射防护类、积极保温类、吸湿排汗、特殊手感风格类、保健功能类新型纤维的性能及其典型应用。

二、高强高模类纤维

（一）基本性能

高强高模纤维通常指强度在 18cN/ dtex 以上、模量大于 440cN/ dteu 的纤维，典型品种有对位芳族聚酞胺（芳纶 1414）、芳族杂环聚酞胺、芳族聚醋、超高分子量聚乙烯（UB4IWPE）、高强聚乙烯醇（PVA）、聚对苯撑苯并二噁唑（PBO）、高强玻纤、玄武岩纤维等，其主要力学性能如表 4－1 所示。

高强高模纤维除具有很高的强度外，通常具有耐热、尺寸稳定、耐冲击、耐化学药品等特点，有机高强高模纤维还具有良好的耐疲劳性。

目前，尼龙和涤纶的拉伸断裂强力仅为其理论值的约 5％。今后开发的高聚物纤维，拉伸断裂强力将为其理论值的 40％，抗拉模量将为其理论值的 90％。随着高聚物技术的发展以及有机与无机化合物结合的进展，极有可能开发出达 40％理论强力的纤维，而开发这种纤维的瓶颈是成本。这种纤维将适用于要求高强力、轻质量的各种设备。

表 4－1　高强高模纤维的主要力学性能

类型	品种	强度 (eN/dtex)	模量 (cN/dtex)	伸长（％）	密度 (g/m³)
芳族聚酰胺	Kevlar29（第一代）	19.16	402.6	2.7	1.44
	Kevlar49	19.16	833.0	1.9～2.5	1.45
	Kevlar119	21.17	379.5	2.4	1.44
	Kevlar129（第二代）	23.47	576.3	3.3	1.44
	Kevlar149	16.33	973	1.5	1.47
	Kevlar standard	23.45	570	3.55	1.45
	Twaron standard	17.65	441.3	3.6	1.44
	Twaron CT	20.30	624	3.3	1.44
	Twaron HM	17.65	839.4	2.1	1.45
	Technora	20.30	503.1	4.3	1.39

续　表

类型	品种	强度（cN/dtex）	模量（cN/dtex）	伸长（%）	密度（g/m^3）
芳族杂环聚酰胺	Terlon	20.83～24.29	416.4～624.6	3.0～4.5	1.44
	Armos（第三代）	31.47～38.45	908.7～1118.4	3.5～4.0	1.43
	SVM	29.37～31.45	873.8～1048.5	3.0～3.5	1.43
芳族聚酯	Vectran HT（伸长较大）	22	530	3.8	1.41
超高分子量聚乙烯	Dyneema SK76	37.0	1188	300	0.97
	Spectra 1000	31.9	1773	2.7	0.97
	国产 UHMWPE	35.3	1324	3.0	0.97
超高强聚乙烯醇	Kuralon 7910	17.6	297.6	5.22	—
聚对苯撑苯并二噁唑（PBO）	Zylon AS	37	1150	3.5	1.54
	Zylon HM	37	1720	2.5	1.56
高强玻纤	日本 T 玻纤	18.71	338.67	—	2.49
	国产 S2 玻纤	16.41	340.20	—	2.45
玄武岩纤维	国产	15.5～17.0	377.4	3.1	2.65

（二）应用

高强高模纤维以其高分子量和完替的立构规整性形成超常的强力，大多应用于飞机、导弹、火箭外壳等高强复合材料，如飞机和产业用汽车轮胎帘子线，再如头盔、防弹衣、防弹胸插板等单兵防护装备；防切割手套、防热手套、防刺衣、防刺鞋的防刺层材料；绳索、电缆、光缆、耳机线、体育用品和橡胶增强用纤维；康擦材料、密封材料等。除少量短纤用于制作无纺布和毡以外，通常都为长丝。一般而言，DPF 越小的纤维，强度越高。以芳纶 1313 为例，根据完全伸展链完全取向分子链模型，理论强度可达 145.6cN/dtea；考虑到晶体中分子链滑移的端变过程，理论强度也达 35.6cN/dtex。其他高强纤维的实际强度也远低于理论强度，即这些高强纤维的强度还可能进一步提高。

（三）典型品种及其性能

继碳纤维、芳纶之后的第三代高性能纤维，高强高模聚乙烯纤维即超高分子量聚乙烯纤维（UHMWPE），是以超高分子量聚乙烯为原料，将其溶解于一种特殊的溶剂中，再由喷丝孔喷出丝。在溶解的过程中，原先相互缠绕呈无序排列的大分子逐渐被解缠，并保持到冻胶原丝中。在随后的纤维拉伸过程中，聚乙烯高分子达到了极高的取向度和结晶度，从而赋予纤维以高强力和高模量。国际上关于高强高模聚乙烯纤维的基础理论早在20世纪30年代就已提出，然而几乎经历了近半个世纪才发明这种纤维及凝胶纺丝法的生产工艺，被称为化学纤维的第二次飞跃，是柔性链高分子成为高强纤维的典型例子。UHMWPE的比重是所有高性能纤维中最小的（小于1），是唯一能够浮在水面上的高性能纤维，还由于分子量极高，主链结合好，取向度、结晶度高而具有最高的比强度（强度与重量之比），即相同重量下的强度是钢丝绳的15倍，比芳纶高40%，是普通化学纤维的10倍；其模量为1000～1100g/d，仅次于特级碳纤维而优于芳纶；该纤维不仅断裂伸长低、断裂功大，具有很强的吸收能量的能力，故具有突出的抗冲击和抗切割韧性；而且该纤维不含易与化学药剂反应的化学基团，能抗紫外线和耐各种化学腐蚀。如此突出的性能使其成为碳纤维、芳纶之后的第三代高性能特种纤维。

三、耐高温阻燃类纤维材料

（一）基本性能

随着国民经济的发展和人民生活水平的提高，各种公共场所的纺织品开始要求具有阻燃功能，纺织品的阻燃问题越来越受到社会各界的关注。与整理型阻燃纺织品相比，纤维本身具有阻燃效能的纺织品具有阻燃效果耐久、无异味、不因阻燃整理剂的损伤及加工助剂的残留引发织物脆变等优点。

本身具有阻燃效能的阻燃纤维包括芳族聚酰胺、芳族杂环聚酰胺、聚苯并咪4（PBI）、聚对苯撑苯并二噁唑（PBO）、聚酰胺—酰亚胺、聚苯硫醚（PPS）、聚芳砜酰胺（PSA）等线形芳香族耐高温阻燃纤维；酚醛纤维、三聚氰胺纤维等热固性三维交联纤维；以及采用共聚改性的腈抓纶纤维、采用阻燃剂共混改性的阻燃黏胶纤维、阻燃维纶、阻燃涤纶、阻燃锦纶等。其中阻燃涤纶、阻燃锦纶、阻燃丙纶等经共混阻燃剂改性的合成纤维存在高温下的熔滴问题，故其应用受到限制。而阻燃黏胶、阻燃维纶和腈抓纶则不发生熔滴问题。腈抓纶的缺点是强度偏低、且燃烧时发烟较多。耐高温阻燃纤维的基本特性如表4-2所示。

表4-2　耐高温阻燃纤维的基本特性

类型	品种	氧指数	强度（cN/dtex）	密度（g/m^3）	分解温度/熔点/耐受温度（℃）
芳族聚酰胺（芳纶1313）	Nomex、Conex	28～32	4.7	1.38	400～430
芳族聚酰胺（芳纶1414）	Kevlar	28～32	19	1.45	570
聚苯并咪唑4（PBI）	PBI	41	2.7	1.40	550

续 表

类型	品种	氧指数	强度（cN/dtex）	密度（g/m³）	分解温度/熔点/耐受温度（℃）
聚苯并咪唑（PPS）	PROCON（东洋纺）	40	3.8～4.6	1.34	289 熔，470 分解
聚酰亚胺（PI）	P—84（东洋纺）	38	3.7	1.41	260
	Kemnel（法国）	30～32	4.0	1.34	400 长期
聚对苯撑苯并二噁唑（PBO）	Zylon AS	68	37	1.54	650
	Zylon HM	68	37	1.56	650
聚（2，5-二羟基-1，4-苯撑吡啶并二咪唑）（PIPD）	M5	>50	23.5	1.70	530
聚砜酰胺（芳砜纶，PSA）	芳砜纶	33	2.6～3.2	—	445
聚四氟乙烯（PIFE）	Toyoflon（东丽）	95	1.7	2.30	327
酚醛纤维	Kylon	30～34	1.14～1.58	1.27	260 长期，2500 瞬间
三聚氰胺缩甲醛	Basofil（德国）	32～37	2.4	1.40	200 长期
阻燃黏胶纤维	Viscose（Lenzing）	28	2.4	—	—
阻燃维纶	四川维尼纶厂	32	4.72	1.32	—
腈氰纶	Protex（中渊）	30～32	2.76	1.32	224

一般认为，纤维制成标准织物后的氧指数（低于 20 时为易燃纤维，20～26 为可燃纤维，27～34 为难燃纤维，35 以上为不燃纤维。耐高温阻燃纤维通常还具备良好的耐化学试剂性能。

（二）耐高温阻燃材料的开发

国际上的主流阻燃产品有如下两种经典搭配：①采用原液着色技术的 Kennel 纤维与阻燃黏胶纤维以 50/50 的混纺比混纺，是欧洲军警、消防人员的耐高温阻燃防护服的主要面料；②芳纶 1313，纯纺或与阻燃棉纤维混纺（65/35），是美国、日本等军用的主要阻燃面料。

PBI 由美国 NASA 开发、多用于宇航密封仓的耐热防火材料。因其回潮率较高，故逐渐发展为消防服、耐高温工作服、飞行服的阻燃材料。PBO 的阻燃性能特别好，且强度达到芳纶 1414 的近 2 倍，LOI 达 68，受热后几乎不产生烟尘。芳砜纶是我国自行研究和开发应用的抗燃纤维之一，其耐热、阻燃、不熔融、电绝缘和耐腐蚀等性能可达到或接近 N 型纤维（即尼龙），在我国的滤料、电机绝缘材料、阻燃防护服等方面已得到推广应用。

第二节　高功能纤维材料

一、电磁兼容类纤维材料

电磁兼容性（Electromagnetic Compatibility，EMC）就是指某电子设备既不干扰其他设备，同时也不受其他设备的影响。电磁兼容性和我们所熟悉的安全性一样，是产品质量最重要的指标之一。安全性涉及人身和财产，而电磁兼容性则涉及人身和环境保护。电子元件对外界的干扰，称为 EMI（Electromagnetic Interference）；电磁波会与电子元件作用，产生被干扰现象，称为 EMS（Electromagnetic Susceptibility）。例如，电视荧光屏上常见的“雪花”，便表示接受到的讯号被干扰。

许多人不了解电磁屏蔽的原理，认为只要用金属做一个箱子，然后将箱子接地，就能够起到电磁屏蔽的作用。在这种概念指导下的结果是失败。因为，电磁屏蔽与屏蔽体接地与否并没有关系。真正影响屏蔽体屏蔽效能的只有两个因素：一个是整个屏蔽体表面必须是导电连续的，另一个是不能有直接穿透屏蔽体的导体。屏蔽体上有很多导电不连续点，最主要的一类是屏蔽体不同部分结合处形成的不导电缝隙。这些不导电的缝隙就产生了电磁泄漏，如同流体会从容器上的缝隙上泄漏一样。解决这种泄漏的一个方法是在缝隙处填充导电弹性材料，消除不导电点。这就像在流体容器的缝隙处填充橡胶的道理一样。这种弹性导电填充材料就是电磁密封衬垫。在许多文献中将电磁屏蔽体比喻成液体密封容器，似乎只有当用导电弹性材料将缝隙密封到滴水不漏的程度才能够防止电磁波泄漏。实际上这是不确切的。因为缝隙或孔洞是否会泄漏电磁波，取决于缝隙或孔洞相对于电磁波波长的尺寸。当波长远大于开口尺寸时，并不会产生明显的泄漏。

（一）导电纤维

1. 导电纤维的产生及分类

随着易于产生静电的合成纤维等高分子材料的广泛应用，以及随着对静电敏感的微电子器件的普及，纺织品静电已经成为引发油品、火工品爆炸，导致微电子器件损伤的主要原因；纺织品的静电也导致服装纠缠人体、吸附灰尘，影响工作效率，影响身体健康。通常采用导电纤维来减少静电电荷的产生和积累，逸散静电电荷，克服静电干扰。同时，某些导电纤维还可以用来阻隔或吸收电磁波，对电子设备和人体起到防护作用。

导电纤维的现有品种类型有：金属纤维（不锈钢纤维、铜纤维、铝纤维等），碳纤维，有机导电纤维。有机导电纤维又包括五种类型：普通纺织纤维镀金属；普通纺织纤维镀碳，碳黑、石墨、金属或金属氧化物等导电性物质与普通高聚物共混或复合纺丝制成的导电纤维，导电高分子直接纺丝制成的有机导电纤维。这些导电纤维按其结构可分为导电成分均一型、导电成分被覆型和导电成分复合型三类。金属纤维导电性能好、耐热、耐化学腐蚀，但对于纺织而言，金属纤维抱合力小，纺纱性能差，成品色泽受限制，多用于地毯和工作服面料，制成高细度纤维时价格昂贵；碳纤维导电性能好，耐热、耐化学药品，但模量高、缺乏韧性、不耐弯折、无热收缩能力，适用范围有限；有机导电纤维中由聚乙炔、聚苯胺、聚吡咯、聚噻吩等高分子导电材料直接纺丝制成，但其纺丝困难，价格更高，也难在纺织品中广泛使用。

2. 导电纤维的性能

用于纺织品的导电纤维应有适当的细度、长度、强度和柔曲性，对它要求是：能与其他普通纤维良好抱合，易于混纺或交织；具有良好的耐摩擦、耐屈曲、耐氧化及耐腐蚀能力，能承受纺织加工和使用中的物理机械作用；不影响织物的手感和外观；导电性能优良，且耐久性好。导电纤维中的导电成分有金属、金属化合物、碳黑等，使用最多的是碳黑。其导电性能主要是基于自由电子的移动，而不是依靠吸湿和离子的转移。所以导电纤维不依赖于环境的相对湿度，它在30% R. H. 或更低的相对湿度下，仍能显示优良的导电或抗静电性能。导电纤维具有优秀的、远高于抗静电纤维的清除和防止静电的性能，其比电阻小于108Ω/cm，优良者在102～105Ω/cm甚至更低的比电阻范围内。因此，在保证仪器的精度和操作安全性的产业上所用的工作服等多采用导电纤维。比电阻达到10^{-3}～10Ω/cm的导电纤维可以对电磁干扰进行屏蔽。常规高分子材料的介电常数和导电性都很低，属于绝缘体。导电纤维是通过特定手段赋予纤维良好的导电性能，甚至可以使其导电性能达到半导体级别。导电纤维一般指电导率小于108Ω/cm的纤维（20℃，65% R. H.），导电性能优良的纤维其电导率在102～105Ω/cm，甚至小于10Ω/cm。导电纤维是差别化纤维的重要品种之一，具有导电、电热和抗电磁波辐射等功能。

3. 导电纤维的应用

目前导电纤维的用途主要集中于制备特殊场合使用的抗静电服或抗电磁波辐射的服装等。通过选择功能性导电添加剂，还可以制备除导电功能以外具有其他多种功能的纤维材料，如抗菌，远红外等。日本三菱公司运用复合纺丝技术，通过在芯部混入高浓度的白色导电陶瓷微粒，实现了纤维的导电性能。由于所加陶瓷微粒具有光热转变特性，将此纤维以10%的量与常规纤维混纺后，在光源的照射下，可使织物温度上升2～8℃。这种纤维不仅穿着时感到温暖，而且洗涤脱水后，其日晒晾干时间为常规纤维的2/3，速干性是这种纤维的附加特性。这种纤维的导电性微粒在纤维的芯部，所以通常的后加工、洗涤、染色等不会影响纤维的导电持久性。20 世纪 50～60 年代，为了抗静电的需要就已经开始开发导电纤维；导电纤维的开发虽然经历长时间，但比较成功的制备工艺还没有形成。目前只有发达国家的 BASF、钟纺和 SOLV－TLA（首诺）三个大公司可以批量生产，国内还处于起步阶段。国内对导电纤维的研究与开发比较晚。20 世纪 80 年代开始生产金属纤维和碳纤维，但产量很小。不锈钢丝等金属纤维在油田工作服、抗静电工作服等特种防护服面料中有较广的应用。

4. 导电纤维的开发

近年来，国内各高校及科研单位也成功开发了多种有机导电纤维，例如表面镀铜、镍的金属化 PET 导电纤维、CuI 导电的腈纶导电纤维、CuI/PET 共混纺丝制成的导电纤维、碳黑复合导电纤维等。以上导电纤维已有商品化产品，但由于产量低、质量不稳定，故价格高于国外同类产品。有机导电纤维的基本物理机械性能类似于普通纺织纤维，耐化学试剂性能和染色性能良好，而其导电性能持久优良。在毛织物及各种纺织制品中添加有机导电纤维后并不影响产品的手感和光泽。全军装备的 99 式新一代衬衣（包括毛涤将军衬衣）即采用了有机导电纤维作为抗静电材料，实践证明使用效果良好。

在毛纺织行业，采用有机导电短纤维与毛纤维及涤纶等合成纤维混纺，可消除纺纱生产中的静电现象；采用有机导电长丝，经赛络纺复合、空心锭复合、氨纶包覆机复合以及在织造过程中利用织物组织的特点合理嵌入导电丝等方法，对各种毛织物添加有机导电纤维，达到永久抗静电的效果。添加方法的不同，可使纤维显现于面料表面，形成条纹或网格，也可以将导电纤维隐藏于织物内部或背面，不留任何痕迹。

目前有机导电纤维的价格很高，但由于有机导电纤维的细度很细，单位织物面积所添加的导电纤维的长度并不长，重量特别轻，故添加导电纤维所需的成本折合每米面料只有几角钱，而具有永久性抗静电功能的毛织物却可大幅度提高市场售价，其经济效益非常显著。我国相关科技人员已熟练掌握了有机导电纤维在纺织工程中的应用技术，将有机导电纤维的应用水平发展到了超过纤维原产国的水平。

从目前的应用情况来看，被覆型和复合型有机导电纤维最适合于制造永久抗静电的纺织品。然而，导电纤维的价格昂贵，是普通涤纶丝的 50～60 倍。为此，在生产中有效地控制导电纤维的含量，对降低防静电织物的生产成本，具有极其重要的意义。但是织物中导电纤维含量的减少将会影响织物的抗静电性能，因此，必须研究织物中的导电纤维的含量与抗静电性能的关系，从而找到合适的导电纤维含量，以此来指导生产实践。

（二）电磁屏蔽纤维

因为屏蔽体对来自导线、电缆、元部件、电路或系统等外部的干扰电磁波和内部电磁波均起着吸收能量（涡流损耗）、反射能量（电磁波在屏蔽体上的界面反射）和抵消能量（电磁感应在屏蔽层上产生反向电磁场，可抵消部分干扰电磁波）的作用，所以屏蔽体具有减弱干扰的功能。

当干扰电磁场的频率较高时，利用低电阻率的金属材料中产生的涡流，形成对外来电磁波的抵消作用，从而达到屏蔽的效果。

当干扰电磁波的频率较低时，要采用高导磁率的材料，从而使磁力线限制在屏蔽体内部，防止扩散到屏蔽的空间去。

在某些场合下，当要求对高频和低频电磁场都具有良好的屏蔽效果时，往往采用不同的金属材料组成多层屏蔽体。

不锈钢等金属纤维本身就是电磁屏蔽纤维，可以与普通纤维混纺生产电磁波屏蔽织物。采用在普通纤维表面镀金属膜（例如镀铜、银、金等金属）的方法形成导电性能优良的导电层，由此加工成织物、含泡沫塑料的管状物，对电磁辐射源进行屏蔽、或对电磁辐射源的金属外壳的接缝进行密封，防止电磁波泄漏；也可以作为对需要进行电磁辐射防护的人体或设备进行屏蔽。所采用的银离子还可以起到抑菌防臭的作用，对金葡菌、肺炎杆菌、绿浓杆菌、大肠杆菌等有抑止和防扩散作用。除了采用金属等导电物质反射电磁波的方法进行电磁屏蔽外，也可以采用吸波方法来屏蔽电磁波。例如采用陶瓷微粉、铁氧体微粉等吸波微粉共混制成电磁波屏蔽纤维。

二、电离辐射防护类纤维材料

电磁辐射又称电子烟雾，是由空间共同移送的电能量和磁能量所组成，而该能量是由电荷移动所产生。举例说，正在发射讯号的射频天线所发出的移动电荷，便会产生电磁能量。电磁“频谱”包括形形色色的电磁辐射，从极低频的电磁辐射至极高频的电磁辐射。两者之间还有无线电波、微波、红外线、可见光和紫外光等。电磁频谱中射频部分的一般定义，是指频率约由 $3\times10^{3}\sim3\times10^{11}$ Hz 的辐射。

电子、R 射线、质子、粒子等带电粒子有足够的动能，可通过碰撞引起物质电离；中子、Y 辐射、X 辐射等非带电粒子与物质作用时能够释放直接致电离粒子或引起原子核变化。上述能够引起物质电离的电磁辐射和粒子辐射称为电离辐射。显然，电离辐射对人体有很大损伤，作为辐射防护材料，需要尽最大的可能对上述电离辐射进行屏蔽阻隔。其中一般情况下可能对人体造成辐射损伤的电离辐射源有 X 射线等。

这些电离辐射源中，α 粒子有很大的电离能力，但对物质的穿透能力较小，即使是一张白纸，也可阻挡其穿透，所以对 α 粒子不需要特殊防护。

（1）α 射线：α 射线是一种带电粒子流，由于带电，它所到之处很容易引起电离。α射线有很强的电离本领，这种性质既可被利用，也带来一定破坏，对人体内组织破坏能力较大。由于其质量较大，穿透能力差，在空气中的射程只有几厘米，只要一张纸或健康的皮肤就能挡住。

(2) β射线：β射线也是一种高速带电粒子，其电离本领比α射线小得多，但穿透本领比α射线大，但与X射线、γ射线相比β射线的射程短，很容易被铝箔、有机玻璃等材料吸收。

(3) X射线和γ射线：X射线和γ射线的性质大致相同，是不带电波长短的电磁波，波长短，穿透力强，射程远，有危险，必须屏蔽。

(4) p射线是高速运动着的电子流；γ射线和X射线是波长很短的高能电进波，其中γ射线波长更短、穿透能力更大。这三种辐射源只能采用铅板、水泥等高比重的物质来进行有效的屏蔽。目前虽然有研究者针对这三种辐射源进行屏蔽纤维的研究，如将含铅屏蔽剂共混于黏胶纤维或聚丙烯纤维、或将纤维浸泡于含重金属盐溶液浸取防X射线纤维等，但尚难兼顾纤维制品的重量和防护效果两个方面。

在核反应堆、核电站周围以及中子源罐外除有大量的γ辐射外，还存在较大剂量的中子辐射。为了降低中子对人体的损伤，可以采用碳化硼等微粒与合成纤维共混纺丝，制成防中子纤维，再制成防中子纺织品。目前，采用平方米重5009克左右的防中子纤维集合体（毡或机织物），可以被将中子辐射强度下降60%左右，可以被认为基本兼顾了防护装备的重量和防护效果两个方面。

第三节 高感性纤维材料

一、积极保温类纤维材料

保温材料一般是指导热系数小于或等于0.2的材料。在工业和建筑中采用良好的保温技术与材料，往往可以起到事半功倍的效果。建筑中每使用一吨矿物棉绝热制品，一年可节约一吨石油。工业设备和管道的保温，采用良好的绝热措施和材料，可显著降低生产能耗和成本，改善环境，同时有较好的经济效益。保温材料产品种类很多，包括气凝胶毡、泡沫塑料、矿物棉制品、泡沫玻璃、膨胀珍珠岩绝热制品、胶粉EPS颗粒保温浆料、矿物喷涂棉、发泡水泥保温制品、无机保温材料。

(一) 相变畜热纤维

在常温下实现相变的固—固相变材料的研究开发，为服装提供了积极式保暖和智能式调温的可能性。目前开发的相变畜热纤维多采用微胶囊技术或复合纺丝技术，将相变蓄热材料（PCM）封装到了纤维内部，由此生产的纺织品可实现在较低的温度环境下相变放热、在较高的温度环境下相变吸热。虽然其热焓有一定限制，不可能无限制的实现有效调温，但现有的实践表明，含 PCM 纤维的确具有智能保温的效果，特别对于工作在冷热交替环境中的人群（如频繁出入冷库的人群）、高原缺氧地区需要减轻服装重量的人群，有实用意义。但目前尚欠缺对含 PCM 的服装进行系统的深入的相变传热学研究，PCM 吸热/放热过程的控制方法研究，以及 PCM 在服装系统中的最佳分布方式研究。

根据使用温度范围的不同，潜热蓄热材料（相变蓄热）又可分为分为高、中、低温三种。

1. 低温相变蓄热材料

低温相变蓄热材料主要有无机和有机两类。无机相变材料主要包括结晶水合盐、熔融盐、金属或合金。结晶水合盐通常是中、低温相变蓄能材料中重要的一类，具有价格便宜，体积蓄热密度大，熔解热大，熔点固定，热导率比有机相变材料大，一般呈中性等优点，但在使用过程中会出现过冷、相分离等不利因素，严重影响了水合盐的广泛应用。解决过冷的办法主要有两种：一种是加入微粒结构与盐类结晶物相类似的物质作为成核剂；另一种是保留一部分固态相变材料，即保持一部分冷区，使未融化的一部分晶体作为成核剂，这种方法文献上称为冷指（Cold finger）法，虽然操作简单，但行之有效。为了解决相分离的问题，防止残留固体物沉积于容器底部，人们也研究了一些方法，一种是将容器做成盘状，将这种很浅的盘状容器水平放置有助于减少相分离；另一种更有效的方法是在混合物中添加合适的增稠剂，防止混合物中成分的分离，但并不妨碍相变过程。

有机相变材料主要包括石蜡，脂肪酸及其他种类。石蜡主要由不同长短的直链烷烃混合而成，可以分为食用蜡、全精制石蜡、半精制石蜡、粗石蜡和皂用蜡等几大类，每一类又根据熔点分成多个品种。短链烷烃的熔点较低，随着碳链的增长，熔点开始增长较快，而后逐渐减慢，再增长时熔点将趋于一致。V. H. Moreos 等人研究了将不同形状的翅片管用于潜热蓄热系统中增强换热，L. F. Cabeza 等人研究了将高导热率粉末、碳纤维植入相变材料中以增强导热率，该法同时也能有效地减少石蜡相变时的容积变化。脂肪酸的性能特点与石蜡相似，大部分的脂肪酸都可以从动植物中提取，其原料具有可再生和环保的特点，是近年来研究的热点。其他还有有机类的固—固相变材料，如高密度聚乙烯，多元醇等。这种材料发生相变时体积变化小，过冷度轻，无腐蚀，热效率高，是很有发展前途的相变材料。复合相变材料的复合化可将各种材料的优点集合在一起，制备复合相变材料是潜热蓄热材料的一种必然的发展趋势。

复合相变材料的支撑目前，国内外学者研制的支撑材料主要有膨胀石墨、陶瓷、膨润土、微胶囊等。膨胀石墨是由石墨微晶构成的疏松多孔的蠕虫状物质，它除保留了鳞片石墨良好的导热性外，还具有良好的吸附性。陶瓷材料有耐高温、抗氧化、耐化学腐蚀等优点，被大量地选做工业蓄热体。主要的陶瓷材质有石英砂、碳化硅、刚玉、莫来石质、锆英石质和堇青石质等。膨润土有独特的纳米层间结构，采用“插层法”将有机相变材料嵌入其层状空间，制备有机/无机纳米复合材料，是开发新型纳米功能材料的有效途径，微胶囊相变材料是用微胶囊技术制备出的复合相变材料。在微胶囊相变材料中发生相变的物质被封闭在球形胶囊中，有效地解决了相变材料的泄漏、相分离及腐蚀等问题，有利于改善相变材料的应用性能，并可拓宽相变蓄热技术的应用领域。

2. 中温相变蓄热材料

太阳能热利用与建筑节能等领域对相变蓄热材料的需求，使低温范围蓄热材料具有广泛的应用前景；高温工业炉蓄热室、工业加热系统的余热回收装置以及太空应用，推动了高温相变蓄热技术的迅速发展。因此，国内外对制冷、低温和高温相变蓄热材料（PCM）做了相当多的研究，但中温 PCM 则较少使用。不过，近年来相关领域的发展给中温 PCM 的应用创造了很大的空间。

3. 高温相变蓄热材料

高温相变材料具有热物性。相变材料的热物性主要包括：相变潜热、导热系数、比热容、膨胀系数、相变温度等直接影响材料的蓄热密度、吸放热速率等重要性能，相变材料热物性的测量对于相变材料的研究显得尤为重要。

高温相变材料通常具有一定的高温腐蚀性，通常需要对其进行封装。微封装的相变材料具有许多优点，促使人们对此进行研究。Heine 等人研究了 4 种金属对熔点在 235～857℃的 6 种熔融盐的耐腐蚀性能。Lane 对不同的材料在不同尺寸下封装的优点和缺点进行分析，并对材料的兼容性进行了研究。由于用途广泛，很多个人和公司，如 BASF 已加入了相变材料微封装的研究行列。微封装相变材料在不同热控制领域的潜在应用将受到其成本的限制，但对于太空应用，热控制性能远重于其成本。一些研究人员认为，相变材料微封装技术将是太空技术的一个里程碑。

（二）太阳能保暖纤维

采用能够高效率地将太阳能转换为远红外辐射的物质，即：周期表Ⅳ族过渡金属的碳化物如碳化铣、碳化钛、碳化铪等，作为添加剂加入到纤维中，能达到蓄热保温效果。因为这些碳化物能吸收阳光中的 0.6eV 高能波长段（$<2\mu m$），而反射低能波长段（$>2\mu m$）。阳光中波长 0.3～2.0μm 的能量占其总能量的 95％以上，而人体散发的热辐射波长为 10μm，几乎 100％被反射，因此阳光纤维具有极好的蓄热保温功能。目前，已有添加这些材料的聚酯、聚酰胺和聚丙烯腈蓄热保温纤维面市。

新型太阳能蓄热纤维：阳光蓄热纤维可吸收太阳辐射中的可见光与近红外线，反射人体热辐射，具有良好的保温功能。它以添加Ⅳ族过渡金属碳化物为主，当阳光照射时，该碳化物能将0.6eV以上的阳光电磁波辐射线中的高能辐射线吸收并转化成热能，能量低于0.6eV的辐射线则被反射不吸收。

日本许多公司在纤维和面料上添加生热材料，将太阳能转化为热能。三菱人造丝公司将氧化锡与氧化锑的复合物微粉添加在腈纶纺丝原液中，开发出近红外线吸收纤维 Ther mocatch，这种织物即使在阴天的情况下，也能够显著提高内部温度达2～10℃。尤尼吉卡公司利用Ⅳ过渡金属元素的碳化物具有吸收近红外线，反射远红外线的特点，将碳化锆微粉作为芯成分，制成阳光蓄热保温纤维Solar-α。它加工成服装后，阳光照射下服内温度可较普通服装高2～8℃。另外，帝人、钟纺和富士纺等公司也开发出阳光蓄热保温纤维和纺织品。而SokoSeiren公司的Thermostore是陶瓷涂层的锦纶、涤纶织物，它将光能由碳化锆、氧化锆等陶瓷微粒在合成纤维中共混纺丝制成。利用碳化锆、氧化锆等物质对可见光的吸收率高、对红外线的反射率高的特点，从环境吸收可见光和紫外线，转变成能力稍低的红外线向人体辐射；从人体发射的红外线被含陶瓷微粒的太阳能保温纤维反射，再回到人体表面，由此达到积极保温的作用。但由于陶瓷微粉的添加量有限，通常只能使微气候区的温度发生零点几度的变化。

（三）吸湿发热纤维

纤维捕捉空气中含较高动能的水分子、将其吸附固定到纤维表面，可使其动能转变为热能，从而达到发热的效果。吸湿发热纤维即是利用这一机理实现积极保温的一种纤维，其中比较典型的是日本东洋纺公司对聚丙烯酸分子链进行高亲水化处理，生产出的Eks纤维。由于Eks纤维在20T，65% RH下的吸湿能力约是棉的3.5倍，故纤维吸湿放热量约是羊毛和羽绒的2倍左右，当从干燥的室内到达湿冷的室外时，可通过纤维的吸湿放热，起到衣内微气候区温度变化减缓的作用。但一旦纤维达到吸湿平衡，就不再具有放热效果。

二、吸湿排汗类纤维材料

（一）吸湿排汗纤维的开发背景

近年来，人们对服装面料的舒适性、健康性、安全性和环保性等要求越来越高，随着人们在户外活动时间的增加，休闲服与运动服相互渗透和融为一体的趋势也日益受广大消费者的青睐，这类服装的面料，既要求有良好的舒适性，又要求在尽情活动时，一旦出现汗流浃背情况，服装不会粘贴皮肤而产生冷湿感。于是对面料的纤维提出了需具备吸湿排汗功能的新要求。

众所周知：天然纤维以棉为例，其吸湿性能好，穿着舒适，但当人的出汗量稍大时，棉纤维会因吸湿膨胀，其运气性下降并粘贴在皮肤上，同时，水分发散速度也较慢，从而给人体造成一种冷湿感；合成纤维以涤纶为例，其吸水性小，透湿性能差，由于其静电积累而容易引起穿着时产生纠缠的麻烦，尤其在活动时容易产生闷热感。

社会、科技的发展使得消费者对衣着功能的要求越来越高，合成纤维早就担负起了重要角色，其中以涤纶为主，涤纶自工业化以来，从未间断进行涤纶改性研究，当然，提高涤纶吸水和透湿是各国涤纶生产和科研部门最为关心的研发方向。近几年的国内纺织品市场上，对吸湿排汗纺织品的需求的呼声逐渐高涨，已引起业界人士的关注。

利用纤维的特殊异型截面，以及纤维表面良好的亲水性，可在织物中的纤维之间，形成有极好的芯吸作用的大量微细尺寸的毛细管，使纤维具有良好的芯吸能力，使其可以从有汗液的体表将水分快速疏运到外侧表面，再利用外侧织物表面专门设计的较大的比表面积，造成可快速蒸发的条件，即可实现吸湿排汗的目的。

最典型的吸湿排汗纤维是美国杜邦公司的 Coolmax 纤维，是具有四沟槽截面的实心聚酯纤维，其截面像一长一短垂直相交的十字，纤维的四沟槽结构和亲水性表面的联合作用形成吸湿排汗功能，常用于 T 恤衫等产品。但四沟槽截面容易导致织物起毛起球。总后军需装备研究所研发的深五叶型截面和其他多种截面混配的聚酯纤维也具有极好的吸湿排汗效果。

（二）吸湿排汗类纤维材料的特性

由于涤纶是一种结晶性很高的纤维，分子主链中没有亲水性基团，因此呈疏水性，吸湿排汗性很差。此类服装穿着透湿性差，有闷热感，又有静电易于积累引起的种种麻烦。纵观吸湿排汗涤纶的开发，主要是通过物理和化学改性，或两者结合方法实施。

1. 特殊异形纤维

改变喷丝孔形状是提高纤维导湿性简单、直观和行之有效的方法，主要在异形纤维的纵向产生许多的沟槽，纤维通过这些沟槽的芯吸效应起到吸湿排汗的作用。美国杜邦公司生产的“Coolmax”涤纶，其截面为独特的扁十字形，纤维表面纵向成四个槽；其面积比常规圆形截面大 20%，故排汗性能高于常规涤纶。

2. 聚合苯乙烯稀物共混或复合纺丝

将含亲水基的聚合物与聚酯切片共混纺丝，同时用特殊设计的异形喷丝板生产吸湿排汗纤维；或将涤纶切片和亲水性聚合物，用纺皮芯复合形成异形的吸湿排汗纤维。通常以亲水性聚合物作为复合纤维的芯层，而涤纶为皮层。亲水性聚合物一般是聚醚改性聚酯和亲水性改性的聚酰胺。两种组合分别发挥吸湿和导湿作用，这样的复合纤维有吸湿、导湿的作用，达到吸湿排汗的功效。

3. 接枝共聚

通过接枝共聚方法，在大分子结构内引入亲水基因，以增加纤维吸湿排汗功能。通常是引入羧基、酰胺基、羟基和氨基等，增加对水的亲和性。在原料改性的同时，还要有适当的纺丝工艺，使纤维具有多孔结构和更大的比表面积等。

日本东洋开发的会呼吸的涤纶织物“Ekslive”，通过将聚丙烯酸酯粉末（称为神秘粉末），与涤纶混纺纺丝获得吸湿排汗功能，通过吸湿排除热量，改善涤纶织物的饱和吸水性。据称2002年销售额为20亿日元，约400万米，产品60%为机织布，35%为针织布。而KomatsuSerien公司将蚕丝化合物接枝在涤纶纤维上，产生吸水排汗涤纶。

从目前吸湿排汗涤纶工业化情况看来，主要是利用物理方法，纺“十”、“Y”和”T”三种异形纤维，在其表面还有数量不等的微细沟槽，以利加强导湿排汗功能。

（三）纤维的常规规格及面料特性

吸湿排汗纤维主要是利用纤维截面异形化（Y字形、十字形、W形和骨头形等）使纤维表面形成凹槽，借助凹槽的芯吸导湿结构，迅速吸收皮肤表层湿气及汗水，并瞬间排出体外，再由布表的纤维将汗水扩散并迅速蒸发掉，从而达到吸湿排汗、调节体温的目的，使肌肤保持干爽与凉快。

目前应用最广且效果最好的，都是利用截面异形化生产的吸湿排汗纤维。如：美国杜邦公司的Coolmax纤维，台湾远东纺织的Topcool纤维，台湾中兴纺织的Coolplus纤维等。

吸湿排汗常用规格如下，纤维：1.4D×38mm；长丝型：50D/72F、100D/144F、150D/144F、75D/72F、75D/48F、75D/36F、100D/72F、100D/48F、150D/96F、150D/48F等；纱线类：16S/1、20S/1、30S/1、32S、40S、50S、60S等。此外，吸湿排汗纤维与棉，麻，天丝等原料的混纺纱也层出不穷。

吸湿排汗纤维织成的面料因具备质轻、导湿、快干、凉爽、舒适、易清洗、免熨烫等优良特性，而广泛应用于运动服，户外、旅游休闲服，内衣等领域，深受消费者青睐。市场上，从机织到针织，从纤维到纱线，从面料到服装，家纺，随处可见吸湿排汗纤维产品的身影，已经形成了一条完整的吸湿排汗纤维产业链。

三、特殊手感风格类纤维材料

（一）聚酯纤维（PTT）

PTT纤维是聚对苯二甲酸丙二醇酯纤维。由于PTT的每个链节中有3个亚甲基，因奇数个亚甲基单元会在大分子链之间产生“奇碳效应”，使苯环不能与3个亚甲基处于同一平面，从而不能在1800平面排列，只能以1200错开排列，由此使得PTT大分子链形成螺旋状排列，使纤维具有永久的弹性。

PTT纤维的各项物理机械指标和性能都优于PEI性能，兼有涤纶和锦纶的特性。其弹性与氨纶相比，PTT的变形能力特别适合于外衣面料；其染色温度比PET低约30T，特别适合于和羊毛混纺后进行匹染。从其综合性能看。PTT纤维是今后聚酯纤维的发展方向。

（二）三元复合纤维

三元复合纤维采用三种成分的复合纺丝方法生产，虽然其纺丝组件要比一般二元复合纺丝组件要复杂得多，造价也要贵得多，但因其一根单丝上同时存在了三种不同物性的材料，显然其制品的性能更易兼顾到各种功能要求和纤维的立体构造。目前国内已经开始有研究单位和企业开发三元复合纤维的纺丝设备，探讨三元复合纤维的品种搭配。

（三）多异多重复合变形长丝

是总后军需装备研究所采用的异截面、异细度、异收缩、异刚度、异模量聚酯长丝、经过多种复合方式生产的军队常服专用功能性长丝，配套采用专门的织造和染整加工技术，使军队常服具有仿毛像毛的手感风格，且坚牢挺括、结实耐磨、易洗快干、可机洗、永久性抗静电。

（四）混纤异收缩超蓬松纤维

将多种原料、多种加工方式、不同截面、不同细度、不同沸水收缩率的长丝进行混纤加工（空变、网络、混并等），形成织物的蓬松、异染、消除极光、仿毛、仿麻等特殊手感和风格。例如可利用空气变形机生产涤纶/锦纶、涤纶/黏胶、涤纶/改性涤纶、涤纶POY/涤纶FDY、涤纶/丙纶、涤纶/有色丝的混纤空气变形丝；用POY与FDY直接并合加捻或加网等。根据搭配方式的不同，可形成丰富多彩的织物外观和手感，且成本低廉。

（五）自伸长纤维

自伸长纤维的大分子链相对皱曲，取向度和结晶度偏低，其初步结晶保持了纤维大分子的皱曲状态。但在织物染整定型过程中，由于高温的作用，导致进一步的结晶完整化，大分子从皱曲状态转向伸展，从而在宏观上达到了染整后纤维伸长的效果。自伸长纤维主要用以和其他纤维混纺或混并，在其他一般纤维（或高收缩纤维）发生收缩的同时，自伸长纤维发生伸长，可实现更大的收缩率差异，达到更好的蓬松、柔软、弹性等织物手感风格。

自伸长纤维的加工方法有共聚法、共混法和特殊工艺法三种。虽然各种制备技术各不相同，但核心技术都是在制取特殊的初生纤维后，设计专门的后加工工艺，控制纤维的结晶和取向。实际生产时以使用特殊工艺法为多。需调整工艺进行POY拉伸松弛热处理、POY定长热处理等。

（六）落水不透明纤维

专门用于泳衣。为了防止浅色泳衣入水后有透明感，采用皮芯结构的 PET 复合纺丝方法，芯层为八角形截面，且每个角都很尖细，尖端直到纤维的外圆，八角形截面中的 PEI，含高浓度的消光剂；皮层为普通 PET，皮芯复合形成圆形截面的纤维。尖端直到外周的尖细型八角对外来的光线有良好的遮挡作用，落水后可防止出现透明感，解决了游泳者希望穿着浅色，甚至白色泳衣，又担心出现透明感的矛盾。

（七）竹纤维

竹纤维包括直接从竹子分离得到的纤维（竹原纤维），以及以竹子作为纤维素供体制成的竹浆黏胶纤维（竹浆纤维）两种。

竹原纤维通常是将竹子去节后通过机械轧压分纤、闪爆加工和化学脱胶提取得到。由于过度分纤和脱胶会导致纤维长度过短，影响纺纱加工。因此，目前作为纺织纤维，竹纤维尚不完全成熟。而竹浆黏胶纤维则沿用了传统的黏胶纤维生产技术，已投入工业化生产。虽然有人认为竹浆黏胶纤维具有抗菌作用，但也有学者不赞同这一观点，有待于继续深入研究。

（八）大麻纤维

与竹纤维类似，大麻纤维也包括直接从大麻茎干的韧皮上分离得到的纺织纤维（大麻原纤维），以及以大麻作为纤维素供体制成的大麻浆黏胶纤维（大麻浆纤维）两种。

大麻原纤维的分纤和脱胶也如同竹原纤维，采用机械分离、闪爆加工和化学脱胶提取得到，也存在直接提取的原纤维长度过短问题，尚在研发之中。大麻浆黏胶纤维有成熟产品。

（九）拉细羊毛

羊毛在化学试剂的作用下，弱化或破坏纤维分子间，或螺旋链段间的二硫键交联，在拉伸应力作用下，纤维拉长变细，同时纤维的二级结构从 α-螺旋链结构转变为 β 型折叠链结构；然后再在化学试剂的作用下将纤维定型，即可得到拉细羊毛。羊毛细度变细具有更高的纺纱价值。

四、保健功能类纤维材料

（一）抗菌防臭纤维

除采用银离子、季铁盐、肌类抗菌剂等传统的抗菌材料，以及甲壳素纤维、海藻纤维等抗菌纤维外，近期又出现了采用植物精油、光催化剂等新型抗菌物质的抗菌纤维。

（二）磁性保健纤维

采用皮芯结构的锦纶（或丙纶）复合纺丝技术，芯层含60%～80%（质量比）稀土、银铁氧体或钡铁氧体磁粉。经过充磁，磁通量可达到0.35mWb以上。因含磁粉较多，故纤维的强度比较低。磁性纤维制成的服装可对人体进行持续的磁疗，使肌肤表面处于微运动状态，激活细胞代谢能力，促进身体微循环；处于穴位附近的磁性微粒发出的磁力线可起到磁疗作用。

（三）芳香纤维

医学证明美好的香味有助于睡眠。故对床上用品进行加香加工，有很好的实用意义。纺织品加香可采用微胶囊法后整理技术，或采用微胶囊法、共混法或皮芯复合法生产芳香纤维。由于微胶囊在高温下容易破裂、共混法的持久性差，故复合纺丝方法相对比较容易进行芳香纤维的工业化生产。日本采用内藏4叶的圆形复合纤维结构，在内藏4叶截面中混入茉莉花香型、桂花香型、森林浴香型等各种香味剂，在纤维的断面处作为香味释放口，持续地释放香味，可达到持久芳香的效果。

（四）负离子纤维

电气石（碧玺、托玛琳）作为一种天然矿石，具有产生静电、发射远红外线、释放负离子的作用。负离子对人体具有保健功能，素有“空气维生素”之称，并能杀灭空气中的细菌、净化空气。

负离子纤维即是由电气石微粉和成纤高聚物共混纺丝得到的纤维。虽然其真实的保健作用尚无法确定，但从机理言，是对人体有益的一种新型纤维。

（五）驻极体纤维

驻极体纤维是本身长期驻留静电电荷的纤维。可以采用聚四氟乙烯等非极性材料在电晕放电条件下将自由电子驻留在高分子材料之中，并长期保留；也可以采用普通成纤高聚物与电气石等本身带有静电电荷的微粉共混纺丝的方法生产驻极体纤维。驻极体纤维对促进创面愈合、加速细胞生长、改善微循环、抗血栓等都有疗效。由驻极体纤维制成的过滤材料，可以在较低的压差下达到良好的过滤效果。

五、其他特殊纤维

（一）变色纤维

所谓变色纤维是一种具有特殊组成或结构的，在受到光、热、水分或辐射等外界条件刺激后可以自动改变颜色的纤维。变色纤维目前主要品种有光致变色和温致变色两种。前者指某些物质在一定波长的光线照射下可以产生变色现象，而在另外一种波长的光线照射下（或热的作用下），又会发生可逆变化回到原来的颜色；后者则是指通过在织物表面黏附特殊微胶囊，利用这种微胶囊可以随温度变化而颜色变化的功能，而使纤维产生相应的色彩变化，并且这种变化也是可逆的。

变色纤维品种主要集中在光致变色上。其实早在1989年，W. Marckwald就首次发现了某些固体或液体化合物具有光致变色的性质，具有光敏变色特性的物质通常是一些具有异构体的有机物，如萘吡喃、螺呃嗪和降冰片烯衍生物等。这些化学物质因光的作用发生与两种化合物相对应的键合方式或电子状态的变化，可逆地出现吸收光谱不同的两种状态即可逆的显色、退色和变色。

温敏变色纤维是指随温度的变化，颜色发生变化的纤维。温敏纤维的加工主要是将温敏变色染料用微胶囊包裹后通过共混、涂层等方法引入到纤维中或纤维表面。微胶囊内包含热敏变色性色素、显色剂和消色剂，以便得到可逆的温敏变色纤维。温敏变色织物可作儿童服装、旅游用品及某些人体不宜接触的设备、仪器、管道的外包材料。

（二）形状记忆纤维

形状记忆纤维是指纤维第一次成形时，能记忆外界赋予的初始形状，定型后的纤维可以任意发生形变，并在较低的温度下将此形变固定下来（二次成形）或者是在外力的强迫下将此变形固定下来。当给变形的纤维加热或水洗等外部刺激条件时，形状记忆纤维可回复原始形状，也就是说最终的产品具有对纤维最初形状记忆的功能。

能在第一次热成形时记忆初始形状，冷却时可进行第二次成形，并在更低温下将此形变固定下来，当再次加热时能恢复为初始形状。应用最普遍的形状记忆纤维是镍钛合金纤维，在英国研制的防烫伤服装，镍钛合金纤维首先被加工成宝塔式螺旋弹簧状，再进一步加工成平面状，然后固定在服装的面料内，当服装表面接触高温时，纤维的形变功能被触发，迅速由平面状变化为宝塔状，在两层织物之间形成很大的空腔，使人体皮肤远离高温，防止烫伤发生。

形状记忆纤维的用途：形状记忆纤维不仅可用于加工智能服装，也可应用在医学领域。比如将形状记忆温度设置在人体体温附近，那么用这种纤维制成的丝线，就可作为手术缝合线或医疗植入物。由于该材料具有记忆功能，它能以一个松散线团的形式切入伤口，当其被加热到体温时，材料“记忆”起事先设计好的形状和大小，便会收缩拉紧伤口，待伤口愈合好后，材料自行分解，然后无害地被人体吸收。形状记忆纤维作为新出现的高科技智能材料，在服装、建筑、医学、军事等方面都有很大的应用潜力。但是就目前现状而言，在技术方面还有很多需要进一步完善解决的问题，所以智能纤维还没有形成产业化生产。

相信随着时间的推移和科技的进步，以及广大科技工作者的不懈努力，形状记忆纤维的批量化生产也将成为可能，因此智能纤维的应用领域广泛，前景光明。

（三）发光纤维

1. 概念与种类

发光纤维是指受光或放射线照射能发出比照射光波长更长的可见光的纤维。它们在高能粒子、X射线或紫外线照射下可发出光子。可用于探测高能粒子的轨迹，制作能量转换元件，也可用于室内装饰。用途各异，主要有特种工作服、光显示材料。发光纤维元件和能量转换元件等。

常见的发光纤维有：①在低折射玻璃中空纤维内充以高折射率的液态发光材料；②以发光玻璃作芯材的纤维；③以发光塑料作芯材的纤维。

2. 应用

发光纤维对夜晚安全性有显著作用，特别是要求有醒目标志的地方。例如运动器械、绳索、夜间需要搜救者的衣服、飞机内的地毯和行走路线指示。多采用铝酸锶微粉为发光材料、以稀土镧系元素为激活剂和助激活剂，与成纤高聚物共混纺丝而成。稀土夜光材料不同于传统的夜光材料，它不含放射性元素，对人体无害，是一种绿色环保型新材料。在很多领域都有初步应用。在纺织服装领域中应用的稀土夜光材料主要有以下两种形式：

（1）稀土夜光纤维。稀土夜光纤维是一种新型高科技功能纤维，以高分子材料和稀土铝酸盐发光材料为主要原料。结合纳米级助剂，经过特种纺丝工艺制成。该纤维只要吸收任何可见光 10 min，便可将能量蓄存起来，在黑暗的环境下能持续发光 10 h 以上，发光亮度高，持续时间长。其物理、化学性能稳定，无毒、无害、无放射性。符合环保要求。该纤维可以反复吸光、蓄光与发光，可无限次循环使用，而且亮度不受水洗等因素影响。目前已经成功开发出了很多不同颜色的夜光纤维，丰富了应用过程中的可选择性。

（2）稀土夜光涂料。稀土夜光涂料是结合稀土夜光材料、纺织用颜料或染料、聚丙烯酸酯类黏合剂、聚丙烯酸类增稠剂、有机硅柔软剂、多胺多醇高分子化合物交联剂等功能助剂混合而成。该涂料可用服装手绘或印花等后整理方法进行处理。独特的夜光效果增强了织物和服装的层次感。使用面积越大，浓度越高，亮度就越高。但在使用过程中要结合具体织物的特性进行合理选择和调配，达到最佳的视觉效果和触感。

夜光纤维具有特殊的外观和美学效果，用于传统民族工艺刺绣中，不仅是一种产品的创新，而且可提高其艺术、商业、观赏及收藏价值。针织T恤衫刺绣过程中可以部分或全部采用夜光纤维纱线作为绣线，按照不同的色彩搭配和针织面料配置关系，配以合适的图案，可以使针织T恤衫更加美观，更具有个性。在贴布（拼布）绣中还可以使用夜光织物作贴花布。锁边线可以采用夜光线或者普通线，合理配置，效果更佳。

发光纤维在服装上的应用很具有艺术效果，尤其用在舞台服装等，具有很强的渲染效果。在一些特定的艺术环境下，发光材料的应用不仅可以节约能源，还能减少热释放，同时这种柔和的发光能起到一个独特的艺术效果。

课后习题

1. 防电磁纤维的类型有哪些？
2. 阻燃纤维的性能评价大概有哪些？
3. 异型纤维的制备方法有哪些？有什么特点？

第五章 纱 线

学习目标

1. 了解纱线的分类及各自的特征
2. 了解纱线的一般加工过程
3. 了解几种纱线的生产过程

第一节 纱 线

一、纱线的分类及其特征

纱线用纤维原料纺制而成，广泛用于服装的面料、里料、花边、绳带、衬料，以及绣花线、金银线、编结线和缝纫线等。

纱线的品质和外观，很大程度上决定了织物的服用性能和表面特征，并直接影响着服装的外观、性能、品质以及服装的成本和加工效率等。

（一）纱线的分类

由于构成纱线的纤维原料和加工方法不同，纱线的种类繁多，形态和性能各异，其分类的方法也多种多样，常见的有以下几种。

1. 按纱线的原料分类

（1）纯纺纱线。是由一种纤维原料构成的纱线，包括天然纤维中的纯棉纱线、纯毛纱线、纯麻纱线、纯丝纱线，以及纯化学纤维纱线。

（2）混纺纱线。是由两种或两种以上的纤维混合所纺成的纱线，如涤纶与棉的混纺纱线、羊毛和黏胶的混纺纱线等。

（3）化纤纱线。由单一的化学纤维纺制的纱线，或者由两种（或两种以上）化学纤维混合所纺制的纱线。如纯涤纶纱线、黏胶纤维与涤纶纤维混合纺制的纱线等。

2. 按纱线中的纤维状态分类

（1）短纤维纱线。这是把一定长度的纤维经过各种纺纱系统把纤维捻合纺制而成的纱线。根据纤维长度和加工设备还可分为长纤维纺制的纱（如亚麻或苎麻纱、绢纺纱）、短纤维纺制的纱（如棉纱和毛纱）、中长纤维纺制的纱（如化学纤维仿毛型纱）、化学纤维牵切纺制的纱（如直接纺纱、直接成条纱）等。一般结构较疏松，光泽柔和，手感丰满，广泛用于各类棉织物、毛织物、麻织物、绢纺织物，以及天然纤维和化学纤维混纺织物、纯化纤织物中。大多数缝纫线、针织纱和毛线都属于短纤维纱线。

（2）长丝纱线。直接由高聚物溶液喷丝而成的长丝。根据其结构又分为单丝、复丝和复合捻丝三种。单丝由一根长丝所组成，由长丝织成的织物很有限，通常只用于袜子、连裤袜、头巾和轻薄而透明的夏装、泳装中；复丝是由若干根单丝所组成的长丝，有许多丝织物品种是由复丝织造而成的，如素软缎和电力纺等，广泛用于礼服、里料和内衣等；复合捻丝是指复丝经加捻而成的长丝，如用来织造绉织物或工业用丝，通常根据用途采用不同的捻度。

长丝纱具有良好的强度和均匀度，可制成很细的纱线，其外观和手感取决于纤维的光泽和断面形状等特征。由于长丝纱由化学纤维所组成，所以吸湿性差、易起静电，同时由于纱的结构特点，比化学短纤维手感光滑、凉爽、覆盖性差和光泽亮等（长丝和短纤维纱线的形态如图 5－1 所示）。

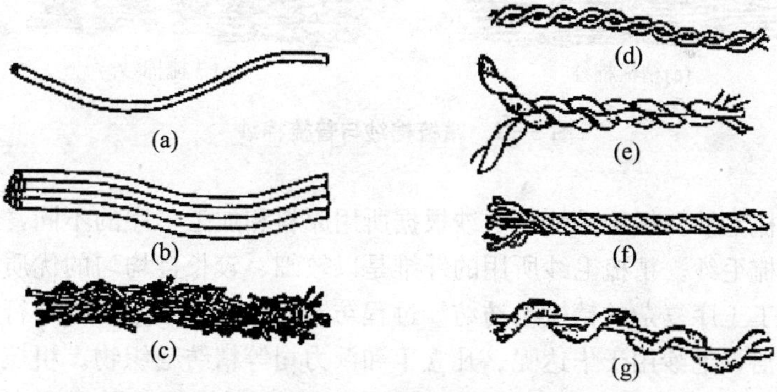

(a)单丝——连续长丝；(b)多股长丝；(c)短纤维纱线；
(d)双股线——两根单纱捻合在一起；(e)复合股线——股线捻合在一起；
(f)多股线；(g)混合股线——两根不同的纱合股在一起

图 5－1 各种纱线

（3）缫出丝。从蚕茧上缫出的生丝。

（4）裂膜丝。为聚丙烯薄膜片，经过切、划、打孔等技术分裂成所需要的宽度，然后经过强拉伸而制成的片丝，常用于地毯和起绒织物底布等。

3. 按纱线结构分类

（1）简单纱线。①单纱，只有一股纤维束捻合而成的纱；②股线，由两根或两根以上的单纱捻合而成的线，如常用的织造用线、绣花线和针织用线等；③复捻多股线，如图 5-1 中（e）所示，是把几根已加过捻的股线捻合而成。

（2）复杂纱线。这类纱线具有较复杂的结构和独特的外观，如花式纱线、包芯纱和包缠纱等。

4. 按纺纱方法分类

根据纺纱设备的特点可分为环锭纱、气流纱、涡流纱和静电纱等，由于成纱机理不同，其结构和纤维排列状态不同，纱线的外观、强力等性能也有所差异，因此用途也不同。从目前看，仍以传统的环锭纱为主，其品质优于其他纱线。

5. 按纺纱工艺分类

（1）精梳棉纱与普梳棉纱。精梳棉纱是指棉纤维在棉纺纺纱系统普通梳理加工的基础上又经过精梳加工过程的棉纱。

由于去除了短纤维、杂质，并经过多次梳理，纱条中纤维平行顺直，条干均匀、光洁，纱线细，其外观和品质均优于普梳棉纱，如图 5-2 所示。精梳棉纱常用于纺制高档府绸，制成 T 恤衫、汗衫和缝纫线等。

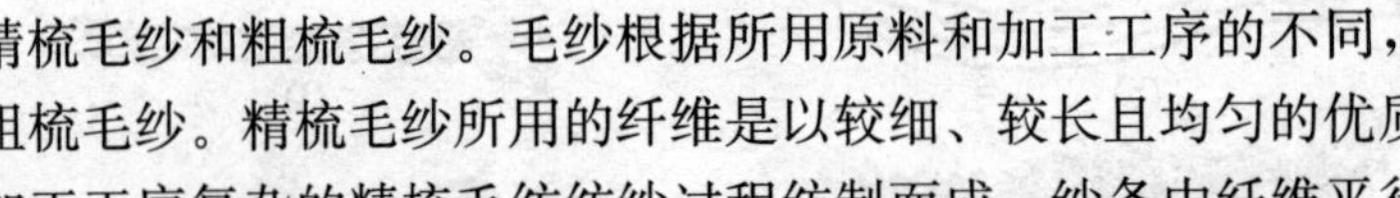

(a)精梳棉纱　　(b)普梳棉纱

图 5-2　精梳棉纱与普梳棉纱

（2）精梳毛纱和粗梳毛纱。毛纱根据所用原料和加工工序的不同，可分为精梳毛纱和粗梳毛纱。精梳毛纱所用的纤维是以较细、较长且均匀的优质羊毛作原料，并按加工工序复杂的精梳毛纺纺纱过程纺制而成，纱条中纤维平行顺直，条干均匀、光洁，毛纱用于华达呢、凡立丁和派力司等精纺毛织物。粗梳毛纱由于用毛网直接拉条纺成纱，所以纱中纤维长短不匀，纤维不够平行顺直，结构松散，毛纱粗，捻度小，表面毛茸多，用于大衣呢、法兰绒和地毯等。

6. 按纱线的后加工分类

按纱线的后加工可分为：①本色纱，又称原色纱，是未经漂白处理保持纤维原有色泽的纱线。②丝光纱，棉纱经氢氧化钠的强碱处理，并施加张力，使纱线的光泽和强力都有所改善的纱线。③烧毛纱，用燃烧的气体或电热烧掉纱线表面茸毛，使得纱线更加光洁。④漂白纱，把原色纱经煮炼、漂白制成的纱。⑤染色纱，把原色纱经煮炼、染色制成的色纱。

7. 按用途分类

(1) 织造用纱。分为梭织物用纱和针织物用纱两种。梭织用纱分经纱和纬纱，经纱强力要求较高，通常为股线；而纬纱一般要求手感柔软，强力可稍低。针织用纱通常为二合股，编结用线常用三合股和四合股。

(2) 其他用途纱线。包括缝纫线、花边线和绣花线等。

(二) 纱线的特征

1. 细度

细度是纱线最重要的指标，纱线的粗细影响织物的结构、外观和服用性能，如织物的厚度、刚硬度、覆盖性和耐磨性等。表示纱线粗细的指标按我国法定计量单位常采用线密度，即单位长度纱线的重量。通常表示纱线粗细的方法有定长制和定重制两种，前者数值越大，表示纱线越粗，如线密度和旦数；后者数值越大，表示纱线越细，如公制支数和英制支数。它们的计算公式如下：

(1) 线密度（T_t）是指 1000m 长的纱线在公定回潮率时的重量克数。若纱线试样的长度为 L(m)，在公定回潮率时重量为 G(g)，则该纱线的线密度（T_t）为：

$$T_t=\frac{G}{L}\times1000$$

线密度的单位名称为特［克斯］，单位符号为 tex。故线密度又称特数。

如长度为 1000m 的纱线在公定回潮率时重量为 18g，则线密度为 18tex，显然，特数越大，纱线越粗。分特数（dtex）为特（tex）的股线总特数，以组成股线的单纱特数乘以股数来表示，如单纱为 14 特的二合股股线，则股线特数为 14×2，当股线中两根单纱的特数不同时，则以单纱的特数相加来表示。

(2) 公制支数（N_m）是指在公定回潮率时，1g 重的纱线所具有的长度，支数越高，纱线越细。若纱线长度为 L(m)，公定回潮时重量为 G(g)，则公制支数为：

$$N_m=\frac{L}{G}$$

股线的公制支数以组成股线的单纱支数除以股数，如 50/2 表示单纱为 50 公支的二合股股线。如果组成股线的单纱支数不同，则将单纱支数用斜线分开，如 21/22/23。

(3) 英制支数（N_e）是指标准回潮率时，1 磅（1d）重的纱线所具有的长度，其标准长度视纱线种类而不同，如棉型和棉型混纺纱长 840 码（yd）为 1 英支，精梳毛纱 560 码为 1 英支，而粗梳毛纱 256 码为 1 英支，麻纱线则是 300 码为 1 英支等。英制支数现在用得较少。股线英制支数的表示方法与公制支数的股线表示方法相同。

（4）旦数（N_{den}）是指 9000m 长的纱在公定回潮率时的重量。1g 重为 1 旦，2g 重为 2 旦。可见，旦数越大，纱线越粗。通常用来表示化学纤维和长丝的粗细。若纤维长度为 L(m)，在公定回潮率时重量为 G(g)，则旦数（N_{den}）为：

$$N_{den}=\frac{G}{L}\times 9000$$

如复丝由 n 根旦数为 D 旦的单丝组成，则复丝的旦数为 nD 旦。股线的细度表示方法常把股数写在前面，如 2×70 旦，表示 2 股 70 旦的长丝线；2×3×150 旦，表示该复合股线先由 2 根 150 旦的长丝合股成线，然后将 3 根这种股线再复捻而成。又如 120 旦×20F 或 120 旦/20F，表示细度为 120 旦的丝束由 20 根 6 旦的单丝所组成；4/75 旦 8T 表示 4 根 75 旦的单丝合股后每厘米捻度为 8。

（5）细度指标的换算表（见表 5－1、表 5－2）。

纤维或纱线的各种细度指标可换算如下。

①特数与公制支数的换算：

$$T_t=\frac{1000}{N_m}$$

②特数与旦数的换算：

$$T_t=\frac{N_{den}}{9}$$

③公制支数与旦数的换算：

$$N_m=\frac{9000}{N_{den}}$$

棉型纱线英制支数与线密度（特数）、公制支数换算时，还需注意公、英制公定回潮率的不同。棉型纱线英制支数与特数的换算式为：

$$N_e=590.5\times\frac{100+W_{mk}}{100+W_{ek}}\times\frac{1}{T_t}$$

棉型纱线英制支数与公制支数的换算式为：

$$N_e=590.5\times\frac{100+W_{mk}}{100+W_{ek}}\times N_m$$

上两式中 W_{mk} 与 W_{ek} 分别为纱线的公/英制公定回潮率（%）。对纯棉纱线来说，我国规定英制公定回潮率为 9.89%，公制公定回潮率为 8.5%，则其英制支数与特数的换算式可简化为：

$$N_e=590.5\times\frac{100+8.5}{100+9.89}\times\frac{1}{T_t}=\frac{583}{T_t}$$

对于纯化纤纱线或化纤与化纤混纺纱线来说，公、英制公定回潮率相同，因此，其英制支数与特数的换算公式为：

$$N_e=\frac{590.5}{T_t}$$

对于棉与化纤混纺纱线来说，则需根据该混纺纱线不同的公、英制回潮率按前述公式加以换算。如英制支数与特数的换算以一般公式表示，则有：

$$N_e=\frac{C}{T_t}$$

式中：C——换算常数，随纱线的公定回潮率而异，其数值如表 5-1 所示。

表 5-1　　纱线种类、公定回潮率和换算常数关系

纱线种类	干量混比	英制公定回潮率 W_{ek}	公制公定回潮率 W_{mk}	换算常数 C
棉	100	9.89	8.50	583
纯化纤	100	公/英制公定回潮率相同	—	590.5
涤/棉	65/35	3.70	3.20	588
腈/棉	50/50	5.95	5.25	587
维/棉	50/50	7.45	6.80	587
丙/棉	50/50	4.95	4.30	587

表 5-2　　细度指标比较

线密度（tex）	旦数（旦）	棉纱英制支数（英支）	精梳毛纱英制支数（英支）	公制支数（公支）
1	9	—	—	1000
5	45	—	—	200
7	63	84	—	143
10	90	59	89	100
15	135	39	59	67
20	180	30	44	50
40	360	15	22	25
80	720	7.5	11	13
100	900	6	9	10
200	1800	3	4.4	5
500	4500	1.2	1.8	2

2. 捻度和捻向

在纺纱过程中，短纤维经过捻合形成具有一定强度、弹性、手感和光泽的纱线。纱线单位长度上的捻回数称为捻度。棉纱通常以10cm内的捻回数来表示捻度，而精纺毛纱通常以每米内捻回数表示。捻度的方向有Z捻和S捻两种，如图5-3所示。加捻后纤维自左上方向右下方倾斜的，称为S捻；自右上方向左下方倾斜的，称为Z捻。股线捻向的表示方法是，第一个字母表示单纱捻向，第二个字母表示股线捻向。经过两次加捻的股线，第三个字母表示复捻捻向。例如单纱捻向为Z捻、初捻（股线加捻）为S捻、复捻为Z捻，这样加捻后的股线捻向以ZSZ表示。

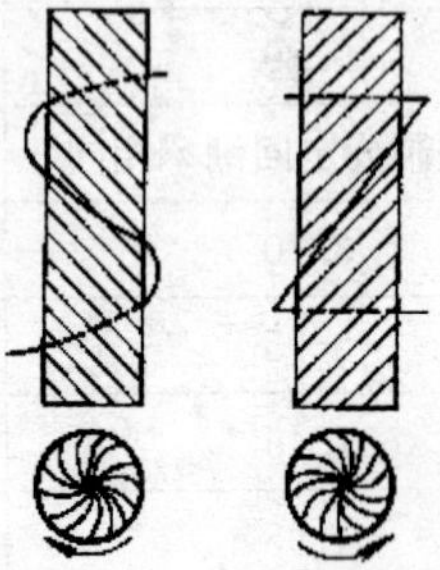

图5-3　纱线的捻向

二、复杂纱线

随着人们艺术素养、设计水平以及科学技术的提高，纺织品和服装的花色品种、各种色彩纷呈、结构新颖的花式纱线日益增多，增加了织物表面的趣味和吸引力。为了改善化纤长丝的手感、外观和性能，又研制开发了多种风格的变形纱，以及各种新型纺纱设备与方法的出现，更进一步增加了纱线的种类，丰富了衣料的花色与品种。

（一）花式纱线

花式纱线是指通过各种加工方法而获得的具有特殊外观、手感、结构和质地的纱线。由于制造成本较高和表面容易擦毛受损，未曾得到广泛的应用。当前，由于花式捻线机的改进，提高了加工速度，缩短了加工工艺，增加了花式品种，降低了成本；同时化学纤维的不断创新，也为花式纱线提供了丰富而又廉价的原料。因此近年来为增添服装面料的新品种，花式纱线很为流行，广泛应用于各种服装用梭织物和针织物，编结线，围巾、帽子等服饰配件，以及装饰织物中。由于品种繁多，本节只介绍几种基本的类型，以便了解花式纱线对织物外观和性能的影响。

1. 花式纱线的分类和结构

花式纱线常按其结构特征和形成方法进行分类，一般可分为三大类，即花式线、花色线和特殊花式线，如图 5－4 所示。

- 花式纱线
  - 花式线
    - 超喂型
      - 圈圈线
      - 珠圈线
      - 花圈线
      - 辫子线
      - 螺旋线
    - 控制型
      - 结子线
      - 毛虫线
      - 竹节纱
      - 大肚线
  - 花色线
    - 彩点线
    - 混点线
    - 印花线
    - 彩虹线
  - 特殊花式线
    - 包芯线
    - 金银丝线
    - 变形花式线
    - 拉毛线
    - 雪尼尔线
    - 膨体纱

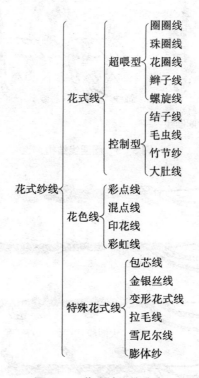

图 5－4 花式纱线的分类

(1) 圈圈线的主要特征是饰纱围绕在芯纱上形成纱圈，如图 5－5 所示。如圈圈由纤维形成的则称为纤维型圈圈线；而圈圈由纱线形成的称为纱线型圈圈线。前者比后者更为丰满、蓬松、柔软，保暖性好，织物具有毛感。但圈圈线易于擦毛和拉出，穿着和洗涤时需倍加小心。纱圈的大小、距离和色泽均可变化。根据饰纱与芯纱超喂量的多少以及加捻大小，可形成波形线、小圈线、大圈线和辫子线等（见图 5－6）。这类花式线主要用于色织女线呢、花呢、大衣呢和手编毛线等。当饰纱为强捻时，将自然成辫，形成辫子线，由它织成的针织汗衫，夏季吸汗凉爽，花型新颖，可大量用于运动衣和毛衣。

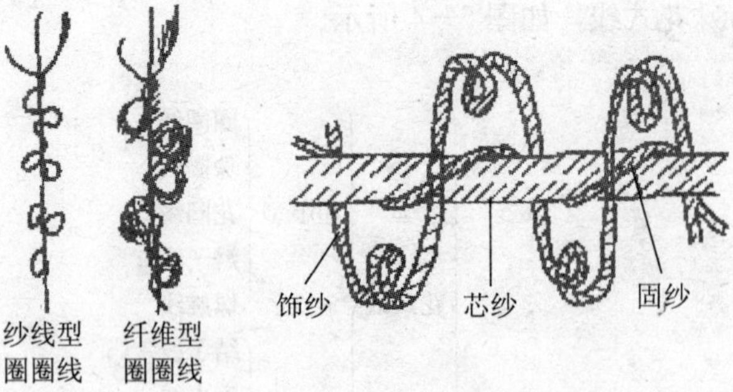

图 5－5　圈圈线结构

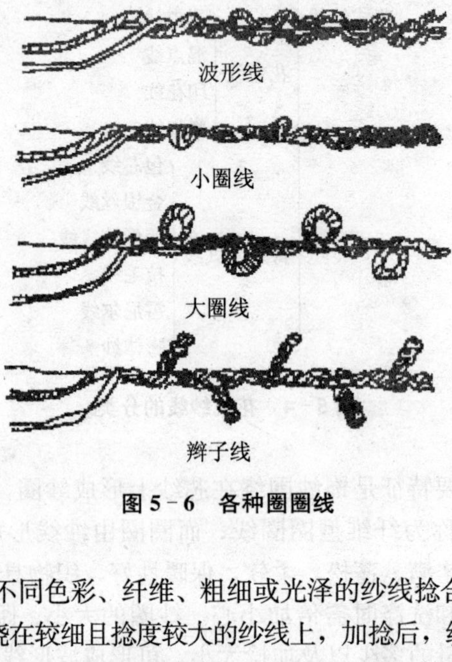

图 5－6　各种圈圈线

（2）螺旋线是由不同色彩、纤维、粗细或光泽的纱线捻合而成。一般饰纱的捻度较少，纱较粗，它绕在较细且捻度较大的纱线上，加捻后，纱的松弛能加强螺旋效果，使纱线外观好似旋塞。这种纱弹性较好，织成的织物比较蓬松，如图 5－7 所示。

图 5－7　螺旋线

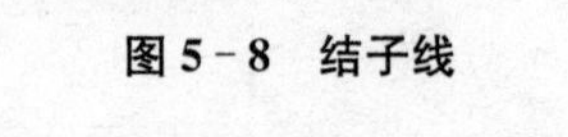

图 5－8　结子线

（3）结子线，也称疙瘩线，如图 5－8 所示。其特征是饰纱围绕芯纱，在短距离上形成一个结子，结子可有不同长度、色泽和间距。长结子也称为毛毛虫，短结子可单色或多色。

（4）大肚线，也称断丝线。其主要特征是两根交捻的纱线中夹入一小段断续的纱线或粗纱。输送粗纱的中罗拉由电磁离合器控制其间歇运动，从而把粗纱拉断而形成粗节段，该粗节段呈毛茸状，易被磨损。但是由它织成的织物花型凸出，立体感强，像远处的山峰和蓝天上的白云，如图 5-9 所示。

图 5-9 大肚线

(5) 竹节纱的特征是具有粗细分布不匀的外观。从其外形分类有粗细节状竹节纱、疙瘩状竹节纱、蕾状竹节纱和热收缩竹节纱等；从原料分类有短纤维竹节纱和长丝竹节纱等。此外，还可按纺纱方法分为不同特征的竹节纱。

竹节纱可用于织制轻薄的夏令织物和厚重的冬季织物，既可织造衣用织物，也常用于装饰织物。其织物花型醒目，风格别致，立体感强。

(6) 彩点线主要用于传统的粗纺花呢火姆司本（Homespun，或称钢花呢）。其特征为纱上有单色或多色彩点，这些彩点长度短，体积小。通常的加工方法是先把彩色纤维（细羊毛或棉花）搓成用来点缀的结子，再按一定的比例混入到基纱的原料中，结子和基纱具有鲜明的对比色泽，从而形成有醒目彩色点的纱线。这种纱线多用于织制女装和男夹克的织物。

(7) 包芯纱线由芯纱和外包纱所组成。芯纱在纱的中心，通常为强力和弹性都较好的合成纤维长丝（涤纶或锦纶丝），外包棉、毛等短纤维纱，这样，就使包芯纱既具有天然纤维的良好外观、手感，吸湿性能和染色性能，又兼有长丝的强力、弹性和尺寸稳定性。

比较常见的包芯纱是以涤纶为芯，外包黏胶短纤维纱或棉纱，常用于织制夏令衬衫料，织物穿着舒适、耐用，外观酷似纯棉织物，然而在物理性能上又远远胜过纯棉织物或涤/棉混纺织物。

以涤纶长丝为芯，外包棉纱或黏胶短纤维纱而制成的包芯纱织物，经酸处理后，可按一定图案腐蚀掉外包纤维，残留透亮镂空的长丝，从而使织物表面呈现凹凸不平，成为有花纹立体感的烂花织物。

以腈纶为芯，外包棉纱所制成的包芯纱，具有棉纤维的手感和腈纶的轻暖及柔软，常用于蓬松的针织物。以涤纶短纤维纱为芯，外包棉纱或两种色牢度的棉纱所制成的包芯纱，由其制作的便服很新颖别致。

当芯纱为弹力纤维或氨纶长丝时，包芯纱具有很好的弹性，即使只含有 2%～3%的小量氨纶，也能明显地改善弹性（见图 5-10）。由这种包芯纱织成的针织物或牛仔裤料，穿着时伸缩自如，舒适合体，既容易随人体运动而拉伸，又容易恢复，保持良好的外观。但在穿着和洗涤时，不宜过分拉伸，应防止芯纱断裂，熨烫和干燥温度不宜过高。

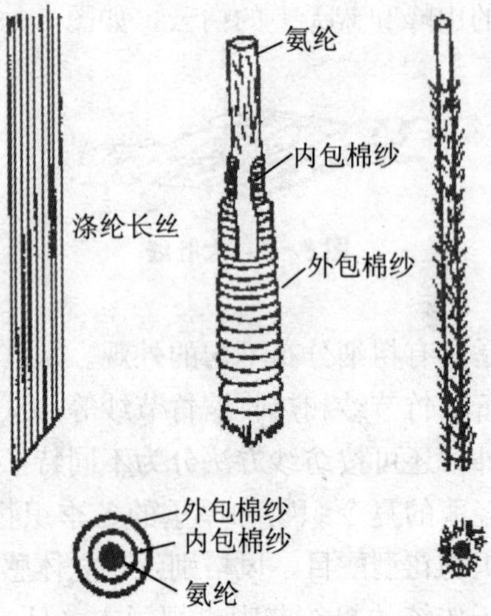

图 5-10 包芯纱

包芯纱可在传统的环锭纺纱机上纺制，作为外包纤维的粗纱从后罗拉喂入，与喂入前罗拉的芯纱在前罗拉输出口会合加捻，使外包纤维包缠在芯纱周围。

此外，包芯线还可采用气流纺、尘笼纺、喷气纺等新型纺纱方法纺制。

（8）金银丝线和夹丝线。采用夹丝纱线的织物，其表面闪出细洁匀净的丝点光泽，合捻的长丝一般采用黏胶人造丝或三角截面的锦纶丝、涤纶丝、绢丝或华贵的厂丝，有时采用金银丝。

3000 多年前，人类就把金或银打成薄片，然后切成小丝带织布。但是因为不易弯曲，很难织造，而且织物粗糙，很容易因出汗而褪色，失去光泽。所以当前多采用真空技术或称“三明治”技术将其加工成金银丝，如图 5-11 所示。

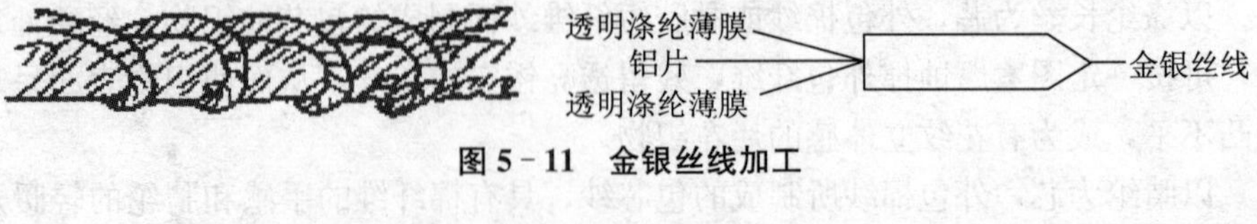

图 5-11 金银丝线加工

把铝片夹在透明的涤纶薄膜片之间，如果要银色，将薄膜片和铝片黏合在一起的粘着剂应是很透明的；如果要金色或其他色彩，则需要在黏着剂中加入涂料或在薄金属片和薄膜粘在一起之前，在薄膜上印上颜色。金属丝的另一种加工方法是真空技术或称为“三明治”技术，它与上一种方法的主要区别是采用真空技术，把铝蒸着在涤纶薄片上。

此外，还有把金属光泽的丝带丝卷缠在以涤纶、锦纶、人造丝为芯的纱线上，形成各种类型的金银线。但在服装上几乎全部使用铝蒸着的涤纶薄膜的切膜丝，这种金属丝既可用于织物，也可用于装饰用缝纫线。

在水洗时，铝特别容易氧化，而且会由于与碱性物长时间附着，使其变质、脱落，从而造成金银线的变色与光泽变暗。所以必须使用中性洗涤剂，水洗用力要适当。在穿着过程中，由于汗水的黏着，应常洗涤。同时，由于耐热性很差，应使用低温熨烫。此外，金银线的梭织物、针织物在使用中会由于纤维内吸收水分或遇热而产生收缩，并且一旦起皱，要想恢复原状就很困难。因此在条格织物和提花织物中使用金银线时，更需注意这一点。

(9) 多股线和花股线。辫子线也称多股线，先以两股细纱合捻，再把合股加捻的双股线两根或几根并合加捻，常用于毛线。

如采用两种不同色泽的细纱合股而成，则称花股线或 AB 线。若 A、B 色互为补色，则合股后有闪光效应。

(10) 拉毛线有长毛型和短毛型两种。前者是先纺制成花圈线，然后再把毛圈用拉毛机上的针布拉开，因此毛茸较长；后者是把普通毛纱在拉毛机上加工而成，所以毛茸较短。拉毛线多用于粗纺花呢、手编毛线、毛衣和围巾等，产品绒毛感强，手感丰满柔软。长毛型拉毛线的饰纱常用光泽好、直径粗的马海毛或较粗有光化学纤维制成，以用来增进织物的美观。拉毛线由于有固纱加固，因此绒毛不易掉落，耐用性好。

(11) 膨体纱是先由不同收缩率的纤维混纺成纱线，然后在蒸汽、热空气或沸水中处理，收缩高的纤维遇热收缩，把与之一起混纺的低收缩率的纤维拉成弯曲状，使整根纱线形成蓬松状。通常是由 40%～45%高收缩腈纶纤维与 55%～60%已经松弛的低收缩腈纶纤维混合纺成纱后，在 100℃以上进行热松弛收缩。图 5-12 (a) 为膨化前纱的外观；经染色后，高收缩纤维收缩，引起已经松弛的低收缩纤维的弯曲，如图 5-12 (b) 所示，从而增加了纱的直径，使纱蓬松而柔软。膨体纱常用于针织物和手编毛线。

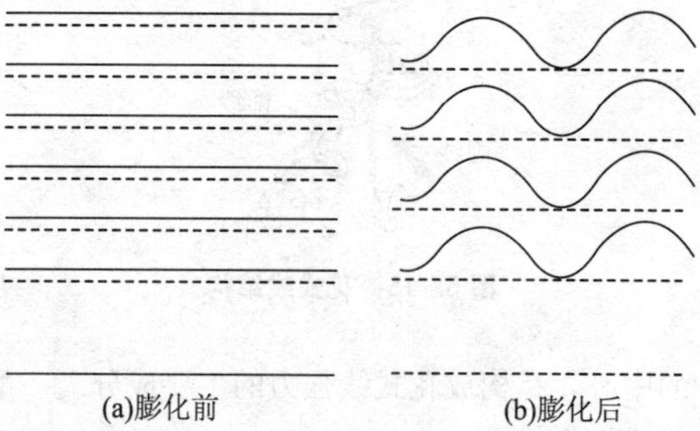

图 5-12 膨体纱

（12）雪尼尔线是一种特制的花式纱线，其特征是纤维被握持在合股的芯纱上，状如瓶刷，手感柔软，广泛用于植绒织物、穗饰织物和手工毛衣，具有丝绒感，可以用作家具装饰织物、针织物等。

雪尼尔线的形态如图 5－13、图 5－14 所示。

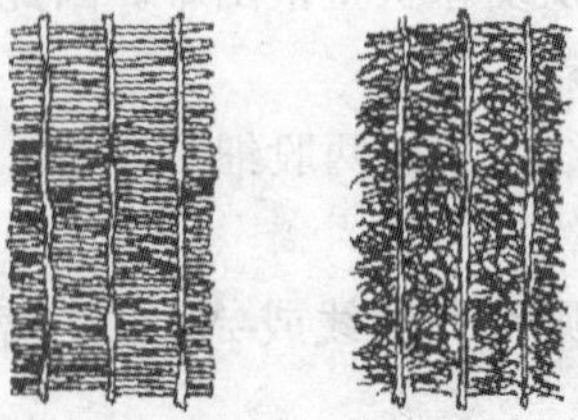

图 5－13　由非织造织物网制成的雪尼尔线外观

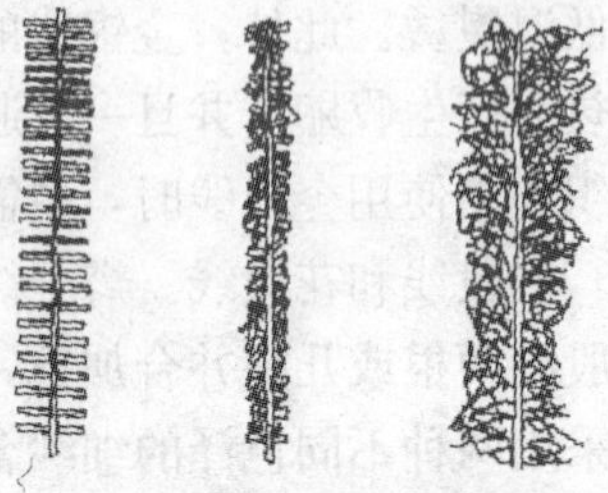

1—饰纱；2—芯纱

图 5－14　用切断纱圈的方法生产雪尼尔线

2. 花式纱线基本结构

圈圈线和结子线等花式纱线，基本上由芯纱、饰纱和固纱三部分组成，如图 5－15 所示。

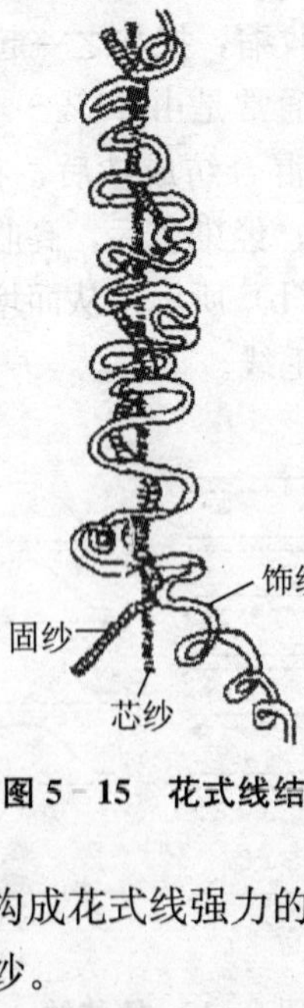

图 5－15　花式线结构

芯纱：位于纱的中心，是构成花式线强力的主要成分。一般采用强力好的涤纶、锦纶或丙纶长丝或短纤维纱。

饰纱：用来形成花式线的花式效果，花式线的色彩、花型和手感由它而定。

一般选用手感、弹性和色泽鲜艳的毛纱或化纤纱。

固纱：用来固定花型的。通常采用强力好的细纱。

花式纱线的性能取决于纱的粗细、形式、加捻程度和纤维性能。一般来说，由花式纱线织成的织物强力较低，耐磨性差，容易起球和钩丝。

（二）变形纱

合成纤维长丝在热、机械或喷气作用下，使伸直状态的长丝变为卷曲状的长丝称为变形纱。如图 5－16 所示，图 5－17（a）为处理前长丝，呈挺直、光滑、无毛羽、不蓬松状，经处理后，不仅外观形成各种卷曲状态，而且因有利于在纱中形成空气层而增加了保暖性，同时使手感柔软，覆盖性好。由于加强了热交换和湿气蒸发，有助于穿着舒适性的改善。此外，表面的毛羽使光线在织物表面呈漫反射而使光泽柔和，具有天然纤维的视觉美感。变形纱通常由锦纶或涤纶长丝加工而成，因此织物的抗皱性、耐磨性和洗涤性能都很好。短纤维纱、长丝纱和变形纱的性能对比如表 5－3 所示（其中（α）为长丝，其他为变形纱）。

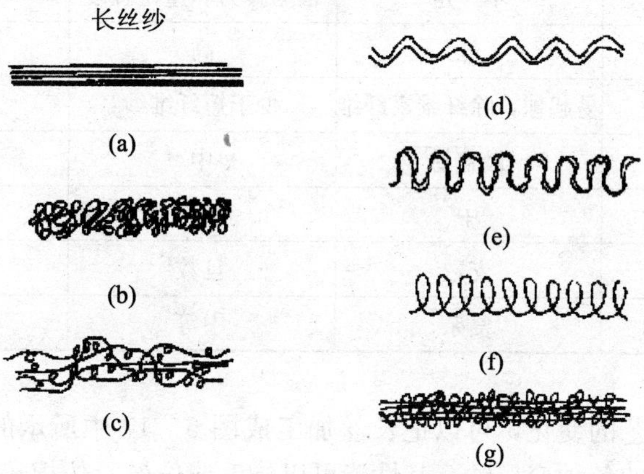

图 5－16 长丝纱和变形纱

表 5－3 短纤维纱、长丝纱、变形纱性能对比

性能特征		短纤维纱	长丝纱	变形纱
组成	长度	短纤维	变形长丝，蓬松或有弹力	光滑长丝
	捻度	从低到高	中—高	低
美感	光泽	暗淡	暗淡	光泽或消光处理
	质地、手感	较粗糙、柔软、蓬松	仿短纤维纱，较蓬松，起皱	光滑、不蓬松
	悬垂性	柔软或硬挺	柔软或挺括	硬挺或流畅

续 表

性能特征		短纤维纱	长丝纱	变形纱
外观保持性	弹性	中等捻度和支数的为一般	高	高—低，由纤维性能决定
	回复性	中	高	弹性和回复性
	尺寸稳定性	低，通过加捻和改变结构，预缩可改善	中—高	最高
舒适性	吸湿性	最好	中	较差
	保暖	好	中	凉爽和湿冷感
耐穿性	强力	弱	强	高，除非低支或短浮线
	耐磨性	低，除非紧捻度和改善结构	好，除非钩丝	高，除非长浮线低支
	弹性	不一定	根据弹力和蓬松程度	不一定
	钩丝	低	高	低，捻时中等
	起球	易起球，除纤维素纤维	少于短纤维纱	最少
	沾污	最容易	中	最少
	覆盖性	中	中	最低
细度指标		支数	旦数	旦数
生产		复杂	中等	简单

通过变形工艺的变化，可以把长丝加工成图 5－17 中所示的波状、卷曲状、膨体状或缠结状的各种变形纱，其性能可以仿毛或仿丝、仿棉、仿麻型，以便织造类似各种天然纤维的梭织物或针织物。但从总体而言，变形纱一般根据用途可分成以下三种类型。

1. 低弹纱

低弹纱具有一定程度的弹性，即弹性伸长性能一般。较多的螺旋卷曲度，具有一定的蓬松性，由这类纱线织成的织物制作成服装后尺寸稳定性好，其长丝为涤纶、丙纶或锦纶。主要用于内衣和毛衣。

2. 弹力纱

弹力纱具有优良的弹性变形和回复能力。膨体性能一般，主要用于弹力织物，以锦纶变形纱为主，常用于运动衣和弹力袜等。

3. 膨体纱

膨体纱主要特点是蓬松度高，而且具有一定弹性，主要用于蓬松性要求较高的服装，如要求保暖性好的毛衣、袜子以及装饰织物。大多采用腈纶纤维加工而成，锦纶和涤纶也可加工成膨体型变形纱。

三、新型纱线

（一）气流纱

如图 5－17 所示为环锭纱的外观，图 5－18 所示为气流纱的外观，可见气流纱比环锭纱蓬松、耐磨、染色性能良好，棉结杂质和毛羽少，其主要缺点是强力较低。气流纱主要用于梭织物中蓬松厚实的平布，起毛均匀、手感良好的绒布，色泽鲜艳的纱罗，绒条圆滑的灯芯绒，还可用于针织品中的棉毛衫、内衣、睡衣、衬衫、裙子和外衣等。

图 5－17　环锭纱

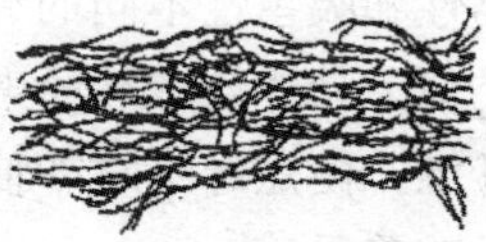

图 5－18　气流纱

（二）涡流纱

涡流纱是利用固定不动的涡流纺纱管，以代替高速回转的纺纱杯所纺制的纱。纱上弯曲纤维较多，染色性、透气性和耐磨性较好，但强度较弱，条干均匀度较差。多用于起绒织物，如绒衣和运动衣等。

（三）包缠纱

包缠纱是利用空心锭子所纺制的纱，如图 5－19 所示。由于其纱芯纤维无捻，呈平行状，所以也称平行纱。包缠纱属于双组分纱线，即由长或短纤维组成纱芯，外缠单股或多股长丝线。其品种有以下三种。

图 5－19　包缠纱

1. 普通包缠纱

(1) 以棉纱为芯，外包 35％～50％真丝，纱线具有平滑和蓬松的表面。使用这种纱线织成的织物有极好的吸湿性能，穿着舒适，有真丝外观，适于热带气候。这种织物可代替真丝织物，适用于廉价的衬里、衬衫、女装等。

（2）以羊毛为芯，外包真丝。这种纱线具有羊毛的保暖性和真丝的光泽和外观，可用于时新的冬季衣着服装，如冬季轻薄便装，冷天穿内衣、衬衣以及女式礼服。

以腈纶为芯而外包真丝的纱线，性能与其相似，可用于女式礼服、运动衣、围巾等。

（3）以锦纶为芯而外包真丝的包缠纱，用于重量轻、强力好的织物，适于制作轻薄服装、围巾等。

（4）以涤纶为芯而外包真丝的包缠纱，其织物具有优良的悬垂性、抗皱回复性，耐用性也较好，适于制作高级套装、衬衫等。

（5）以绢丝为芯、外包真丝的包缠纱，可用来织制纯丝衬衫面料。

2. 结构包缠纱

采用收缩性和吸色性不同的纤维组合而成，使纱具有卷曲效应和不同色彩。其形成原理类似于膨体纱，纱经染色或汽蒸后，由于不同的收缩率，外包长丝收缩，深入短纤维，使短纤维对纱轴形成弯曲，因此纱具有螺旋和珍珠状外观，可增加蓬松性，改善手感。

3. 弹性包缠纱

以氨纶为芯，外包10%～20%合纤长丝，使纱具有良好的弹性。

由真丝包缠氨纶而成的弹力真丝包缠纱，现已用于内衣、运动衣和时装，既具有真丝的触觉快感和视觉美感，又能随身体运动而伸缩自如，无束缚感。

（四）其他新型纺纱纺制的纱线

1. 自捻纱

自捻纱的成纱过程形成了纱线线密度和捻度的不匀，所以适宜于花式织物和绒面织物。

2. 尘笼纱

由尘笼纺纱（或称摩擦纺纱）所纺制的纱线，因成纱时纤维是逐渐添加到纱条上的，因此形成纱芯和外层的分层结构，因此纱芯坚硬，外层松软，纺制的纱较粗，而且还可以纺制花式纱线和多组分纱线，可用于织制工作服、外衣和装饰织物等。

3. 喷气纱

由喷气纺纱纺制的纱线强力较低，手感粗糙、蓬松，可织造梭织物和针织物，适宜制作上衣、运动衣和工作服。喷气包芯纱手感柔软，弹性和耐磨性较好，可织制府绸和烂花布等。

四、纱线的品质

（一）舒适性

纱线的结构特征与服装的保暖性有一定关系，这是因为纱线的结构决定了纤维之间能否形成静止空气层，纱的蓬松性有助于衣服用来保持体温。但是在另一方面，结构松散的纱又会使空气顺利地通过纱线之间，空气流动将加强衣服和身体之间空气的交换，会有凉爽的感觉。结构紧密的纱线能防止空气在纱中通过，会产生暖和的感觉。常常用来制作夹克的粗花呢是由线密度较小、捻度较少的粗纺毛纱所织成。蓬松的羊毛衫能把空气留在纤维之间，无风时，纱线内留存的静止空气能起到身体和大气之间的绝热层作用。棉纱不太蓬松时，不能留存像羊毛衫毛纱中那样多的空气，因此，防止热传递的作用较差。由此可见，捻度大的低特纱，其绝热性比蓬松的高特纱差。含空气多的纱线的热传导性较小。所以，纱线的热传导性随纤维原料的特性和纱线结构状态的不同而有所差异。

纱线的结构和手感应适于最终服装的要求。如纱线细、捻度高的精梳棉纱或亚麻纱具有光亮耀目的外观、滑爽的手感，其织物是理想的夏装材料。光滑的黏胶长丝织物也有相似的穿着效果。蓬松的羊毛纱或变形纱手感丰满，有毛茸，很适于秋冬服装的厚重织物。缎纹织物为保持表面光滑、光泽醒目的特点，不采用毛羽多的纱线。用作衣服衬里的织物要考虑到便于穿脱，纱线的表面也要适应这种要求。

纱线的吸湿性是影响服装舒适性的重要方面，而纱线的吸湿性又取决于纤维特性和纱线结构对纤维密度和含气性、吸水性的影响，与纱线的绝热性极为相似。人的皮肤上都有一层水的薄膜，当水蒸发到大气中时，热量就会从身体上散发。如果周围空气是干的，有微风，湿气就很易蒸发而使人感到凉爽。在大气潮湿和空气静止时，身上湿气就不易蒸发，令人感到闷热，身上发黏而感到不舒服。

长丝纱光滑，织成的织物易贴在身上，如果织物的质地又比较紧密，则更会紧贴皮肤，身上的湿气就很难渗透过织物。短纤维纱因有纤维的毛茸伸出在织物表面，从而减少了与皮肤的接触，改善了透气性，使衣着舒适。经变形处理的合纤长丝就具有类似短纤维纱的品质。

（二）耐用性

纱线的拉伸强度、弹性和耐磨性能等与织物和服装的耐用性紧密相关。而纱线的这些品质除取决于组成纱线的纤维固有的强伸度、长度、线密度等品质外，也受纱线结构的影响。

通常长丝纱的强力和耐磨性优于短纤维纱。这是因为长丝纱中纤维具有同等长度，能等同地承受外力，纱中纤维受力均衡，所以强力较大。又由于长丝纱的结构比较紧密，摩擦应力将分布到多数纤维上，所以单纤维不易断裂和撕裂。一般长丝的强度是用它的组成纤维全部强度的近似值来表示。而短纤维纱的强度除与纤维本身的性能有关外，还随纤维在纱中排列程度和捻度的强弱而变化。

混纺纱的强度总比其组分中性能好的那种纤维的纯纺纱强度低。混纺原料中各组分的拉伸断裂伸长能力不同，必然是断裂伸长能力小的纤维分担较多的拉伸力，而断裂伸长能力大的纤维分担较少的拉伸力；在前一种组分的纤维被拉断后，后一种组分的纤维才主要承担外力的作用，因而使混纺纱强度降低。

通常，膨体纱的拉伸断裂强度较小。膨体纱是利用两种热收缩性相差很大的纤维混纺后经过热湿处理，使纱中热收缩性大的纤维充分回缩，同时迫使热收缩性小的纤维沿轴向压缩皱曲而呈现膨体效应。因此，纱中担负外力的纤维根数较少，而且各根纤维的强力很不均匀，致使膨体纱的强度降低。

纱线的结构也同样影响弹性，如果纱中的纤维可以移动，即使移动量很小，也能使织物具有可变性，反之，如果纤维被紧紧地固定在纱中，那么织物就会板硬。

当短纤维纱的两端被握持并被拉伸时，纱中的纤维将从原来的卷曲状而被拉伸，一旦放松张力，纤维将回复到原来的卷曲状态。这种性能使纱具有弹性。如果纱的张力太大，纤维就不仅仅是伸长，而且将在纱中滑脱，之后，再放松张力，由于纤维之间的彼此滑移，纱再也不会恢复到原来的长度，即永久地被拉长。纱线在失去弹性之前所能承受的拉力，也与纤维性质和纱线结构有关。如捻度大，纤维之间摩擦力大，这就意味着纱中的纤维不容易被拉伸，所以纱的拉伸能力较差。随着捻度的减少，拉伸值增加，但拉伸恢复性能降低，从而影响服装的外形保持性。

未经处理的化纤长丝拉伸值较低，因为纱中纤维一般不卷曲，当承受外力时，不仅纤维被拉伸，而且其分子也被拉伸，而要拉伸分子就需要施加大于拉直卷曲纤维弯钩的力。所以合成纤维长丝织物的服装尺寸比较稳定，延伸性很小。

纱中所加的捻度，明显地影响纱线在织物中的耐用性。捻度太低，纱很容易瓦解。捻度过大时，又因内应力增加而使纱的强力减弱。所以在采用中等捻度时，短纤维纱的耐用性最好。

（三）保管性

纱线的品质也影响服装的保管性能，如捻度较少的纱线的防玷污性能比强捻纱差，由稀松的纱线所织成的织物在洗涤过程中容易受机械动作的影响而产生较大的收缩。

纱的捻度小，或经纱和纬纱的密度不相平衡，在服装穿着和洗涤过程中也容易造成纱和缝线的滑脱以及织物的变形。

某些对热很敏感的纱线，在洗涤和烘干等热处理过程中，会发生明显的收缩。某些变形纱织成的织物，在服装穿着过程中，膝肘和颈部等处容易发生伸长变形。这种现象是由于纤维本身弹性较小，同时又在熨烫过程中收缩过多所造成。

第二节 纱线的一般加工过程

一、开清工程

在纺纱的过程中，首先将压紧的纤维进行开松、除杂和混棉，完成这些作用的过程称为开清工程。其中，开松与混合是同时进行的，而且开松呈清除杂质和实现充分混合的必要条件，经过初步的开松、除杂和混合后，制成较清洁、均匀的棉卷或无定形的纤维层。

(一) 开松

开松，是利用钢针、锯齿或刀片等扯松和打松机件对纤维进行撕扯和打击，松解纤维间的联系力，将它打成较小的纤维束。

(二) 除杂

除杂，是依靠打击机件对纤维的打击使纤维和杂质、疵点获得大小不同的冲量；或利用纤维与杂质、疵点的比重、大小、形态等的不同，借助气流、振荡等作用配合除尘棒，使纤维和杂质、疵点在加工中得以分离。

(三) 混棉

混棉，是根据棉纱的用途及对其品质性能的要求，选用不同的原棉为原料，以保证成纱品质保持不变，并达到合理使用品质优劣不同的原棉，降低成本的目的。

在纺纱过程中，开松与混合是同时进行的，而且开松是清除杂质和实现充分混合的必要条件（只有当原料被充分开松成单纤维状态时，才能实现单纤维间的混合和清除那些与纤维黏附性很大的细小杂质），经过初步的开松除杂和混合后，制成较清洁、均匀的棉卷或无定型的纤维层。

(四) 开清工程的主要任务

第一，把压紧的大棉块分解成较松的小棉束，同时应避免损伤纤维和杂质的碎裂（棉籽壳与棉的比重相仿）。

第二，清除原棉中的大部分杂质和疵点，同时应避免有用纤维随之一起排除。

第三，使各种成分的原棉均匀混合。

第四，制成合乎一定质量标准的棉卷。

(五) 开清工程机械

1. 喂混棉机械

包括自动抓棉机，自动喂棉机等。

2. 开清机械

包括六辊筒开棉机，豪猪式开棉机等。

3. 清棉机械

包括单打手成卷机等。

（六）棉卷质量对成纱的影响

1. 棉卷的重量与回潮率

棉纤维的吸湿性较强，其回潮率受天气变化的影响较大，若不予考虑，则成纱轻重悬殊，所以要控制车间的温湿度，以达到控制棉卷的目的。

2. 不匀率的棉卷

给棉不正常、开松不充分等原因造成棉卷不匀。在后续生产中产生棉条粗细不匀—成纱条干不匀—织造中断头率上升，布面质量下降。

3. 不清洁的棉卷

造成这种情况的原因是除杂作用不正常，棉卷含杂不仅加重了梳棉机的工作而且加工中易被轧碎成小粒，致使成纱时附着杂质增加，降低纱品质。

4. 开清过生或过熟

开清过生即原料松解未达到要求，除杂不净（打击次数少或速度慢），降低纱品质。开清过熟与过生相反，即使纤维受损，在梳棉中易产生棉结，最后附着在棉条上，影响和降低成纱品质。

二、梳棉工程

一般的开清工程作用不可能将纤维块分解成单纤维状态和清除细小杂质，因此必须进一步加工。梳棉是进一步开松、除杂和混合的有效方法。

（一）梳棉

梳棉，是利用表面具有钢针或锯齿的工作机件梳理纤维束，使其进一步分解成单纤维状态，从而去除开清工程所不能清除的细小杂质、疵点及短纤维，由于反复作用，使纤维充分地均匀混合，最后制成细而长的条子（也称生条）。

（二）精梳

为了纺制号数细、要求高或有特殊用途的纱还需要经过精梳工程，利用梳针对纤维进行更为细致、积极的梳理，使纤维更加平行、伸直，同时剔除疵点，并除去一定长度以下的短纤维。

化学纤维由于杂质少且较为平行伸直，一般不经精梳。

（三）梳棉工程的任务

梳理纤维束，将其分离成单纤维状态，继续清除杂质、疵点，并进行较为细致的均匀与混合，最后制成符合一定规格和质量要求的条子。

（四）梳棉机械

锡林（锡林是梳棉机的主要元件，其作用是将刺辊初步分梳过的纤维剥取并带入锡林盖板工作区进一步细致的分梳、伸直和均匀混合）表面速度大于刺辊，将棉花剥取；锡林与盖板（盖板的主要作用是提高钻孔质量、提高成品率）均包有金属针布，锡林表面速度远大于盖板，纤维在两个针面作用下被分梳成单纤维状态；道夫（用来凝聚和转移锡林针面上的纤维，然后由剥取机剩下而形成棉网输出）速度远低于锡林，在两个针面作用下，锡林上的纤维一部分被剥凝聚在道夫针面，形成薄薄的纤维层。

（五）梳棉工程对成纱质量的影响

第一，白星、籽屑较多，杂质增多。

第二，云斑、破洞，生条号数不匀，条干不匀。

三、并条工程

在各种纤维纺的粗梳纺纱及精梳纺纱系统中，纤维材料经粗梳或精梳之后，都必须经过并条工程加工，以保证成纱质量。

粗梳机制成的纤维条，长片段不匀率较大，且纤维伸直度较差，大部分纤维都呈弯钩或卷曲状态，并有部分小纤维束存在，若直接用于纺纱，必然影响成纱质量。

（一）并条

把若干根生条并合在一起，拉伸后称之为熟条。

（二）牵伸

把并合在一起的条子经罗拉牵伸后，消除生条中卷曲的纤维，使之平行伸直。

（三）并条工程的任务

第一，利用纤维条之间的并合作用，降低纤维条的长片段不匀率。

第二，利用罗拉牵伸，改善纤维的伸直平行度及分离度。

第三，利用纤维条之间的并合作用，使各纤维条中不同性质的纤维按一定混合比相互混合，并混合均匀。

（四）混合方法

1. 开清中混合

针对性质相近的纤维。

2. 并条中混合

针对性质不同的纤维。

（五）并条质量对成纱的影响

1. 粗细节

致使成纱条干不匀，导致成纱强力下降。

2. 油污

影响外观，使纱线质量下降等。

四、粗纱工程

并条工程所生产的条子虽然在形态、不匀率以及纤维伸直度等方面已经初步具备了直接纺纱的条件。但是，条子的定量还较大，必须施以上百倍的牵伸才能把它抽长拉细到所要求的号数。目前，一般的细纱机还没有这么大的牵伸能力。因此，在纺织过程中，加一粗纱工程，来分担部分牵伸，并进一步提高纤维的伸直平行度。同时把所得粗纱卷绕成适合细纱机喂入的适当形式，以符合细纱机对喂入卷装形式的要求，而更好地提高细纱机的效益。

（一）粗纱工程的任务

第一，通过牵伸装置将纤维条进一步抽长抽细，并提高纤维的伸直平行度和分离度。纺成适合于细纱机牵伸能力的粗纺。

第二，通过加捻或搓捻给纱条以适当的捻度或假捻，使粗纱具有一定的强力以承受卷绕和退绕张力，并有利于细纱机上牵伸过程的进行。

第三，把粗纱卷绕成一定的卷装形式，以便于运输、储存，并满足细纱机对喂入形式的要求。

（二）粗纱机械

棉条从机后的棉条筒中引出后，经过导条辊喂入牵伸装置，被抽长拉细了的须条从牵伸装置的前罗拉输出，穿过锭翼的顶孔进入锭翼的空心臂，然后从中下端引出，而引向筒管，须条由锭翼加捻而成粗纱；同时由于锭翼与筒管的速度差而卷绕到筒管上，并由成型装置的控制而绕成两端成截头圆锥状的粗纱卷装。

（三）粗纱工程对成纱质量的影响

第一，成形过紧或过松，强力弱，易断头。

第二，粗纱细度不匀，粗纱间轻重不匀和粗纱本身的条干不匀，直接影响纱的条干不良，并引起捻度不匀。

第三，油污，成型过程中，机械上的油污容易污染成纱。

五、细纱工程

细纱生产是成纱的最后一道工序，它是将粗纱或条子纺成一定号数、符合国家标准的细纱，并具有适应以后加工的成型，供捻线机、织布机或针织机之用。

细纱工程的主要任务有三项。①牵伸：将喂入的粗纱均匀地抽长拉细到成纱所要求的号数；②加捻：将牵伸后的须条加上一定的捻度，使成纱具有一定的弹性和光泽等物理机械性能；③卷绕：将纺成的细纱按一定的成型卷绕在筒管上，便于运输、储藏和加工。

第三节 纱线的生产

各种纱线是由天然短纤维、麻类工艺纤维、化纤切段纤维和化纤长丝及天然丝等集合而成的。桑蚕、柞蚕等天然长丝和化纤长丝有的略加捻回，有的不加捻回就直接供机织、针织使用。棉、毛等天然短纤维、麻类纤维、由废丝切成的丝短纤维和化纤切段纤维，则要经过开松、梳理集合成条带状；再经牵伸、加捻成纱线。有的化纤长丝可以在机器上拉断或切断后直接成条，再经牵伸、加捻而纺成纱线。

一、棉型纱线生产

利用棉纺系列设备纺纱，原料以棉花为主，可以使用各种短纤维，称为棉型纱线生产。

（一）棉纱的生产过程

棉型纱线的原料主要是原棉和棉型化学纤维。原棉和化学纤维由于品种、产地、批号等不同，性状存在差异，而某一品种的纱线无论在外观质量或内在质量，都要求长期保持均匀一致，因此要根据原料特性与成纱品质要求，合理制定配料方案，采用适当的混合方法，组成混合原料（简称混料）后，进行纺纱。在棉纺厂中，原料首先经开松、除杂、混合，制成一定长度和面密度的棉卷，这一过程称为开清棉工程。为了进一步清除细小的杂质和疵点，并实现较细致的混合，棉卷中的小棉块或棉束，须经过梳棉机的梳理，松解成单纤维状态，并制成条子（俗称生条）。由于成纱要求线密度均匀，所以一般将 6 根或 8 根梳棉棉条经过 2～3 次的并合。并合后的条子变粗，必须经过拉长抽细，即必须经过牵伸。在牵伸过程中，纤维伸直平行，制得的棉条为并条棉条（俗称熟条）。在传统的棉纺中，从棉条到细纱须经粗纱工程，通过牵伸作用将熟条拉长抽细，同时纤维更伸直平行。由于此时纱条强力太低，很容易产生意外牵伸，甚至不能承受加工过程中的张力，因此粗纱机要对纱条进行少量加捻，以提高纱条紧密度，增加其强力，并卷绕成符合细纱机喂入要求的卷装形式。细纱工程的主要任务是把粗纱经牵伸、加捻，纺成一定号数、符合质量要求的细纱，并卷绕成适当尺寸的卷装。供作经纱或售纱用的细纱，一般还需经过络筒，或再经并筒、捻线（倍捻）

及摇纱等后加工工序。供作纬纱用的细纱有直接纬纱和间接纬纱之分。直接纬纱是指纺成的细纱直接送织造车间纳入梭子，因此其成形尺寸受梭腔容积的限制而较小。间接纬纱是将纺成的细纱由织造车间重新卷成纡管再纳入梭子。采用无梭织机的，纬纱直接使用筒子纱。上述工艺过程的综合称为普通梳理（普梳）棉纺系统，所纺成的纱线叫做梳棉纱线。

由于成纱的细度和用途的不同，有些特别细的纱以及某些特殊用途纱线，如轮胎帘子线、高速缝纫机线等，对纱的强力、光洁度以及均匀度等有更高的要求，需要加强梳理以排除杂质疵点，并去除一定长度以下的短纤维，故在梳棉以后再经过精梳，然后再通过并条、粗纱、细纱纺成纱。这种包括精梳的纺纱系统叫做精梳棉纺系统，可制得精梳纱线。两类纺纱系统如图 5-20 所示。

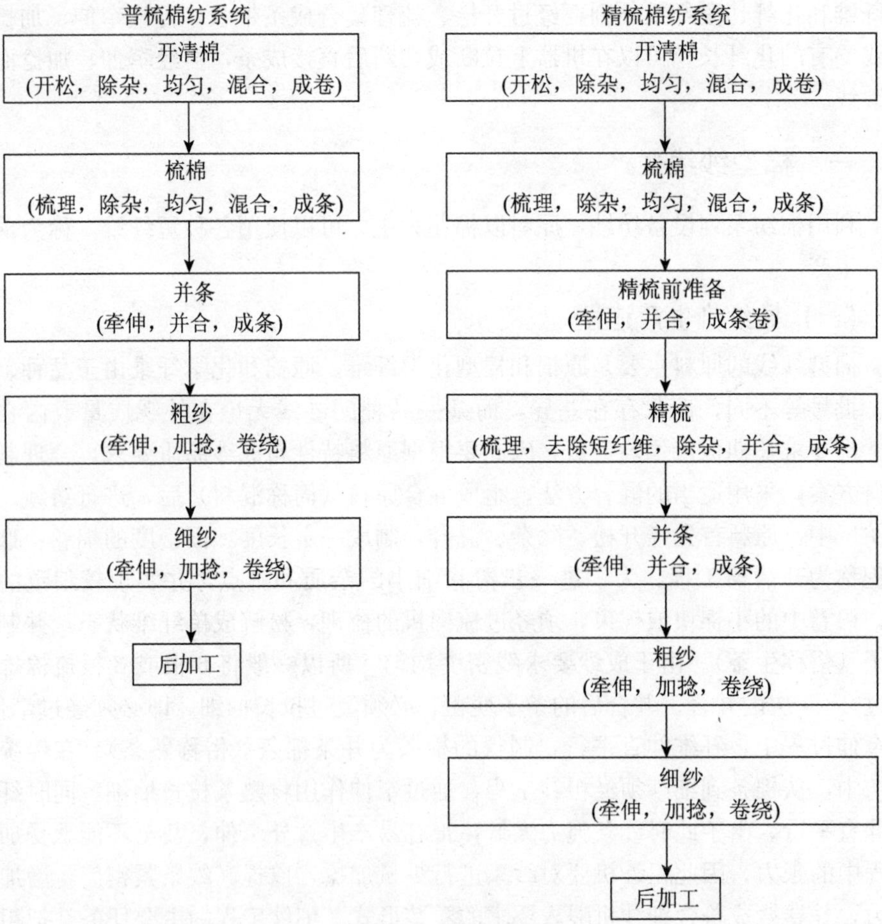

图 5-20　两类纺纱系统

有的工艺尤其在加工化纤混纺时，开清棉工序不成卷而通过管道气流输送，直接与梳棉机联合，组成清梳联合机，以缩短流程，并避免棉卷粘层弊病。但为了保证条子均匀，必须采取相应的有效措施，如加装自调匀整装置等。若细纱机采用超大牵伸或某种新型纺纱时，还可省掉粗纱工序。

（二）配棉和混棉

配棉和混棉是将各种不同质量的原棉进行适当配合，混合成质量一定的混合棉（混料）。配棉时在保证质量的前提下，可经济地选用原棉和混入少量回花、再用棉，以降低成本。在与化纤混纺时，通过配合和混合更可制得各种花式新产品。在制定配棉方案时，除要考虑混料的各平均指标必须符合成纱要求外，各配棉成分间的性能差异不能超过允许范围，各成分更换、接替时，应按分类排队方法勤换、少换，以免成纱质量产生波动。混棉方法很多，总的要求是简单易行，混合均匀，降低劳动强度。纺纯棉纱广泛采用棉包混棉法，按配棉方案规定的比例排列棉包，利用自动抓包机逐包抓取原棉，喂入混棉机中混合。当原料性能差异较大（如棉与化纤混纺）时，一股用棉混合均匀，需增加并条机道数，且混合比例受到每台机器并合根数的限制。中长纤维纺纱时，为了保证混合比例正确，有时还得采用劳动强度较大的人工小量混棉。

（三）开清棉

开清棉的任务是开松、除杂、均匀、混合，并制成合格的棉卷。普遍采用一次成卷，即可送梳棉机加工的单程式开清棉工艺。开清棉设备是由许多单机组成的联合机。组成联合机的工艺原则是：混合充分，成分正确，不同原棉合理打击，多送少返，早落少碎，棉卷均匀，结构良好。

（四）梳棉

梳棉的任务是将棉块、棉束梳理成单纤维，进一步去除黏附在纤维上的细小杂质和疵点，较细致地混合纤维，制成均匀的棉条。上述任务是由梳棉机完成的。梳棉工艺要求针齿能抓取纤维，并使纤维经常处于针端，接受另一针面的梳理，而且纤维易从一个针面向另一针面转移。针齿的齿尖应经常保持锋利、光洁、平整，且耐磨，才能做到相邻针面间紧隔距，达到强分梳的要求。

（五）精梳

精梳是将梳棉棉条经过精梳前准备（一般采用一道并条机及条卷机）制成纤维比较平行伸直、较为均匀的条卷，再通过精梳机制成精梳棉条。精梳作用的特点是纤维一端被积极握持而梳理其另一端，可以将未被握持的短纤维排除掉，并且纤维两端均先后受到积极梳理。与梳棉棉条相比，精梳棉条中过短纤维含量少，单纤维分离伸直平行程度较好，棉结杂质少，纺成的纱（精梳纱）棉结杂质较少，条干均匀，光泽好，品质指标和纺纱号数均可提高。对于精梳棉条的条干不匀率、重量不匀率、棉结杂质粒数等，要定期进行检查，并注意控制精梳落棉，尽量做到在提高质量的前提下节约原料。

（六）并条

并条是将6～8根梳棉棉条或精梳棉条进行并合、牵伸，以降低条子的长片段（5m）重量不匀率，使纤维伸直平行，同时对纤维作进一步的混合。棉条的重量不匀率随着并合数的增大而减小。由于并合数太大或并合道数太多，对棉条长片段均匀度的改进并不显著，而短片段均匀度（条干均匀度）却随并合道数，也就是牵伸次数的增多而恶化，因此棉纺一般采用两道并条。涤棉混纺一般采用涤纶条和精梳棉条在并条机上混合，通常采用三道并条。也有采用先经简易复并机，再经并条机共两道的工艺。在混合要求高时，涤纶生条先经一道预并，可进一步减小混合比的偏差，从而减少混纺色差。为了积极控制纤维运动，改善条子质量，在并条机上宜采用重加压、紧隔距、曲线牵伸（纤维在牵伸区中沿弧面前进）的工艺。

对于并条棉条的质量，生产上主要控制棉条定量、标准定量的差异范围以及棉条条干不匀率。

（七）粗纱

粗纱工程是将末道并条棉条牵伸变细，以减轻细纱机的牵伸负担，并加上捻度，使纱条具有一定强度，最后卷绕在筒管上。牵伸装置有三上四下曲线牵伸式及双皮圈式两种。粗纱借锭翼加捻，捻系数的选择应考虑纤维长度、纺纱号数等因素，也应顾及细纱机后区牵伸的设计。一般纤维较长或粗纱较粗时，可选用较小的捻系数。

（八）细纱

细纱的任务是对粗纱（或棉条）牵伸、加捻，纺成一定号数、质量合乎标准的细纱，并卷绕成所需结构与尺寸的管纱。细纱单产（kg/千锭·h）是反映整个纺纱企业生产技术水平的重要指标，规定以29号纱为基础，各种号数细纱的单产均以折合单产表示。现代细纱机一般为单根粗纱喂入、牵伸机构由三列罗拉、上短下长双皮圈、弹簧摆动销、摇架弹簧加压装置组成，结构较简单，使用较方便。

（九）并线和捻线

有时，在织造某些品种织物或供工业使用时，细纱还要以若干根（最常用的为2根）并合，并加捻成股线。纱线合股如在5股以下，可以一次并捻，此时各根单纱在加捻时受力均匀，形成空心的结构，股线结构比较稳定。如果并合根数在6根以上，其中就会有1根或数根单纱处于中心位置，其余各股则包在外围，各根受力就不均匀，股线形成不均匀的实心结构。为了避免这种缺陷，当并合股数在6根以上时，往往先把2～3根单纱合成小股，再由几个小股合成大股。合股和捻线是在并线机和捻线机上进行的。老厂原来多采用“并线→捻线→络筒”工艺。新工艺则是“单纱自动络筒→并线络筒→倍捻”工艺。

二、麻型纱线生产

麻纤维种类很多，但纺织厂大量加工的为苎麻、黄麻及亚麻等。

(一) 苎麻纱

苎麻纺纱多年来一直借用绢纺设备，按绢纺纺纱系统加工。加工流程如图5－21所示。

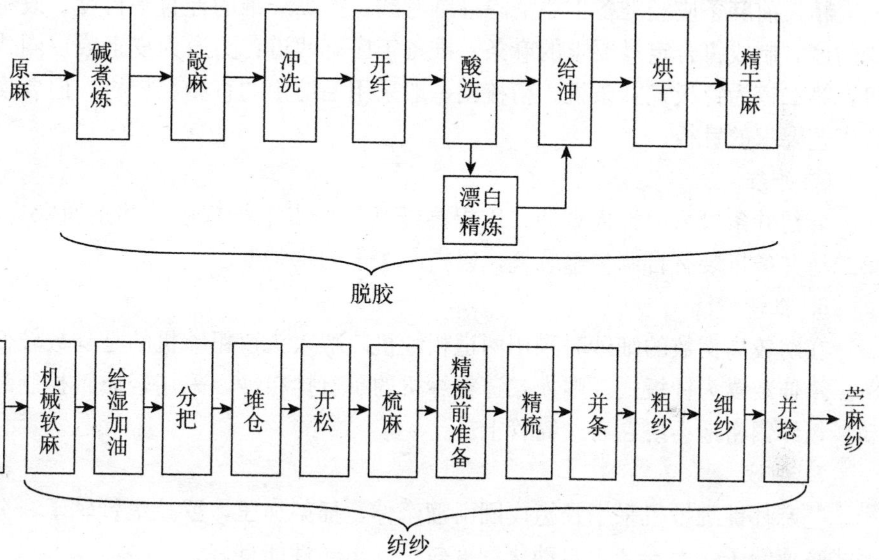

图5－21 苎麻纱加工流程

1. *初加工和原料准备*

原麻先经上图所列的初加工过程，制得精干麻。

机械软麻是利用软麻机的沟槽罗拉，将经过初加工的精干麻麻把反复揉轧和弯折，使胶质、杂质折断而除去，留下柔软、松散的纤维，以利于乳化液的渗透。给湿是使纤维具有一定的回潮率，以提高纤维的强力和柔软度，清除前工序加工时产生的内应力，减少纺纱时的静电现象。为了防止水分很快蒸发，提高纤维的柔软性和润滑性，通常加入由油和水混合成的乳化液。给乳化液一般在软麻机上进行。分把是将给湿加油后的麻纤维束分成一定重量（500～600g）的麻把，以便控制开松机麻条的定量。为使乳化液能均匀地渗透到麻纤维中去，以提高纤维的可纺性，麻把要送到麻仓内进行堆仓，堆仓时间一般为3～7天，随气温、原麻品质及加油给湿率而定。

2. 开松

开松的目的是初步松解纤维，排除部分短纤维，制成定重的麻卷，供喂入梳麻机进行梳理。开松机利用工作辊、剥麻辊、锡林等主要机件上包覆的针板，对纤维进行扯松、分梳和除杂。

3. 梳麻

经开松机处理的散麻，在罗拉梳麻机上被针齿梳理成单纤维状态，除去杂质，混合均匀，并制成条子。

4. 精梳

精梳前麻条应经准备工序消除纤维弯钩，提高纤维的伸直平行度，改善条干均匀度，制成符合定量要求的麻条。准备工序有两道：头道为皮辊或皮圈式并条机，第二道为针板式并条机。精梳则一般采用毛纺用的直型精梳机，但要换用符合工艺要求的针板。

5. 并条

麻纺并条机采用针板牵伸，以提高纤维的伸直平行程度。并条通常为四道，第二道并条机装有自调匀整装置，以提高条子的均匀度。

6. 粗纱

在纺较高支数的细纱时采用两道粗纱机。喂入头道粗纱机的是支数较低的麻条，牵伸装置为针板式。喂入二道粗纱机的是有捻粗纱，采用轻质辊控制纤维运动。粗纱紧密地卷绕在有边筒管上。

7. 细纱

苎麻环锭细纱机采用长短皮圈滑溜牵伸，摇架加压，罗拉滚针轴承，分离吸振式高速锭子，大卷装，自动化程度较高，运转性能良好。

8. 并捻

并捻包括络纱、并纱、捻线以及股线的成球、打包。制得的股线要绕成一定规格的麻球，按一定要求进行包装。

（二）亚麻纱

亚麻纱的原料是亚麻打成麻。打成麻的束纤维的长度很长而支数很低，中间还含有麻屑等杂质，需要经过带有针帘的栉梳机梳理，将束纤维劈细，并使纤维伸直平行，同时清除麻屑、杂质和疵点，获得由束状平行长纤维构成的梳成麻和一部分短麻。由于梳成麻和短麻的长度与状态差别显著，必须采用不同的纺纱系统分别纺纱。加工梳成麻的叫长麻纺纱系统，加工短麻的叫短麻纺纱系统。

1. 长麻纺纱系统

用于纺制高、中支及高级产业用织物用纱。

(1) 梳麻：将打成麻分成一定重量的麻把，先进行手工初步梳理，使纤维初步松解和平行，去除杂质和短纤维，可以提高栉梳机的梳成率。栉梳机采用精梳原理，用挟麻器夹住麻把的一端，另一端则悬垂在两个针帘之间受到梳针梳理。一端梳好后，自动装置将挟麻器翻转180°，夹住已梳好的一端，使未梳的一端接受机器另一侧针帘的梳理。在纺高支纱时，为了消除栉梳疵点，并使纤维更为平直，往往要经过手工整梳。

（2）给乳、堆放：乳液成分大部分是水，给油量极小，堆放时间约一天。

（3）成条：把一束束梳成麻在成条机上制成连续的麻条。

（4）并条：麻条须经三道左右并合牵伸。并条机有开式（单排针板螺杆式）与推排式两种，推排式速度高些。

（5）粗纱：麻条在翼锭式或吊锭式粗纱机上纺成粗纱。吊锭式粗纱机的速度较高。

（6）细纱：采用环锭湿纺、吊锭或翼锭干纺。湿纺是在粗纱喂入牵伸装置之前先经过水槽，槽中有温水或再加浸透剂。亚麻是半脱胶纤维，当束纤维通过水槽浸湿时，胶质会软化，在接受牵伸时，单纤维相互间发生相对运动，可以纺得较细的纱。牵伸后由于胶质再次凝固，使细纱强力增大，表面光洁，毛茸少。因此，湿纺适于纺高支纱。

2. 短麻纺纱系统

短麻纺纱的原料有精梳落麻、初步加工打成麻落麻、低级打成麻以及各工序的回麻等。由于原料含杂、纤维长度与细度等的不同，要分别经过不同的开清处理，然后用麻堆混合法进行混合。混合麻也要经过给乳、堆放，然后上联合梳麻机梳理。联合梳麻机包括自动给麻机、罗拉式梳麻机及车头。车头与并条机相似，将罗拉梳麻机送出的麻条进行牵伸并合。短麻纺所用的并条机、粗纱机与长麻纺基本相同。短麻纺细纱机也有湿纺与干纺之分。

（三）黄麻纱

黄麻纺纱的工艺流程如下：原麻→原料准备→梳麻→并条→细纱。

1. 原料准备

包括拣麻分把、机械软麻、给湿加油和堆仓。准备的目的与苎麻纱相似，主要是提高纤维可纺性能，减少纺纱过程中纤维的断裂。

2. 梳麻

梳麻的任务是利用针板上的梳针，将纤维分裂劈细，使达到合适的长度和细度，同时排除杂质及不可纺纤维，并有混合均匀作用，最后制成一定支数的麻条或麻卷。采用罗拉梳麻机，通常分头道、二道两种。头道为半周式，二道为全周式。在二道梳麻机上以10～12只头道麻卷喂入，因此可将各种不同麻卷按一定比例配合喂入。这种方法的混合比例较正确，混合较均匀，且方法较简便。也有应用单程梳麻机的，其主要特点是在全周式梳麻机上采用头道梳麻机的喂给机构，具有头道梳麻机与二道梳麻机的长处，加强了对纤维的梳理。

3. 并条

并条的目的是利用牵伸、并合作用，提高麻条中纤维的平行伸直度，去除残存杂质，降低长片段不匀率，并把条子抽长拉细到所需的细度，为后续工序做好准备。在麻条直接纺制细纱的工艺中，经纱经过三道并条，纬纱经过二道并条。所用并条机的牵伸机构有推排式和螺杆式两种。一般头道并条机采用推排式，二、三道并条机采用螺杆式。推排式针板借星形链轮传动，锌板在轨道内一根一根地向前推送，针板的运动是回转式的，速度较高。

4. 细纱

在细纱机上通过牵伸作用，将喂入麻条抽长拉细成规定的支数，加上捻度，使其具有足够的强力，最后卷绕成适当卷装，以便储存、搬运和后加工。黄麻纺纱一般采用吊锭细纱机，该机用单区罗拉牵伸机构，利用导条板、中罗拉、轻质辊或V形槽罗拉等机件，控制纤维运动。用单皮圈牵伸装置，可大大改善条干均匀度，提高牵伸倍数。由于细纱具有足够强力直接拖动筒管，故筒管不必积极传动，从而简化了加捻卷绕机构。由于锭翼与筒管、筒管座互相分离，有利于纱管绕满后的落纱机械化和自动化。

三、毛型纱线生产

（一）毛纱生产系统

根据产品要求及加工工艺的不同，毛纺分为粗梳毛纺和精梳毛纺两大系统。精梳毛纺可以分成制条和纺纱两大段。绒线生产大多为精纺系统，但细纱后加工及染整是特殊的。

原毛中含有大量油脂、羊汗、砂土和草杂，进厂后，必须先进行洗毛。洗毛在开洗烘联合机上进行。洗毛部分可除去油脂、羊汗和其余砂土杂质。洗毛部分通常有五只洗液槽：第一槽为浸渍槽，第二、第三槽加入适量的洗剂，第四、五槽以清水漂洗。羊毛在各槽中由机件推送前进，最后经轧干送入烘毛机中烘干，出来即为净毛，可以送入毛仓备用。

原毛在洗毛前须经人工分拣，然后把品级相近的毛分批投入洗毛。有的原毛含草刺过多，还要经过碳化处理。

1. 粗梳毛纺系统

产品有粗纺呢绒类、毛毯类、工业用呢等。这些产品有纯毛、混纺及纯化纤之分。粗梳毛纱的原料除一般洗净毛外，尚可利用毛纺织厂各种回用原料。除个别高档织物外，对纤维细度、长度无严格要求，长度在3cm以上的羊毛均可纺制，使用的化纤多为3～5旦，长度为7cm左右。粗梳毛纺的生产流程如下：混合前准备→混合加油→梳毛→细纱→后加工。粗纺纱线的特点是支数较低，一般为20公支以下，毛纱内纤维排列比较乱，表面有毛茸，强力较低。织成的织物厚实，面密度大，绝大部分不显纹路，表面覆盖一层茸毛，手感丰满，弹性好，保暖性强。

2. 精梳毛纺系统

产品有精纺毛织品、绒线及长毛绒等，也有纯毛、混纺及纯化纤之分。精梳毛纱对原料要求比较高，多为同质毛，品质支数在60支以上，长度在60mm以上，且长度和细度的均匀度要好，一般不掺用回用原料。纱支较细，通常为50～14tex（20～72公支），纱内纤维较平顺，伸直度好，成纱表面比较光洁，强力亦较高。精梳毛纺的生产流程如下：洗净毛→毛条制造→前纺→后纺。织物一般较轻薄，密度大，纹路清晰，呢面光洁，手感滑、挺、爽。为了保证织物强力，多使用合股毛纱。

（二）配毛及和毛加油

无论粗梳毛纺或精梳毛纺，生产中都要把几种原料搭配使用。配毛与和毛的目的与棉纺中的配棉和混棉相同，但在和毛过程中要加入适量的和毛油，以增加其柔软性、延伸性和润滑性，降低纤维摩擦，消除或减少静电，使梳理和牵伸得以顺利进行。粗梳毛纺采取散毛混合，一般为铺层混合，用机械和毛代替过去的手工和毛。先把各种原料按规定比例经和毛机开松、混合、除杂，再用转头式混毛机借气流输送到开头端，将混料一层层地铺在毛仓中。通常混毛重复多次，以保证和毛质量。精梳毛纺既要进行散毛混合，也要进行条子混合，且以条子混合为主。和毛油的组成为油、乳化剂及水。乳化剂的作用是使油加速变成极微小的液滴，并均匀分布在水中形成乳化液。这样可使油均匀地分布在纤维上，并增加混料的回潮率。

羊毛与合成纤维混纺时，由于合纤的质量比电阻大，吸湿小，导电性差，在加工中易产生静电。消除静电的方法除采用静电消除器外，主要是增加纤维的回潮率，以提高其导电性能，以及在和毛油中加入抗静电剂。

（三）粗梳毛纺生产

1. 配毛和混合加油

2. 梳毛

梳毛在罗拉式梳毛机上进行。粗纺梳毛机有二联式与三联式之分，一般由以下五部分组成：自动喂毛机、预梳机、梳理机、过桥机和成条机。

3. 细纱

把梳毛机制得的粗纱，放在环锭细纱机上经牵伸、加捻、卷绕，可纺得一定线密度的纱线。细纱质量除考核线密度、捻度、强力等物理指标外，还考虑手感、弹性，外观，表面疵点等。有的产品要使用股线，要有自动络筒→并线络筒→倍捻工艺。

(四) 精梳毛纺生产

1. 梳毛

精梳毛纺梳毛机的任务较重，除了分梳羊毛外，还要求尽量排除草杂、粗腔毛、过短纤维等。为此，梳毛机上一般有除草机构。一般由 2 台罗拉梳理机串联组成，因无须考虑左右横向的均匀性，所以没有过桥机。梳毛机的产品为梳毛条，绕成毛球，也有成条后经圈条器圈放到条筒内的。

2. 理条

梳毛条在针梳机上进行牵伸和并合以改善结构，为精梳做好准备，称为理条。针梳机的牵伸区中有针板，用于控制纤维运动，使成条均匀。

3. 精梳

精梳毛纱之所以具有纱支高、条干均匀、表面光洁等特性，除了原料较好，并且经过多道牵伸并合外，很大程度上是由于通过精梳去除了一定长度以下的短纤维，从而提高了精梳毛条中纤维的平均长度和长度整齐度，彻底清除了毛条中的毛粒、草屑等杂质，并使纤维充分伸直平行。

4. 整条

精梳毛条有周期性不匀，强力低的特点，因此一般要经 2～3 道针梳机并合、牵伸，以提高其均匀度，并且经过复洗，通过热湿处理，对羊毛进行热定型，消除羊毛卷曲，固定纤维伸直度，消除纤维内应力及静电，洗去油污，称为整条。制得的毛条要入库储放若干天，使纤维内部结构达到平衡，才能供后道使用。

5. 前纺

前纺包括混条机、2～4 道针梳机和粗纱机，其任务是对精梳毛条进行多次并合、牵伸和梳理，制成具有一定线密度，纤维排列平顺，色泽、品质及条干均匀的粗纱。由于精梳毛纱对混合要求高，加以毛条染色产品多，配色任务重，除散毛混合外，还要在混条机上进行条子混合。由于末道粗纱已很细，为了控制纤维运动，法式纺有采用梳针较细较密的针筒，也有采用单皮圈或双皮圈牵伸机构的，也有下皮圈用弧形托板形成曲线牵伸的。前纺头道针梳机有自调匀整装置，能检测条子粗细而自动调节牵伸，使出条均匀，对缩短前纺流程起积极作用。粗纱质量的好坏，与细纱加工是否顺利，以及细纱的质量好坏关系密切。一般要求粗纱重量不匀率控制在 1%～2%，条干不匀率为 12%～18%。此外，对粗纱含油率、毛粒数也有一定的控制指标。

6. 后纺

后纺一般包括细纱、并线、捻线、络筒及蒸纱。现代毛纺主要采用环锭细纱机，皮圈式大牵伸，牵伸倍数 10～40，产量高，适纺支数范围较大。老英式翼锭细纱机靠锭翼加捻，成纱光洁，但锭速较低，适纺较低支数毛纱。帽锭细纱机利用筒管回转时，带动锭帽边缘外的毛纱回转产生捻回，成纱毛茸多，适于加工长纤维，能纺较高支数毛纱。转杯（气流）纺、自捻纺、喷气纺、赛络纺、双组分纺、缆形纺、集聚纺等新型纺纱方法，有的已在毛纺中应用，但气流纺只适用于加工毛型化纤，因为羊毛中的油脂会使气流杯需要频繁清洗，影响效率。

精纺毛织品多用股线织造，因此精梳毛纱还需经过并线（将两根或两根以上单纱在一定张力下并合，绕成筒子）、捻线（将并合后的筒子纱在倍捻捻线机上加捻成股线），再经络筒机绕成筒子送去蒸纱。蒸纱可以稳定捻回，有利于降低毛纱缩率，改善成品手感与光泽，减少纱条扭结。

（五）绒线生产

绒线主要是用精纺系统生产的，但也有小部分是用粗纺系统生产的。细纱以前的各工序均与一般毛纱生产相同，不同点在于后纺及染整加工，细纱以后的工艺过程如图 5－22 所示。针织绒经双股并线后绕成筒子，再上捻线机加捻。绒线则直接由 4 只细纱管并合并加捻。摇纱根据规格要求先摇成小绞，每 5 小绞扎成大绞，重 250 g，小绞每圈长度粗绒为 180cm，细绒为 173cm，每绞圈数按照纱支粗细凑满规定的重量。

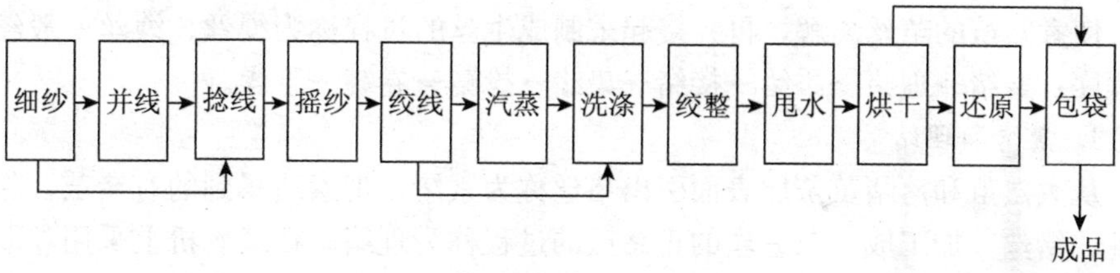

图 5－22　绒线生产工艺过程

成绞后，腈纶膨体绒线要经过汽蒸，羊毛绒线则不经汽蒸。洗涤在五槽洗线机中进行，机内使用化学洗剂。染色是以绞纱状态在一定温度下进行的。为了色谱配套，一种品号的绒线要染成上百种深浅不同的色调，供消费者挑选。染后先用离心机脱水，然后在一定温度下烘干。烘干后，还要将绒线挂在车间内，让它自由吸收水分，同时消除其内部的分子不平衡状态，以减小色光不匀，叫做“还原”。经还原后的绒线，即可进行包装。包装前的扎绞或绕球，由机器自动进行。

四、生丝生产

茧丝是一种高贵的纺织原料，具有强韧、柔软、光滑、富有弹性等优良特性。经缫丝制得的生丝以及由生丝制织成的丝绸，是我国出口贸易的主要商品之一。

（一）生丝生产过程

生丝生产过程如下：蚕茧→混茧、剥茧、选茧→煮茧→缫丝→复摇→整理→绞丝→生丝。

由于蚕茧的品质（如茧形大小、茧丝细度、色泽等）因蚕的品种、饲养条件、气候条件不同而有很大差异，而某一品种生丝的质量却要求长期保持稳定，因此必须对原料茧进行混茧。混茧的目的是将品质略有不同的蚕茧按一定比例混合以组成混合茧，以便扩大批量，平衡茧质，以利于统一丝的质量，稳定操作，制得品质均匀的生丝。

剥茧的目的是剥除蚕茧外层松乱而脆弱的茧衣，以利后续工序的进行。

选茧是选除下脚茧（疵茧），并根据生丝的质量要求，按茧形大小、茧层厚薄以及色泽等进行分类。

煮茧是利用水、热和药剂等作用，将茧丝外围的丝胶膨润溶解，使茧丝能连续不断地依次离解，从而使缫丝过程得以顺利进行。柞蚕茧因丝胶不易溶解，煮茧后还必须经过碱性解舒剂处理，叫做煮漂茧。

（二）缫丝生产过程

使煮熟茧的茧丝离解，再并接起来制成生丝的过程称为缫丝。缫丝一般经如下程序：索绪→理绪→添绪→接绪→集绪→捻鞘→卷绕→干燥。

1. 索绪和理绪

从煮熟茧和落绪茧茧层表面引出绪丝称为索绪。把索绪得到的有绪茧，除去杂乱的绪丝，加工成一茧一丝的正绪茧的过程称为理绪。在缫丝机上采用卷取和振动的方法给杂乱的绪丝以一定作用力，使其从茧层上离解出来。

2. 添绪和接绪

从茧层上离解出来的茧丝很细，而且长度有一定限度，必须把几根茧丝合并在一起，并连接成具有相当长度、一定粗细的生丝。连接质量的好坏，与缫丝产量、生丝细度、细度偏差、匀度等密切相关。添加丝绪的过程称为添绪。添绪在立缫机上由人工进行，工作量大，生产率低。在自动缫丝机上，添绪由细度控制机构完成。把被添茧的绪丝黏附在缫制中的丝条上称为接绪，在缫丝机上接绪都采用接绪器。目前生产中采用定粒与定纤两种接绪方法。定粒是保持绪下茧粒数一定，缺粒就接绪；定纤是在生丝落细到一定限度时进行接绪。在定纤缫丝中，绪下茧粒数有多有少。

3. 集绪和捻鞘

由茧丝集合形成的丝条不能直接卷绕到小箴上，而要先经过集绪器和丝鞘。这是因为丝条中含有大量水分，若直接卷绕成形，不易烘干，会影响丝色，且丝胶相互胶着，形成硬胶丝片，以后复摇时丝容易切断。此外，不经集绪的丝条，茧丝间抱合松散，裂丝很多，丝条横截面呈扁平形，匀度差。丝条上的某些颣节，也必须依靠集绪器予以去除，以提高生丝质量。集绪器有集合绪丝，防止脱节，减少丝条水分和固定丝鞘位置等作用。在图 5－23 中，丝条通过集绪器、上鼓轮、下鼓轮，并利用丝条本身前段与后段相互捻绞，在通过定位鼓轮形成丝鞘（图中 AB 段）。缫丝时，丝鞘两端受到张力，生丝侧面就受到挤压力，使丝条结构紧密，丝绞分布更为均匀，从而增强抱合，提高净度。丝鞘部分丝条上的每一质点均作螺旋运动，并绕丝鞘轴线高速回转。由于离心力作用和丝鞘不断振荡，丝条上附着的水分很易散发。为了增强丝鞘作用，可以增加捻鞘数。但捻鞘数增加过多，将使缫丝张力增大，甚至引起吊鞘，使缫丝无法进行，因此必须控制丝鞘长度和丝鞘封闭圈周长。

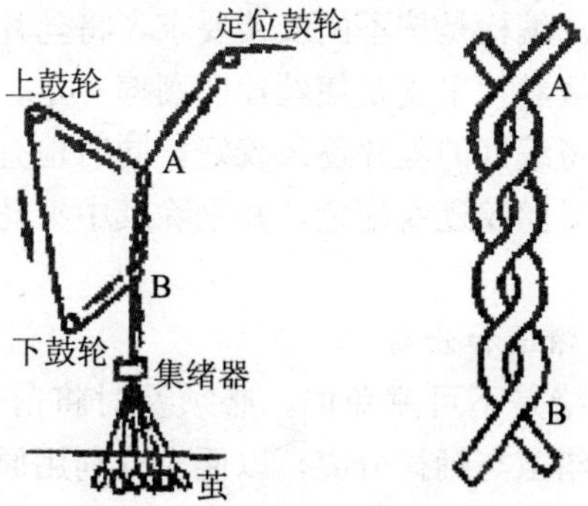

图 5－23 缫丝丝鞘工艺图

4. 卷绕和干燥

为了适应储藏、运输、退绕等要求，在缫丝机上缫成的生丝必须卷绕成一定型式（小簇丝片或筒装生丝），并予以烘干。卷绕与干燥的要求是：尽量保持生丝优良的强伸力、色泽、手感等物理性能；卷装容量要大，卷绕层次清晰，相互不纠缠，丝圈不散乱；在后续工序（复摇或织厂整经）中，能在高速度、低张力条件下顺利退绕。卷绕和干燥是在缫丝机上同时进行的。卷绕应有利于干燥，而干燥要适当和均匀，以利于上丝、落丝、寻头以及接绪等操作。目前在缫丝机上，卷绕主要采取小簇丝片的形式，由小簇的回转运动结合络交机构的往复运动完成。卷绕在小鼓上的生丝由于含有多量的水分，必须迅速予以干燥。为此，缫丝机上设有干燥装置，使生丝达到一定的回潮率，且干燥均匀。若丝片过湿，则外面的丝层互相黏结，退绕时丝条容易切断，且容易造成硬簇角和丝色不良。若丝片过干，将引起丝片花纹紊乱，簇角松弛，且影响强伸力。

5. 复摇与整理

缫丝车间落下的小簇丝片需经复摇、整理工序，做成一定的绞装或筒装形式，才能成件成批出厂。复摇是把小簇丝片返成大簇丝片或筒装生丝，要求丝片或筒装生丝具有一定的回潮率、重量、丝片宽度或筒子直径等，尽量保持生丝的弹性、强力和伸长率，去除缫丝中造成的特粗丝、特细丝、大糙、双丝等疵点，使丝片的络交花纹平整或筒子的成形良好。小箴丝片先经平衡、给湿，然后再复摇。平衡的目的是使丝片回潮率适当，并减小各层生丝回潮率差异。由于经过平衡后的丝片已适当干燥，丝条间有一定的胶着力，为了使丝条外层丝胶变得柔和，丝条易于离解，从而减少复摇过程中生丝的切断，必须进行给湿。小箴丝片经给湿后，一般宜隔半小时左右再进行复摇。近年来我国一些缫丝厂已采用复摇成筒新工艺，减轻了劳动强度，提高了劳动生产率。

复摇后的丝片必须加以整理，使其保持一定外形，便于运输、储藏，同时使丝色和品质统一，以利于丝织。整理工序包括编检、大箴丝片平衡、绞丝、称丝、配色、打包和成件。编检是按不同绞装要求，将丝片编成一定的规格，同时检查丝片中的疵点。大箴丝片平衡是使丝片回潮率一定，且面层、中层与底层丝片回潮率均匀。绞丝是将编好的丝片逐条绞好，同时检查疵点。称丝是将绞好的丝条逐号称重。配色是对丝绞逐绞配色，并剔除其中夹花丝绞，使每包生丝色泽均匀。

6. 落绪茧的收集、输送和分离

在缫丝过程中，落绪是不可避免的，必须及时将落绪茧和蛹衬排出缫丝槽外。此外，还需要将落绪茧与蛹衬分离，以便充分利用原料。这些工作在自动缫丝机上由机械动作代替立缫机上的手工操作。

7. 缫丝副产品的利用

缫丝副产品最主要的是绪丝和蛹衬。将索绪理绪时取下来的丝头经过加工整理就成为长吐，是绢纺生产的上等原料。蛹衬包括蚕蛹和蛹衣，须用发酵法或热碱水浸泡法，使其中丝胶膨润、溶解，蛹衬松软，再轧去蚕蛹，将蛹衣做成滞头（滞头也是绢纺原料）。

五、绢丝生产

利用蚕丝下脚（养蚕、制丝和丝织业的疵茧和废丝）加工成为绢丝或纳丝的工艺过程称为绢纺。传统的绢纺分为绢纺系统与纳丝纺系统两种纺纱系统。绢纺纱支数较高（一般为4.1～8.3tex或120～240公支），条干均匀，外观洁净，光泽好，适于织造绢绸。纳丝纺的原料利用绢纺系统的落绵，成纱（纳丝）支数低（33～100tex或10～30公支），结构疏松，外观毛茸，一般用来织造绵绸。

（一）制绵

经过精炼、水洗、烘干的原料称为精干绵。精干绵的纤维固结成块或纠缠成束，无法直接纺纱，且含较多杂质。制绵时对精干绵给湿、混合、开松、梳理，排除杂质、绵粒和短纤维，制成呈单纤维状的、具有一定长度的、较平行伸直的精绵，供纺部加工。

1. 给湿

精干绵的回潮率较低，纤维的弹性及伸长较小，加工时易断裂，且易产生静电而发生绕皮辊现象，增加纱条断头，所以要对精干绵给湿。给湿液应具有较好的渗透性、抗静电性及稳定性。

2. 配绵（旧称调合）

为了混合均匀，配绵采用小量混绵方法，即各种精干绵按一定配比配合成每份重量为400～500g的混合绵（旧称混合球），然后放在开绵机上逐份加工。

3. 开绵

开绵是把混合球中的纤维扯松，排除部分杂质、蛹屑，并使纤维初步伸直平行，予以混合，制成定重的、厚度均匀的绵张。

4. 切绵

切绵是纺纱工艺中较为特殊的工序。由于丝纤维很长，必须将其切成一定长度，才能在后续加工中进行梳理、牵伸。绵张在切绵机上制成适合圆梳机喂入需要的棒绵。切绵机分中切绵机和小切绵机两种。中切绵机喂给机构的握持力较强，针板间距也较大，纤维的切段长度较长，适于头道切绵。小切绵机则适于以后几道切绵。

5. 圆梳梳绵

圆梳梳绵是制绵的主要工序。它按精梳原理积极握持纤维的一端，而梳理其另一端，然后调头梳理，使丝纤维呈单根状态，并伸直平行，可以比较彻底地清除纤维中的杂质、疵点，排除短纤维。圆梳梳绵的质量与后续工序加工的难易、绢丝品质、原料的利用率和加工成本关系很大。在梳理过程中，棒绵的两侧分别受到前、后梳理滚筒的梳理，但由于滚筒梳针与锡林表面之间有一定隔距，使靠近挟绵处的一段纤维未受到梳理，因此翻绵高度必须保证第一次未被梳理的部分受到梳理。圆梳机对纤维有一定程度的损伤，从头道圆梳至末道圆梳，纤维长度迅速减短，纤维的断裂长度和强力降低，因此圆梳机的工艺参数应确定适当，而道数不宜太多，一般采用2～3道。圆梳机由于手工操作多，棒绵结构上存在问题等原因，设备生产率低，精绵质量不稳定，劳动强度高，梳折低，加工成本高。目前已有对自动开绵机、自动切绵机的研究。

6. 排绵

排绵在排绵台上进行，系手工操作，主要是检查精绵质量，扯开精绵，并折成一定重量、规定宽度的绵片。

（二）并条

并条包括配绵、延展和练条等工序。

1. 配绵

根据所纺绢丝支数与品质要求，考虑各号精绵的数量与质量，组成混合绵。

2. 延展、制条

将经过配绵的一定重量的精绵片在延展机上加工成定长的绵带，纤维经过牵伸、并合逐步伸直平行。在延展机上绵层叠合，起均匀与混合作用，制得的绵带长度较短，支数较低。制条的目的是将绵带抽长拉细，制得较长、较细的绵条。精梳制绵的半制品已是连续绵条，故不必采用延展与制条工序。

3. 炼条（亦称并条）

炼条的目的是对绵条作进一步的并合和牵伸，以改善绵条均匀度，提高纤维伸直度，同时实现混合。在炼条机上用交叉针板控制纤维运动。炼条一般采用2～3道。

（三）粗纱

粗纱的任务是将绵条牵伸到一定细度，以减轻细纱机的负担，对绵条加上捻度使其具有一定强力，并卷绕成适当形式，便于细纱机加工。粗纱一般采用两道，即延绞机与粗纱机。延绞机采用针筒牵伸，皮板搓捻成条；粗纱机也采用针筒牵伸，用翼锭加捻。

（四）细纱

新型绢纺环锭细纱机用三罗拉双皮圈滑溜牵伸取代传统的轻质辊式，并采用摇架加压、分离式锭子，提高了自动化程度。

（五）并捻

绢丝一般用来制织高档绢丝织物，通常由2根或2根以上的细纱并合、加捻成股丝。

（六）整理

整理是借整丝机（或槽筒络纱机）清除绢丝表面的糙节或疵点，并将绢丝接长，绕成大容量的筒子，再用烧毛机（通常为煤气烧毛机）烧去绢丝表面的毛茸、小糙粒、绵结等，使绢丝表面光滑洁净，增强光泽。

（七）纳丝纺系统

纳丝纺的原料主要是末道圆梳机的落绵及直型精梳机的落绵。这些落绵数量较多，占精干重量的30%～50%，纤维短，长度整齐度差，含杂率高，不适宜用罗拉牵伸，只适宜采用类似粗梳毛纺系统的加工方法。开清绵采用棉纺系统的自动混棉机、六滚筒开棉机、立式开棉机、豪猪式开棉机、三翼打手及梳针打手等机械。梳绵则采用二联式罗拉梳绵机制成粗纱，再经环锭细纱机制得纳丝。由于成纱结构松软，表面毛茸，织成的绵绸手感丰满，保暖性好，且成本低廉，深受消费者欢迎。

六、变形纱生产

合成纤维长丝织物有蜡状、纸状手感，且有不吸湿、不透气、品种单调的缺点。为了使合成纤维长丝能够适应更为广泛的用途，利用纤维的热塑性，通过变形处理，改变其外观和结构，形成的纱叫做变形纱或变形丝。

变形纱的主要原料为涤纶和锦纶，其次为腈纶等。现在生产的变形纱品种主要有高弹纱、低弹纱、卷曲纱、环圈纱等。此外，在制造化纤的纺丝过程中，也可直接制得变形丝，如双组分丝等。变形纱比一般长丝纱具有较高的蓬松性、卷曲度、透气性和柔软度，有的还具有高弹性伸长的特性。由高弹性变形纱制成的针织内衣、袜类等，穿着时可适合不同体型伸缩自如。变形纱制成的织物具有较好的悬垂性、覆盖性和吸湿性。变形纱还可制成仿丝、仿毛、仿短纤维纱，原料价格低廉，加工工序短，成本低。

（一）高弹纱

高弹纱早期的制造方法，是先用普通捻线机把长丝加捻成有捻纱，然后在高压锅内汽蒸定型，取出放置一定时间后在捻线机上反向加捻，最后把两根捻向相反的纱合并加捻即得。新的连续生产方法，是将加捻、定型、退捻三个工序在一台机器上进行。原丝通过导纱器，由喂入装置送入加热器进行热处理，经过一段冷却区后，送到加捻器（假捻）加捻，再经输出装置、卷取罗拉卷绕到筒子上。高弹纱的生产原理是将热塑性化纤长丝纱（主要为锦纶长丝），在具有捻回的状态下接受热处理，纱上捻回得到定型，各根单丝呈螺旋形配置在纱的表层和里层。高弹纱的特点是弹性伸长大，蓬松性好，呈螺旋形卷曲。

（二）低弹纱

高弹纱由于弹性伸长太大，只适于做内衣，不适宜制织外衣织物。为了生产弹性伸长不大，且结构较为稳定的低弹纱，通常在生产高弹纱的基础上，再增加一次热处理过程。其工艺过程为：原丝→喂入装置→第一加热器→假捻器→中间输出装置→第二加热器→输出装置→卷取装置。

由于第二次热定型是在退捻状态下进行的，在喂入快于输出的超喂条件下纱条张力较小，受热定型作用时就减少了部分卷曲。低弹纱的特点是弹性伸长较适中，蓬松性好，有螺旋形卷曲。用低弹纱制成的产品布面丰满，适于制作外衣。服装用变形纱大部分采用低弹纱。

（三）卷曲纱

卷曲纱可以通过挤压、卷曲的方法制得。卷曲纱的特点是卷曲极大，蓬松性好，但弹性伸长一般较低，可广泛用于生产针织外衣、袜类，以及生产帷幕、地毯。

（四）热流变形纱

热流变形就是喷气变形和填塞箱的组合。但不用机械填塞，而改用热流通过喷嘴把丝束填塞形成的三维卷曲的连续膨体长丝纱，称为BCF纱。在热流变形机上，输出热辊和热流喷嘴之间为喂入区，冷却转盘和张力稳定器之间为输出区，两者之间为热辊变形区，紧接输出区为网络区，最后为卷绕区。热流采用热空气或蒸汽，变形后的丝束在筛网转盘上冷却。冷却后的膨体丝束经网络喷嘴赋予25～30个/米的交络点，目的在于防止后道加工中纱线间发生黏连而造成损伤。BCF纱交络平滑，而分布较宽，不像假捻变形纱交络频率高，波形也不如假捻变形纱平稳整齐。纱内各根单丝之间相互基本没有缠绕，呈平行状态，但每根单丝都有许多弯曲，是一种卷曲纱。

课后习题

1. 花式纱线的分类有哪几种？
2. 请对短纤维纱、长丝纱、变形纱性能进行对比分析。
3. 简述纱线的一般加工过程。
4. 简述缫丝的生产过程。

第六章　织物及织物组织

学习目标

1. 了解各织物生产的工艺流程
2. 掌握平稳组织、斜纹组织、缎纹组织的特点

第一节　织物基本知识

一、织物的基本概念及分类

（一）织物的基本概念

相互垂直排列的两个系统的纱线，在织机上按一定规律交织而成的制品，称为机织物，简称织物。平行于布边方向的纱线称为经纱；与布边垂直横向排列的纱线为纬纱。

（二）织物的分类

1. 按织物原料分类

（1）纯纺织物指经、纬纱线都用同一种纯纺纱线织成的织物，如棉织物、毛织物、丝织物、麻织物、涤纶织物、锦纶织物、腈纶织物、黏纤织物等。

（2）混纺织物指经、纬纱线都是由同一种混纺纱线织成的织物。混纺纱线则是指由两种或两种以上纤维织成的纱线。常见的有涤/棉、毛/涤、涤/膀、涤/黏、棉/氨等混纺织物。近年来，多纤维混合已成为纺织新产品开发的一个重要方向。

（3）交织织物是由不同种类的经纱和纬纱相互交织而制成的织物。如黏胶长丝与桑蚕丝交织的织锦缎、黏胶长丝与黏胶短纤纱交织的富春纺、锦纶长丝与棉纱交织的锦棉绸等。

2. 按织物组织分类

织物按其组织结构可分为原组织织物、小花纹织物、复杂组织织物和大提花组织织物等类型。

（1）原组织织物。原组织织物又称基本组织织物，它包括平纹织物、斜纹织物和缎纹织物。

（2）小花纹织物。小花纹织物是把原组织织物加以变化或配合而成，可分为变化组织织物和联合组织织物。

（3）复杂组织织物是由若干系统的经纱和若干系统的纬纱构成，这类组织使织物具有特殊的外观效应。

（4）大提花组织织物，又称大花纹织物，是综合运用上述三类组织形成大花纹图案的织物。

3. 按织物用途分类

织物按其最终用途可分为服装用织物、装饰用织物和产业用织物三大类。

（1）服装用织物包括制作服装的各种纺织面料，如外衣料（西服、大衣、运动衫、裙类、坎肩等用料）、内衣料（衬衫、汗衫、紧身衣等用料）以及衬料、里料、填充料、花边、松紧带等服装辅料。

（2）装饰用织物包括室内用织物（窗帘、门帘、墙布、地毯、椅套、浴巾、台布等用料）、床上用品（床罩、被面、床单、被套、枕套、毛毯等用料）和户外用织物（人造草坪、太阳伞、帐篷等用料）。

（3）产业用织物涉及的领域十分广泛，如土工织物、农用织物、医用织物、渔业和水产养殖业用织物、军用织物、汽车用织物、特种防护用织物等。这类织物的结构、外形比较复杂，如管状织物、绳带类织物、网状织物、毡类织物、多向织物等。

二、织物的量度指标

织物有长、宽、厚和重量等量度指标。

（一）长度

1. 梭织物的长度

一般用匹长来量度，匹长主要根据织物的种类和用途而定，同时还需考虑织物单位长度的重量、厚度、卷装容量、搬运以及印染后整理和制衣排料铺布裁剪等因素。一般来说，棉织物匹长30～60m；精纺毛织物匹长50～70m；粗纺毛织物匹长30～40m；长毛绒和驼绒匹长25～35m；丝织物匹长20～50m；麻类夏布匹长16～35m等。

2. 针织物的长度

针织物的匹长由工厂的具体条件而定，主要考虑原料、织物品种和针织物染整工序要素。一种是定重方式，制成每匹重量一定的坯布；另一种是定长方式，每匹长度一定。经编针织物的匹长以定重方式较多，纬编针织物的匹长多由匹重、幅宽和每米重量而定。汗布的匹重为12±0.5kg，绒布匹重为（13～15）±

0.5kg，人造毛皮针织布匹长一般为30～40m。

（二）宽度

织物的宽度用幅宽（cm）量度（在国际贸易中有时用英寸表示）。

1. 梭织物的幅宽

根据织物的用途、生产设备条件、产量的提高和原料的节约等因素而定。近年来，随着服装工业的发展，宽幅织物需求量增大。无梭织机出现后，最大幅宽达300cm以上。一般来说，棉织物幅宽可分为80～120cm和127～168cm两大类；精梳毛织物幅宽为144cm或149cm；粗梳毛织物幅宽有143cm、145cm和150cm三种。长毛绒幅宽为124cm；驼绒幅宽为137cm；丝织物幅宽一般为70～140cm；麻类夏布幅宽为40～75cm。

上述织物的幅宽亦包括相应的化纤混纺织物、交织织物以及纯化纤织物。

2. 针织物的幅宽

经编针织布成品幅宽随产品品种和组织结构而定，一般为150～180cm；纬编针织布成品的幅宽主要与加工用的针织机的规格、纱线和组织结构等因素有关，为40～50cm。人造毛皮针织布的幅宽常见的是125cm。

（三）织物的厚度

织物厚度是指在一定压力下织物的绝对厚度，以mm为单位。织物的厚度与其体积重量、蓬松度、刚柔性有关，直接影响服装的风格、保暖性、透气性、悬垂性、重量和耐磨性等服用性能。一般织物厚度如表6-1所示。除研究外，在织物贸易中一般不测其厚度。

表6-1　　棉、毛织物的厚度　　单位：mm

织物类型	棉与棉型化纤织物	毛与毛型化纤粗梳毛织物	毛与毛型化纤精梳毛织物
轻薄型	0.24以下	1.10以下	0.4以下
中厚型	0.24～0.40	1.10～1.60	0.4～0.6
厚重型	0.40以上	1.60以上	0.6以上

（四）织物重量

织物重量以每米克重（g/m）或以每平方米克重（g/m²）计量。它不但影响服装的服用性能和加工性能，亦是价格计算的主要依据。

一般棉织物的每平方米重量为70～250g/m²，精梳毛织物为130～350g/m²，粗梳毛织物为300～600g/m²。在195g/m²以下的属轻薄型织物，宜作夏令服装；195～315g/m²的属中厚型织物，宜作春秋服装；在315g/m²以上的属重型织物，只宜作冬令服装。薄型丝织物每平方米重量为20～100g/m^2。在丝织物中常用每平方米克重（g/m^2）表示织物的厚度。针织物可根据厚薄程度与用途，分档规定每平方米干重的范围，如汗布100～136g/m^2，经编外衣布为150～260g/m^2，而衬衫布为80～100g/m^2。

（五）织物的体积重量

织物的体积重量是指织物单位体积内的重量，以克/立方米（g/m^3）表示。该值与织物厚度有关，可用以衡量织物的毛型感。织物的体积重量随其纤维、纱线和织物的结构不同而有很大的变动范围，直接影响到手感、导热性和透通性等。

三、织物分析

为了生产，创新或仿造产品，就必须掌握织物组织结构和织物的上机技术条件等资料。为此就要对织物进行周到和细致的分析，以便获得正确的分析结果，为设计、改进或仿造织物提供资料。

为了能获得比较正确的分析结果，在分析前要计划分析的项目和它们的先后顺序。操作过程中要细致，并且要在满足分析的条件下尽量节省布样用料。织物分析一般按下列顺序进行：

（一）取样

分析织物时，资料的准确程度与取样的位置、样品面积大小有关，因而对取样的方法应有一定的要求。由于织物品种极多，彼此间差别又大，因此，在实际工作中样品的选择还应根据具体情况来定。

1. 取样位置

织物下机后，在织物中因经纬纱张力的平衡作用，使幅宽和长度都略有变化。这种变化就造成织物边部和中部，以及织物两端的密度存在着差异。另外在染整过程中，织物的两端、边部和中部所产生的变形也各不相同，为了使测得的数据具有准确性和代表性，一般规定：从整匹织物中取样时，样品到布边的距离不小于5cm，离两端的距离在棉织物上为1.5～3m，在毛织物上不小于3m，在丝织物上为3.5～5m。

此外，样品不应带有显著的疵点，并力求其处于原有的自然状态，以保证分析结果的准确性。

2. 取样大小

取样面积大小，应随织物种类、组织结构而异。由于织物分析是项消耗试验，应本着节约的原则，在保证分析资料正确的前提下，力求减小试样的大小。简单组织的织物试样可以取得小些，一般为15cm×15cm；组织循环较大的色织物可以取20cm×20cm；色纱循环大的色织物（如床单）最少应取一个色纱循环所占的面积；对于大提花织物（如被面、毯类）因其经纬纱循环数很大，一般分析部分具有代表性的组织结构即可。因此，一般取为 20cm×20cm 或 25cm×25cm。如样品尺寸小时，只要比 5cm×5cm 稍大亦可进行分析。

（二）确定织物的正反面

对布样进行分析工作时，首先应确定织物的正反面。织物的正反面一般是根据其外观效应加以判断，下面列举一些常用的判断方法。

（1）一般织物正面的花纹、色泽均比反面清晰美观。

（2）具有条格外观的织物和配色模纹织物，其正面花纹必然是清晰悦目的。

（3）凸条及凹凸织物，正面紧密而细腻，具有条状或图案凸纹，而反面较粗糙，有较长的浮长线。

（4）起毛织物，单面起毛织物，其起毛绒一面为织物正面；双面起毛绒织物，则以绒毛光洁、整齐的一面为正面。

（5）观察织物的布边，如布边光洁、整齐的一面为织物正面。

（6）双层、多层及多重织物，如正反面的经纬密度不同时，则一般正面具有较大的密度或正面的原料较佳。

（7）纱罗织物，纹路清晰绞经突出的一面为织物正面。

（8）毛巾织物，以毛圈密度大的一面为正面。

多数织物其正反面有明显的区别，但也有不少织物的正反面极为近似，两面均可应用，因此对这类织物可不强求区别其正反面。

（三）确定织物的经纬向

在确定了织物的正反面后，就需判断出在织物中哪个方向是经纱，哪个方向是纬纱，这对分析织物密度、经纬纱线密度和织物组织等项目来说，是先决条件。区别织物经纬向的主要依据如下：

（1）如被分析织物的样品是有布边的，则与布边平行的纱线便是经纱，与布边垂直的则是纬纱。

（2）含有浆的是经纱，不含浆的是纬纱。

（3）一般织物密度大的一方为经纱，密度小的一方为纬纱。

（4）筘痕明显的织物，则筘痕方向为织物的经向。

（5）织物中若纱线的一组是股线，而另一组是单纱时，则通常股线为经纱，单纱为纬纱。

（6）若单纱织物的成纱捻向不同时，则 Z 捻纱为经向，而 S 捻纱为纬向。

（7）若织物成纱的捻度不同时，则捻度大的多数为经向，捻度小的为纬向。

（8）如织物的经纬纱线密度、捻向、捻度都差异不大，则纱线的条干均匀，光泽较好的为经纱。

（9）毛巾类织物，其起毛圈的纱线为经纱，不起圈者为纬纱。

(10) 条子织物其条子方向通常是经纱。

(11) 若织物有一个系统的纱线具有多种不同线密度时，这个方向则为经向。

(12) 纱罗织物，有扭绞的纱线为经纱，无扭绞的纱线为纬纱。

(13) 在不同原料交织中，一般棉毛或棉麻交织的织物，棉为经纱；毛丝交织物中，丝为经纱；毛丝棉交织物中，则丝、棉为经纱；天然丝与绢丝交织物中，天然丝为经纱；天然丝与人造丝交织物中，则天然丝为经纱。

由于织物用途极广，因而对织物原料和组织结构的要求也多种多样，因此在判断时，还要根据织物的具体情况进行确定。

(四) 测定织物的经纬纱密度

在织物单位长度中排列的经纬纱根数，称为织物的经纬纱密度。经纬纱密度的测定方法有以下两种。

1. 直接测数法

直接测数法凭借照布镜或织物密度分析镜来完成。织物密度分析镜的刻度尺长度为 5cm，在分析镜头下面，一块长条形玻璃片上刻有一条红线，在分析织物密度时，移动镜头，将玻璃片上红线和刻度尺上红线同时对准某两根纱线之间，以此为起点，边移动镜头边数纱线根数，直到 5cm 刻度线处为止。数出的纱线根数乘以 2，即为织物的密度值。

在数纱线根数时，要以两根纱线之间的中央为起点，若数到终点时，落在纱线上，超过 0.5 根，而不足 1 根时，应按 0.75 根计算，若不足 0.5 根时，则按 0.25 根计算。

织物密度一般应测得 3～4 个数据，然后取其算术平均值作为测定结果。

2. 间接测定法

间接测定法适用于密度大、纱线线密度小的规则组织织物。首先经过分析织物组织及其组织循环经纱数（组织循环纬纱数），然后乘以 10cm 中组织循环个数，所得的乘积即为织物的经（纬）纱密度。

(五) 测定经纬纱缩率

测定经纬纱缩率的目的是为了计算纱线线密度和织物用纱量等。由于纱线在形成织物后，经（纬）纱在织物中交错屈曲，因此织造时所用的纱线长度大于所形成织物的长度。其差值与纱线原长之比值称作缩率，以 a 表示。a_j 表示经纱缩率，a_w 表示纬纱缩率。

$$a_j=\frac{L_{oj}-L_j}{L_{oj}}\times 100\%$$

$$a_w=\frac{L_{ow}-L_w}{L_{ow}}\times 100\%$$

式中：L_{oj}（L_{ow}）——试样中经（纬）纱伸直后的长度；

L_j（L_w）——试样的经（纬）向长度。

分析织物时，测定缩率的方法，一般在试样边缘沿经（纬）向量取 10cm［试样尺寸小时，可量 5cm 的织物长度（即公式中的 L_j 或 L_w）］，并记上记号，将边部的纱缨剪短（这样可减少纱线从织物中拨出来时产生意外伸长），然后轻轻将经（纬）纱从试样中拨出，用手指压住纱线的一端，用另一只手的手指轻轻将纱线拉直（给适当张力，不可有伸长现象）。用尺量出记号之间的经（纬）纱长度（即 L_{oj} 或 L_{ow}）。这样连续做出 10 个数后，取其平均值，代入上公式中，即可求出 a_j，a_w 之值。

（六）测算经纬纱线密度

纱线线密度的测定，一般有两种方法。

1. 比较测定法

此方法是将纱线放在放大镜下，仔细地与已知线密度的纱线进行比较，最后决定试样的经纬纱线密度。此方法测定的准确程度与试验人员的经验有关。由于做法简单迅速，所以工厂的试验人员往往乐于采用。

2. 称量法

在测定前必须先检查样品的经纱是否上浆，若经纱是上浆的，则应对试样进行退浆处理。

测定时从 10cm×10cm 织物中，取出 10 根经纱和 10 根纬纱，分别称其质量。测出织物的实际回潮率，在经（纬）纱缩率已知的条件下，经纬纱线密度可用下式求出：

$$T_t=\frac{m\ (1-\mathrm{a})\ \times\ (1+W_\varphi)}{1+W}$$

式中：m——10 根经（或纬）纱实际的质量，g；

a——经（纬）纱缩率；

W——织物的实际回潮率；

W_φ——该种纱线的公定回潮率。

（七）鉴定经纬纱原料

正确、合理地选配各类织物所用原料，对满足各项用途起着极为重要的作用，因此对布样的经纬纱原料要进行分析。其主要有两个方面：

1. 织物经纬纱原料的定性分析

分析织物是属纯纺织物、混纺织物，还是交织物。鉴别纤维一般采用的步骤是先决定纤维的大类，属天然纤维素纤维，还是属天然蛋白质纤维或是化学纤维，再具体决定是哪一品种。

常用的鉴别方法有手感目测法、燃烧法、显微镜法和化学溶解法等，其具体方法与纤维的鉴别方法相同。

2. 混纺织物成分的定量分析

混纺织物成分的定量分析是对织物含量进行的分析。一般采用溶解法，选用适当的溶剂，使混纺织物中的一种纤维溶解，称取留下的纤维质量，从而也知道溶解纤维的质量，然后计算混合百分率。具体方法同混纺纱线含量分析法。

（八）概算织物质量

织物质量是指织物每平方米的无浆干燥质量。它是织物的一项重要技术指标，也是对织物进行经济核算的主要指标，根据织物样品的大小及具体情况，可分两种试验方法。

1. 称量法

用此方法测定织物质量时，要使用扭力天平、分析天平等工具。在测定织物每平方米的质量时，样品的面积一般取 10cm×10cm。面积越大，所得结果就越正确。在称量前，将退浆的织物放在烘箱中烘干，至质量恒定，称其干燥质量，则：

$$m=\frac{g\times 10^4}{L\times b}$$

式中：m——样品每平方米无浆干燥质量，g/m^2；

g——样品的无浆干燥质量，g；

L——样品长度，cm；

b——样品宽度，cm。

2. 计算法

在遇到样品面积很小、用称量法不够准确时，可以根据前面分析所得的经纬纱线密度和经纬纱缩率进行计算，其公式如下：

$$\begin{aligned} m &= \left[\frac{10P_j\times T_{tj}}{(1-a_j)\times 1000}+\frac{10P_w\times T_{tw}}{(1-a_w)\times 1000}\right]\left(\frac{1}{1+W_\varphi}\right) \\ &= \frac{1}{100}\left[\frac{P_j\times T_{tj}}{(1-a_j)}+\frac{P_w\times T_{tw}}{(1-a_w)}\right]\left(\frac{1}{1+W_\varphi}\right) \\ &= \frac{1}{100\ (1+W_\varphi)}\left[\frac{P_j\times T_{tj}}{(1-a_j)}+\frac{P_w\times T_{tw}}{(1-a_w)}\right] \end{aligned}$$

式中：m——样品每平方米无浆干燥质量，g/m^2；

P_j、P_w——样品的经、纬纱密度，根/10 厘米；

a_j、a_w——样品的经、纬纱缩率；

W_φ——样品的经、纬纱公定回潮率；

T_{tj}、T_{tw}——样品的经、纬纱线密度。

（九）分析织物的组织及色纱的配合

对布样做了以上各种测定后，最后应对经纬纱在织物中交织规律进行分析，以求得此种织物的组织结构。在此基础上，再结合织物经纬纱所用原料、线密度、密度等因素，正确地确定织物的上机图。

在对织物组织进行分析的工作中，常用的工具是照布镜、分析针、剪刀及颜色纸等。用颜色纸的目的是为了在分析织物时有适当的背景衬托，少费眼力。在分析深色织物时，可用白色纸做衬托，而在分析浅色织物时，可用黑色纸做衬托。

由于织物种类繁多，加之原料、密度、纱线线密度等因素的不同，所以应选择适当的分析方法，以使分析工作能得到事半功倍的效果。

常用的织物组织分析方法有以下几种。

1. 拆纱分析法

这种方法对初学者适用。此法应用于起绒织物、毛巾织物、纱罗织物、多层织物和纱线线密度低、密度大、组织复杂的织物。这种方法又可分为分组拆纱法与不分组拆纱法两种。

2. 局部分析法

有的织物表面局部有花纹，地布的组织很简单，此时只需要分别对花纹和地布的局部进行分析，然后根据花纹的经纬纱根数和地布的组织循环数，就可求出一个花纹循环的经纬纱数，而不必一一画出每一个经纬组织点，需注意地组织与起花组织起始点的统一问题。

3. 直接观察法

有经验的工艺员或织物设计人员，可采用直接观察法，依靠目力或利用照布镜，对织物进行直接的观察，将观察的经纬纱交织规律，逐次填入意匠纸的方格中。分析时，可多填写几根经纬纱的交织状况，以便正确地找出织物的完全组织。这种方法简单易行，主要是用来分析单层密度不大、纱线线密度较大的原组织织物和简单的小花纹组织织物。

四、织物的风格

（一）织物风格的含义

织物风格是织物的物理机械特性作用于人的感觉器官而在人脑中产生的综合反映。

广义的织物风格包括视觉风格和触觉风格。视觉风格是指织物的外观特征，如色泽、花型、明暗度、纹路、平整度、光洁度等刺激人的视觉器官而在人脑中产生的生理、心理的综合反映。触觉风格是通过人手的触摸抓握，某些物理机械性能在人脑中产生的生理和心理上的反映。狭义的风格仅指触觉风格，也称为手感。

视觉风格受人的主观爱好的支配，很难找到客观的评价方法和标准；而触觉的刺激因素较少，信息量小，心理活动简单，可以找到一些较为客观的、科学的评定方法和标准。因此在一般情况下所说的织物的风格是指狭义的风格，即手感。

（二）织物风格的分类

1. 按厚度分类

织物可分为厚重型织物、中厚型织物和轻薄型织物。厚重型织物要求要有手感厚实、滑糯和温暖的感觉。中厚型织物一般质地坚牢、有弹性、厚实而不硬。轻薄型织物质地轻薄、手感滑爽、有凉爽感。

2. 按材料分类

织物可以分为四类：棉型风格、麻型风格、真丝风格和毛型风格。

（1）棉型风格。一般要求纱线条干均匀，捻度适中，棉结杂质少，布面匀整，吸湿透气性好。此外不同的棉织物还有各自不同的风格特征，如细平布的平滑光洁、质地紧密。卡其织物手感厚实硬挺，纹路突出饱满。牛津纺织物柔软平滑，有色点效果。灯芯绒织物绒条丰满圆润，质地厚实，有温暖感。

（2）麻型织物。麻织物的外观有一种朴素和粗犷的特征，质地坚牢，抗弯刚度大，具有挺爽和清凉的感觉。

（3）真丝风格。真丝织物具有轻盈而柔软的触觉，良好的悬垂性，珍珠般的光泽及特有的丝鸣效果。

（4）毛型风格。毛型织物光泽柔和、自然、丰满而富有弹性、有温暖感。精梳毛织物质地轻薄，组织致密，表面平滑，纹路清晰，条干均匀。粗纺毛织物质地厚重，组织稍疏松，手感丰厚，呢面茸毛细密，不起毛、不起球。

3. 按用途分类

织物可以分为外衣用织物风格和内衣用织物风格。外衣用织物风格要求布面挺括，有弹性，光泽柔和，褶裥保持性好。内衣用织物质地柔软、轻薄、手感滑爽，吸湿透气性好等。

（三）手感的主观评定

主观评定是一种最基本、最原始的手感评定方法，主要是通过手指对织物的触觉来感觉并判断出织物手感的优劣。

1. 常用术语

织物手感是对织物物理机械性能的综合评价，涉及的内容十分广泛，在主观评定时，常常是将织物风格分成若干基本要素进行分别评价，称为基本风格。常用的基本风格术语及含义如下。

（1）硬挺度。手触摸织物时具有刚硬性、回弹性和弹性充实的感觉，如用弹性纤维和纱线构成的或者是纱线密度高的织物的感觉。

（2）柔软度。柔软度是指弯曲柔软性，没有粗糙感，蓬松，光泽好，硬挺度和弯曲刚度稍低的感觉。

（3）光滑度。在细而柔软的羊毛纤维上具有光滑性、刚硬性和柔软性混合在一起的感觉，如羊绒的感觉。

（4）挺爽度。粗硬的纤维和捻度大的纱，手摸时具有挺爽的感觉，如麻纱类织物反映的感觉。主要是织物表面的感触，具有一定刚度的各种织物都会有这种感觉。

（5）丰满度。织物蓬松性好，给人以疏松丰满的感觉；压缩回弹好，给人以温暖和厚实的感觉。

（6）丝鸣感。丝鸣感在丝织物上感觉很强，是丝绸上特有的感觉之一。

2. 评定程序

主观评定时，首先选定有经验的检验人员分成若干小组，事先制定出适合于评定目的的妥善方案，统一评定方法，然后根据个人的主观判断进行评分。

对几种织物进行评定，决定其相对优劣时，通常采用秩位法。对需评定的织物，由检验人员分别进行评定，根据各自的判断对手感排定其优劣秩位，再按各种织物的总秩位数评出织物的优劣。

（四）织物风格的客观评定

客观评定是通过测试仪器对织物的相关物理机械性能进行测定，然后在各自的评价体系下对织物的风格进行定量的或定性的描述。

1. 川端风格仪系统

川端风格仪系统是选择拉伸、压缩、剪切、弯曲和表面性能五项基本力学性能中的16项物理指标，再加上单位面积质量，共计17项指标作为基本物理量，用川端风格仪将这些物理量分别测出。该系统在大量工作的基础上，将不同用途织物的风格分解成若干个基本风格，并将综合风格和基本风格量化，分别建立物理量和基本风格值之间、基本风格值和综合风格值之间的回归方程式。在评定织物风格时，先用风格仪测定计项物理指标，然后将这些指标代入回归方程，求出基本风格值，再将基本风格值代入回归方程式求出综合手感值。

2. 国产风格仪系统

国产风格仪共选择五种受力状态（13项物理指标）。与川端风格仪不同的是，国产风格仪选择的受力状态不是简单的力学状态，而是取自织物在实际穿用过程中的受力状态。

在评价织物的风格时，该系统是采用一项或几项物理指标并结合主观评定的术语对织物给出评语。各种物理指标与织物风格的关系如下：

（1）最大抗弯力大，织物手感较刚硬；最大抗弯力小表示织物手感较柔软。

（2）蓬松率大，表示织物蓬松丰厚；全压缩弹性率值高，表示织物手感丰满。

（3）静、动摩擦系数均小时，表示织物手感光滑，反之则粗糙。静摩擦系数的变异系数较大时，织物有爽脆感。静摩擦系数的变异系数较小时，织物手感滑爽。

（4）最大交织阻力大时，织物手感偏硬，较板糙；最大交织阻力过小时，则织物手感稀松。

(5) 活泼率大，弯曲刚性指数大，表示织物手感活络、柔软；活泼率小，弯曲刚性指数大，说明织物手感呆滞、刚硬；活泼率小，弯曲刚性指数小，也表示织物手感呆滞。

第二节　织物组织

一、织物组织及其表示方法

(一) 织物组织的基本概念

在织物中经纱和纬纱相互交错或彼此沉浮的规律叫做织物组织。图 6 - 1 为织物交织示意图，其中图 6 - 1 (a) 所示的经纬纱交织方式是经纱沿纬向顺序为一浮一沉，而纬纱沿经向顺序为一沉一浮；图 6 - 1 (b) 所示的经纬纱交织方式是经纱为二浮一沉，纬纱为二沉一浮。当经（纬）纱由浮到沉，或由沉到浮，经纱和纬纱必定交错一次。当经（纬）纱由浮到沉，再由沉回到浮；或由沉到浮，再由浮回到沉，经纱和纬纱进行交织，联结成一体而形成织物。由图 6 - 1 可看出，在经纬纱相交处，即为组织点（浮点）。凡经纱浮在纬纱上，称经组织点（或经浮点）；凡纬纱浮在经纱上，称纬组织点（或纬浮点）。当经组织点和纬组织点浮沉规律达到循环时，称为一个组织循环（或完全组织）。

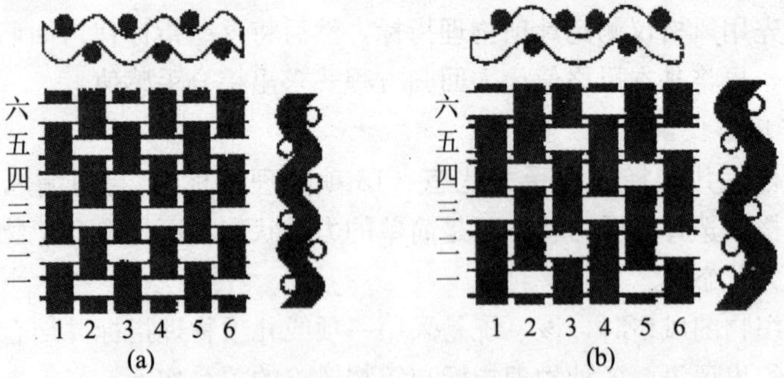

图 6 - 1　织物交织

用一个组织循环可以表示整个织物组织。构成一个组织循环所需要的经纱根数称为组织循环经纱数，用 R_j 表示；构成一个组织循环所需要的纬纱根数称为组织循环纬纱数，用 R_w 表示。组织循环经纬纱数是构成织物组织的重要参数。如图 6 - 1 (a) 中，第 3、第 4 根经（纬）纱分别与第 1、第 2 根经（纬）纱的浮沉规律相同，即第3、第4根经（纬）纱的浮沉规律是第1、第2根经（纬）纱的重复，其组织循环经（纬）纱数等于2。同理，图6-1（b）中第4、第5、第6根经（纬）纱的浮沉规律是第1、第2、第3根经（纬）纱的重复，其组织循环经（纬）纱数等于3。

在一个组织循环中，当其经组织点数等于纬组织点数时称为同面组织，当其经组织点数多于纬组织点数时称为经面组织，当其纬组织点数多于经组织点数时称为纬面组织。组织循环有大小之别，其大小取决于组织循环纱线数的多少。

（二）织物组织的表示方法

1. 组织图表示法

织物组织的经纬纱浮沉规律一般用组织图来表示。对于简单的织物组织大多采用方格表示法。用来描绘织物组织的、带有格子的纸称为意匠纸，其纵行格子代表经纱，横行格子代表纬纱。在简单组织中，每个格子代表一个组织点（浮点）。当组织点为经组织点时，应在格子内填满颜色或标以其他符号，常用的符号有■、○、⊗等；当组织点为纬组织点时，即为空白格子。

在一个组织循环中，纵行格子数表示组织循环经纱数（R_j），其顺序是从左至右；横行格子数表示组织循环纬纱数（R_w），其顺序是从下至上。图6-2（a）、图6-2（b）分别是图6-1（a）、图6-1（b）的组织图，图中箭矢A和B标出了一个组织循环。图6-2（a）中$R_j=R_w=2$，图6-2（b）中$R_j=R_w=3$。在绘制组织循环图时，一般都以第一根经纱和第一根纬纱的相交处作为组织循环的起始点。

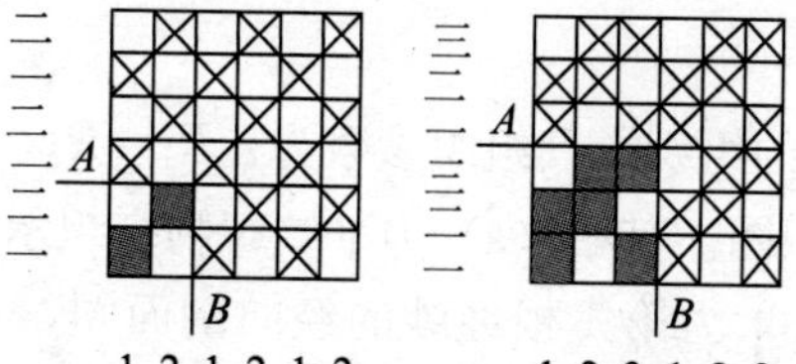

(a) (b)

图6-2 方格表示法的组织图

在绘制组织图时应注意一些问题，在画组织图以前应先把组织图的范围用边框画出来，一般标出经纬纱序号，再画组织点。一般情况下，组织图用一个组织循环表示，或者表示为组织循环的整数倍。

2. 分式表示法

适用于较简单的织物，分子表示每根经纱上的经组织点数，分母表示每根经纱上的纬组织点数，即：$\frac{\text{经组织点数}}{\text{纬组织点数}}$（缎纹组织除外）。例如，图6-1（a）、图

6－1（b）组织分别表示为$\frac{1}{1}$平纹组织和$\frac{2}{1}$斜纹组织。

二、原组织

（一）概述

原组织是各种组织的基础，它包括平纹、斜纹和缎纹三种组织，通常又称为原组织。

原组织在一个组织循环内，每一根经纱或纬纱上只具有一个经组织点，而其余的都是纬组织点；或者只具有一个纬组织点，而其余的都是经组织点。如果经组织点占优势，称为经面组织；纬组织点占优势，称为纬面组织；经、纬组织点相等，则称为同面组织。

在研究织物组织的构成和织物组织的特点时，常用飞数来表示织物组织中相应组织点的位置关系，它是织物组织的一个重要参数，以符号 S 表示。飞数除特别指明的以外，都是观察同一系统相邻两根纱线上相应经（纬）组织点间相距的组织点数。沿经纱方向计算相邻两根经纱上相应两个组织点间相距的组织点数是经向飞数，以 S_j 表示；沿纬纱方向计算相邻两根纬纱上相应组织点间相距的组织点数是纬向飞数，以 S_w 表示。

飞数除大小不同和其数值是常数或变数之外，还与起数的方向有关。理论上，可将飞数看做一个向量。对于经纱方向来说，飞数以向上数为正，记符号（$+S_j$）；向下数为负，记符号（$-S_j$）。对于纬纱方向来说，飞数以向右数为正，记符号（$+S_w$）；向左数为负，记符号（$-S_w$）。

（二）平纹组织

平纹组织是最简单的组织，其组织参数为：$R_j=R_w=2$，$S_j=S_w=\pm1$。

图6－3为平纹组织图。其中（a）为平纹织物交织示意图，（b）为其第1根纬纱的纬向剖面图，（c）为第1根经纱的经向剖面图，（d）与（e）为组织图。（a）和（d）中箭头所包括部分表示一个组织循环。图中1和2表示经纱、纬纱的排列顺序。

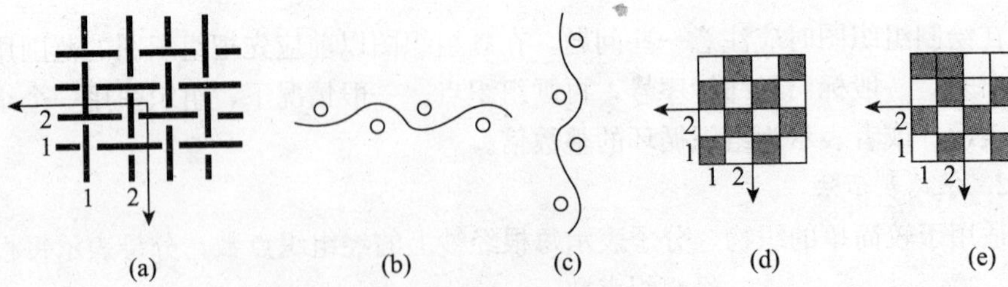

图6－3　平纹组织图

平纹组织在一个组织循环内有两个经组织点和两个纬组织点，无正反面区别，属同面组织。平纹组织可用分式符号$\frac{1}{1}$表示；其中分子表示经组织点，分母表示纬组织点，读作一上一下平纹。

（三）斜纹组织

斜纹组织由连续的经组织点或纬组织点构成的浮长线倾斜排列，使织物表面呈现出一条条斜向的纹路。斜纹组织的参数为：$R_j=R_w\geqslant3$，$S_j=S_w=\pm1$。

斜纹组织常用分式符号表示，其分子表示在一个组织循环内每根纱线上的经组织点数，分母表示纬组织点数，分子分母之和等于组织循环纱线数 R。在原组织的斜纹分式中，分子或分母必有一个等于 1。分子大于分母时，组织图中经组织点占多数，为经面斜纹，如图 6-4（a）、(c)、(d) 所示；而分子小于分母时，在组织图中纬组织点占多数，为纬面斜纹，如图 6-4（b）所示。

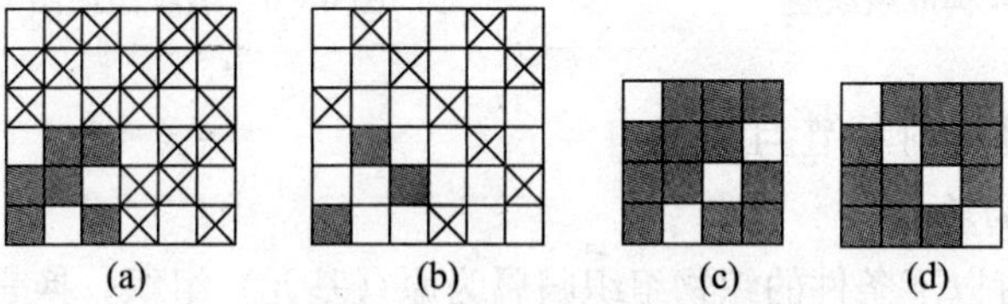

图 6-4　斜纹组织图

通常在表示斜纹的分式旁边加上一个箭头，用以表示斜纹的方向。如图 6-4（a）以$\frac{2}{1}\nearrow$表示，读作二上一下右斜纹；（b）以$\frac{1}{2}\nwarrow$表示，读作一上二下左斜纹；（c）以$\frac{3}{1}\nearrow$表示，读作三上一下右斜纹；（d）以$\frac{3}{1}\nwarrow$表示，读作三上一下左斜纹。当 S_j 为正号时是右斜纹；当 S_j 为负号时是左斜纹。

（四）缎纹组织

缎纹组织是原组织中最为复杂的一种组织，其特点在于每根经纱或纬纱在织物中形成一些单独的、互不连续的经或纬组织点，且分布均匀并为其两旁的另一系统纱线的浮长所遮盖，在织物表面呈现经（或纬）浮长线，因此布面平滑匀整、富有光泽、质地柔软。缎纹组织的参数：$R\geqslant5$（6 除外），$1<S<R-1$，且 R 与 S 互为质数。

为什么 $1<S<R-1$ 呢？因为当 $S=1$ 或 $S=R-1$ 时，绘作的组织图为斜纹组织；其次，为什么要求 R 与 S 互为质数？因为当 S 与 R 之间有公约数时，则会发生在一个组织循环内一些纱线上有几个交织点，而另一些纱线上则完全没有交织点，如图 6-5 所示不能形成织物。为什么 $R\neq6$ 呢？因为若 $R=6$，则找不

到合适的飞数构作缎纹组织。

缎纹组织与斜纹组织一样，也有经面缎纹与纬面缎纹之分。缎纹组织也可用分式符号表示，分子表示组织循环纱线数 R，分母表示飞数 S，一般约定为：若为经面缎纹组织，S 则为经向飞数；若为纬面缎纹组织，S 则为纬向飞数。图 6-6（a）为 $\frac{5}{3}$ 经面缎纹，读作五枚三飞经面缎纹，其 $R=5$，$S_j=3$；（b）为纬面缎纹，读作五枚二飞纬面缎纹，$R=5$，$S_w=2$。

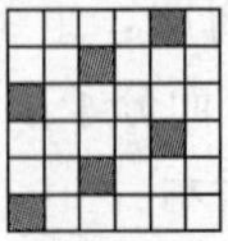

图 6-5　不能构成组织图

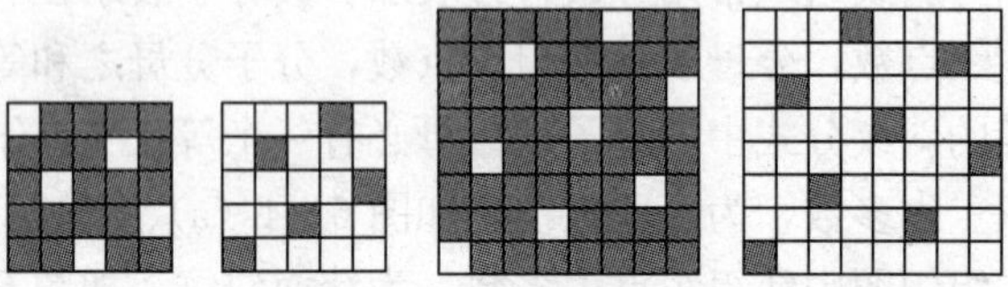

图 6-6　缎纹组织图

（五）原组织的特性与比较

1. 原组织的特性

凡同时具有以下条件的织物组织归属为原（基元）组织，换言之原组织的基本特征是：

（1）组织点飞数是常数，即 $S=$常数。

（2）每根经纱或纬纱上，只有一个经（纬）组织点，其他均为纬（经）组织点。

（3）组织循环经纱数等于组织循环纬纱数，即 $R_j=R_w=R$。

2. 原组织的比较

平纹、斜纹、缎纹三种原组织，除具有上述共同特性外，由于它们之间存在着组织结构的差异，即 R 与 S 不同，这就产生了各自不同的特性。现分述如下：

（1）织物表面特征的差异。在原组织的一个组织循环内，总共有 R_2 个组织点，如果经（或纬）组织点为 R 个，则纬（或经）组织点应有 R_2-R 个；每根纱线上有经（或纬）组织点为 1 个，则纬（或经）组织点有 $R-1$ 个。原组织正反面差异可以用 $R-1$ 的值大小来比较。

①平纹组织。$R=2$，$R-1=1$。也就是说平纹组织是以一个经组织点与一个纬组织点间隔排列的，经组织点数等于纬组织点数，故无正反面的差异，而且织物表面光泽较暗。

②斜纹组织。以三枚斜纹为例，$R=3$，$S=\pm1$，则 $R-1=2$，也就是说在织物的一面，一个组织循环内的一根纱线上，有一个经组织点和两个纬组织点；则在织物的另一面必为一个纬组织点和两个经组织点。并且，由于斜纹组织的飞

数为 $S=1$ 或 $S=-1$，使组织点排列成连续的斜向纹路，织物的一面呈右斜纹，则另一面呈左斜纹。因此，织物就有了正反面的差异。由于斜纹组织点有浮长出现，使斜纹织物表面的光泽较平纹亮。

③缎纹组织。以五枚缎纹为例，$R=5$，则其 $R-1=4$，由此可见其正反面的差异就更显著了。又由于缎纹组织的单独组织点分布均匀，且为两旁的浮长所覆盖，因此，缎纹织物表面光泽最好。

（2）织物相对强度的差异。在经纬原料、经纬纱的线密度、织物经纬密度和工艺条件相同的情况下，织造三种原组织时，由于组织结构的不同，其织物的强力也就不同。

①平纹组织。因其组织结构为一上一下交织，当织物承受摩擦、弯曲等外力时一般有经、纬两系统的纱线同时承受，因此其强力较好，手感结实。

②斜纹组织。因其组织结构出现了经、纬浮长的差异，故在承受外力作用时，某一系统的纱线所承受的外力就较另一系统为大，故强力较差，手感较柔软。

③缎纹组织。这种组织较平纹组织、斜纹组织出现更大的经浮长或纬浮长，在织物的一面几乎全为一系统的纱线所覆盖，受到外力作用时，几乎全为某一系统所承当，因此，强力最差，但手感最为柔软。

（3）织物紧密性的差异。在制织原组织的织物时，假定经、纬原料，纱线的线密度，织物的经、纬密度及工艺件均相同，则因其经、纬交织的不同使各织物的紧密度有所差异，在单位长度内，平纹交织次数最多，斜纹次之，缎纹最少。换句话说，假定经纬原料、纱线线密度及工艺条件均相同，欲获得相同的紧密度，必须配以三种不同的经、纬密度。图 6－7 为经、纬等支持面织物的纬向剖面图。从图中可以看出，在可以排列 10 根经纱的位置内，平纹组织可织入经纱 5 根，$\frac{1}{2}$的斜纹可织入经纱 6 根，而五枚缎纹组织则可织入经纱 8 根。缎纹的密度最大，斜纹次之，平纹最小。

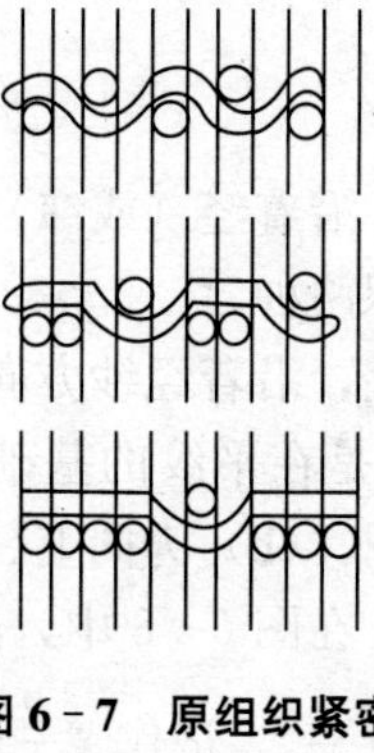

图 6－7　原组织紧密程度比较

（4）织物平均浮长的差异。在织物组织中，凡某根经纱上有连续的经组织点，则该根经纱必连续浮于几根纬纱上。凡某根纬纱上有连续的纬组织点，则该根纬纱必连续浮于几根经纱上。这种连续浮在另一系统纱线上的纱线长度，称为纱线的浮长。浮长的长短用组织点数表示。

织物组织的平均浮长是指组织循环数与一根纱线在组织循环内交叉次数的比值。经、纬纱交织时，纱线由浮到沉或由沉到浮，形成一个交叉。交叉次数用t表示，在组织循环内，某根经纱的交叉次数用t_j表示；某根纬纱的交叉次数用t_w表示。因此，平均浮长可以用下式表示。即

$$F_j=\frac{R_w}{t_j},\ F_w=\frac{R_j}{t_w}$$

式中：F_j、F_w——经、纬纱的平均浮长；

t_j、t_w——经、纬纱的交叉次数。

对经、纬同线密度同密度的织物，可以用平均浮长的长短来比较不同组织的松紧程度。

对原组织来说，由于$t_j=t_w=2$，因此F与R成正比。即组织循环越大，F越大，则织物越松软。经、纬同线密度同密度的织物，缎纹织物最松软，斜纹织物次之，平纹织物最硬挺。

三、变化组织

变化组织是在原组织的基础上，变化组织点的浮长、飞数、排列斜纹线的方向及纱线循环数等诸因素中的一个或多个，而产生出来的各种组织。变化组织仍保持原组织的一些基本特征，可分为平纹变化组织、斜纹变化组织和缎纹变化组织。

（一）平纹变化组织

平纹变化组织是在平纹的基础上，通过沿经（或纬）纱方向延长组织点，或经、纬两个方向同时延长组织点的方法变化而来的。平纹变化组织根据延长组织点的方式分为重平和方平。

1. 重平组织

重平组织是以平纹组织为基础，沿着经（或纬）纱一个方向延长组织点形成的。重平组织有经重平和纬重平组织两种。

（1）经重平组织。在平纹基础上，沿着经纱方向延长组织点形成的组织称为经重平组织。如图6-8所示，（a）是在平纹的基础上沿经纱方向向上、下各延长一个组织点的组织图及经向剖面图，（b）为向上、下各延长了两个组织点。经重平组织用经纱的交织规律来表示。在图6-8中，图（a）的经纱交织规律是二上二下，该组织称为“二上二下经重平”，记作“$\frac{2}{2}$经重平”；（b）的经纱交织规

律是三上三下，该组织称为“三上三下经重平”，记作“$\frac{3}{3}$经重平”。

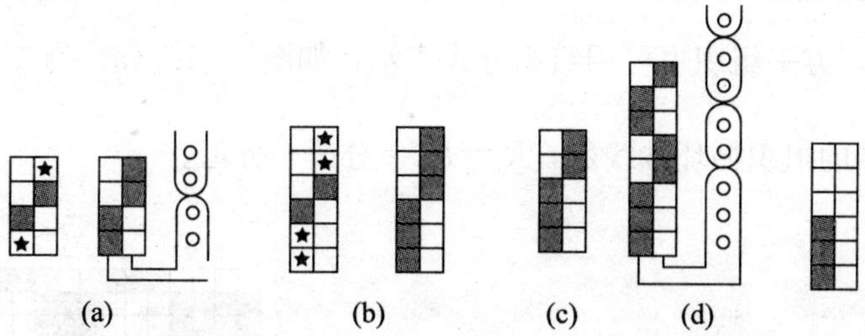

图 6-8 经重平组织图

经重平组织的经纱循环数等于基础组织平纹的经纱循环数，即 $R_j=2$；纬纱循环数等于组织分式中的分子与分母之和，即 R_w＝分子＋分母。

(2) 纬重平组织。在平纹基础上，沿着纬纱方向延长组织点形成的组织称为纬重平组织。纬重平组织用纬纱的交织规律来表示。在平纹的基础上沿纬纱方向向左、右各延长一个组织点，称作“二上二下纬重平”，记作“$\frac{2}{2}$纬重平”，图 6-9 (a) 为其组织图及纬向剖面图，(b) 为$\frac{3}{3}$纬重平组织。如向左、向右延长的组织点个数不同，称为变化纬重平，如图 6-10 为$\frac{2}{1}$变化纬重平，图 6-9 (d) 为$\frac{32}{21}$变化纬重平的组织图和纬向剖面图。

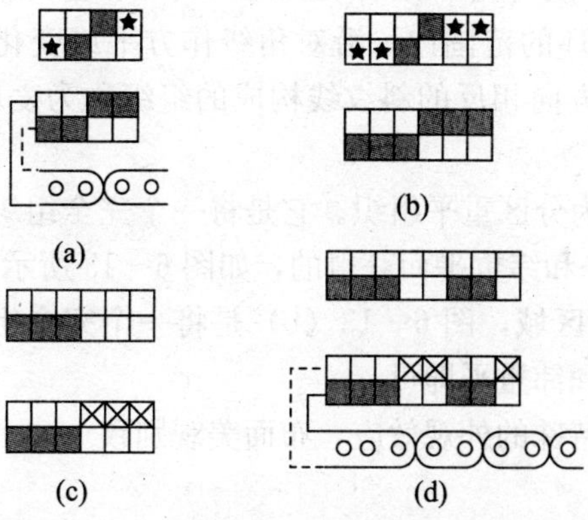

图 6-9 纬重平组织图

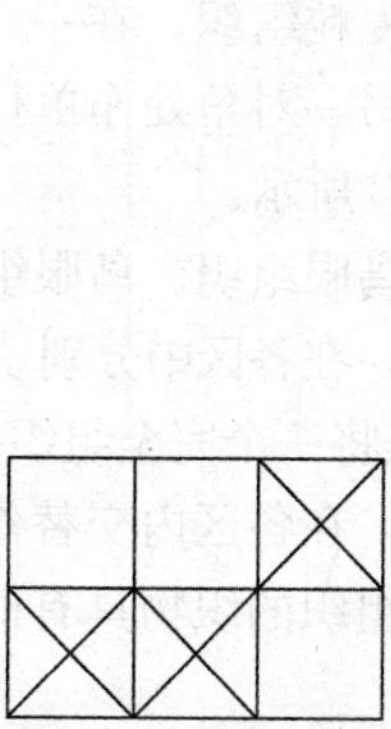

图 6-10 纬重平组织

纬重平组织的纬纱循环数等于基础组织平纹的纬纱循环数，即 $R_w=2$，经纱循环数等于组织分式中的分子与分母之和，即 R_j＝分子＋分母。

2. 方平组织

方平组织是以平纹为基础，在经、纬两个方向延长组织点而成，如图 6－11（a）、（b）所示。方平组织也可用组织分式表示，如图 6－11（a）为$\frac{2}{2}$方平，（b）为$\frac{3}{3}$方平。方平的组织循环纱线数，$R_j=R_w$＝分子＋分母。

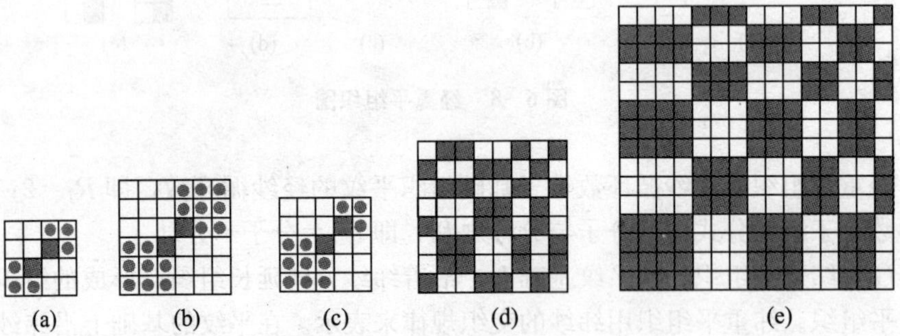

图 6－11　方平组织

若沿纱线延长组织点的个数不等或同时将几组交织组合，则得到变化方平。变化方平的组织循环经、纬纱数有时不一定相等，即 $R_j \neq R_w$。在这种情况下，须用两个分式来分别表示经、纬纱的交织规律，此时其 R_j＝纬纱交织规律的组织点之和，R_w＝经纱交织规律的组织点之和。

3. 花式平纹变化组织

在平纹变化组织中，除了重平和方平外，还有麦粒组织及鸟眼组织等。

（1）麦粒组织。在一个组织循环的范围内，沿对角线作方平或变化方平组织，再在另一对角处作单行或多行方向相反的斜纹线构成的组织称为麦粒组织，如图 6－12 所示。

（2）鸟眼组织。鸟眼组织又称为分区重平组织。它是将一个完全组织分成若干个区域，在各区中分别填入经重平和纬重平而获得的，如图 6－13 所示。图 6－13（a）是将一个完全组织分成四个区域，图 6－13（b）是将一个完全组织分成八个区域，在各区内交替作经重平和纬重平即可。

鸟眼组织的织物具有似鸟眼状特殊的外观效应，布面美观别致。

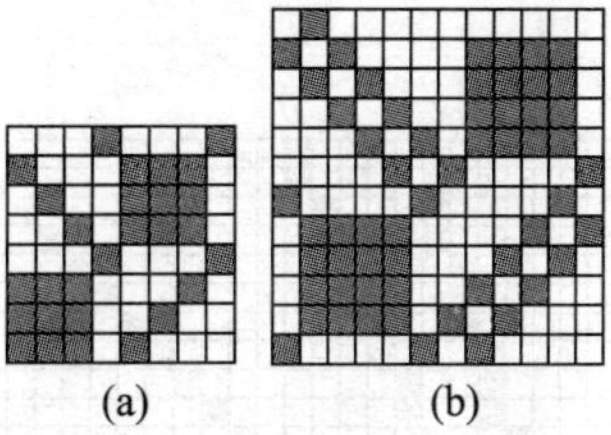

图 6 - 12　麦粒组织组织图

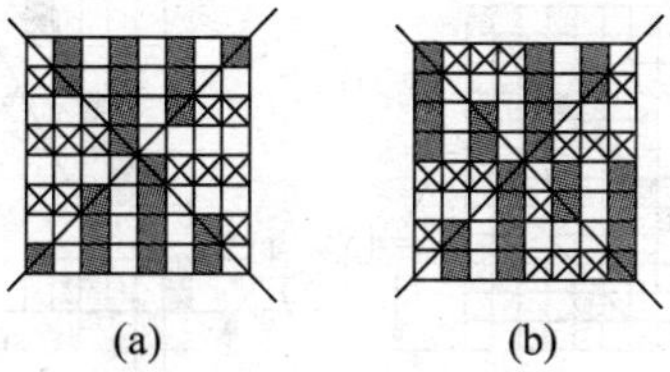

图 6 - 13　鸟眼组织组织图

（二）斜纹变化组织

1. 加强斜纹

加强斜纹组织是在斜纹组织中的单个组织点旁沿经或纬向延长形成多个连续的组织点，使组织中没有单个组织点的斜纹组织。加强斜纹 $R \geqslant 4$，$|S|=1$。

加强斜纹用分式表示，其意义与斜纹组织相同。当组织经组织点多时，称为经面加强斜纹；当组织纬组织点多时，称为纬面加强斜纹；当经纬组织点数相等时，称为双面加强斜纹。

2. 复合斜纹

复合斜纹组织在一个完全组织内具有多条不同宽度的斜纹线。复合斜纹 $R \geqslant 5$，$R_j=R_w$。复合斜纹也用分式表示，其意义与加强斜纹相同。但复合斜纹的分式为多分子多分母的复合分式，表示为：$\frac{ac}{bd}\nearrow$，其中 a，b，c，d……为正整数，分别表示经、纬组织点数，读成：a 上 b 下，c 上 d 下……右斜纹，有几对分子分母则组织中便有几条斜纹线。

3. 角度斜纹

对于斜纹组织，若经、纬向飞数均为 1 或 −1，而且经纬密度相同，即 $P_j=P_w$，其斜纹与水平线的夹角 $\alpha=\pm45°$，如图 6 - 14（a）所示。若经纬密度不同或经、纬向飞数不为 1 或 −1 时，斜纹线的角度 α 会随之发生变化形成角度斜纹。斜纹线角度 α 有如下关系：$\mathrm{tg}\alpha=\frac{S_j \times P_j}{S_w \times P_w}$。图 6 - 14（b）、（c）所示，当经纬向飞数均为 1 或 −1 时，$P_j>P_w$ 时，$\alpha>45°$；$P_j<P_w$ 时，$\alpha<45°$。当保持一个方向的飞数不变，而另一方向飞数的绝对值 >1 时，如 $S_w=1$，S_j 为 2 或 3，可做出斜纹线角度大于 45°的斜纹组织，这种斜纹称为急斜纹，如图 6 - 14（d）中 B、C 所示；同理，当 $S_j=1$，S_w 为 2 或 3，便可获得斜纹线角度小于 45°的斜纹组织，这种斜纹称为缓斜纹，如图 6 - 14（d）中 D、E 所示。

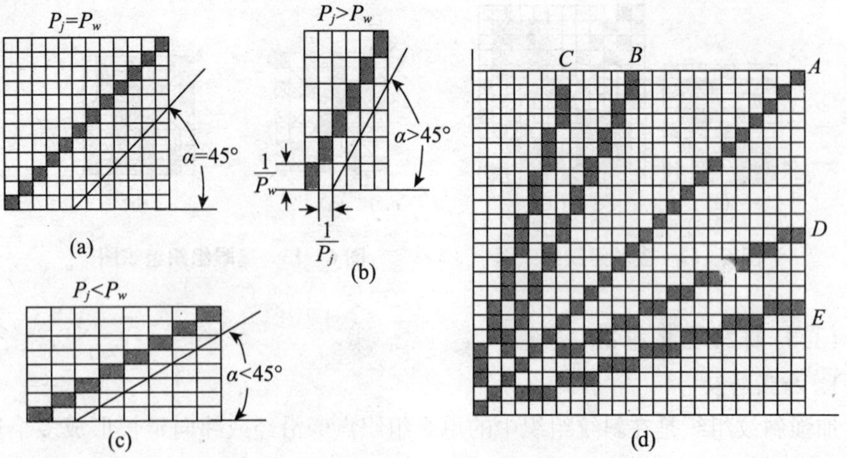

图 6－14　密度、飞数与斜纹线倾斜角度的关系

4. 曲线斜纹

斜纹组织的飞数不断改变，使斜纹线的倾斜角度随飞数变化而变化，呈现出曲线外观效应，称为曲线斜纹。根据波峰朝向分为经曲线斜纹和纬曲线斜纹两种。

5. 山形、锯齿形、菱形斜纹

（1）山形斜纹。山形斜纹是以斜纹组织为基础组织，在一定的位置改变原来组织的经向飞数或纬向飞数的正负号，使斜纹线的斜向相反，形成类似于山峰形状的组织，称为山形斜纹。当山峰方向与经纱方向相同时，称为经山形斜纹；当山峰方向与纬纱方向相同时，称为纬山形斜纹。

（2）锯齿形斜纹。由两个或两个以上相同的山形斜纹组织、其山峰等距离上移或下移（右移或左移）而形成的组织，其外形似锯齿而称为锯齿形斜纹。

锯齿形斜纹的山峰朝向经纱方向的称为经锯齿斜纹；山峰朝向纬纱方向的称为纬锯齿斜纹。锯齿形斜纹山峰的位差以两山峰间隔的纱线根数表示，称为锯齿飞数 S'。图 6－15 中，（a）为经锯齿斜纹，（b）为纬锯齿斜纹。

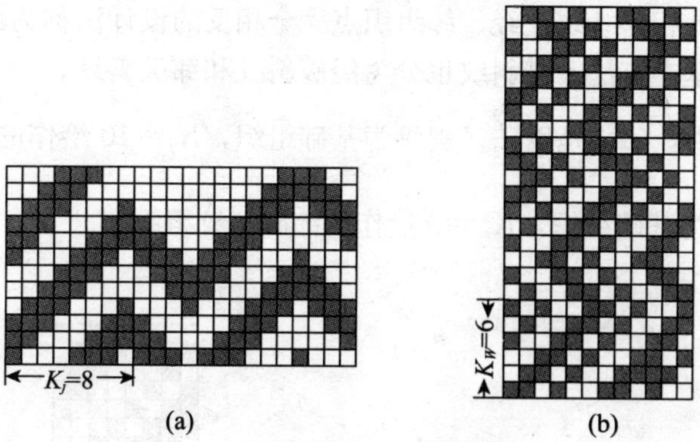

图 6－15　锯齿形斜纹组织图

（3）菱形斜纹。将经山形斜纹与纬山形斜纹联合起来构成具有菱形图案外观的组织称为菱形斜纹。

图 6－16 是以$\frac{21}{12}\nearrow$斜纹为基础，$K_j=8$，$K_w=10$ 的菱形斜纹组织图，图 6－17 是丝织物水菱绸的组织图。

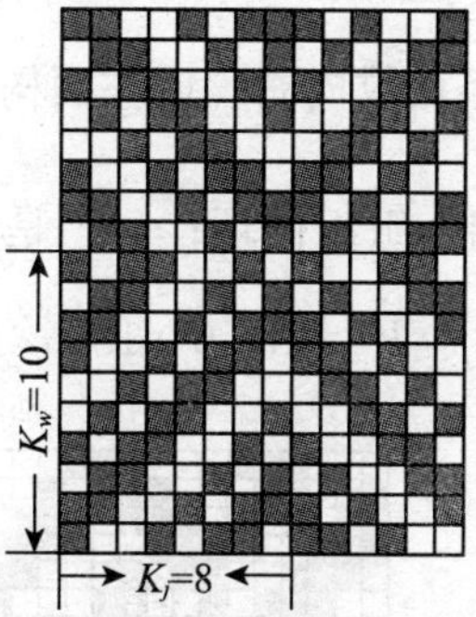

图 6－16　菱形斜纹组织图

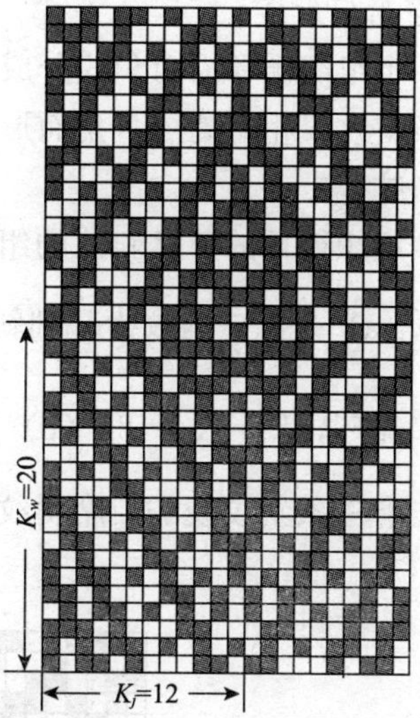

图 6－17　水菱绸组织图

6. 破斜纹

破斜纹组织是以一规则斜纹为基础排列数根纱线后，斜纹线方向发生折转，斜纹折转处相邻两根纱线上的经、纬组织点完全相反，形成破断错位的“山”形或“人”字形状。

斜纹折转处相邻纱线上经、纬组织点完全相反的设计法称为底片法，是破斜纹组织设计的基本方法。破斜纹也分为经破斜纹和纬破斜纹。

图 6－18 中，(a) 是以$\frac{32}{23}$↗斜纹为基础组织，$K_j=10$ 绘作的经破斜纹；(b) 是以$\frac{31}{31}$↗斜纹为基础组织，$K_w=9$ 绘作的纬破斜纹组织。

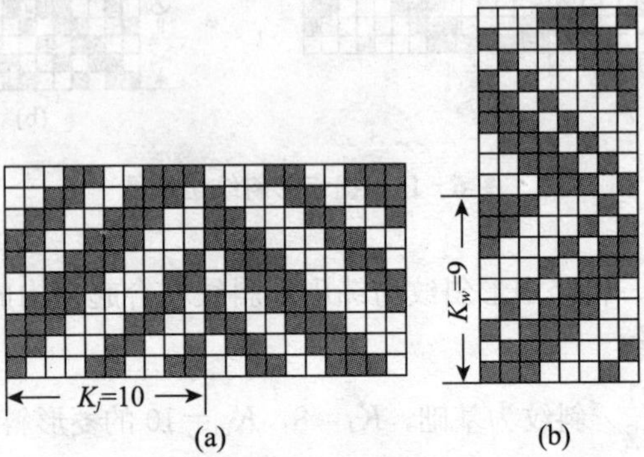

图 6－18　破斜纹组织图

7. 芦席斜纹

将一个组织循环沿对角线分成四个区域，分别由右斜纹和左斜纹间隔占据各区，每条斜纹线相交处成直角而形成的斜纹变化组织，外形类似于芦席编织纹故称芦席斜纹。

多个组织循环的芦席斜纹的组织图比单个组织循环的芦席花纹效果更明显，图 6－19 (a) 是以$\frac{2}{2}$斜纹为基础斜纹，由两条斜纹向右、向左而构成芦席斜纹的一个组织循环，$R_j=R_w=8$；(b) 则是它的四个组织循环；(c) 是以$\frac{3}{3}$斜纹为基础组织，有三条斜纹线的芦席斜纹组织图，$R_j=R_w=3\times6=18$。

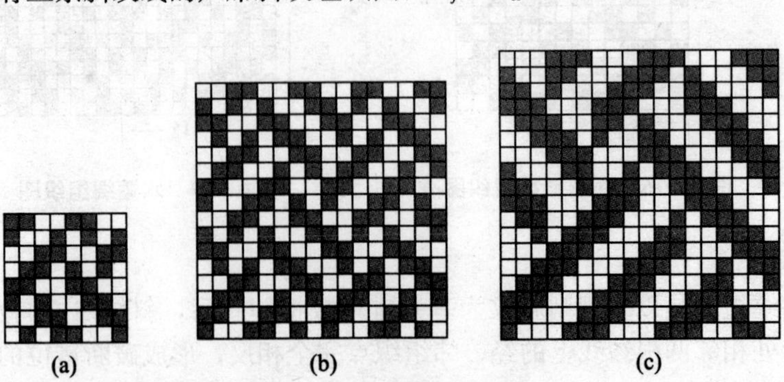

图 6－19　芦席斜纹组织图

8. 螺旋斜纹

以起点不同的两个相同的斜纹组织或两个不同的斜纹组织为基础组织，将两个组织的纱线（经纱或纬纱）按 1∶1 顺次穿插排列而成的组织称为螺旋斜纹组织。它在织物表面形成由斜纹线构成的螺旋状模纹图案，又称为捻斜纹。螺旋斜纹基础组织按经纱顺序排列的称经螺旋斜纹；按纬纱顺序排列的称纬螺旋斜纹。螺旋斜纹的 $R \geqslant 5$。

图 6－20（a）是以两个起点不同的 $\frac{3}{2}\nearrow$ 斜纹为基础组织，将其经纱按 1∶1 排列而成的经螺旋斜纹组织图；（b）是以 $\frac{3}{3}\nearrow$ 和 $\frac{12}{21}\nearrow$ 两个不同的斜纹为基础组织，经纱 1∶1 依次排列而成的经螺旋斜纹组织图；（c）是以 $\frac{4}{4}\nearrow$ 和 $\frac{13}{31}\nearrow$ 两个不同的斜纹为基础组织，纬纱按 1∶1 排列而成的纬螺旋斜纹组织图。

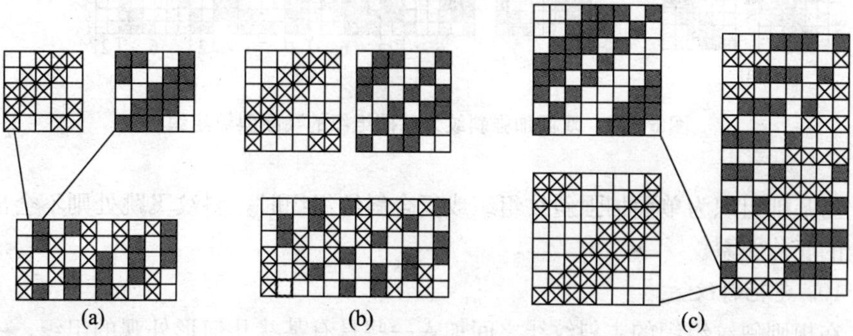

图 6－20　螺旋斜纹的组织图

9. 断斜纹

织物组织的斜纹线朝一个方向跳跃式延伸，在斜纹线的跳跃处存在明显的断界，断界处的相邻纱线的组织点相反，而斜纹线方向保持不变，这种斜纹变化组织称为飞断斜纹。

飞断斜纹组织是以一种斜纹组织为基础组织，按基础组织填绘一定数量的经（或纬）纱后，再飞跳过该基础组织内一定数量的经（或纬）纱，使两部分斜纹交界处的组织点尽可能相反，出现明显的断界。飞跳的根数一般选用基础组织纱线循环数的一半少 1 根，经过依次填绘和飞跳，直到画完一个完全组织为止。斜纹飞跳断界与经纱平行的称为经飞斜纹，与纬纱平行的称为纬飞斜纹。飞斜纹组织的循环数以作图循环时的纱线根数为循环数，另一系统的纱线循环数与基础组织相同。当基础组织选用双面加强斜纹时，按上述飞跳规律，能保证飞跳处出现底片关系。

图 6－21（a）是$\frac{3}{3}$↗斜纹为基础组织，按纬纱画 4 根飞跳 2 根画 2 根的规律构作的纬飞斜纹组织图，$R_j=6$，$R_w=18$；（b）是以$\frac{3}{3}$↗斜纹为基础组织，按经纱画 6 根飞跳 2 根画 3 根的规律构作的经飞斜纹组织图，$R_j=54$，$R_w=6$；（c）是以$\frac{4}{4}$↗斜纹为基础组织，按经纱画 6 根飞跳 3 根画 2 根的规律构作的经飞斜经飞斜纹上机图，$R_j=32$，$R_w=8$，以上组织的共同特征是斜纹断界关系。

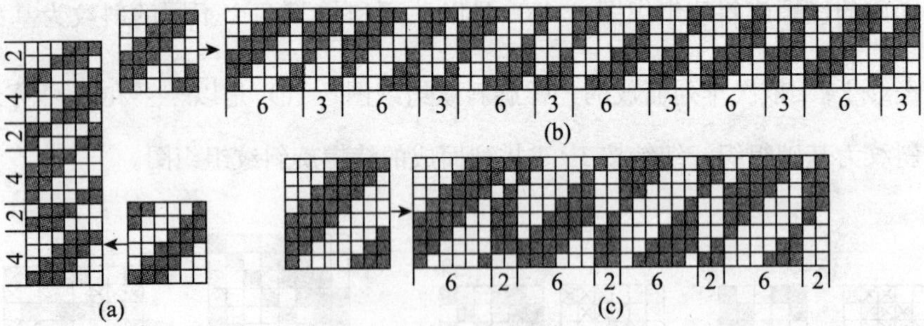

图 6－21　双面加强斜纹为基础组织的飞断斜纹组织

当基础组织为单面加强斜纹组织或复合斜纹组织时，斜纹飞跳处则不会出现完全的底片关系。

10. 夹花斜纹

在规则斜纹组织的主斜纹线之间加入一些具有某些几何形外观的组织，一般用得较多的是夹入方形、十字形或与主斜纹方向相反的斜纹线。夹花斜纹必须保证主斜的清晰和连续。图 6－23 中（a）是夹变化方平的夹花斜纹；（b）是夹反斜纹的夹花斜纹；（c）是夹十字花的夹花斜纹，密度适中，可出现透孔效应。

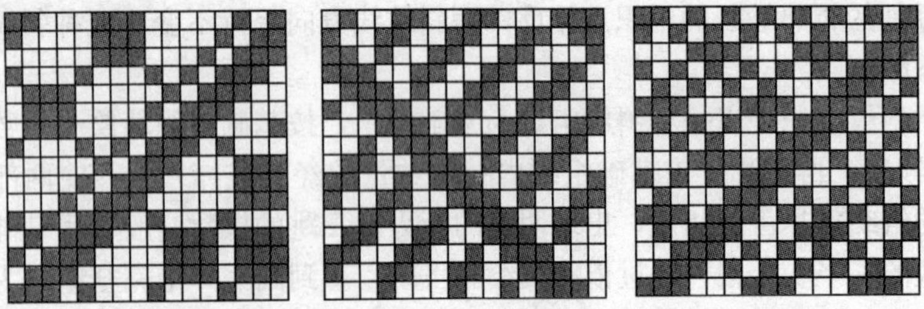

图 6－22　夹花斜纹组织

11. 阴影斜纹

阴影斜纹组织是增加经组织点将纬面斜纹逐渐过渡到经面斜纹；或是减少经组织点，将经面斜纹逐渐过渡到纬面斜纹。其织物表面呈现由明到暗或由暗到明的斜纹线外观效应。阴影斜纹由过渡组织沿纬向并列而形成的组织称为纬向阴影斜纹；由过渡组织沿经向并列而成的组织称为经向阴影斜纹；由经、纬向同时过渡而形成的组织称为双向阴影斜纹。阴影斜纹由明到暗或由暗到明的变化只一次的称为单过渡阴影斜纹；由明到暗再到明或由暗到明再到暗的过渡称为对称过渡阴影斜纹。阴影斜纹按加经组织点的方向又可分为经纱阴影斜纹和纬纱阴影斜纹两种。

（三）缎纹变化组织

缎纹变化组织主要采用增加经（或纬）组织点、变化组织点飞数的方法构成。缎纹变化组织主要有加强缎纹、变则缎纹、重缎纹及阴影缎纹等组织。

1. 加强缎纹组织

加强锻纹是以缎纹组织为基础，在其单独组织点周围添加一个或多个同类组织点形成的。加强缎纹的纱线循环数并不因组织点的增加而改变，它仍等于基础缎纹的纱线循环数。

加强缎纹能保持缎纹的基本特征，如图 6－23 所示。其中（a)、(b）均为$\frac{8}{3}$纬面加强缎纹。加强缎纹由于添加了组织点，增加了纱线的交织次数，在提高织物牢度的同时，可获得某些新的织物外观和风格。加强缎纹常用于毛、棉、丝及起绒织物上；（c）是在$\frac{8}{3}$纬面缎纹单独组织点的右上方添加三个组织点得到的，此类加强缎纹能使织物表面呈现经面或纬面的小型模纹，外观犹如花岗岩之模纹，故又将此类组织称作花岗石组织。因该组织表面呈斜方块状，兼有方平和斜纹的双重特征，所以又称之为斜纹板司呢。此组织一般用于毛织物的军服面料；（d）也是 8 枚加强缎纹组织，它是在基础缎纹的单独经组织点的左下方添加一个经组织点，增加了经、纬纱的交织次数，提高织物的牢度，用在线绨被面的花部组织；（e)、（f）均为$\frac{10}{3}$纬面加强缎纹，用于毛色子贡织物，亦称色子贡组织，其织物表面光滑细洁，手感厚实柔软；（g）是在$\frac{10}{7}$纬面缎纹的基础组织上，在单独经组织点周围各添加一个经组织点，使其纵向正、反面经浮长和横向正、反面纬浮长均等于 3，呈十字形状。由于该类组织的织物手感柔软，外观呈海绵状，故称其为海绵组织。在制织海绵组织的织物时，若采用较小捻度的粗号纱时，织物吸水性好，常用作衣料、毛巾织物等；（h）为$\frac{11}{7}$纬面加强缎纹。采用此组织并配以较大的经密，就可以获得正面是斜纹反面呈经面缎纹的织物外观，因此将这种组织又称作缎背华达呢；(i) 为$\frac{13}{4}$纬面加强缎纹，织物表面斜纹线陡直但不明显，它是毛驼丝锦织物的常用组织。

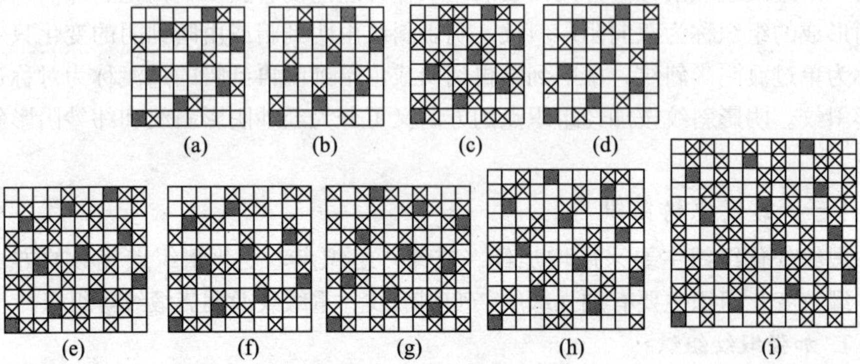

图 6-23 加强缎纹组织

2. 变则缎纹组织

原组织缎纹的飞数是常数，这种缎纹组织也常称作正则缎纹。如果在一个组织循环内，飞数采用几个不同的数值，则构成的缎纹组织就称作变则缎纹或不规则缎纹。变则缎纹织物仍保持缎纹织物的外观。

在原组织缎纹中，当 $R=6$ 时，不能构成正则缎纹。但由于设计与织造的原因，在需要采用 6 枚缎纹时，就必须使飞数为变数，构作变则缎纹。

有些缎纹组织，如 7 枚缎纹，无论飞数取何值，在所构成的缎纹组织中组织点分布都不太均匀，斜纹倾向非常明显。若想获得组织点分布较为均匀的 7 枚缎纹组织，就需采用变则缎纹。

有时为获得特殊的织物外观，也需采用变则缎纹组织。

在变则缎纹组织的设计中，应注意以下几点：①每一个飞数值仍应满足 $1<S<R-1$；②各飞数之和应等于组织循环纱线数的整倍数。

3. 重缎纹组织

重缎纹组织是在原组织缎纹的基础上，在单独组织点周围，沿其经向或纬向，使单独组织点变成浮长线所得到的组织。其外观仍保持缎纹的外观，但因组织循环变大，浮长线加长，织物较松软。

图 6-24 (a) 为 5 枚纬面重经缎纹，其单独经组织点沿纬向延长，织物中出现并经；(b) 为 5 枚经面重纬缎纹，其单独纬组织点沿经向延长，织物中出现双纬效果；(c) 是 5 枚经、纬向重缎纹，其单独经组织点沿经、纬两向延长，织物

中出现并经、双纬。

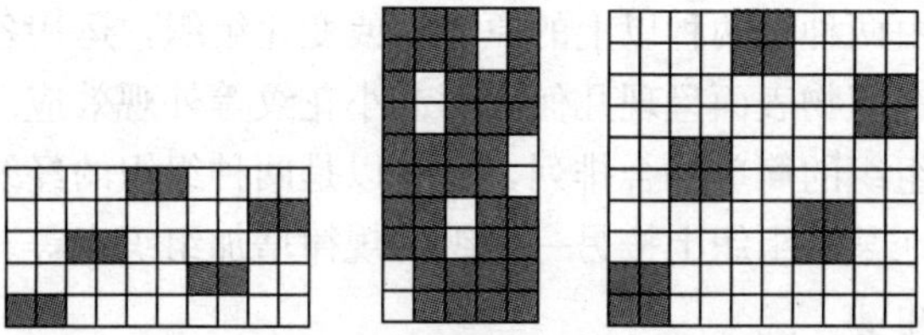

(a)　(b)　(c)

图 6-24　重缎纹组织

4. 阴影缎纹组织

阴影缎纹组织，是由纬面缎纹逐渐过渡到经面缎纹，或由经面缎纹逐渐过渡到纬面缎纹的一种缎纹变化组织。与阴影斜纹类似，按组织过渡情况有单过渡阴影缎纹和对称过渡阴影缎纹之分；按过渡组织沿纬向和经向，有纬阴影缎纹和经阴影缎纹之分；按增加组织点的方向，又可分为经纱阴影缎纹和纬纱阴影缎纹两种。

图 6-25 是由$\frac{8}{5}$纬面缎纹构作的单过渡、纬向、经纱阴影缎纹。其过渡数 $n=(R_0-1)=7$，组织循环经纱数 $R_j=R_0\ (R_0-1)\ =56$，组织循环纬纱数 $R_w=8$，这里 R_0 代表基础组织循环经纱数。

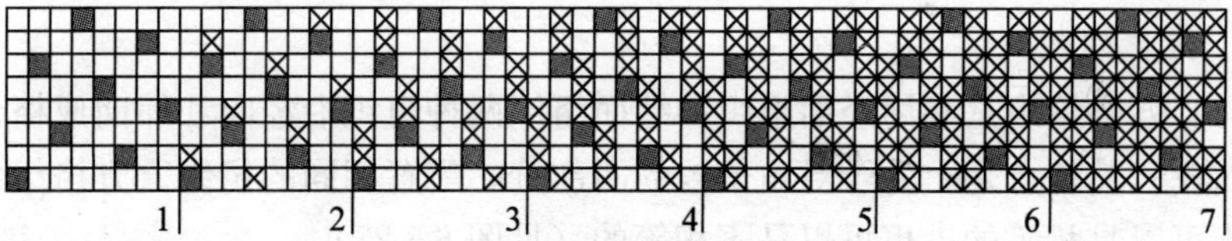

图 6-25　8 枚阴影缎纹组织（直向影光）

图 6-26 是由$\frac{5}{2}$纬面缎纹构作的对称过渡、纬向、纬纱阴影缎纹。它是由纬面逐渐过渡到经面，再由经面过渡到纬面，其过渡数 $n=\ (R_0-1)\ \times 2=8$，$R_j=5\times 8=40$，$R_w=5$。

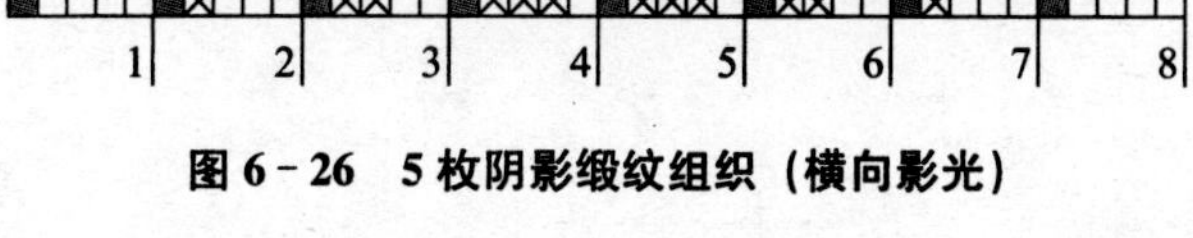

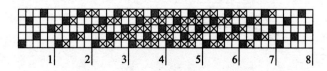

图 6-26　5 枚阴影缎纹组织（横向影光）

四、联合组织

联合组织是由两种及两种以上的原组织或变化组织，运用各种不同的方法联合而成的组织，在织物表面呈现几何图形或小花纹等外观效应。构成联合组织的方法可以是两种组织的简单并合排列，也可以是两种组织的经线或纬线按一定规律间隔排列，或在某一组织上按另一组织的规律增加组织点等。

（一）条格组织

条格组织是用两种或两种以上的组织并列配置而获得的。由于各种不同的组织，其织物外观不同，因此在织物表面呈现了清晰的条或格的外观。

1. 纵条纹组织

当两种或两种以上的组织左右并列时，各个不同的组织各自形成纵条纹，称为纵条纹组织。纵条纹组织在两条纹的分界处，要求界限分明。

纵条纹组织的组织循环经纱数，是各纵条中经纱数之和。而每一纵条纹中的经纱数，随条纹的宽度、经纱密度及所采用的组织而定。确定条纹经纱数时，首先以每一纵条纹的经纱密度乘以每一纵条纹的宽度，初步得出每一纵条纹的经纱数，然后再加以修正（尽量把每个纵条纹的经纱数修正为各纵条纹组织循环经纱数的整数倍），最后确定每一纵条纹的经纱数，这时应一起考虑的是条纹的界限分明。纵条纹组织的组织循环纬纱数，是各纵条纹所采用的组织循环纬纱数的最小公倍数。

2. 方格组织

（1）方格组织是利用经面组织和纬面组织两种组织沿经向和纬向成格形间跳配置而成。其特点是：处于对角位置的两部分，配置相同的组织。方格组织格子的大小可以是相等的，也可以是不相等的（见图 6－27）。

（2）格子组织。格子组织是由纵条纹组织及横条纹组织联合构成的方格花纹，如图 6－28 所示，即为采用此种组织构成的手帕织物，图中 b、b' 表示条边组织，其中纵条 b 为 $\frac{3}{1}$ 破斜纹，横条 b' 为 $\frac{1}{3}$ 破斜纹，a、c 表示地组织，采用平纹。

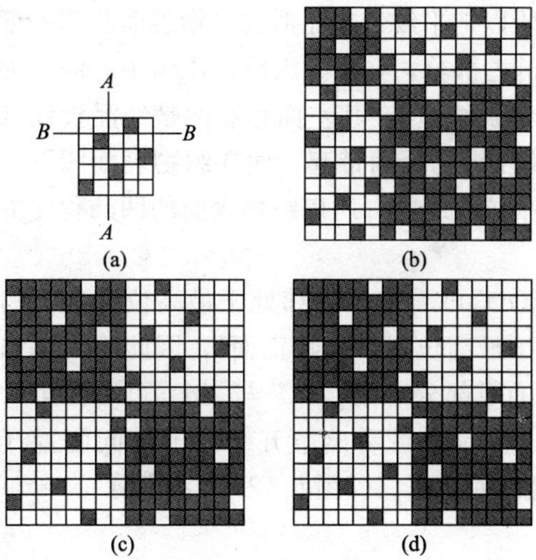

图 6－27　方格组织

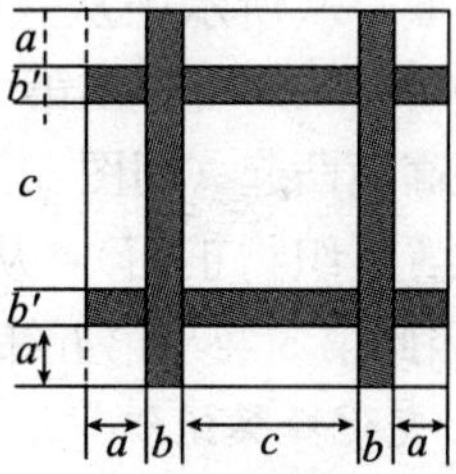

图 6－28　格子组织

（二）绉组织

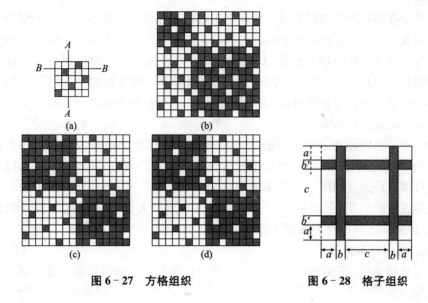

由于织物组织中不同长度的经纬浮长线，在纵横方向错综排列，使织物表面形成分散且规律不明显的细小颗粒状外观效应，这种使织物呈现绉效应的组织称为绉组织。它所形成的织物表面反光柔和，手感柔软，有弹性。

织物起绉的方法有多种，例如：利用物理、化学方法对织物进行后处理，使织物表面形成纵向、横向或不同花型的绉效应；利用织造时不同的经纱张力织缩率不同，使织物表面形成纵向起泡外观；利用捻向不同的强捻纱相间排列，再经过后整理，织物表面形成凹凸的起绉感；利用高收缩涤纶长丝与普通纱相间隔排列，织物可形成纵向、横向或格形泡绉效果；利用织物组织——绉组织使织物表面形成绉效应。

（三）蜂巢组织

从简单蜂巢组织织物的外观可以看出，其表面具有规则的边高中低的四方形凹凸花纹，状如蜂巢，故称为蜂巢组织。

1. 形成原因

此类组织的织物之所以能形成边部高中间凹的蜂巢形外观，其原因是由于在它的一个组织循环内，有紧组织（交织点多）和松组织（交织点少），二者逐渐过渡相间配置。在平纹组织处，因交织点最多，所以较薄；在经纬浮长线处，没有交织点，织物较厚。在平纹组织处，其织物表面是凸起还是凹下，可分两种情况来谈。在组织图上，一种是如图 6－29 中的甲部分，在平纹组织以甲为中心的上面和下面是经浮长线，而在其左面和右面是纬浮长线，因组成此处平纹的经纬纱均是浮在织物表面的浮长线，所以把平纹带起而形成织物表面凸起的部分。另一种情况正相反，如图 6 - 29 中的乙部分，在平纹组织以乙为中心的上面和下面是纬浮长线（即在织物背面是经浮长线），在其左面和右面是经浮长线（即在织物背面是纬浮长线），因此把平纹在织物反面带起，而在织物表面凹下。另外因经纬浮线是由浮长线逐渐过渡到平纹组织的，所以织物表面的凹凸程度亦是逐渐过渡的，由此形成蜂巢形外观。

图 6 - 29 所示中从（a）与（d）可看出第一纬处于最高位置（织物正面），从（b）与（c）可看出第 1 经处于最高位置（织物正面），因此第 1 经与第一纬交叉处高而凸起（即图 6 - 29 中的甲部分）；从（a）与（d）可看出第 5 经处于最低位置（织物正面），从（b）与（c）可看出第五纬处于最低位置（织物正面）。因此第 5 经与第五纬交叉处低而凹下（即图 6 - 29 中乙部分）。

2. 变化蜂巢组织

变化蜂巢组织的作图原理与简单蜂巢组织相似，但必须保证在菱形斜纹对角线构成的四部分中，一组对角部分为经组织点，而另一组对角部分为纬组织点，这样才能形成蜂巢外观。图 6 - 30 为几种变化蜂巢组织。

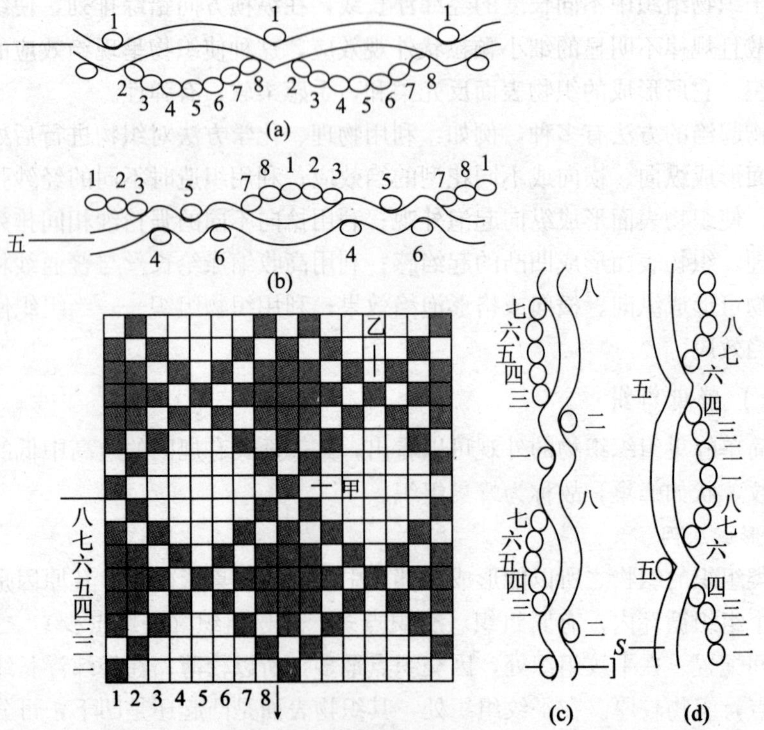

(a)、(b)——蜂巢组织物横截面图，(c)、(d)——蜂巢组织物纵截面图

图 6 - 29　蜂巢组织图

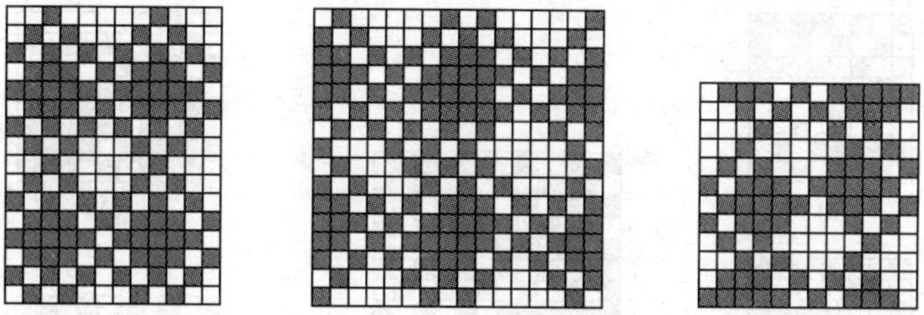

图 6-30 变化蜂巢组织图

(四) 浮松组织

浮松组织是由平纹和排列在平纹地组织上的一组长浮线联合构成。平纹使织物底部坚牢，而长浮线使织物具有优良的吸湿性。

1. 规则浮松组织

规则浮松组织，其经纱循环数是两倍的奇数（如 2×5、2×7 等）。若经纱循环数与纬纱循环数相等，则组织图呈方形；若两者不等，则组织图呈矩形（如图 6-31所示）。

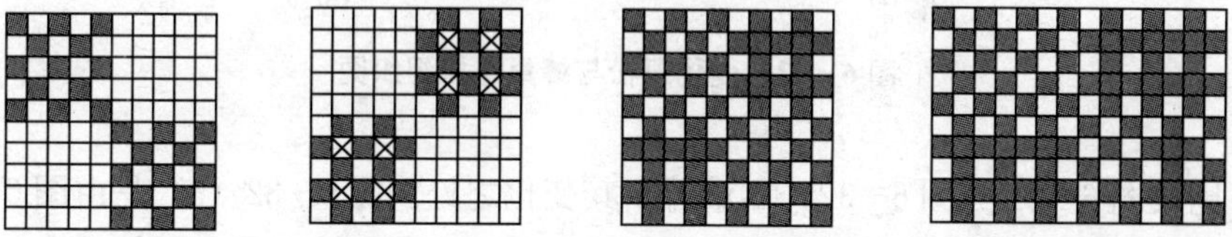

(a) (b) (c) (d)

图 6-31 规则浮松组织

2. 变化浮松组织

当浮松组织的经纱循环为两倍的偶数时，如图 6-32 中的（a）、（b）、（c）所示，（a）和（b）的 $R_j = R_w = 2 \times 4 = 8$；（c）的 $R_j = R_w = 2 \times 6 = 12$。与规则浮松组织相比，这种变化浮松组织任何相邻的两根经纱均没有平纹交织。因此，浮长下的经纱可能会穿入同一筘齿，易导致纱线的成束，其结构不及规则浮松组织稳定。

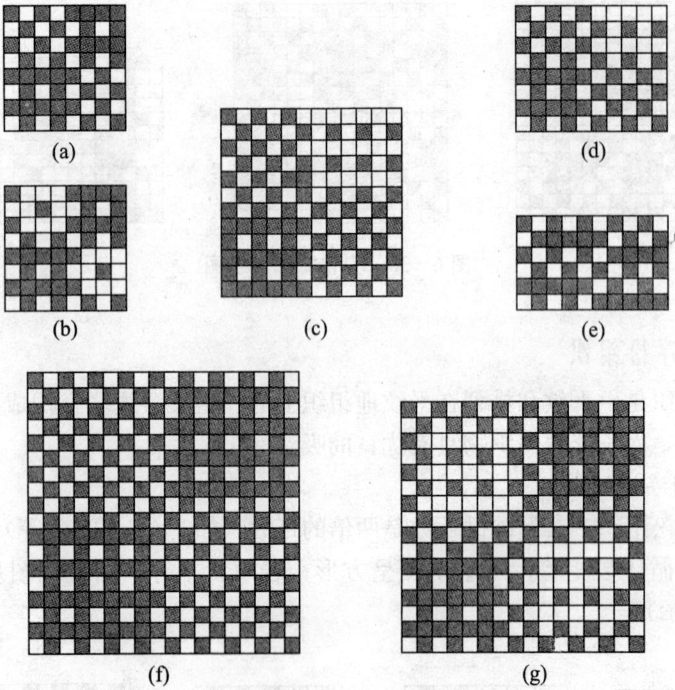

图 6-32　变化浮松与蜂巢浮松组织图

比较图 6-31 与图 6-32，不难看出其变化之处。图 6-32（a）是由图 6-31（c）变化而来；图 6-32（e）是由图 6-31（d）变化而来。图 6-31（c）、（d）组织图中所有的经浮长均浮在织物的正面，纬浮长则浮在织物的反面。只要经纱和纬纱没有什么差别，这不影响织物正、反面的效果。但有时设计者希望经、纬浮长同时显现在织物的正面，如图 6-32（b）、（c）、（d）所示，其中（c）和（d）正、反面效果完全一致；（b）虽正、反面效果不完全一致，但是织物的正面和反面均同时显现出组织的经浮长和纬浮长。

（五）凸条组织

1. 简单凸条组织

简单凸条组织使织物正面产生纵向、横向或倾斜方向的凸条，而反面则为纬纱或经纱的浮长线组织，称为凸条组织。凸条组织系由浮线较长的重平组织和另一种简单组织联合而成。

其中简单组织起固结浮长线的作用，并形成织物的正面，故称为固结组织。如固结纬重平的纬浮长线，则得到纵凸条纹；固结经重平的经浮长线，则得到横凸条组织。

在凸条组织中，作为基础组织的重平组织，其浮长线的长度不宜少于四个组织点，因为浮线太短，凸条就不会太明显。固结组织比较简单，常用的有平纹、$\frac{1}{2}$斜纹、$\frac{2}{1}$斜纹等组织，其中以平纹固结的凸条组织，在实际生产中应用较为广泛。

图 6－33 是以$\frac{6}{6}$纬重平为基础组织，平纹为固结组织的纵凸条组织。

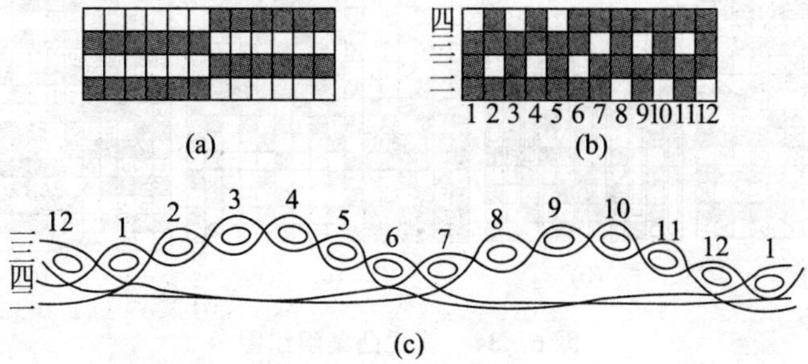

图 6－33　凸条组织

从图 6－33（c）横切面示意图中可看出，此类组织所以形成凸条的织物外观，主要在于第 6、第 7 根经纱及第 1、第 12 根经纱处，组织点有交错，织物在该处显薄而凹下，其他部分在织物背面有纬浮长线，促使经纱相互靠拢并叠起，固结组织在该处松厚而隆起，形成凸条。

2. 花式凸条组织

凸条组织除了横凸条、纵凸条组织外，还可以构成斜向凸条、横纵联合凸条、菱形凸条等花式凸条组织。无论哪一种变化方法，凸条组织都是由基础组织和固结组织构成的。

在斜向凸条组织中，织物反面的浮长线呈斜向排列，即其基础组织为加强斜纹，可以由纵凸条组织变化而成，也可以由横凸条组织变化而成，分别如图 6－34 中的（a)、(b）所示。横纵联合凸条组织如图 6－34 中的（c）所示。菱形凸条组织的基础组织是以加强斜纹为基础的菱形斜纹组织，如图 6－34 中的（d）所示。

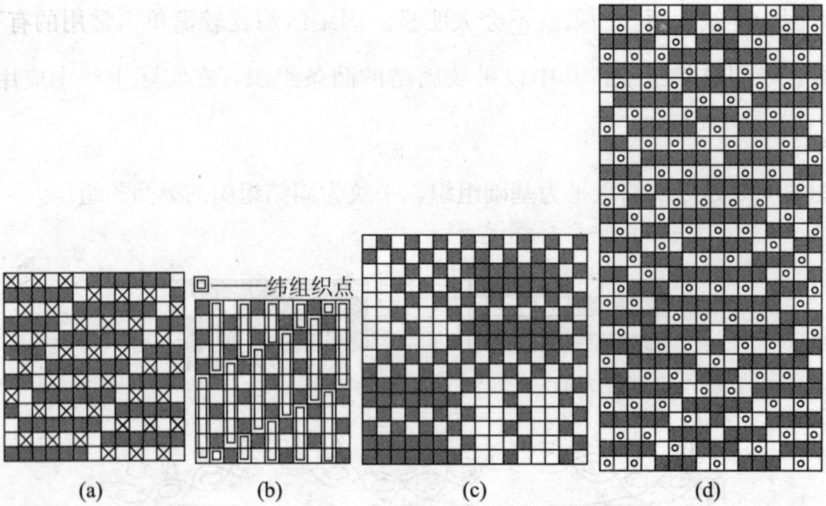

图 6-34　花式凸条组织图

（六）网目组织

网目组织的织物常以平纹为地组织，每间隔一定的距离，有曲折的经（纬）浮长线浮于织物表面，形状如网络，故称为网目组织。

1. 形成原因

网目组织的形成通常是以平纹或斜纹等作地组织，再在地组织上加入一定的经、纬浮长线，松弛的长浮线在一定位置上成束地突出在织物表面，这些成束的经（或纬）长浮线浮在经、纬交织较紧密部位向交织较松部位扩展，并在另一系统浮长线收缩力的作用下被拉成折线状而呈现出网目状的外观。

2. 增加网目效应的方法

为突出网目组织经纬纱的曲折效应，在组织图上，可在被拉拢经纱的牵引纬浮线的曲折处，取消一部分经纬纱的交织点，如图 6-35 所示。同样，可在被拉拢纬纱的牵引经浮线的左右，取消一部分经纬纱的交织点。也可用粗的纱线做网目经纬纱，或采用双经（或多经）、双纬（或多纬）的网目经纬纱。甚至可采用与地布不同颜色的网目纱线，均将起到良好的效果。

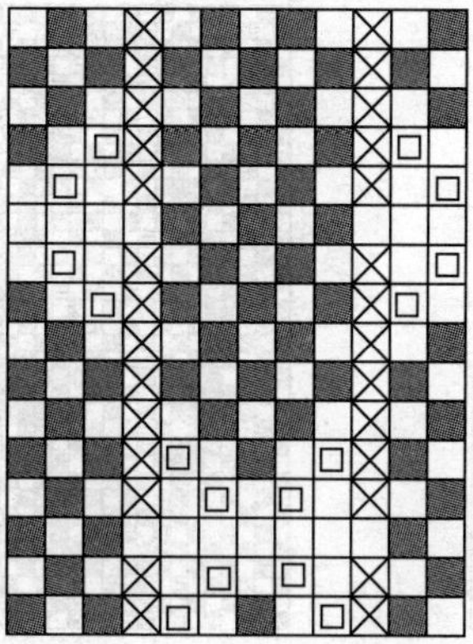

图 6-35 取消部分经组织点的网目组织

（七）平纹地小提花组织

在平纹地上配置各种小花纹，就构成了平纹地小提花组织。小花纹可以由经浮长线构成，即经起花组织；也可以由纬浮长线构成，即纬起花组织；或经纬浮长线联合构成。还可以由透孔、蜂巢等组织起花纹。花纹形状多种多样，可以是散点，也可以是各种几何图形，花型分布可以是条型、斜线、曲线、山形、菱形等。

这类织物要求外观细洁、紧密、不粗糙，花纹不能太突出，从织物整体上看，应以平纹地为主，适当加入小提花组织。在实际应用中，此类织物多数是有色织物，可适当配一些花式线。当经纬纱原料相同时，常采用经起花，因为一般织物经密大于纬密，经纱质量也比纬纱好，采用经起花能使花纹清晰。

图 6-36 及图 6-37 是以经浮线形成的小花纹。其中图 6-36 为向一个方向倾斜的四个不连接的短斜线所形成的小花纹，在布面上分散布置。图 6-36（a）为组织图，外观如图 6-36（b）所示。图 6-37 是由经浮线形成的菱形小提花，且连续配置成直条纹，图 6-37（a）为组织图，外观如图 6-37（b)所示。

图 6-38 是以纬浮线起花，图 6-39 是由经纬浮线联合组成的花纹。

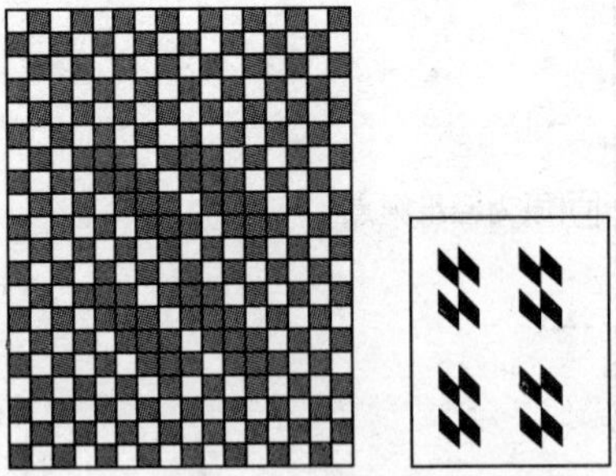

(a) (b)

图 6－36 平纹地经浮线小提花组织图（一）

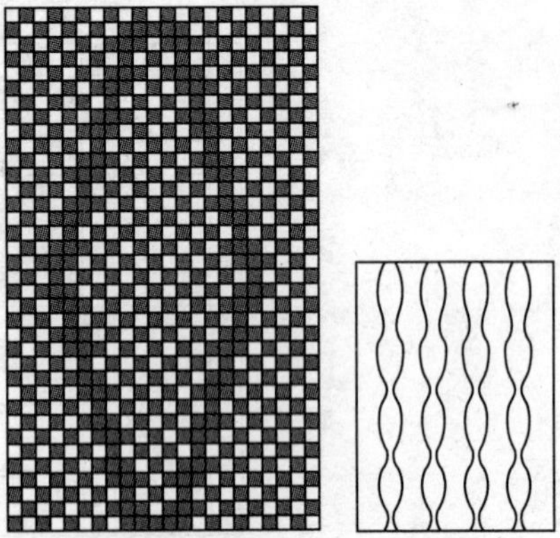

(a) (b)

图 6－37 平纹地经浮线小提花组织图（二）

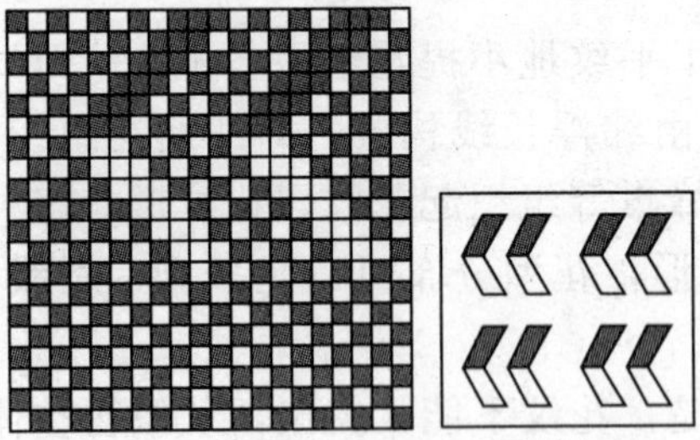

(a) (b)

图 6－38 平纹地纬浮线小提花组织图

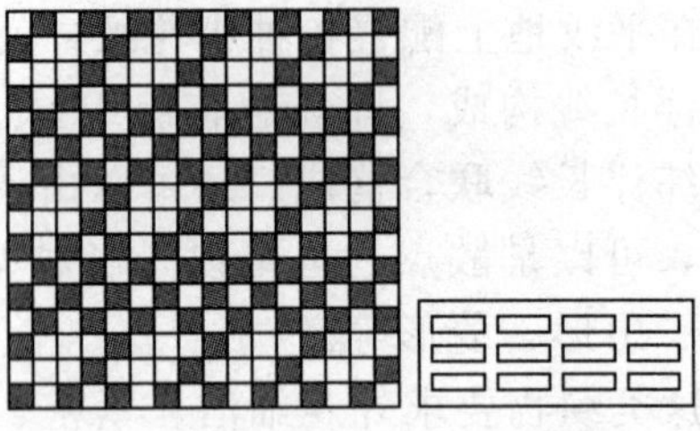

(a) (b)

图 6－39 平纹地经纬浮线联合小提花组织图

（八）配色模纹组织

利用不同颜色的纱线与织物组织相配合，在织物表面能构成各种不同的花形图案。这说明织物的外观不仅与组织结构有关，而且与经纬纱的颜色配合有关，它们能使织物的外观更加丰富多彩。

色纱与组织配合时，所得织物的花型图案是多种多样的，而且具有较强的立体感。如与其他工艺相结合，则可得到更为优美的花色品种。

采用两种或两种以上的色纱与组织相配合，在织物表面可产生由不同颜色构成的配色模纹。各种颜色经纱的排列顺序简称为色经排列顺序，色经排列顺序重复一次所需的经纱数称为色经循环。各种颜色纬纱的排列顺序简称为色纬排列顺序，色纬排列顺序重复一次所需的纬纱数称为色纬循环。

配色模纹的大小应等于色纱循环和组织循环的最小公倍数。

配色模纹可用意匠纸分成四个区来表示，左上方的Ⅰ区表示组织图，左下方的Ⅱ区表示各色纬纱的排列顺序，右上方的Ⅲ区表示各色经纱的排列顺序，右下方的Ⅳ区表示所形成的织物外观，即配色模纹图。

五、复杂组织

在复杂组织的经纬纱中，至少有一种是由两个或两个以上系统的纱线组成。这种组织结构能增加织物的厚度而表面细致，或改善织物的透气性而结构稳定，或提高织物的耐磨性而质地柔软，或能得到一些简单织物无法得到的性能和模纹等。

复杂组织种类繁多，但各种原组织、变化组织和联合组织，都可成为复杂组织的基础组织。

根据复杂组织结构的不同，主要分为以下各种：

第一种：重组织，包括①经重组织；②纬重组织。

第二种：双层组织，包括①管状组织；②双幅织物组织或多幅织物组织；③表里换层双层组织；④使用各种不同接结法的双层组织。

第三种：起毛组织，包括①纬起毛组织；②经起毛组织。

第四种：纱罗组织。

（一）重组织

重组织为复杂组织中最简单的组织，它由两个系统经纱和一个系统纬纱或两个系统纬纱和一个系统经纱交织而成，前者称经重组织，后者称纬重组织。

纱线在织物中成重叠状配置，不需采用线密度高的纱线就可增加织物厚度与质量，又可使织物表面细致，并且可使织物正反两面具有不同组织、不同颜色的花纹。

利用重组织可使经纱或纬纱具有重叠配置的特点，可在一些简单组织的织物中局部采用，织物表面按照花纹要求，将使起花纱线在起花时浮在织物表面，不起花时沉于织物反面，起花部分以外的织物仍按简单组织交织，形成各式各样局部起花的花纹，这种组织称为起花组织。

当起花部分由两个系统经纱（即花经和地经）与一个系统纬纱交织时，称经起花组织。同样，由两个系统纬纱（即花纬和地纬）与一个系统经纱交织时，称纬起花组织。

1. 经重组织

此种组织由两个系统经纱，即表经和里经与一个系统纬纱交织而成。其表经与纬纱交织构成织物正面，称表面组织；里经与同一纬纱交织构成织物反面，称反面组织；反面组织的里面在织物内部称里组织。

局部采用经二重组织的经起花织物，起花部分的组织是按照花纹要求在起花部位由两种经纱（即花经和地经）与一个系统纬纱交织。起花时，花经与纬纱交织使花经浮在织物表面，利用花经浮长变化构成花纹；不起花时，该花经与纬纱交织形成纬浮点，即花经沉于织物反面起花以外部分为简单组织，仍由地经与纬纱交织而成。这种局部起花的经起花织物大都呈现条子或点子花纹。此外，尚有起花部位遍及全幅的经起花织物，其花经分布在全幅形成满地花。

2. 纬重组织

此种组织由相同或不相同的两个系统纬纱即表纬和里纬，与一个系统经纱交织而成。表纬与经纱交织构成表面组织，里纬与同一经纱交织构成反面组织，反面组织的里面为里组织。

纬起花组织是由简单的织物组织，再加上局部纬二重组织构成的。纬起花组织的特点是按照花纹要求在起花部位起花，其起花部位是由两个系统纬纱（即花纬和地纬）与一个系统经纱交织而形成花纹。起花时，花纹与纬纱交织，花纬浮线浮在织物表面，利用花纬浮长构成花纹；不起花时，该花纬沉于织物反面，正面不显露。起花以外部位为简单组织，仍由地纬与经纱交织而成。

（二）双层及多层组织

1. 双层组织

双层织物是用双层组织制织而成的。制织双层织物时，有两个系统各自独立的经纱和纬纱，在同一机台上分别形成织物的上、下两层。在表层的经纱和纬纱称为表经、表纬，在下层的经纱和纬纱称为里经、里纬。

双层组织的织物种类繁多，根据其上下层连接方法的不同可分为五类：连接上下层的两侧构成管状织物；连接上下层的一侧构成双幅或多幅织物；在管状或双幅织物上，加上平纹组织，可构成各种袋织物；根据配色花纹的图案，使表里两层作相互交换而构成表里换层织物；利用各种不同的接结方法，使两层织物紧密地连接在一起，构成接结双层织物。

双层组织的织物表里重叠，从织物正反两面分析，都只能观察其一部分，为便于说清其构成原理，设想将下层织物移过一定距离，画在表层空隙之间，表达出两层的结构。

如图 6－40 所示，为正反两面都是平纹组织的双层织物示意图（设想将下层织物向右移过一定距离）。图中表、里经和表、里纬的排列比均为 1∶1。

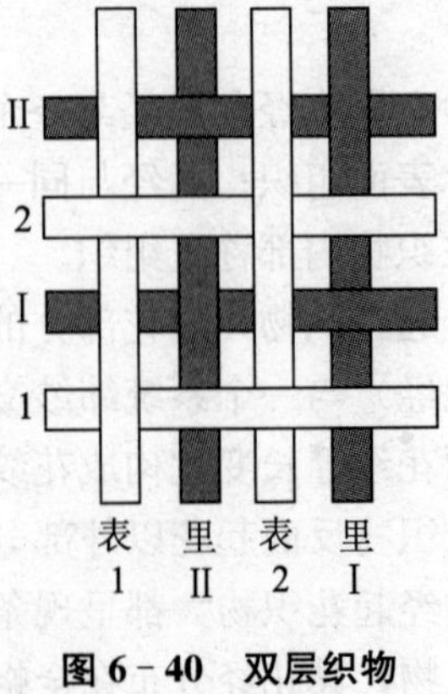

图 6－40　双层织物

2. 多层组织

随着产业用纺织品的不断发展，多层织物越来越得到重视。

(1) 三层组织由三个系统的经纱和三个系统的纬纱构成，各独立系统的经纬纱交织形成织物的表层、中层和里层。

在实际应用中，往往要把三层组织接结在一起，下面以$\frac{2}{2}\nearrow$斜纹为例，研究其结构的四种情况：

例1 接结三层组织Ⅰ。

经纬纱排列比为1表、1中、1里，表、中、里均为$\frac{2}{2}\nearrow$。接结方法为“中接表”、“里接中”，接结点填绘提综符号“●”。

如图6-41所示，图6-41 (a) 为各层组织图及接结点，图6-41 (b) 为经向截面图，图6-41 (c) 为三层接结组织图。

例2 接结三层组织Ⅱ。

经纬纱排列比为1表、1中、1里；表、中、里均为$\frac{2}{2}\nearrow$。接结方法为“上接中”、“中接里”，接结点填绘取消点符号“○”(表示不提综)。

如图6-42所示，图6-42 (a) 为各层组织图及接结点，图6-42 (b) 为经向截面图，图6-42 (c) 为三层接结组织图。

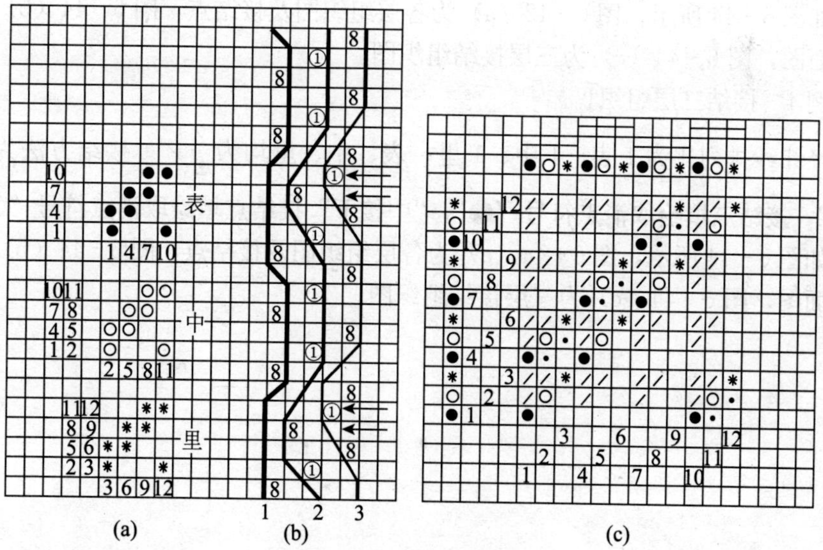

图6-41 接结三层组织Ⅰ

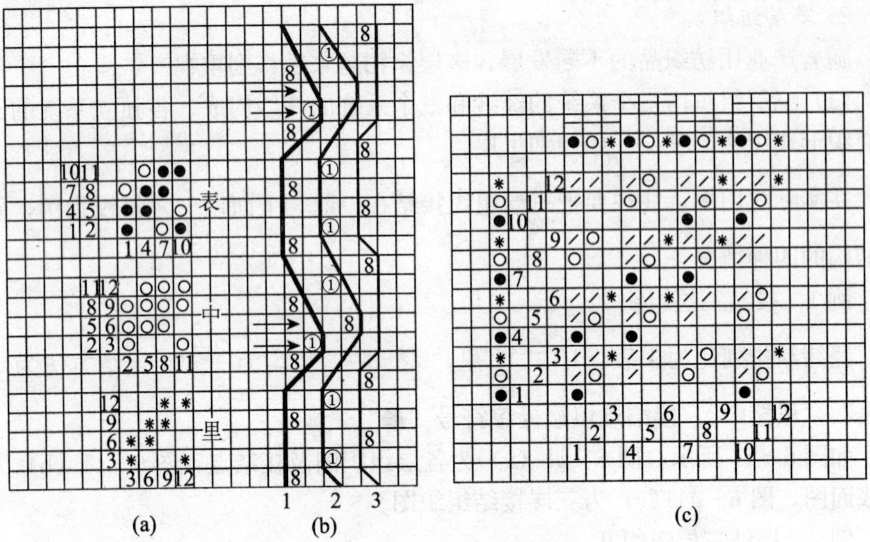

图 6-42　接结三层组织Ⅱ

例 3　接结三层组织Ⅲ。

经纬纱排列比为 1 表、1 中、1 里；表、中、里均为$\frac{2}{2}$↗。接结方法为“上接中”，接结点填绘取消点符号“○”，“下接中”接结点填绘提综符号“●”。

如图 6-44 所示，图 6-42（a）为各层组织图及接结点，图 6-44（b）为经向截面图，图 6-44（c）为三层接结组织图。

例 4　接结三层组织Ⅳ。

经纬纱排列比为 1 表、1 中、1 里；表、中、里均为$\frac{2}{2}$↗。接结方法为“中接上”，接结点填绘取消点符号“●”，“中接下”接结点填绘取消点符号“○”。

如图 6-44 所示，图 6-44（a）为各层组织图及接结点，图 6-44（b）为经向截面图，图 6-44（c）为三层接结组织图。

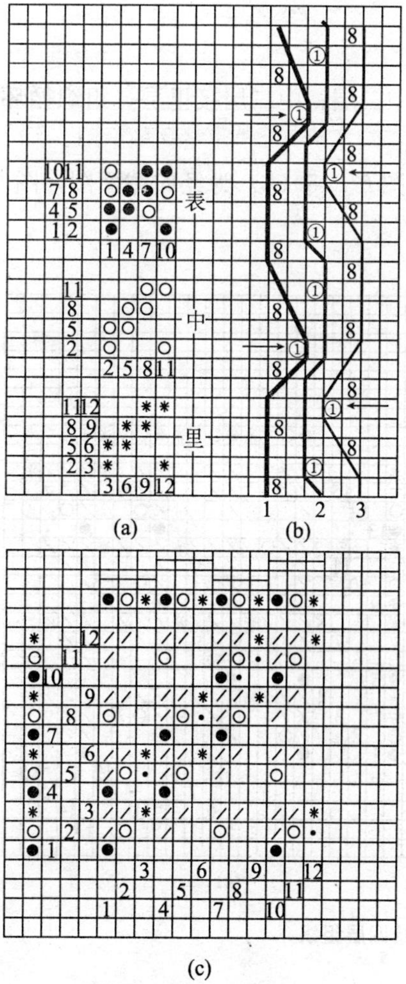

图 6－43　接结三层组织Ⅲ

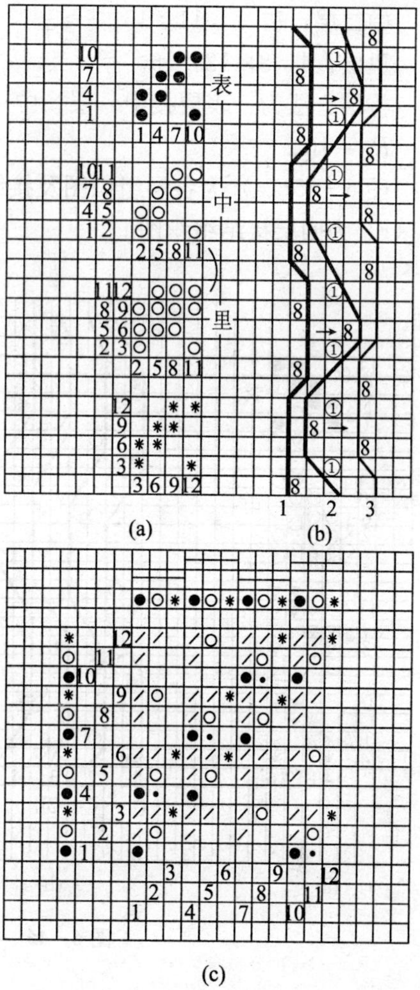

图 6－44　接结三层组织Ⅳ

（2）四层组织是由四个系统的经纱和四个系统的纬纱构成，各自独立系统的经纬纱交织形成织物的表层、中一层、中二层、里层。

同三层组织一样，四层组织在实际应用中，往往接结在一起，下面研究一例接结四层组织。

例 5　松式接结四层组织。

如图 6－45 所示，所有各层组织均为$\frac{2}{2}\nearrow$。经纬纱排列比为 1 表、1 中一、1 中二、1 里，经纬纱编号为：

表经、表纬均为：1，5，9，13；

中一层：2，6，10，14；

中二层：3，7，11，15；

里层：4，8，12，16。

接结方法为：表层接中一层，中一层接中二层，中二层接里层，组织循环数 $R_j = R_w = 16$。

图 6－45（a）为各层组织图及接结点，图 6－45（b）为经向截面图，图 6－45（c）为四层接结组织图。

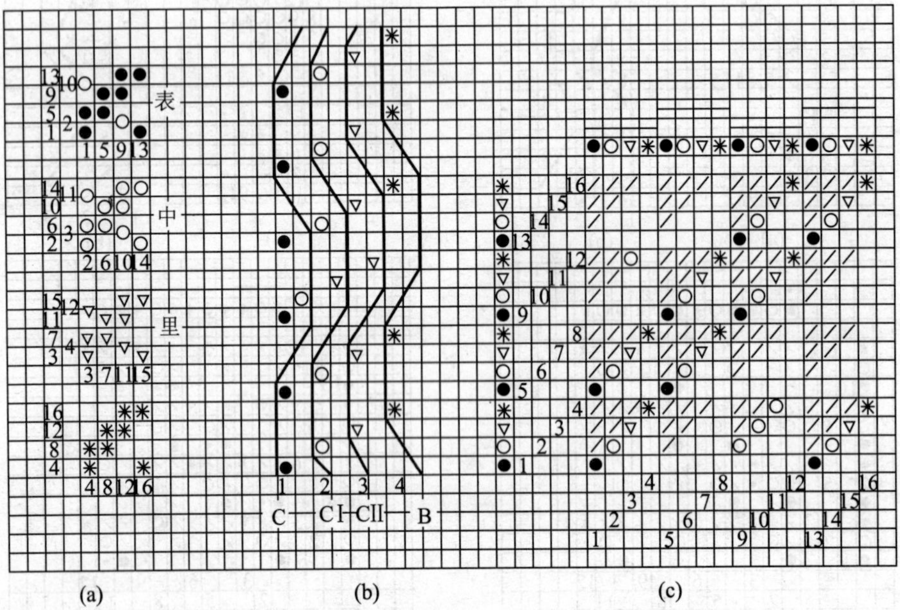

图 6－45　松式接结四层组织

（三）起毛组织

1. 纬起毛组织

利用特殊的织物组织和整理加工，使部分纬纱被切断而在织物表面形成毛绒的织物称为纬起毛织物。这类织物一般是由一个系统经纱和两个系统纬纱构成的，两个系统的纬纱在织物中具有不同的作用。其中一个系统的纬纱与经纱交织形成固结毛绒和决定织物坚牢度的地布，这种纬纱称为地纬；另一个系统的纬纱也与经纱交织，但以其纬浮长线被覆于织物的表面，而在割绒（或称开毛）工序中，其纬纱的浮长部分被割开，然后经过一定的整理加工后形成毛绒，这种纬纱称为毛纬（亦称绒纬）。

纬起毛织物根据其外形分类，常见的有灯芯绒、花式灯芯绒（提花灯芯绒）、纬平绒和拷花呢等。

(1) 灯芯绒织物。灯芯绒（又称条子绒），具有手感柔软、绒条圆润、纹路清晰、绒毛丰满的特点，由于穿着时大都是绒毛部分与外界接触，地组织很少磨损，所以坚牢度比一般棉织物有显著提高。

①灯芯绒织物构成的原理。图 6－46 为灯芯绒的结构图。地纬 1、地纬 2 与经纱以平纹组织交织成地布，在一根地纬织入后，织两根毛纬 a、b，毛纬的浮长如图中所示为五个纬组织点，毛纬与 5、6 两根经纱（称压绒经或绒经）交织，毛纬与绒经的交织处称为绒根。

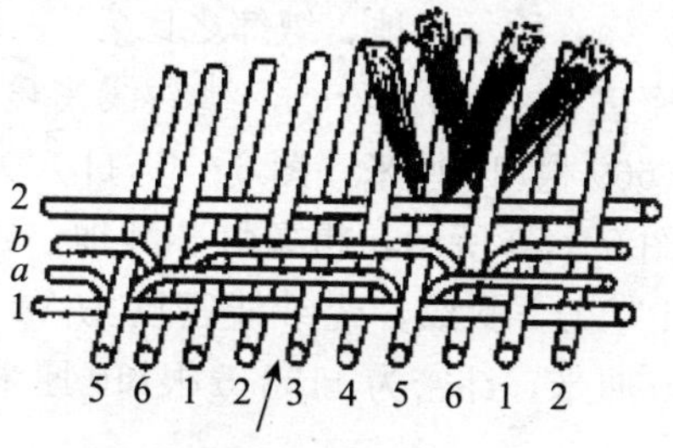

图 6－46 灯芯绒织物的结构

割绒时，由 2、3 经纱之间进刀把纬纱割断，经刷绒整理后，绒毛耸立，成条状排列在织物表面。图 6－47 为灯芯绒割绒的原理示意图，图中的圆刀按箭头方向旋转。未割坯布按箭头方向向前运行，导针插入坯布长纬浮线之下，并间歇向前运动。

②灯芯绒织物的分类。按织物外观所形成的绒条阔窄不同，可分为细、中、粗、阔及粗细混合、间隔条等类别。每 25mm 中有 9～11 条绒条者为中条，11 条以上的为细条，20 条以上为特细条，6～8 条为粗条，6 条以下的为阔条。间隔条灯芯绒指粗细不同的条型合并或部分绒条不割、偏割以形成粗细间隔的绒条。

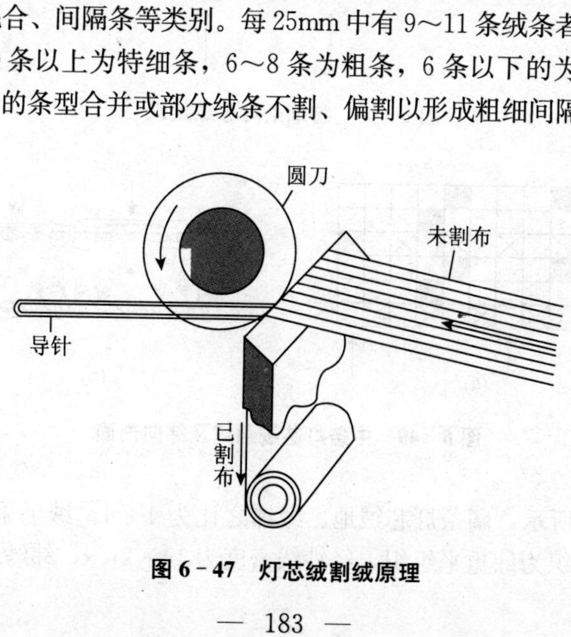

图 6－47 灯芯绒割绒原理

a. 按使用经纬纱线的不同，可分为全纱灯芯绒、半线（线经纱纬）灯芯绒。

b. 按提综形式的不同，可分为提花灯芯绒与一般灯芯绒。

c. 按加工方法的不同，可分为印花灯芯绒与染色灯芯绒两类。

d. 按使用原料的不同，有纯棉灯芯绒、富纤灯芯绒、涤棉灯芯绒及维棉灯芯绒等。

③几种典型灯芯绒组织。a. 特细条灯芯绒，如图 6－48 所示，地、绒纬之比为 1∶3，绒毛采用复式 W 形固结（箭头所指为割绒位置），地组织为平纹，经、纬纱线密度均为 18tex，织物经密为 315 根/10 厘米，纬密为 843 根/10 厘米；b. 中条灯芯绒，如图 6－49（a）所示，地、绒纬之比为 1∶2，绒毛采用 V 形固结，地组织为平纹，经纱线密度均为 14×2tex，纬纱线密度为 28tex，织物经密为 228 根/10 厘米，纬密为 669 根/10 厘米，图 6－49（b）为该组织的纬向剖面图；c. 粗、阔条灯芯绒，如图 6－50 所示，粗条灯芯绒地、绒纬之比为 1∶2，绒毛采用 V 形固结，地组织为 2/2 斜纹，经纱线密度为 14×2tex，纬纱线密度为 28tex，经密为 161 根/10 厘米，纬密为 1133.5 根/10 厘米。

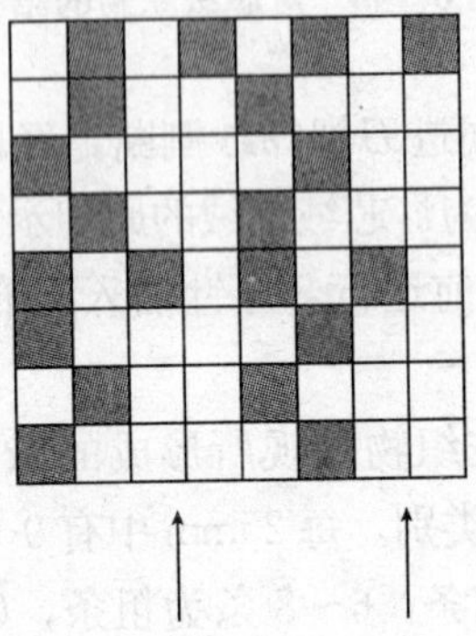

图 6－48　特细条灯芯绒组织

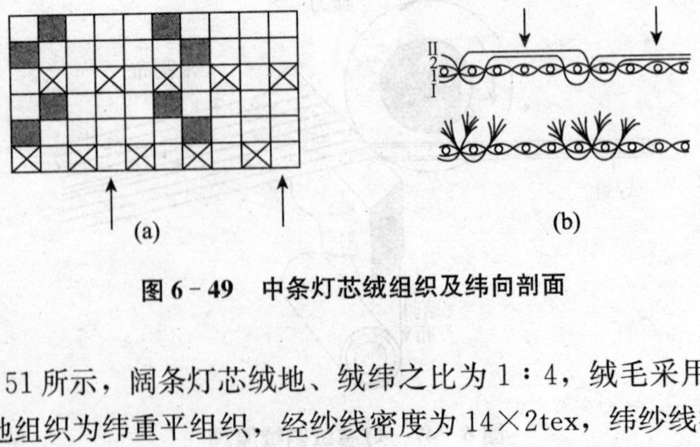

图 6－49　中条灯芯绒组织及纬向剖面

如图 6－51 所示，阔条灯芯绒地、绒纬之比为 1∶4，绒毛采用 V 形、W 形混合固结，地组织为纬重平组织，经纱线密度为 14×2tex，纬纱线密度为 28tex，经密为 287 根/10cm，纬密为 995.5 根/10cm。

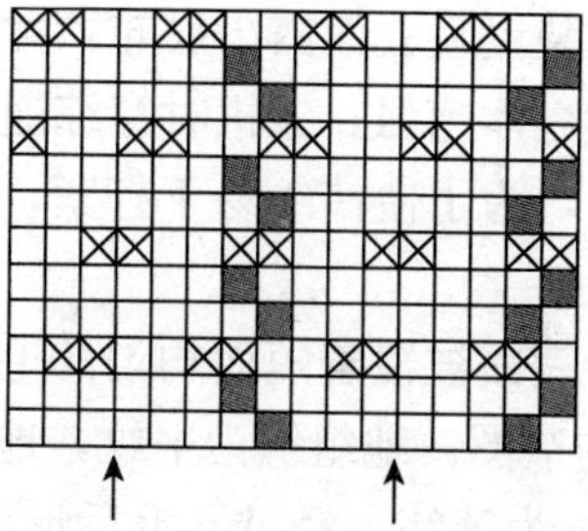

图 6－50　粗条灯芯绒组织

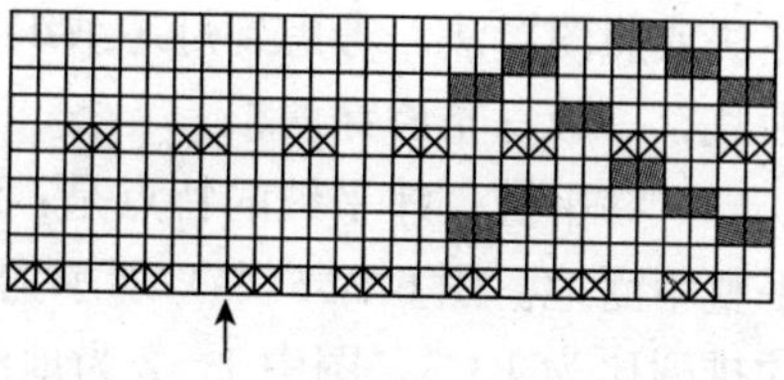

图 6－51　阔条灯芯绒组织

（2）花式灯芯绒。花式灯芯绒的制织除组织有所不同外，其他都参照一般灯芯绒。花式灯芯绒多数在多臂机上进行制织，大花纹灯芯绒要在提花机上织造。形成花式灯芯绒的方法有如下几种。

①改变绒根分布法。如图 6－52 所示的绒根分布不成直线，使绒纬纬浮长线长短参差不一，经割绒、刷绒后绒毛呈高低不平的各种花型，其中长绒毛覆盖短绒毛，使花型发生多种变化。

②织入法。利用底布和绒毛不同配合，使织物表面局部起绒、局部不起绒而形成凹凸感的各种花型。如图 6－53 所示在局部起绒处利用绒纬的纬浮长线，局部不起绒处用织入法，在绒纬纬浮长线处用经重平组织代替，组织紧密，由于绒纬和地经交织点增加，因此在割绒时导针越过这部分，使这部分不起毛。在设计时需注意不起绒的纵向部分不得超过 7mm，否则会引起割绒时的跳刀、戳洞现象。不起绒与起绒部位的比例掌握在 1∶2，以起绒为主，否则不能体现灯芯绒组织的特点。

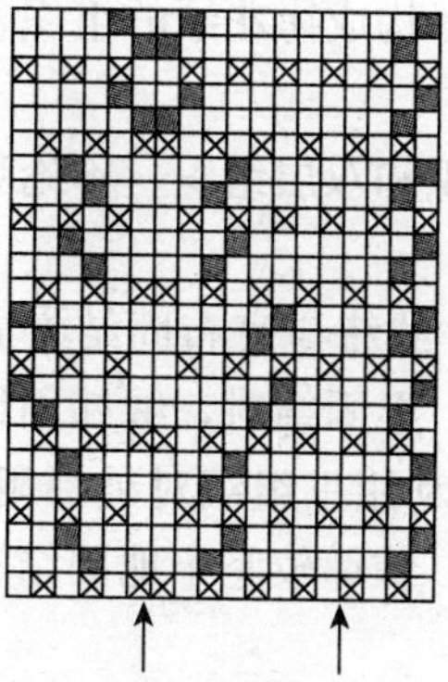

图 6－52　改变绒根分布法组织

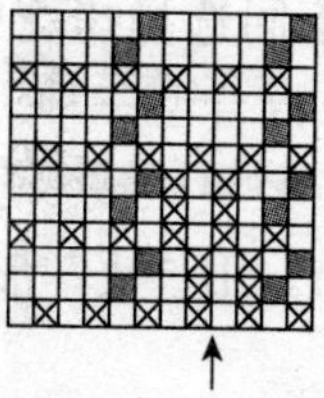

图 6－53　织入法组织

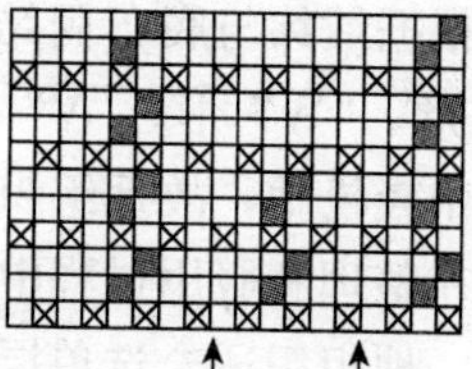

图 6－54　飞毛法组织

③飞毛法。如图 6-54 所示，可在原灯芯绒组织图中，去除局部绒纬的固结点，使这部分绒纬的纬浮长线横跨两个组织循环，因此在割绒时将纬浮长线左右两端被割绒刀割断，中间的浮长线掉下，由吸绒装置吸去而露出底布，此方法称为飞毛法。采用这种方法形成的花纹凹凸分明，立体感强。上机时穿综通常采用顺穿法或照图穿法。考虑到灯芯绒织物的纬密高，为了使纬纱易于打紧，经密以稀为宜，一般每筘齿穿两根。

(3) 纬平绒。纬平绒的特点是：织物的整个表面被覆着短而均匀的毛绒，绒毛平整不露地。图 6-55 (a) 所示为纬平绒的构造图，地组织为平纹，地纬与绒纬的排列比为 1∶3，图中 1、2 为地纬，*a*、*b*、*c* 为绒纬，经过开毛后形成毛束，图中箭头方向为开毛位置。图 6-55 (b) 为纬平绒的组织图。

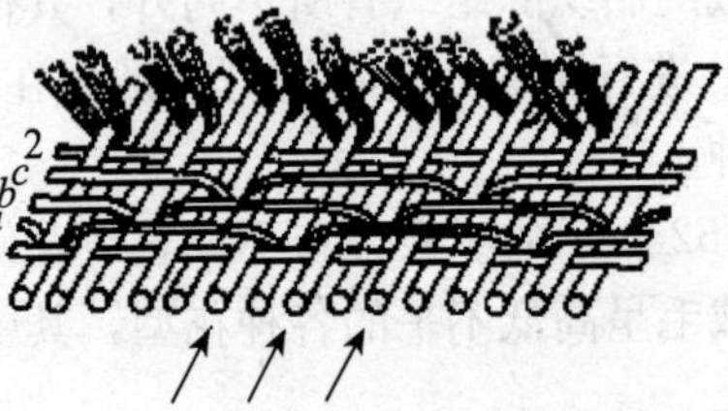

(a)

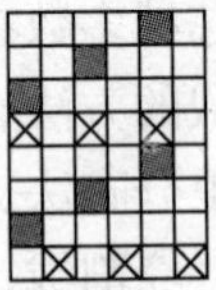
(b)

图 6-55　纬平绒构造和组织

纬平绒绒纬的组织点彼此叉开，这样有利于增加纬纱密度。绒纬以 V 形固结在经纱上，各绒纬被两根地经夹持，在开毛时，按照图中箭头位置依次开毛，以便形成均匀紧密的平绒。

(4) 拷花绒。将织物表面的纬浮长线经多次反复拉绒形成纤维束，再经剪毛与搓花，纤维束卷曲成凸起绒毛，绒毛形成的花纹随绒根分布而变，外观好似经压拷而成，故称拷花绒，其特点是手感柔软，耐磨性好。构成拷花绒的组织，称拷花绒组织。

拷花绒底布组织根据用途可采用单层组织、重经组织和双层组织。不论哪一种底布，绒纬仅与表经相交织，并分布在表经上。

根据绒纬与底布固结方式的不同选择拷花呢组织。绒纬与底布固结方式有“V”形、“W”形、“V”和“W”混合型三种。用“V”形固结时，绒纬固结于底布中较松弛，故地组织宜选择重经组织或双层组织，利用里组织对绒纬阻力，减少在整理和服用过程中绒毛脱出。用“W”形固结时，绒纬较坚牢地固结在底布中，地组织适合选单层组织。

2. 经起毛组织

织物表面由经纱形成毛绒的织物，称为经起毛织物，其相应的组织称经起毛组织。

这种织物是由两个系统经纱（即地经与毛经），同一个系统纬纱交织而成。地经与毛经分别卷绕在两只织轴上，可用单层起毛杆或用双层制织法织成。双层制织法其地经纱分成上下两部分，分别形成上下两层经纱的梭口，纬纱依次与上下层经纱的梭口进行交织，形成两层地布。两层地布间隔一定距离，毛经位于两层地布中间，与上下层纬纱同时交织。两层地布间的距离等于两层绒毛高度之和，如图 6－56 所示，织成的织物经割绒工序将连接的毛经割断，形成两层独立的经起毛织物。

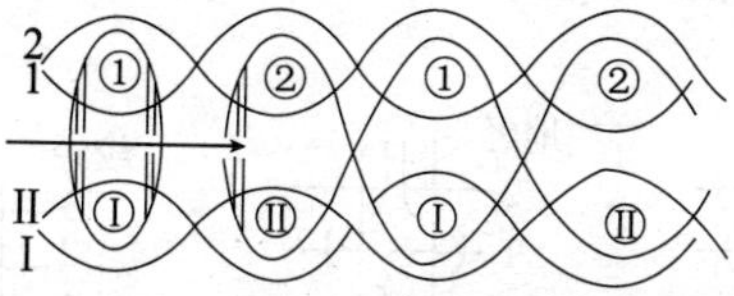

图 6－56 经起毛组织织物织造

根据织物表面毛绒长度和密度的不同，经起毛织物可分为平绒与长毛绒两大类。

（1）经灯芯绒。这种织物是采用双层织造的。毛经和地经与仅有地经组成相间配置，织后将双层割开，即得到具有经向条子的绒面。这种织物与纬灯芯绒相比，由于结构上的特点，更具有耐磨、耐穿、不易脱毛、生产率高等优点，但条子花型变化不多，绒毛平而不圆，并有露地等缺点。

（2）经平绒织物。经平绒织物的特点在于该织物具有平齐耸立的绒毛且均匀被覆在整个织物表面，形成平整的绒面。绒毛的长度约 2mm。目前，经平绒织物大多采用平纹组织作为地组织，能使织物质地坚牢，绒毛分布均匀，且能改善绒毛的丰满程度。

绒经的固结方式以 V 型固结法为主，因为这种固结方式可以获得最大的绒毛密度，使绒面丰满。地经与绒经的排列比一般有 2∶1 和 1∶1 两种。

（3）长毛绒织物。其在毛织产品中属精纺产品，因为其工艺流程中的毛条制造与纺纱均同精纺。

长毛绒织物的组织结构：①地布组织，长毛绒织物是两层制织法，其上下两层地布一般可采用平纹、纬重平及变化纬重平等；②毛经固结组织应根据产品的使用性能和设计要求来确定，如要求质地厚实、绒面丰满、立毛挺、弹性好的织物，多数采用四梭固结组织，如要求质地松软轻薄，则可采用组织点较多的固结组织，若要求绒毛较短且密、弹性好、耐压耐磨时，多采用二梭、三梭固结组织，毛绒高度随产品的要求而定，一般立毛织物毛绒高度为 7.5～10mm；③地经与毛经的排列比一般多采用2∶1、3∶1及4∶1等。

（四）纱罗组织

纱罗组织的特点是织物表面具有清晰匀布的纱孔，经纬密度较小，织物较为轻薄，结构稳定，透气性良好。适于作夏季衣料、窗帘、蚊帐、筛绢以及技术用织物等。此外，还可用作阔幅织机制织数幅狭织物的中间边或无梭织机织物的布边。

纱罗组织是纱组织和罗组织的总称。纱组织，即当绞经每改变一次左右位置，仅织入一根纬纱，如图6－57（a）、（b）所示。罗组织，即当绞经每改变一次左右位置，织入三根或三根以上奇数的纬纱，如图6－57（c）所示。

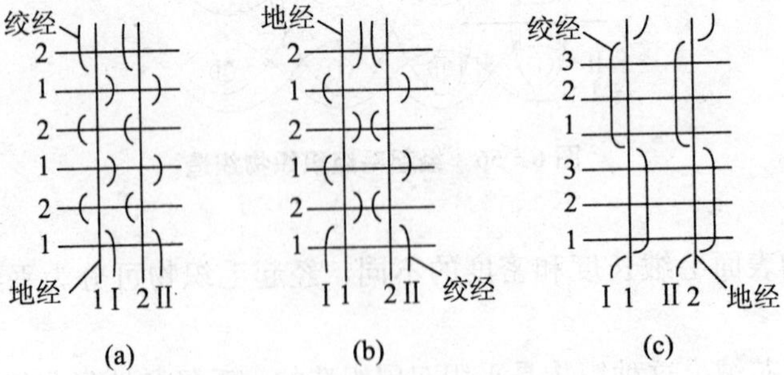

图6－57　纱罗组织

在纱罗组织中，根据绞经与地经绞转方向的不同可分为两种：绞经与地经绞转方向一致的纱罗组织称为一顺绞，简称顺绞，如图6－57（a）所示。绞经与地经绞转方向相对称的纱罗组织称为对称绞（简称对绞），如图6－57（b）所示。

此外，根据绞经在纬纱的上面或下面，又分为上口纱罗和下口纱罗。上口纱罗的绞经永远位于纬纱之上，下口纱罗的绞经永远位于纬纱之下。

纱罗织物经纬纱的交织情况与一般织物不同。纱罗织物中仅纬纱是相互平行排列的，而经纱则由两个系统的纱线（绞经和地经）相互扭绞，即制织时，地经纱的位置不动，而绞经纱有时在地经纱右方、有时在地经纱左方与纬纱进行交织，纱孔就是由于绞经作左右绞转，并在其绞转处的纬纱之间有较大的空隙而形成的。

纱组织或罗组织可和各种基本组织联合，形成各种花式纱罗组织。

第三节　机织物的生产

一、概述

机织物品种繁多。服装用织物有棉织、色织、丝织、毛织、麻织等。非服装用织物则有毛巾、床单、织带、麻袋、罗帐、地毯、纸、毛毯等。织物生产的工艺流程分为准备、织造、织坯整理三大段。有的还要经过染整加工，才能成为商品。

织物是在织机上由经纱和纬纱按照一定次序交织形成的。经纱绕在织轴上，织轴则安放在织机的后下方。经纱由织轴引出，向上绕过后梁，折向前方，穿过开口机构（综丝上的综眼）和打纬机构（筘），在前方交织成织物。经纱与织物的交界处叫做织口。织口前方的织物卷在卷布轴上（见图 6 - 58）。当开口机构动作时，整片经纱按一定规律分成上下两片（叫做开口），接着在两片经纱之间用梭子（见图 6 - 59）投入纬纱，并由打纬机构打紧定位。上下两片经纱各以全部或一部按预定规律互换位置，形成新的开口，再引入新的纬纱，并打紧定位。开口、引纬和打纬周而复始，织好的织物由卷布轴逐步卷取，经纱则由织轴逐步送出。

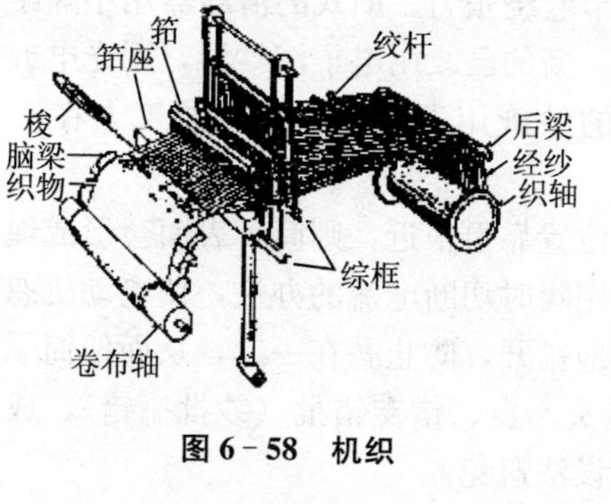

图 6 - 58　机织

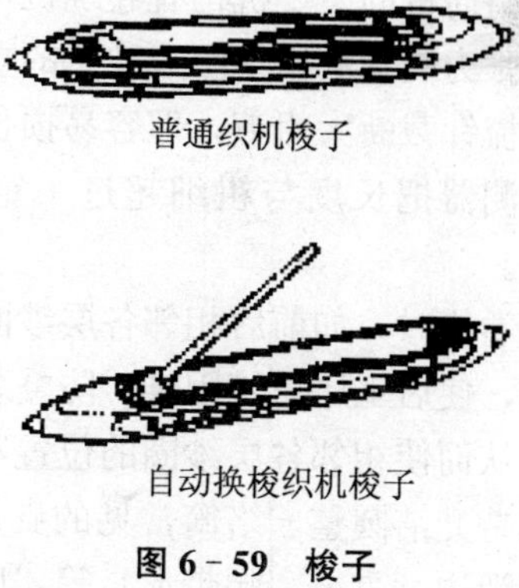

图 6 - 59　梭子

经纱和纬纱有不同的要求。经纱在织造中要多次开口，受到反复拉伸，所以要求比纬纱更为光洁和耐磨，且有更大的强度和弹性，因此经纱要有较高的捻度。纬纱为了避免在织造过程中形成扭结，其捻度不能太高。

二、机织准备

（一）准备工艺过程

生产机织物，首先要根据织物的特征、用途、原纱的来源及卷装形式等选择工艺流程。棉织物、毛织物、丝织物、麻织物等各类织物，虽织造原理基本上是一样的，但它们的工艺流程各有不同，以本色棉织物为例，原纱不一样，工艺流程也不完全相同。现分列如图 6－60 所示。络筒、整经、穿经是经纱准备的必经过程，络筒和卷纬是纬纱准备的必经过程。此外，有的经纱要上浆，有的经、纬纱要经过热湿处理，包括给湿、浸渍、蒸纱、定型等。需用股线时，还要经并线、捻线。如要求纱线特别光洁，还要经过烧毛。

（二）络筒

络筒是把纺部提供的管纱在络筒机上绕成圆柱形或宝塔形的筒子纱，同时消除较大纱疵。筒子要求成形良好，卷绕密度和张力均匀，以便于高速退绕，纱线接头要求小而牢固。现代络筒机多采用交叉卷绕形式，即卷绕的纱圈对筒子轴线的倾斜角度较大，纱线一层压上一层，筒子两头纱圈不易脱落。可以绕成无边筒子，便于轴向退绕（退绕时筒子无须回转）。圆柱形筒子的卷绕密度一致，可用于染色和并线，但不适应高速轴向退绕。宝塔形筒子适于高速轴向退绕，适用于高速整经和无梭织机的供纬。络丝的卷装分为有边筒子或篾子。有边筒子用于并丝、捻丝，篾子用于整经和卷纬。黄麻筒子的直径可达 25cm。

络筒机的主要机构有卷绕机构、张力及清纱装置、断头自停装置、防叠装置等。张力装置利用垫圈或弹子的重量调节卷绕张力。旧式的清纱器用小隔距清纱板或梳针截断大粗节，但容易损伤纱线。新的已改用电子清纱器，用光电或电容式检测器把长度与粗细超过一定限度的纱疵用刀片切断，以便工人在接头时除去。

卷绕时，如前后相邻各层纱圈叠绕位置靠得很近，则筒子表面会形成绳索状卷绕，使后工序退绕困难。防叠装置是用瞬时切断电流的办法，使电动机忽停忽开，从而使相邻各层纱圈的位置不规则地错开，防止叠在一起，从而使筒子纱表面保持光洁圆整。络筒常见的疵点有接头不良、错支错批（纱批搞错）、成形不良（滑边、重叠、腰带形）等，应尽量设法避免。

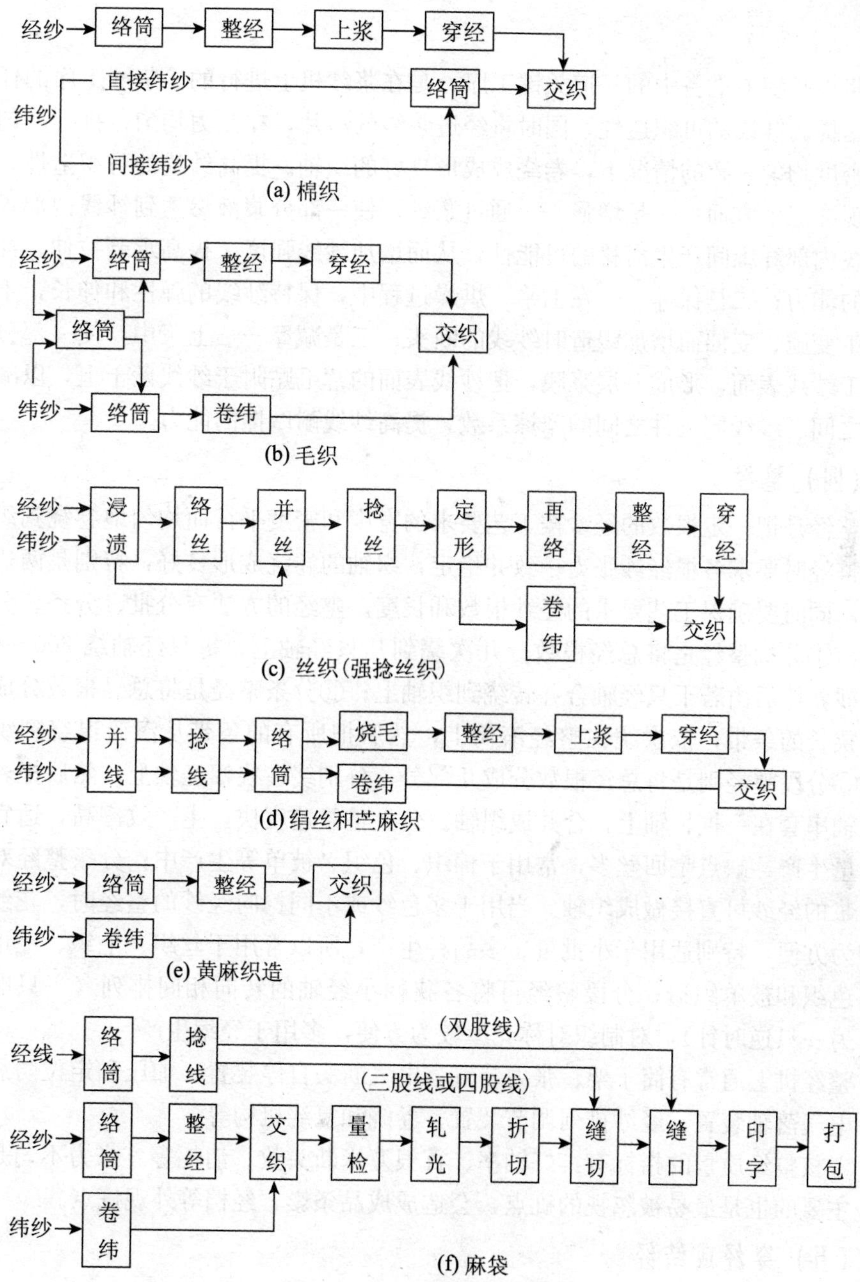
经纱
络筒
整经
上浆
穿经
纬纱
直接纬纱
间接纬纱
络筒
交织
(a) 棉织
经纱
络筒
整经
穿经
络筒
纬纱
络筒
卷纬
交织
(b) 毛织
经纱
纬纱
浸渍
络丝
并丝
捻丝
定形
再络
整经
穿经
卷纬
交织
(c) 丝织(强捻丝织)
经纱
纬纱
并线
捻线
络筒
烧毛
整经
上浆
穿经
卷纬
交织
(d) 绢丝和苎麻织
经纱
络筒
整经
交织
纬纱
卷纬
(e) 黄麻织造
(双股线)
经线
络筒
捻线
(三股线或四股线)
经纱
络筒
整经
交织
量检
轧光
折切
缝切
缝口
印字
打包
纬纱
卷纬
(f) 麻袋

图 6-60 机织准备过程

（三）浆纱

浆纱是织前准备中的一道关键工序，是在浆纱机上进行的。浆纱工序的任务主要是提高纱线的可织造性，同时将经过浆纱的纱片，在张力均匀、排列均匀和卷绕密度均匀一致的情况下，卷绕成成形良好的织轴。提高纱线的可织造性，主要表现在三个方面：一是增强——通过浆纱，使一部分浆液渗透到纱线内部，减小纱线内部纤维间产生滑移的可能性，从而增加纱线强度，提高承受拉伸、冲击负荷的能力；二是保伸——在上浆、烘燥过程中，保持纱线的弹性和伸长，不致因发生变脆、变僵而增加织造时纱线的断头；三是减摩——上浆中，使一部分浆液覆于纱线表面，形成一层浆膜，把纱线表面的茸毛贴附于纱线条干上，以减小纱线之间、纱线同机件之间的摩擦系数，提高纱线耐摩擦的能力。

（四）整经

整经是把一定根数的经纱按工艺要求的宽度和密度平行而均匀地卷绕到织轴上。整经时要求各根经纱张力一致并稳定，织轴的卷绕成形良好，特别是两边要平伏，同时要确保工艺要求的经纱根数和长度。整经的方法有分批、分条、分段三种：①分批整经是将总经根数分几次绕到几只经轴上，每只经轴绕200～600根经纱，然后由若干只经轴合并转绕到织轴上；②分条整经是将总经根数分成若干个狭长的条带，依次绕在整经滚筒上，然后把所有的条带从滚筒退绕到织轴上；③分段整经则是将总经根数分成几部分，分别绕在狭幅经轴上，然后把若干个经轴串套在一根长轴上，合并成织轴。分批整经速度快，生产效率高，适宜于大批量生产，缺点是回丝多，常用于棉织、色织、被单等生产中；分条整经对不需上浆的经纱可直接做成织轴。当用于多色纱或不同捻向经纱的整经时，花纹排列较为方便，特别适用于小批量、多品种生产，所以常用于丝织、毛织、毛巾织造、色织和被单织造；分段整经可将各狭幅小经轴的转向相间排列（一只顺时针，另一只逆时针），对制织对称花型较为方便，多用于经编生产。

整经机上通常有筒子架、张力装置、电气断头自停装置、加压和定位防震装置、电气落轴装置、经纱排列调节装置、卷绕和复绕机构等。

考核整经质量的指标有：好轴率、百根万米断头数、消耗等。张力不匀是整经最主要的也是最易被忽视的疵点，会造成成品条影、经档等外观疵点。

（五）穿经或结经

这是经纱织前准备的最后一道工序。这道工序的任务是根据所设计织物的要求，将织轴上引出的纱线，按一定的规律，逐根穿过停经片、综丝眼和钢筘筘齿，以便织造时开成梭口，纳入纬纱，织成有一定幅度和经密的织物。传统的穿经方法是用手工方法并借助于半自动机械完成的。当生产的品种批量较大时，可采用自动结经机，将新、旧织轴上的经纱自动地逐根接续、完成穿经工作。

（六）卷纬

卷纬是将筒子纱卷绕成卷装尺寸适合梭子的纬纱。纬纱卷装有用木制纡管、截头圆锥形半空心纡管和不用纡管而全由纱线绕成的实心纡子等形式。空心纡子多用于粗梳毛纱、黄麻纱和造纸毛毯的织造；实心纡子则广泛用于各种织造。卷装的形式必须适应梭子容量，尽量增加卷绕密度，又要易于退绕，且不易脱圈。卷纬机的主要机构有卷绕机构、自动插管机构等。

卷纬时容易产生的疵点有成形不良、双纱、接头不良、错支错批、油污等。有时纬纱直接由细纱机绕成，叫做直接纬纱。如采用无梭织机就不需卷纬。

此外，上浆是棉型织造（包括苎麻、绢丝和化纤织造）中经纱准备的必经过程。所用的浆料含有粘着剂、柔软剂、减摩剂、吸湿剂、防腐剂、渗透剂、防静电剂等。浆纱机包括经纱退绕机构、浆缸、烘房（有接触式和热风式两种）、分绞杆、伸缩筘、测长打印装置、卷取机构、测湿仪表等。控制浆纱质量的指标有：好轴率、上浆率、浆纱回潮率、浆纱伸长率、浆纱增强率、减伸率、回丝消耗率等。

浸渍又叫泡丝，是天然丝织造的必经准备过程，是将丝浸泡在油脂、肥皂、甘油制成的乳化液中，使丝质变软而润滑。

定型是使捻度稳定，并消除纱线中纤维的“疲劳”（不稳定的内部结构）。棉纱用着水（纱管浸水）方法，毛纱用汽蒸方法，丝和化学纤维用热定型方法。

三、织造

经纱和纬纱在织机上交织成具有预定组织、密度和宽度的织物的过程称为织造。织机上有开口、引纬、打纬、卷取和送经等主要机构以及自动补纬、断头自停、轧梭防护等装置。按照补纬形式的不同，织机可分为人工补纬的普通织机和自动换梭或自动换纡的自动织机；按照梭箱数目的不同，织机分为单色纬纱的单梭箱织机和多色纬纱的多梭箱织机；按照开口形式不同，织机分为织简单织物的踏盘式织机，织中型花纹的多臂织机和织大型花纹的提花织机；按引纬形式的不同，织机分为有梭织机、剑杆织机、片梭织机、喷射（喷气和喷水）织机等；还有织特殊织物的三向织机和正在研究中的多梭口织机等。大提花织机多用于丝、毛等高档品的织造，喷水织机只适用于不忌水的合成长丝织造。其余各型织机对棉、丝、毛、麻、化纤等都适用，只是具体规格参数互有差别而已。

（一）开口

1. 经纱

经纱在织机后梁和织口之间按一定规律穿过综丝上的综眼。在织简单织物时，若干根综丝编成一片综框，作统一的上下运动。在织大花纹织物时，每根经纱有自己单独的运动规律，开口就不用综框，综丝单独升降，由纹板控制其运动，叫做提花。

织机主轴一回转完成一次开口。在上下交换运动中，两片经纱重合时的位置叫做综平，是开口的起点。由综平到满开口，经纱由松弛转向紧张，然后综平经纱静止片刻，上下层经纱再互相交换（有时只交换其中一小部分）。开口时，一部分经纱处在松弛位置，另一部分经纱往上提升的叫上开口；往下压降的叫下开口。经纱分成两半，各向上下分开的叫全开口。

开口机构有踏盘式、多臂式和提花式三种。

2. 引纬

引纬有下列几种形式：

(1) 有纡梭子引纬（有梭织机）。

(2) 无纡梭子引纬。

(3) 剑杆引纬（剑杆织机），即用剑杆从固定筒子上引出定长的纬纱送入织口，或用左右2根剑杆，一送一接递送纬纱。剑杆有刚性和挠性两种。

(4) 用接力喷嘴吹射气流引纬（喷气织机），或用喷射水流引纬（喷水织机），将定长纬纱送入织口。

最常用的引纬方式是有纡梭子引纬。投梭运动包括击梭、梭子飞行、制梭三个阶段。梭子一方面沿筘和走梭板作直线运功，又要随同筘座作前后摆动。在筘座上有走梭板，它和筘一起作为梭子飞行的轨道。筘座两头各有一个梭箱，梭箱内的皮结在打梭机构带动下在梭箱内灵活进退移动以打击梭子。在梭箱上方拉动皮结打击梭子的叫上投梭；在梭箱下方设打梭棒，在其底部另有杠杆机构发动打梭的叫下投梭，多用于狭幅轻型织机；拉动机构设在打梭棒腰部的叫中投梭，多用于阔幅织机。毛织机多为中投梭，棉织机多为下投梭，黄麻织机则为上投梭。

3. 打纬

送入织口的纬纱必须由外力打紧定位，叫做打纬。打纬有两种方法：

(1) 用筘打纬。

(2) 用压纬轮或固装在梭子上的压纬盘推紧定位。

筘打纬通常采用四连杆机构。曲拐至筘座的连杆叫牵手。毛巾织机采用特殊的打纬机构即活动筘，不是每纬都打紧定位，而是先将2～3根纬纱只打到离织口一定距离处，接着下一纬一齐将3～4根纬纱打紧定位。由于经纱中有一部分是用于起毛圈的低张力经纱，它们将随着纬纱沿高张力经纱往前滑走而形成毛圈。这一动作是由活动筘来完成的，即前2～3次打纬动程小一些，最后一纬打纬动程大些。

4. 卷取与送经

将织成的织物随时引离工作区域并卷绕到卷布轴上，叫做卷取。此时必须相应地补充经纱进入工作区域，并且维持一定的张力，叫做送经。由于交织时经纱略有屈曲，所以送经长度应略大于卷取长度。

纬纱在织物中的排列方法有两种：一种是纬纱均匀分配，即相邻两根纬纱轴心间的距离保持一定，适用于纬纱均匀的织造，如棉织、精梳毛织和人造丝织造等；另一种是纬纱均匀打入，即相邻两根纬纱间的间隙保持不变，适用于纬纱粗细不匀的织造，如粗梳毛织和天然丝织造等。

纬纱均匀分配时采用积极式卷取机构，即每打一纬卷取机构卷过固定的长度，此长度可用变换齿轮（纬密齿轮和标准齿轮）来调节。纬纱均匀打入时则采用消极式卷取机构，不打纬时，织物受经纱拉紧，张力大于卷取机构的卷取力，不能进行卷取；打纬时，织物张力发生短时间松弛，卷取机构乘机进行卷取，卷取量随纬纱粗细而变，即打入较粗纬纱时，卷取量略大，反之则略小。

送经有三种方法：织轴送经，织轴及有边筒子送经，筒子送经。

织轴送经是最常用的送经方法。按织物品种不同，可用一根或几根织轴。其机构有三种：①消极式送经，靠经纱张力拉动织轴退绕送经；②积极式送经，用齿轮积极传动织轴，使每纬送出一定长度的经纱；③调节式送经，有一个与经纱张力相联系的机构来控制每纬送经量，一般采用活动后梁承受经纱张力，当张力变化时后梁位置也发生变化，从而使控制织轴回转的机构发生变化，改变送经长度。筒子送经只适用于总经根数少的，如织带等，可免去整经工序。

织机上还有纬纱调换装置（升降梭箱、回转梭箱）以适应采用多色交替的纬纱，纬纱连续补给装置（自动换梭、自动换纡、车头卷纬）用以提高织机效率，保护装置（缺纬自停、稀弄防止、断经自停、活筘式和定筘式护经等）用以减少疵品。

四、坯织整理

织机上织成的织物，通常按规定长度开剪落下，就成织坯。织坯经过检验定等直到成包，叫做织坯整理。

织坯按原料和加工工艺分类具有不同的名称：棉型和麻型的叫坯布，丝型的叫坯绸，毛型的叫呢坯，毛毯叫毯坯，起绒织物叫绒坯，毛巾类织物叫巾坯。各类织坯的整理流程如图 6－61 所示。

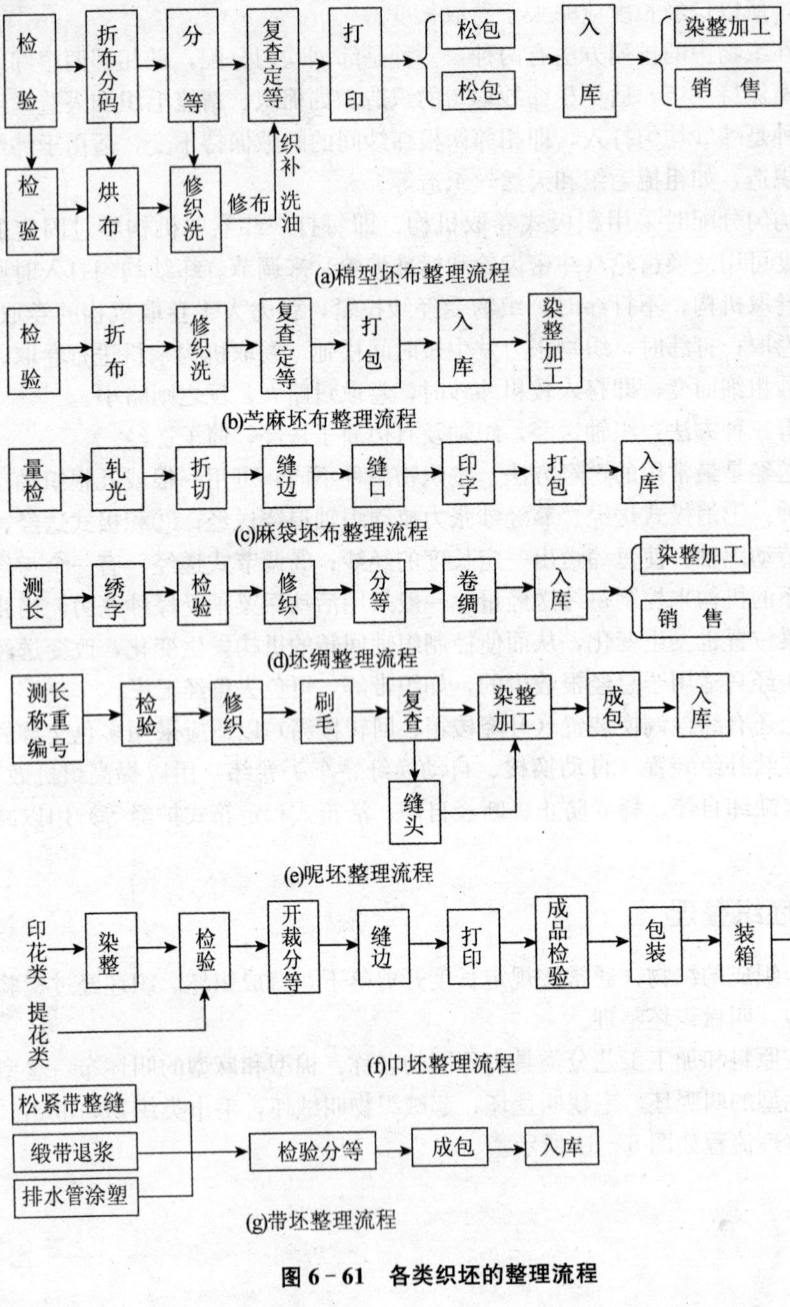

图 6-61　各类织坯的整理流程

第四节　针织物的生产

针织技术即利用织针把纱线弯成线圈，然后将线圈相互串套而成为针织物。针织物生产分纬编和经编两大类。原料除棉纱、毛纱和丝外，还可以使用化学纤维。整个生产流程分为准备、编织、染整、裁缝四大阶段。

一、形成针织物的基本方法

将纱线喂给、垫放到织针之上，弯成线圈，然后使线圈串套，最后将针织物引出或卷绕起来，所以给纱、成圈和引出是针织物形成的三大运动。纱线由给纱装置积极送出或由纱线张力拉出；针织物由引出装置借外力、重力甚至针织物本身的重量来完成引出动作；成圈过程则由织针、沉降片、压片等来完成。

图 6－62 显示了成圈的主要过程。织针上已套有旧线圈，垫放在针杆上的新纱线由沉降片弯成线圈，然后由针带着新线圈穿过旧线圈（此时针钩由压片压下，以免钩入旧线圈），再使旧线圈从针上脱下套到新线圈上，这样就形成一个横列。如此反复进行即可形成针织物。成圈的条件如下：一是针上必须有旧线圈；二是要往针上垫纱；三是线圈与针以及线圈与线圈之间有相对运动。

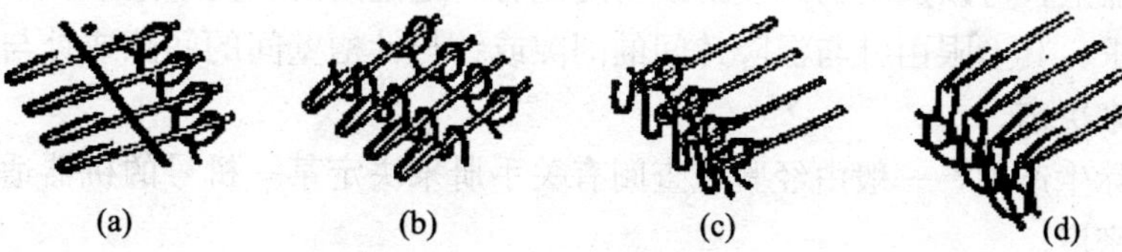
(a)　(b)　(c)　(d)

图 6－62　成圈过程

成圈机件通常有织针、沉降片、压片或导纱器（导纱针）等。织针是针织的主要器材，有钩针、舌针、复合针等几种（见图 6－63）。钩针如图 6－63（a）所示，用于针织法成圈，一端磨尖并弯成钩状，另一端为针踵 5，针踵使针固定在针座上，或在别的机件带动下使针上下运动。针头 2 和针钩 3 其作用为握住新线圈，使其穿过旧线圈。针杆 1 与针尖 6 相对处有槽形沟 4，可使针尖压入其中以封闭针口。舌针用于编结法成圈，如图 6－63（b）所示，在针杆 1 上方的针钩 2 附近装有针舌 3，挂在小轴 4 上。当受线圈作用时，针舌可以上翻转向针尖而把针口封闭，具有凸轮作用的三角推动针踵 5 使针升降。复合针由针身 1 和针芯 2 两部分组成，如图 6－63（c）所示。在成圈过程中，针芯沿针身移动而开闭针口。复合针分管针和槽针两部分。管针的针钩装在针管上，管内有一滑条，滑条向上运动时，其上端尖部会伸出管口将针口封闭。槽针的针杆呈槽形，上有针钩，槽内有滑片，下带针踵，上有尖部，滑片上移时可以封闭针口。这两种针可以减小线圈与针的相对运动。但因管针制造困难，应用较少。导纱器引导纱线，使纱线垫放在针上，供成圈用。沉降片排列在针与针之间，用以将新垫在针上的纱弯成线圈，并帮助旧线圈与针产生相对运动。压片用于压迫钩针的针钩，使其嵌入沟内而封闭针口。

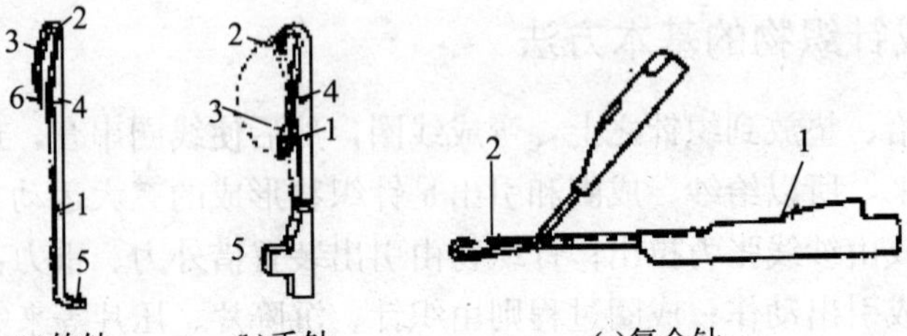

图 6-63　各种织针

针织机均以机号来表明针的粗细和针距的大小，因此针织机的机号在一定程度上确定了其加工纱线的线密度的范围。机号常用针床上 25.4mm（1 英寸）长度内所具有的针数来表示，即机号越大，针床上规定长度内的针数越多。在一定机号的机器上，可以加工的纱线的线密度是有一定范围的。其下限取决于针织物的品质要求，其上限由针与沉降片间的间隙或针与针槽壁间的间隙或针与导纱针间的间隙来决定。

在实际生产中，一般由经验或查阅有关手册来决定某一机号的机器适于加工纱线的线密度。

二、针织准备

针织原料的准备与机织相比简单得多。

（一）纬编准备

一些从纱厂进来的筒装原料，如棉纱、低弹丝等不用纬编准备可直接上机生产。而对一些绞纱和卷装不适合针织生产的纱线，则需络纱工序。纬编用的筒子要求容量大，能高速退绕，保持张力均匀。常用的有圆柱形筒子、圆锥形筒子。前者主要用于络倒涤纶或锦纶低弹丝等化纤原料。圆锥形筒子是更为广泛应用的卷装形式，其容纱量大，退绕时张力小，生产率较高。它可分为等厚度圆锥形筒子、球面形筒子和三截头圆锥形筒子如图 6-64（a）、（b）、（c）所示。三截头圆锥形筒子退绕条件好，退绕张力波动小，适用于各类长丝，如化纤长丝、真丝长丝等。

图 6-64 卷绕形式

（二）经编准备

纱线必须先绕成经轴，与整经相似，但一般不必上浆，只包括络筒、整经、穿经三个工序。整经可采用分段法或分条法。分段法生产效率高，经轴较短，搬运方便。穿经则由人工直接在经编机上机时，按照组织结构要求，将纱穿入各梳栉导纱针眼内。有时针织用纱还需经过下列过程：

(1) 上蜡：在纱线表面涂上一层蜡，使纱表面光洁。为了避免影响染色，上蜡的纱线一般事先染好色。上蜡在络筒机上进行。

(2) 给湿或汽蒸：目的是使纱线的捻度稳定，避免发生扭结。

(3) 给油：化学纤维长丝或毛纱等需加乳化油，使纱线易于弯曲成圈，并减少静电现象。

给湿、给油可在络筒机上进行，也可在编织过程中进行。对于色织产品，如果进厂纱线为白线时，需经染色后再上机编织。

三、经编针织物的形成

经编针织物广泛应用于内衣、外衣，还用于装饰用品、工农业及医疗用织物。经编机以织物从针上牵出的方向分类。拉出方向和针的运动方向成 115°角的叫特里科型经编机；拉出方向与针运动方向成 140°～160°角的叫拉舍尔型经编机。特里科型多使用钩针或槽针，一般用以织薄型织物；拉舍尔型多使用舌针或槽针，一般织厚型织物和其他多种产品。

经编机上的导纱针梳栉（见图 6-65-1）、沉降片（见图 6-65-2）、压板（见图 6-65-3）等与织针密切配合，将纱线引导到所需的位置，弯曲成圈，并与旧线圈串套。用一组或多组平行排列的经纱喂入，分别垫到各根织针上，由这些织针分别成圈。每根纱线一般每次只对一根织针垫纱成圈。全部织针同时形成的线圈构成横列，其中每一个线圈均与前一横列相应的旧线圈串套。如此反复进行，并有纱线按一定顺序对不同织针依次垫纱成圈，造成各纵行之间的联系，形成经编织物。经编成圈过程也有退圈、垫纱、带纱、封闭针口、套圈、连圈、弯纱、脱圈、成圈、牵拉十个动作。经编成圈示意图，如图 6-65 所示。

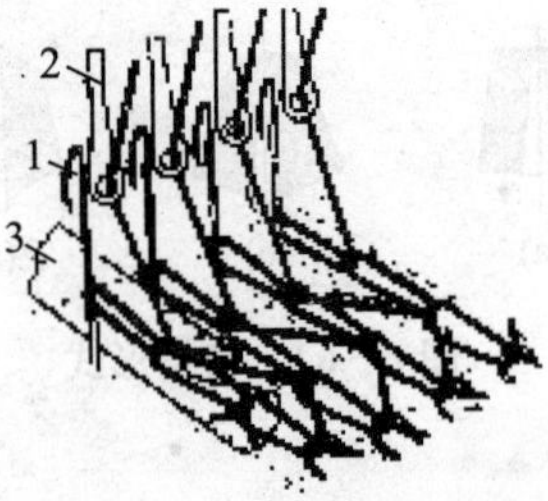

图 6-65　经编法成圈

特里科型经编机坯布引出方向与针平面的夹角约成 115°，坯布由沉降片与牵拉辊一起牵拉，使刚形成的线圈转向背面，脱离编织区。这种经编机的机号与机速一般均较高，适用于编织组织结构与花型较简单的针织物。拉舍尔型经编机的坯布单靠牵引辊牵拉，并有单针床和双针床两类，机号与机速一般均较低，适用于编织组织结构比较复杂的针织物。

经编机的织针整列固装在针床上，并随针床一起运动。导纱针装在条板上组成梳栉。经纱穿过各导纱针的导纱眼，随梳栉运动而绕垫在针上。织针与沉降片、压板配合运动，将纱线编织成线圈。

经编双梳织物是由两组经纱织成的，两组经纱的运动由两把梳栉分别完成。双梳织物的线圈稳定，不易脱散，重量增加，透气性减小。如用色线并采用不同的垫纱运动，可以获得纵向条纹或菱形等花式效应。三、四梳织物每一线圈由三、四根经纱构成，不透明性强、单重大，多用于衬衫、上衣和手套等。如经编织物两相邻纵行之间不连接，可以产生网眼效应，织造网眼织物。网眼大小决定于不连接的纵行的横列数。有衬垫纱线（通常比较粗）绕在线圈基部的经编织物叫做压纱织物。这种织物很厚实，适于作外衣。在使用两把梳栉编织时，如其中一般周期性地不作针前垫纱（叫做缺垫），而再次同时垫纱时不缺垫，如此反复交替，则织成的织物有水平褶皱，表现出突起效果，这种织物叫褶皱织物。如穿入不同色纱，可使织物具有立体感的褶皱。有些线圈不是每横列都脱圈，而是几个横列才脱下，形成拉长的线圈，叫缺压织物。外观有色彩、凹凸、孔眼等效应，可以用于服装或装饰用布。

四、纬编针织物的形成

纬编针织机有圆型和平型之分。

纬编针织物在纬编机上织造。纬编机结构比较简单，机器效率高，所以纬编机在针织机中占有很大的比例。主要的纬编针织机有台车、多三角机、罗纹机、棉毛机和提花圆机等。

纬编针织物品种多，既有针织坯布，又有符合人体各部位需要的成形产品。

既可织成平针、罗纹、双罗纹、双反面组织，还可以形成集圈、添纱衬垫、毛圈、长毛绒、菠萝、纱罗、波纹、提花、复合等各种组织。非全成形产品在织造后，还须经过染整、裁剪、缝制整烫成汗衫、背心、棉毛衫裤、绒衫裤、睡衣裤、外衣裤等产品。全成形产品有手套、袜子、羊毛衫裤等，织造后只需整烫或稍加缝制即为成品。

（一）单面纬编针织物的形成

单面纬编针织物如汗布等在单针床纬编机上织成，有针织法和编结法两种成圈方法。成圈过程分为十个步骤：退圈、垫纱、弯纱、带纱、闭口、套圈、连结、脱圈、成圈、牵拉。按此顺序进行的为针织法，若弯纱动作与脱圈和成圈动作同时进行，则叫编结法。

（1）退圈：由沉降片将旧线圈压移到针钩下方的针杆上。

（2）垫纱：由钩针对导纱器喂入的纱线的相对运动和垫纱机件的作用，使纱线垫放到针钩尖部和旧线圈之间的针杆上。

（3）弯纱：由弯纱沉降片将新垫放的纱线弯曲成一定大小的未封闭线圈。

（4）带纱：将上述未封闭线圈带到针钩针头处。

（5）闭口：由压板将钩尖压入针杆上的槽内，使新形成的未封闭线圈与旧线圈隔开。

（6）套圈：由专门沉降片将旧线圈上抬，使其套到被压住的针钩上。

（7）连圈：使旧线圈与新线圈接触。

（8）脱圈：旧线圈从针头上脱下，落到未封闭的新线圈上，使其封闭。

（9）成圈：使已经封闭的新线圈的大小达到要求。

（10）牵拉：专门沉降片和坯布牵引力配合，将从针头脱下的旧线圈推到针后。

编结法是在舌针机上进行的，成圈时纱线弯曲形成线圈的过程是同纱线被织针拉过旧线圈一起进行的，因此没有将纱线预先弯曲成未封闭线圈的阶段。

（二）双面纬编针织物的形成

以双面纬编针织物组织中最基本的罗纹组织的成形为例。最基本的1+1罗纹组织结构是由一个正面线圈纵行和一个反面线圈纵行相间配置组成，如图6-66所示。图6-66中（a）是自由状态时的结构，（b）是横向拉伸时的结构，（c）是在机上时的线圈配置图。在编织时，由两种针分别排在两个针床（或针筒）上。一般两个针床上的配置应成一定的角度，使两个针床上的针在脱圈时的方向正好相反。这样可由一个针床上的针形成正面线圈，而另一个针床上的针形成反面线圈。如图6-67所示，两针床呈90°角度配置。

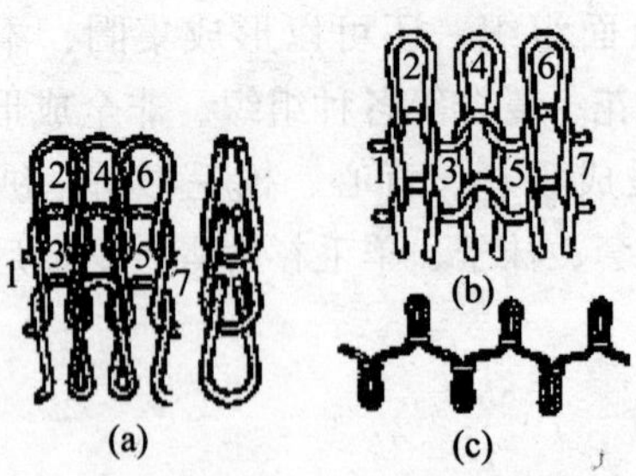

图 6－66　1＋1 罗纹组织

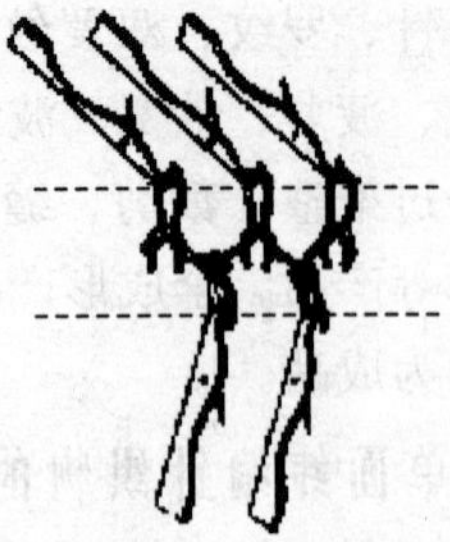

图 6－67　罗纹编织

（三）给纱

消极式给纱是利用成圈系统本身将纱从筒子上拉出，需要有张力装置使张力稳定。平机用往复导纱器垫纱。当导线器沿着远离筒子的方向垫纱时，纱线张力较大，而向相反方向垫纱时纱线张力较小，所以要有张力补偿器。积极式给纱则由专门机构定时定量供给纱线，可使成圈均匀，这在圆机上多已采用。

（四）织物引出

引出方式有重锤式和牵拉式两种。前者利用重锤重力将织物引出，后者利用卷取机构将织物引出。

五、成形针织品的编织

由经编或纬编工艺，用纱线织成所需外形的成形衣服、衣片或成形坯件，是针织生产独有的工艺，广泛应用于生产袜子、羊毛衫、外衣、手套、帽子、裙子、连袜裤、三角裤、人造血管、包装袋等，可以减省裁剪和缝纫工作，节约原材料消耗，改善产品质量，提高劳动生产率。素色产品先成形，后染色；花式产品则先染色，后编织。

成形针织品有全成形和部分成形两类。全成形一般不再裁剪即可成衣，部分成形必须经部分裁剪加工（如开领口、挖袖孔等）才能成衣。

成形针织工艺的特点是：①增减编织针数（即放针或收针），改变针织物的宽度和横向尺寸，以获得所需的外形（横机编织中常用）；②不增减针数，但改变线圈长度，通过不同线圈密度来改变横向尺寸；③改变组织结构，使各部段具有不同的横向尺寸，以获得所需外形。这几种方法通常都结合使用。

六、针织成衣

针织成衣是将针织物缝制成服装的工艺过程，它有成形缝制和裁剪缝制两类工艺。前者利用成形编织工艺织成衣坯，然后经过染整、缝合、整烫成衣。后者要将经过染整的针织坯布裁剪成衣坯，再缝合、整烫成衣，其流程如下。

（一）选材

选材时要注意针织坯布具有强延伸性，断线会脱散，编织有方向性等特点，套裁时还须注意颜色花纹的差异。

（二）设计

对伸缩性大的稀疏材料要避免剪接线或褶。纵向伸缩大的材料下垂时宽度会变窄，衣长要考虑其伸长量。横向伸缩大的材料要减少横向尺寸，而长度则要加长。设计内衣时，样板宽度应与坯布门幅一致，或成整数倍，以节省用布。

（三）裁剪

有多层和单层两种裁法。单层法用于成品外形复杂或花纹较大而在衣片上需要配置的情况。多层裁法的坯布要叠成 40～80 层，适用于品种专业化的生产。铺层时应避免线圈歪斜。工具有裁剪机、电剪、切刀、长刀等。

（四）缝纫

缝迹必须具备与坯布相应的拉伸性和强力，防止缝制品边缘线圈脱散或松开。缝迹有包缝、穿梭缝、平缝和链缝四种。

(1) 包缝：用于边缘、下边、袖边等部位。

(2) 穿梭缝：用于缝合不易受拉伸的部位。

(3) 平缝：适用于开领、上袖边、翻缝、滚缝等部位。

(4) 链缝：用于缝制厚绒织物的边缘。

（五）整烫

包含烫衣、质检、包装三个工序。

七、特殊（新型）针织物的生产

（一）多轴向衬经衬纬经编针织物

多轴向衬经衬纬经编针织物主要由德国两家公司制造。拉舍尔型经编机 RS2DS 上生产的多轴向衬经衬纬经编针织物能广泛地用于各个领域。多轴向衬经衬纬经编针织物中的承载纱线系统由衬纬纱、衬经纱、双向斜交纱线以及将各种系统的纱线相互连接起来的编织纱线组成。

该类产品特点是：①在各个方向具有很高的拉伸强度；②衬入纱线的角度配置可以任意变化；③四个系统中的各种纱线都是直接地衬入，能充分利用所有纱线的强力；④各系统纱线不需要相互穿入，因此没有线迹；⑤各纱线系统能选用不同类型和支数的纱线，玻璃纤维、碳纤维、聚酯等纤维均可使用；⑥可选用不同的配置来实现 2～4 种承载纱线系统，如用一对斜交纱线配置（两根纱线），用斜交纱线和一种衬纬纱配置（三根纱线），用斜交纱线、纬纱和经纱配置（四根纱线）。

织物的密度变化范围也很广，既可是厚密织物，也可是有孔织物，都不会使织物尺寸稳定性受到影响。经编多轴向织物作为技术纺织品的用途归纳于表6-2中。

表6-2　经编多轴向织物作为技术纺织品的用途

应用领域	产品类别
工业用	摩擦片和管道
结构用	发动机材料，塑料复合材料的支撑（负荷）材料，涂层、层压的基材，汽车、船、航空和航天器的结构材料
复合材料	多层复合、纤维加强型复合材料
建筑材料	混凝土加强材料
交通工具用	柔性传输容器，轿车用复合材料，船体用复合材料，航天器和火箭用复合材料
航海用	船体复合材料基材
防护用	头盔
医用	矫形产品：人造腿、臂等
运动、休闲类	运动器材：滑冰板、滑雪板、冲浪板和运动船等

经编多轴向织物为基布的复合材料经树脂固化处理后，适于制造汽车车身及轮船船体。由碳纤维、玻璃纤维的经编多轴向复合材料在国际上已成功地在航空器制造领域代替金属结构材料。我国对经编复合材料在航空航天方面的应用研究也在进行。

以带有网孔的双轴向经编涤纶织物作为基布，经PVC涂层或PVC层压和聚氟乙烯薄膜贴膜等后处理的篷盖布屋顶材料、遮阳材料，还可以用作船用织物（盖布、顶棚、遮蔽挡布、船帆等）。双轴向经编织物可用于制造高性能的运输带骨架，荷兰鹿特丹港世界上最长的运输带就是采用9000dtex芳纶编织的双轴向经编织物为骨架材料的典型一例。

衬纬经编织物即在经编组织中横向夹入纬纱，形成了介于机织物与针织物之间的织物。如夹入拉伸性小的纬纱，织物尺寸就稳定；如加入弹性大的纬纱，可制成双向拉伸的弹力织物，也可将织物反面露出的部分纱线进行拉绒制成绒布。衬纬经编织物适用于制内衣、外衣、窗帘、花边等，也可以在表面涂敷热熔黏合胶层，作为针织黏合衬用于高档服装的衬里。

（二）三维成形编织

三维成形编织技术是将一个具有一定型状的三维立体织物一次编织出来，不需缝合，经简单处理后即可使用。该织物具有织物连续、受力均匀、加工容易等特点，正越来越受到重视。针织三维成形编织主要使用具有电脑单针选针及其电脑辅助编织装置的横机生产，如日本公司的SES系列电脑横机和德国公司的CMS系列电脑横机以及与它们配套的花型准备系统。

通过适当的设计，可生产出不同形状的产品，如汽车座椅套，工业用机械部件。采用玻璃纤维等高性能纤维编织雷达罩和整流罩，充气橡皮艇的艇身，气垫船船底的柔性围裙等，这些产品经涂层等处理后，形成“软”复合织物。

（三）经编—纬编交编织物

这是由纬编线圈与经编线圈结合形成线圈的针织物。织物中线圈重叠，组织致密，不易脱散，尺寸稳定性好，质地柔软，手感比经编织物好，拉伸强度与形态稳定性比单面平针织物要好。用这种方法可以生产各种类型的坯布，包括具有机织物风格的条纹与格纹织物，可做外衣。

（四）针织—机织物

由线圈串套的针织组织和经纬交织结合起来的织物叫编织物，可制作外衣、睡衣、床用织物、绷带等。织编机有与普通织机相似的开口装置和打纬装置，但引纬不用投梭装置。机上有与经编机相似的垫纱引纬器及编织成圈的织针。经轴和布轴与经编机相仿，纬纱由纬纱轴或纱管供应。织编机的幅宽不受限制，也没有无梭织机的毛边问题。织物有纵向条纹，纬向有伸缩性。

（五）簇绒织物

利用缝纫原理将腈纶线或毛线穿过成排的缝纫针，针排刺过机织底布，回针时用钩针钩住底布下面的纱线形成套圈，这样就形成类似毛巾的坯布。也可将毛圈割断而成直立的毛绒坯布、地毯、服装、人造毛皮等。

（六）经编毛巾

经编毛巾是在经编基础上发展出来的单面毛巾织物、双面毛巾织物和两面结构不同的毛巾织物。特点是生产效率高，毛圈均匀，强力大，毛圈不易抽出。线圈由三根纱线组成，即地纱形成闭口编链，纬纱形成四针衬纬，毛圈纱形成毛圈。纬纱与毛圈纱的垫纱方向相反，毛圈纱显露在织物表面。

（七）缝编织物

缝编机的工艺原理是用经编线圈结构对纺织材料（纤维网、纱线层等）、非纺织材料（如泡沫塑料、塑料薄膜等）或它们的组合进行缝制形成织物，或在机织布等底基材料上加入经编结构，使其产生毛圈效应。纱层缝编机所制织物近似机织物。毛圈缝编机在稀疏的底布上用缝编方法形成毛圈，织物表面类似毛巾。

（八）经编拉舍尔毛毯与棉毯

双层拉舍尔毛毯采用双针床拉舍尔经编机生产，两针床之间的距离为 20～60mm，将双层长毛绒坯布从中间剖开形成两幅长毛绒织物后，使绒毛面向外，再将两幅毛绒织物背靠背放置，用缝纫机在四周缉缝形成中空的双层毛毯或棉毯。当使用一层经编长毛绒织物时，一面为长毛绒面并印出色彩图案花纹，另一面则通过起毛机起绒形成的绒面，即为单层经编拉舍尔毛毯与棉毯。

（九）衬经衬纬纬编织物

在纬编的基本组织上衬入不参加成圈的纬纱和经纱，就形成衬纬织物。这种织物纵横向延伸性都小，具有机织物的性能和风格，手感柔软，穿着舒适，透气性好，适用于做外衣。

（十）其他特殊的经编机织物

钩编机是一种特殊类型的经编机，它常用来编织松紧带、花边带、流苏等狭条经编针织物。采用阔幅的钩编机时，可生产编织台布、床罩、窗帘等阔幅织物。

全幅衬纬经编工艺是利用横贯织物全幅的纬纱，衬入到经编组织的线圈圈干和延展线之间，形成全幅衬纬经编织物。

管编机织物有内、外衣面料，室内装饰织物如窗帘、沙发布和床罩等。管编常称无针编织，其工作原理属经编范畴，是依靠管状导纱机件相互配合将线圈串套而形成经编针织物，其成圈过程由于不依靠传统的织针和沉降片等其他机件而显出新颖和独特的特点。

（十一）黏结和层压针织物

把针织布与泡沫层黏结在一起，构成层次分明的厚织物，叫层压针织物。两层针织物背对背熔结在一起，中间夹有不易辨认的泡沫层，叫黏结针织物。泡沫层可用聚酯或聚醚。黏结方法有火焰法和黏合剂法两种。

第五节　非织造布的生产

纤维不经纺织，直接制成片状物，此物称非织造布。它涉及最古老和最新的制布方法。利用羊毛的缩绒性，在一定湿度和温度下，将散羊毛压制成片状毛毡，那是最古老的非织造布制布法。本节将介绍新型的非织造布加工技术。非织造布工业综合利用了现代物理学、化学、力学和仿生学的有关基础理论，结合了纺织、化工、塑料、造纸、染整、皮革等工业生产技术，根据产品的使用要求，进行科学、合理的机构设计、工艺设计、加工制造出各种功能的非织造布产品。

一、概述

（一）定义

我国国家标准《纺织品 非织造布术语》（GB/T 5709—1997）对非织造布的定义为：定向或随机排列的纤维通过摩擦、抱合或黏合或者这些方法的组合而相互结合制成的片状物、纤网或絮垫，不包括纸、机织物、针织物、簇绒织物，带有缝编纱线的缝编织物以及湿法缩绒的毡制品。所用纤维可以是天然或化学纤维，可以是短纤维、长丝或当场形成的纤维状物。为了区别湿法非织造布和纸，还规定了在其纤维成分中长径比大于300的纤维占全部质量的50%以上，或长径比大于300的纤维虽只占全部质量的30%以上但其密度小于0.4g/cm^{3}的，属于非织造布，反之为纸。

简言之，非织造布是一种有别于传统纺织品和纸类的新的纤维材料，是由纤维直接构成的似布状的网状结构的纤维型产品。

（二）分类

非织造布的加工方式有多种，因此其产品品种繁多，产品分类也有多种方法。

1. 按产品用途分类

（1）医用卫生保健材料：人造血管、心脏修补材料、手术衣帽、橡皮膏底布、绷带布、口罩、床单、卫生巾、尿布等。

（2）土木工程、建筑材料：铁路或公路路基布，护堤布、分离排水用布，水坝、港口基础用布，建筑隔音材料、防热材料、防雨材料等。

（3）工业用布材料：滤气、滤汽、滤油的过滤材料，电缆布、蓄电池隔板布等各种电、热、声绝缘材料，汽车用装饰、吸音材料，以及纺织、造纸用的压辊等材料。

（4）生活与家用装饰材料：衬里、衬布、服装内外衣、保暖絮片等。

（5）农用材料：蔬菜、瓜果丰收布，防虫害布，土壤保温布，护根、育秧布，温室大棚保温布等。

（6）其他领域材料等类别。

2. 按产品使用时间分类

可分为耐用型和即弃型，即弃型是指只使用几次或使用几次后就不再使用的产品，耐用型则要求能维持较长的重复使用时间。

3. 按产品的厚度分类

一般可分为厚型非织造布和薄型非织造布。

4. 按工业生产技术分类

一般以纤维成网方式结合纤维网的固结方法来分类，如表 6－3 所示。

表 6－3　　非织造布生产工艺分类

成网方式		固结方法	
干法成网	梳理成网 气流成网	机械固结	针刺法
			缝编法
			水刺法
		化学黏合	浸渍法
			喷洒法
			泡沫法
			印花法
		热黏合	热熔法
			热轧法
聚合物挤压成网	纺丝成网	机械固结、化学黏合、热黏合	
	熔喷成网	自黏合、热黏合等	
	膜裂成网	热黏合、针刺法等	
湿法成网	圆网成网	化学黏合、热黏合、水刺法	
	斜网成网		

干法生产较为普遍，约占 55%；其次是聚合物挤压法，约占 35%；湿法及其他方法约占 10%。随着非织造布技术的不断发展，目前又出现了新的工艺交叉的组合方法，表 6－4 为近几年开发的新工艺和在线组合工艺分类，可作为表 6－3基本分类的一个补充。

表 6－4　　非织造布新工艺和组合工艺的开发

成网方式		固结方法	
干法成网或干法成网/纺丝成网		机械固结/热黏合法	
干法成网/纺丝成网	梳理/纺黏	热黏合法	热扎法等
	气流/纺黏	机械固结法	水刺法等
纺丝成网/熔喷成网	纺黏/熔喷	热黏合法	自黏合、热扎法等
湿法成网	圆网或斜网	化学黏合/机械固结	黏合剂/水刺法

非织造布的加工主要通过三大工序：纤维成网、纤网加固和整理加工。纤维成网、纤网加固的基本方法已如上两表所示，成网加固后所形成的非织造布为半成品，还需必要的整理以达到最后产品的要求。后整理的基本加工方法有干整、湿整、涂层、叠层、复合等方法，而且大都经过复合加工、模压、裁剪缝制、修饰等。

（三）非织造布的现状与技术特点

现代非织造布生产技术，最早出现在 1870 年，英国设计制造了一台针刺非织造布样机。1942 年，美国生产了几千码用黏合法制成的非织造布，开始了非织造布的工业化生产。从 20 世纪 40 年代至今，非织造布技术的发展令人注目。

非织造布正以远比纺织工业高得多的增长率向前发展，美国、西欧和日本代表着世界非织造布的主流。亚洲、南美等地区的起步较晚，但近 10 年的增长率高达 10%～15%。2002 年，世界非织造材料产量已超过 300 万吨，我国非织造材料工业 2002 年的产量已超过 47 万吨，成为亚洲产量最高、世界产量第二的非织造材料生产大国。但与发达国家相比，我国非织造材料在产品品种、质量以及总体生产水平等方面仍有很大的差距。

非织造布生产以工艺流程短、生产速度高、原料来源广、产品品种多、技术含量高为主要技术特点。

二、非织造布成网技术

纤维的成网是非织造布生产重要的工序。只有将纤维以定向或随机排列方式形成纤网，才有可能通过固结的方式将其加工成非织造布。至今，非织造布的成网方式主要是：干法成网、湿法成网和聚合物挤压成网（以纺丝成网为主）。

（一）干法成网

干法成网是非织造布生产工艺中开发最早、应用最广的最基本的成网方式。干法成网是相对湿法成网而言的，它通过纤维准备、开清、混合和梳理等工序使短纤维梳理成网或气流成网制成纤维网。

开清与混合所用的设备，在非织造布生产发展初期采用传统纺织的前纺设备。目前，非织造布开混专用设备有了长足的进展：通过具有不同规格齿牙的开松棍的专门排列和配置，尽可能地减轻对纤维的损伤；采用在线纤网重量连续控制，使向梳理系统供料均匀度达到极高的精度。这些革新，使开混设备能适应日趋高速化的非织造布生产需要和产品的高质量要求。

梳理也已形成专用化设备。梳理机出网速度为 250～300m/min；台时产量可达 250～300kg，最高达到 500～1000kg；可加工纤维细至 0.056tex（0.5 旦）；成网均匀度良好。

干法成网非织造布纤网的成形主要可分为梳理成网和气流成网两大类。

1. 机械（梳理）成网

除极少数产品将梳理机输出的薄网直接进行加固外，更多的是把梳理机输出的薄网通过一定方法铺成一定厚度的纤网，再进行加固。铺叠的方式有平行式铺叠、交叉式铺叠、组合式铺叠以及垂直式铺叠等。前三种铺网方式都是将输出的纤网进行平面的铺叠，特点是原来单层纤网中的纤维的方向在铺成的纤网中仍为二维平面型结构；在垂直式铺叠中，单层纤网中的纤维在铺成的纤网中趋于垂直，这种产品具有较好的抗压缩性以及经过反复加压后的高回弹性。

2. 气流成网

气流成网就是采用空气流输送纤维，以形成纤维呈三维杂乱排列的均匀纤网。气流成网的原理是梳理机将开松、除杂的混料分梳成单纤维状态后，在锡林离心力和外加气流的作用下，纤维从锯齿上脱落。

根据纤维从锡林上脱落的方式，可以把气流成网方式归纳为以下五种：自由飘落式、压入式、抽吸式、封闭循环式、压吸结合式等。以压吸结合式为最多，其次是封闭循环式。

（二）湿法成网

湿法成网是采用改良的造纸技术，将含有短纤维的悬浮浆制成纤网的方法。湿法成网可以使用长度在 20mm 以下难以纺纱的天然纤维、化学纤维，还可以混合一些造纸用浆粕和纤维一起成网，可以作为纤网加固的辅助黏合手段。水流状态下形成的纤网，纤维呈三维分布，杂乱排列效果好，纤网不但具有各向同性的优点，而且均匀度优于干法成网和纺丝成网。

湿法成网的过程就是将制备好的纤维悬浮浆用泵输送到成网区，水通过网帘滤除，而纤维在成网帘上形成纤网。湿法成网常用的成网方式有斜网式和圆网式，其中以斜网式应用较广泛。

（三）聚合物挤压成网

纺丝成网法（又称纺黏法）与熔喷法均属于聚合物挤压纺丝一步成网法。两者有许多类似之处，都离不开螺杆挤压机对聚合物进行熔融纺丝，它们与干法非织造布相比，可以省去纤维切断、打包、开清、混合、梳理、成网等多道工序，因此产品工艺流程短，是目前仅次于干法生产的第二大类生产方法。纺丝成网法非织造布强力高，可以单独使用，同时又具有生产流程短、效率高、大规模生产成本低等特点。

熔喷法非织造布的特点是超细纤维结构，具有极佳的过滤性、阻菌性、保暖性，但产品强力较低，在一定程度上限制了其发展速度。

1. 纺丝成网

纺丝成网的生产过程是将聚合物切片送入螺杆挤压机，经熔融、挤压，由喷丝孔喷出，长丝经气流冷却拉伸后，均匀地铺放在运行的网帘上形成长丝纤维网。然后经过热黏合、化学黏合或机械方法固结成布。

（1）熔体纺丝的工艺流程为：切片烘干→挤压熔融→纺丝→冷却拉伸→分丝铺网。

（2）溶剂纺丝成网，又称闪纺法。它是利用聚合物溶液在沸点以上从高压状态向常压空气中爆发性喷出，并在形成纤维的过程中溶剂瞬时挥发而形成超细长丝及其纤网的纺丝成网方法。

（3）溶液纺丝成网，又称湿法纺丝成网，是以纤维素树脂为原料，采用类同纤维素化纤的纺丝工艺生产，它用黏胶等树脂制成纺丝溶液再进行纺丝，然后以机械方式将长丝铺设成网。利用此方法，日本开发了藻酸非织造布，其产品应用到了医疗止血纱布中。

2. 熔喷成网

熔喷法生产过程是先将聚合物切片喂入螺杆挤出机使其熔融，加热到纺丝所需的温度，经过一特殊设计的喷头，聚合物由喷嘴的毛细孔中挤出，靠喷丝孔两侧的高速（550m/s）热空气流（340～370℃）喷吹成超细短纤维（纤维直径可控制在 5m 以下，长度一般小于 15mm），同时受喷嘴外侧冷却空气的冷却固化，以高速飞向凝网帘或滚筒收集装置，依靠聚合物本身的余热和牵伸热空气自行黏合固结成网。

与纺丝成网法相比，纤维不是连续长丝，且未经充分拉伸，故纤维的取向度较差。但熔喷法非织造布由于超细纤维的随机排列，纤维之间互相缠结并热融黏合，纤网结构蓬松，手感柔软，孔隙多，孔隙尺寸小而分布均匀，抗褶皱能力强，使产品具有特殊的结构和用途。

3. 膜裂成网

膜裂成网法实际是一种塑料成膜并使薄膜开裂成网的生产过程。它是将聚合物通过熔融、挤压、成膜，再通过轧花、切口或针裂使膜形成压痕或裂口，并经双向拉伸而形成纤维状的薄网。

4. 组合成网

上述干法成网、湿法成网和聚合物挤压成网工艺各具特点，将这些成网方法组合起来应用，就可以取长补短，从而获得一些崭新的材料，大大改善了产品性能和扩大了应用范围。目前已成功应用的在线组合成网工艺主要有纺丝成网/熔喷成网工艺、短纤维气流成网/纺丝成网工艺、梳理成网/纺丝成网工艺、闪纺成网/短纤网组合工艺等。

三、非织造布固结技术

非织造布的固结指通过一定的方法使蓬松而无强度的疏松纤网形成具有一定强度和结构特征的纤维材料。固结的主要方法是机械固结法、化学黏合法和热黏合法三大类。机械固结法又通常包括针刺固结法、缝编固结法和水刺固结法。

（一）针刺固结法

针刺固结法是利用刺针对纤维网进行反复穿刺来实现的。加固纤维的刺针一般有两类，一类是棱边上带有钩刺的直型刺针，另一类是针叶尖端带叉的叉型针。当截面为三角形（或其他形状）、棱边上带有钩刺的直型刺针刺入纤网时，如图6-68（a）所示，刺针上的倒向钩刺就带动纤网内的部分纤维向网内运动，使网内纤维相互缠结，同时，由于摩擦作用纤网受到压缩。当刺入一定深度后，刺针回升，此时因钩刺是顺向，纤维脱离钩刺以近乎垂直状态留在纤网内，形成了垂直的纤维簇，如图6-68（b）所示，这些纤维簇像一个个“销钉”贯穿于纤网的上下，产生较大的抱合力，与水平纤维缠结，使已压缩的纤网不再恢复原状，这就制成了具有一定厚度、一定物理力学性质、结构紧密的针刺非织造布。当制成的产品受到拉伸时，可有效地克服纤维在拉伸应力作用下产生的相互滑脱现象。

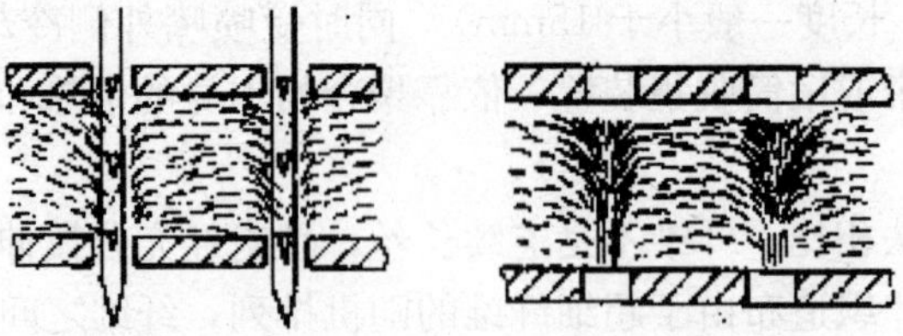

(a) (b)

图6-68 针刺原理

针刺过程中最主要的工艺参数为针刺深度和针刺密度，针刺密度又与针刺频率和植针密度直接相关。根据产品的要求，优化选择上述参数，对保证产品质量及其使用性能非常重要。

（二）缝编固结法

缝编就是对纤网用针进行穿刺，然后用经编线圈对纤网进行编织，形成一种稳定的线圈结构。就缝编技术的编织方式和采用的缝编纱线而言，将它视为传统纺织的生产方法更合适，但它作为一种固结方法，用来固结纤网，也可以被认为是一种非织造布的固结技术。

缝编法按工艺类型可分为纤网型、毛圈型和纱线型三大类。其相应的代表性缝编工艺是马利瓦特、马利莫和马利波尔。用于非织造布固结的主要是马利瓦特工艺。缝编过程就是利用外加纱线或化纤长丝对纤网、纱线层及非纺织材料进行穿刺（无纱线缝编是织针从纤网中钩取纤维束进行编织），在织物的一面形成线圈，另一面形成沿展线，利用线圈沿展线将纤网、纱线层、非纺织材料夹在中间，形成一种加固后的稳定结构。

影响缝编非织造布质量的工艺参数主要有机号、梳栉数、针迹长度、线圈长度、纤维网体积重量、纤维长度与线密度、底布规格等。

（三）水刺固结法

水刺固结法，又称射流喷网法。水刺法固结纤网的原理与干法工艺中的针刺法较为相似，是依靠水力喷射器喷出的极细高压水流（又称水针，0.08～0.15mm）来穿刺纤网，使短纤维或长丝缠结而固结纤网。

水刺固结的主要工艺参数是纤网运行速度、水刺道数、水流的压力、喷水孔的直径、水针排列密度、金属网结构等，这些参数互相关联，影响着水刺产品的结果和质量。

（四）化学黏合法

化学黏合法是采用化学黏合剂乳液或溶液，对非织造布纤网实施浸渍、喷洒、泡沫和印花等一种或几种组合技术，再通过热处理使纤网中的黏合剂与纤维在化学作用和物理作用下固结，制得具有一定强度和规格的非织造布。也可采用化学试剂等使纤网中纤维表面部分溶解和膨润，产生黏合作用后达到纤网固结，制成非织造布。目前，化学黏合法普遍使用黏合剂黏合法。

1. 黏合剂

黏合剂常指具有良好的黏合性能，可把两个相同或不同的固体材料黏合在一起的物质，通常是由主要成分、助剂和辅料组成，包括基料、固化剂、溶剂、填料、增塑剂、稀释剂、增稠剂、偶联剂、稳定剂、防老剂、增黏剂、防霉剂、乳化剂、分散剂、引发剂、促进剂、阻燃剂和抗静电剂等。化学黏合法生产中使用最多的黏合剂为乳液和乳胶类黏合剂。黏合过程包括润湿、吸附、扩散和化学键合过程。

2. 化学黏合法

（1）浸渍黏合法。浸渍黏合法又称饱和浸渍黏合法，其基本工艺流程是：纤网由传输辊输入有黏合剂液体的浸渍槽中，浸渍后经过一对轧液辊或吸液装置去除多余的黏合剂，再通过烘燥装置使纤网与黏合剂固化而制成非织造布。

（2）喷洒黏合法。喷洒黏合法是利用气压或液压喷射原理，将黏合剂呈雾状喷洒到纤网上，黏合剂分布均匀且非饱和渗透，无须轧液和吸液过程，因此，产品具有高蓬松和多孔的特点，非常适合于作保暖、填絮用料和空气过滤材料。喷洒黏合法工艺流程是：纤网经过单面或双面喷洒后，通过干燥或焙烘使黏合剂与纤网固结，再经切边卷绕。喷洒黏合设备主要由黏合剂喷洒装置、抽吸装置和烘箱等组成。

（3）泡沫黏合法。泡沫黏合法又称泡沫浸渍法，它以泡沫状黏合剂取代液态黏合剂，是化学黏合法中较新的一种生产方法。由于泡沫状黏合剂在纤网中受压和受热后泡沫发生破裂，使形成的产品具有多孔性，从而改善产品的蓬松性和柔软性。对纤网施加泡沫黏合剂的方式主要有刮涂式和轧液式两种。

(4) 印花黏合法。印花黏合法是采用刻有凹凸花纹的辊筒或圆网辊筒，将黏合剂溶液转移到纤网上，并与另一轧辊形成压力，将黏合剂渗透到纤网内部。只适合生产纤网定量（20～60s/m^2）的薄型产品。

（五）热黏合法

热黏合过程是一个通过加热、变形、熔融、流动和固化达到成布的过程，它利用黏合材料受热熔融、流动的特性，将主体纤维交叉点相互黏连在一起，再经过冷却使熔融聚合物得以固化，从而产生出热黏合的非织造布。

热黏合原理：在热黏合生产过程中，当热熔纤维加热到一定温度和具有一定的压力时，整个大分子链相互滑移，即热熔纤维软化、熔融，发生黏性流动。在主体纤维中加入适量热熔纤维使之与主体纤维互相接触，则在纤维交叉点处形成黏合点。当热熔粉末均匀加入纤网后，纤网受热到一定温度，低熔点热熔粉末发生熔融，熔体流动至纤维交叉点形成黏合结构。但与热熔纤维相比，热熔粉末的熔体难以产生良好的点黏合作用，纤维接触处的热熔材料易成团块状黏合结构。

热黏合方式分为热风黏合法、超声波黏合法和热轧黏合法。热风黏合法采用烘箱或烘燥的方式，使纤网中的热熔纤维或热熔粉末受热熔融，熔体发生流动并凝结在纤维交叉点上，达到黏合主体纤维的目的。超声波黏合是利用高频转换器把低频电流转换成高频电流，再通过电能—机械能转换器转换成高频机械能（超声波），然后传送到纤网上，使纤维内部分子运动加剧并释放出热能，导致纤维软化、熔融，从而使纤维黏合。热轧黏合法以热轧取代热风黏合法的烘箱或烘筒来实现对非织造布纤网的热黏合。是将疏松的纤维网输送到一对加热的轧辊之间，随着纤网从轧压点通过，纤维受到轧辊的加热和压力作用，发生熔融，并在纤维间的交叉点处形成黏结，从而实现纤网的固结。热轧黏合法有点黏合和面黏合两种。

四、后整理与复合技术

后整理与复合技术中后整理指非织造布固结成布后采用的再加工手段和处理工艺，复合技术是指将两种或两种以上性能各异的非织造布或其他纺织品、橡胶制品等通过化学、热加工或机械的方法结合在一起的工艺过程。

非织造布后整理及复合技术的主要目的在于：提高非织造布的物理性能指标，拓宽非织造布的功能性，各单一产品的功能优势互补，提高非织造布的产品尺寸稳定性，改善织物的外观。后整理主要分成两大类：一般性整理和功能性整理。

一般性整理包含定型整理、轧光和轧花整理、浸胶整理、涂层整理、印花整理、加筋增强整理和漂白整理等。

功能整理一般指采用特定的物理和化学手段使产品达到某种功能性的要求。常用功能整理为阻燃整理、抗静电整理、吸尘整理和卫生整理等。卫生整理的目的在于消除非织造布上的细菌、霉菌和真菌，同时尽可能使非织造布具有抑制细菌生长的能力。目前的卫生整理，除采用多官能基团的有机硅树脂与季铵盐反应，使剩余的基团与纤维的反应基团有机地结合起来以获得耐久性的卫生效果，目前还采用更先进、更方便的放射线消毒法，如 Co-60 放射线方法，它采用不同的计量、照射时间和辐射深度进行整理。这种消毒方法广泛用在医疗卫生领域的非织造布产品中，如一次性手术服、手术帽、卫生材料、非织造医用粘膏底布等。

复合工艺按复合介质，可分为黏合剂复合、热熔复合、火焰复合及涂层复合。黏合剂复合工艺将黏合剂制成液态，再通过转移或刮涂等方法将其涂覆在两种被复合材料之间使之复合。涂覆后的产品一般要进行干燥、定型等工序。热熔复合技术是将低熔点的热熔性黏合剂施加到被复合材料之间，在加热加压状态下使其熔融黏合，形成非织造布复合产品。火焰复合是利用火焰加热把聚氨酯泡沫塑料的表层熔化，形成的异氰酸酯基团与被复合织物纤维上的反应性基团相结合而起到黏合的作用。

比较先进的涂层复合工艺是用非织造布为载体（或基布）材料，将另一种材料以液体的形式均匀地涂在非织造布的表层上而形成复合材料，涂层的厚度可根据产品的要求任意选择。各种方法各具特点，但涂层法以生产速度快、成本低、产品性能优良见长。

当前的新型复合工艺技术有：塑料涂膜工艺、拉伸黏合层压工艺、线形布胶复合工艺、撒粉式地毯背胶涂层工艺等。塑料涂膜工艺的典型产品为聚乙烯膜与非织造布复合的防渗土工膜、微孔膜与非织造布复合制作的化学防护服、分离膜与非织造布复合生产的超滤材料等。

课后习题

1. 简述机织物的生产方法。
2. 针织物的基本组织是如何分类的？各自有什么特点？
3. 用流程图表示针织生产的工艺流程。

第七章　纺织物的染整

学习目标

1. 了解染整的过程及每步包括的工序
2. 了解几种染色染料的区别
3. 了解几种新型染整技术

第一节　染整过程

为了制得适应各种需要的绚丽多彩的织物，织坯要经过炼漂、染色、印花以及整理等工序。有时原料也经过染色，半制品（条子、纱线）也经过炼、染、印、整工序。

一、炼漂

炼漂是染前处理的简称，目的是通过化学的或物理的手段，如烧毛、退浆、煮炼、漂白等工序，除去织物上有碍染色的杂质，或借丝光等工序使织物获得稳定尺寸和耐久光泽，提高吸附染料的能力和纤维的化学反应性能。

（一）棉布炼漂

棉布炼漂的流程：坯布准备→烧毛→退浆→煮炼→漂白→丝光。

1. 坯布准备

坯布准备包括检验、分批、打印和缝接。坯布在炼漂前必须先进行检验。检验内容有棉布的规格（布的长度、幅宽、重量、经纬纱号数、密度和强力等）和疵病（如纱疵、斑渍和破损等），发现问题，及时处理。检验后将坯布分批，并在布头上打印，以便识别和管理。为了进行成批加工，必须将坯布布头缝接起来。

2. 烧毛

烧毛是使织物迅速通过火焰或擦过炽热的金属表面，烧去布面上的绒毛，使布面光洁美观，防止染色和印花时因绒毛而产生染色不匀和印花疵病。一般棉布在炼漂前都要经过烧毛。采用的烧毛机有煤气烧毛机、铜板烧毛机等。煤气烧毛机适用于各种织物，烧毛较匀净，对于薄棉布和提花织物不会造成烧毛过度。

3. 退浆

退浆的目的不仅是为了去除坯布上的浆料，而且为了除去部分天然杂质，以利于以后的煮炼和漂白。退浆方法有酶退浆、碱退浆、酸退浆等。酶退浆需要的时间较短，退浆较完全，且不易损伤纤维，但缺点是去除天然杂质较少，对棉籽壳不起分解作用，对含有单纯化学浆料的织物无退浆作用。我国应用较广的为碱退浆，因为可以充分利用丝光或煮炼后的废碱液，退浆成本较低。碱退浆去除天然杂质较多，对棉籽壳的作用最大，尤其适用于含棉籽壳等天然杂质较多的原布，对上有化学浆料的织物也有退浆作用。碱退浆的缺点是堆置时间较长，有碍生产的连续化。在退浆过程中必须及时和充分地进行热水净洗，否则淀粉分解产物等杂质会重新凝结在织物上，从而严重妨碍后续的处理过程。

4. 煮炼

原布经退浆后，大部分天然杂质，如蜡状物质、果胶物质、含氮物质等仍残留在织物上，将影响染色和印花加工。为了去除这些杂质，必须将织物放在高温碱液中煮炼。煮炼可以使织物具有一定的吸水性，便于印染过程中染料的吸附与扩散。煮炼主要用剂为烧碱。烧碱能使棉纤维上的脂肪酸皂化，使蜡质等杂质乳化，并使含氮物质和果胶物质水解，棉籽壳膨化，其中木质素被部分溶解。为了提高煮炼效果，煮炼液中要加入助剂。常用的助剂有表面活性剂、硅酸钠和亚硫酸氢钠等。常用的表面活性剂有肥皂、红油等，可降低表面张力，起润湿、净洗和乳化等作用。硅酸钠可吸附煮炼液中的铁质和其他杂质，从而提高棉布的吸水性和白度。亚硫酸氢钠可帮助去除棉籽壳中的木质素和提高棉布的白度。煮炼用的设备为煮炼锅，为了适应生产发展，许多工厂采用连续汽蒸设备，以利于炼漂工序的连续化和自动化。

5. 漂白

漂白的目的是去除色素，使织物具有必要的白度，同时也可去除残留的蜡质、含氮物质等。天然色素可被氧化剂破坏。棉布漂白用的氧化剂主要有次氯酸盐、过氧化氢、亚氯酸钠。

（1）次氯酸盐漂白：次氯酸盐有次氯酸钠、次氯酸钙等。次氯酸钠是我国目前应用最广的漂白剂，它是一种强氧化剂。漂白时要严格控制漂液的浓度、pH值、温度和漂白时间，才能获得优良的漂白效果。次氯酸钠漂白的缺点是纤维较易受损，对退浆、煮炼的要求较高。

（2）过氧化氢漂白：过氧化氢（双氧水）是优良的氧化漂白剂。由于在碱性介质中进行漂白，兼有一定的煮炼作用，能除去棉籽壳等天然杂质，故对煮炼的要求较低。过氧化氢漂白可在煮炼锅或连续汽蒸漂白联合机中进行。为了获得良好的漂白效果，避免纤维脆损，须加适量的稳定剂，如硅酸钠等。此法的优点是产品白度较高、较稳定，手感良好，织物强力降低较少，对退浆、煮炼要求较低，便于漂炼过程连续化，且可减轻漂炼车间的劳动强度，改善车间的卫生条件。

6. 开幅、轧水和烘干

棉布大多以绳状进行炼漂。为了适应丝光、染色、印花等工序平幅加工的需要，必须将棉布通过开幅机展开成平幅状态。棉布开幅后在烘干前先经轧水机轧水，以降低烘干时的蒸汽消耗，且使棉布平整。轧水后棉布上还留有60%～70%的水分，必须进行烘干。常用的烘干机为立式烘筒烘干机。当开幅、轧水、烘干三单元机台的速度相互适应时，可组成开轧烘联合机，以提高生产效率。

7. 丝光

棉织物在一定张力下用浓烧碱溶液处理后，纤维膨化，分子排列整齐，对光线反射有规律，可以增加光泽，同时，纤维晶区减少，无定型区增加，可以提高染料吸附能力，这一加工过程称为丝光。棉布丝光的加工顺序，随织物品种不同，可采用先漂白后丝光、先丝光后漂白或染后丝光等不同方案。先丝光后漂白的织物白度较好，但丝光效果较差，用于漂白府绸和印花布，由于先丝光后漂白易产生折痕，从而形成染色疵病，所以染色布尤其厚重的染色布，以采用先漂白后丝光为宜。染后丝光仅用于以还原染料和硫化染料染色的厚重棉布。影响丝光效果的主要因素有碱液的浓度、温度、作用时间以及对织物施加的张力。在丝光过程中，织物内的纱线由于纤维膨化，其直径增大而长度缩短，使纤维间和纱线间的组织更为紧密，增加了织物的断裂强度。丝光也可提高纤维的化学反应性能，并使尺寸稳定。

棉针织物通常要经过碱缩处理（即在织物松弛状态下用浓烧碱溶液处理）。碱缩可在煮炼前，也可在煮炼后进行。碱缩的目的与丝光不同，主要是改善织物的组织密度、弹性和手感，并使织物定型，提高其上染性。

（二）苎麻及其织物的炼漂

苎麻含大量杂质，其中主要是果胶物质，在纺纱前初加工时，借纤维的炼漂（即脱胶）而除去。苎麻织物的炼漂基本上与棉织物相似，由烧毛、煮炼和漂白等过程组成。其炼漂工艺则随苎麻纤维脱胶方法而异。

（三）丝绸炼漂

蚕丝的天然色素大部分存在于丝胶中，脱胶后的蚕丝已很洁白。生丝在捻丝和织造过程中沾有油质、浆料和着色染料，这些杂质会影响坯绸的光泽、柔软性和印染加工。坯绸的炼漂除包括脱胶和漂白外，有些品种还要求进行烧毛和剪毛，如绢纺织物通常须经煤气烧毛机烧毛。松式平幅连续精练机适用于不易作绳状处理的丝织物，而松式绳状连续炼漂机只适用于如乔其纱之类不怕皱印的织物。丝的漂白多用过氧化氢等氧化剂，含氯氧化剂如次氯酸盐由于会损伤丝素而不能用来漂丝。

（四）毛及毛织物的炼漂

毛织物的炼漂包括烧毛、洗呢、炭化、漂白等工序。在染整加工前，应对呢坯先进行检验和修呢，即首先对每匹坯呢量长度，秤重量，检验外观疵点，并按等级标准进行分等。毛织物在湿整理加工后，还应进行中间检查，以便及时了解所产生的疵点和湿整理盾织物的长度与宽度。修呢包括生坯修补和熟坯修补。染整前将坯呢上的纺织疵点修补好，叫生坯修补。熟坯修补是在中间检查后修补湿整理疵点，以及生坯修补附漏修的纺织疵点。

1. 烧毛

主要用于精梳毛织物尤其是轻薄织物。多采用与棉布烧毛机相似的煤气烧毛机，但毛面中厚织物，如啥味呢、毛面哔叽、毛面花呢等，因要求呢面有短细毛茸而不需烧毛。

2. 洗呢

毛织物在染色之前都必须经过洗呢，因为呢坯上含有纺织过程中加入的和毛油、抗静电剂等物质，以及织物搬运、储存过程中沾染的污垢，这些杂质会妨碍染液对织物的渗透，影响染色质量。洗呢后可使织物丰满柔软，毛型感强，精梳毛织物最讲究洗呢。洗剂不同，净洗效果也不同，对各种毛织物的手感有不同的影响，应合理选用。常用的洗呢设备为绳状洗呢机。

3. 炭化

经过洗毛和洗呢后，毛呢中的大部分天然杂质已经去除，但仍夹有植物性杂质，如枝叶、草刺等，染色时容易产生染疵。炭化就是利用羊毛和植物性杂质对硫酸的抵抗能力不同，合成植物性杂质主要成分的纤维素被分解成脆性的水解纤维素，然后通过除尘工序去除；羊毛的炭化方法有散毛炭化（洗毛后即进行）和匹炭化两种。若羊毛含植物性杂质不多，则以采用匹炭化较为经济，且可减少纤维在纺织过程中的损伤。匹炭化较多地用于粗梳毛纺织物，包括浸酸、烘干、烘焙、轧炭及中和、水洗等过程。

4. 漂白

一般的染色织物可直接染色而不必漂白，但对白度要求较高的白色织物，如白色女式呢、凡立丁及绒线等，需要进行漂白。羊毛纤维常用的漂白剂为氧化剂、过氧化氢（双氧水）和还原剂漂白粉。用氧化法漂白的羊毛白度持久，不易发黄，但对羊毛有损伤。还原漂白对羊毛损伤少，但在空气中会逐渐氧化变色，白度很难持久。目前较多采用双漂法，即先进行氧化漂白，后进行还原漂白，使羊毛白度持久，色泽晶莹。含氯的氧化剂如漂白粉、次氯酸钠等，由于会损伤毛质而不能用于羊毛漂白。

（五）化学纤维炼漂

化学纤维在制造过程中上有浆料，并可能沾有油污等杂质，因此其织物必须经过炼漂。黏胶织物的炼漂工序与一般棉布相同，包括烧毛、退浆、煮炼与漂白。煮炼用剂以皂类为主，也可加入烧碱等适当碱剂。在白度要求较高时可进行漂白，漂白方法与棉布基本相似。合成纤维一般不需漂白，只有因高温定型时纤维泛黄或与天然纤维混纺时才需要漂白。

涤纶纤维的燃烧温度不高，熔点及软化点又低，因此，涤棉混纺织物烧毛时应控制火焰温度及车速，并采取降低布温的措施。涤纶的耐碱性能较差，故涤棉混纺织物煮炼时以采用低浓度碱液高温汽蒸法为宜。丝光时蒸汽箱的温度以不超过 70℃为宜，以免损伤涤纶纤维。漂白剂一般用亚氯酸钠和过氧化氢，浅色和中色织物的炼源以氯氧双漂（初漂用次氯酸钠，复漂用过氧化氢）工艺较为成熟。

二、染色

染色是染料和纤维发生物理或化学的结合，使纺织材料染上颜色的过程。染色除要求色泽均匀外，还要求具有良好的染色牢度，包括日晒、气候、皂洗、汗渍、摩擦等牢度。染色牢度主要取决于染料的化学结构，其次是染色方法和工艺条件。

染料大多是有色的有机化合物，大部分能溶于水，染色时能以一定的牢度染着在纤维上。生产中使用的染料有直接染料、反应染料、还原染料、可溶性还原染料、硫化染料、酸性染料、分散性染料、阳离子染料等。直接染料、反应染料、硫化染料和还原染料，主要用于棉纤维染色。酸性染料、酸性媒染染料用于羊毛、蚕丝等蛋白质纤维染色。分散性染料主要用于涤纶、锦纶的染色。阳离子染料主要用于腈纶染色。

染色时，将纤维或其制品投入染浴中，染料便渐渐由溶液转移到纤维上，这种转移过程称为上染。在上染过程中，染料分子到达纤维表面附近，借分子间引力而吸附在纤维表面，接着染料由纤维表面向纤维内部扩散而染着在纤维上。根据纺织品的形态不同可分为纤维染色、纱线染色和织物染色三种。染色机械也相应地分为散纤维染色机械、纱线染色机械和织物染色机械三种。

（一）直接染料染色

直接染料是指只要在碱性或中性染液中就能染着纤维的一种染料。直接染料上染完毕，洗去浮色后染色就完成。它能直接染棉和黏胶纤维，也可在弱酸性介质中染羊毛和丝。优点是染色方便，价廉，色谱齐全；缺点是耐光、耐洗等坚牢度较差。

直接染料染丝织物的牢度较好，色泽较鲜艳，一般在松式绳状染色机或卷染机上进行。为了提高直接染料的染色牢度，需要进行染色后处理。目前常用的后处理方法有金属盐后处理和阳离子固色剂后处理。前者的缺点是往往使处理后的织物色光发暗，有时甚至使色泽发生剧烈变化。

(二) 反应染料染色

反应染料是含有活性基团的水溶性染料，能与棉、毛、丝等分子发生化学结合，所以染品的皂洗和摩擦牢度很高。因为可溶于水，所以使用方便，染色均匀，色泽鲜艳，故应用日益广泛。反应染料的缺点是耐氯牢度较差。

(三) 还原染料与可溶性还原染料染色

还原染料不溶于水，在碱性介质中还原成可溶性隐色体而上染纤维，经氧化后还原成不溶性染料而固着在纤维上。还原染料主要应用于棉的染色，色谱齐全，色泽鲜艳，耐洗、耐晒牢度一般也很高，耐摩擦牢度随品种而有差异，染深色时摩擦牢度不高。染色过程较复杂，黄、橙等色还会发生光敏脆损现象。

可溶性还原染料是能溶于水的还原染料，可直接染棉、毛、丝而不必再经还原，所以染色过程较简单，染色均匀，但价格昂贵，一般用于染中、浅色泽的较高档织物。用可溶性还原染料染色时不需用碱，在染羊毛、丝及其与黏胶纤维的混纺织物时色泽坚牢。

(四) 硫化染料染色

硫化染料不溶于水，染色时一般用硫化钠还原成可溶的能被棉纤维吸收的隐色体，在纤维上氧化后又形成不溶性染料，并固着在纤维上。硫化染料价廉，应用方便，适于棉制品的染色，以黑色、蓝色的染色牢度较高，应用最为广泛。不同色泽的日晒牢度差异很大，色泽大多不鲜艳，且都不耐氯。由于一般都在碱性溶液内染色，故很少用于染毛、丝纤维。

(五) 酸性染料及酸性媒染染料染色

酸性染料在酸性介质中能对丝、羊毛直接进行染色，色泽较鲜艳，但不能染棉。酸性染料分为两类：一类为匀染酸性染料，其匀染性很好，但牢度较差，需在强酸性（如硫酸）溶液中进行；另一类为耐缩绒酸性染料，不易均匀染着，可在弱酸性（如醋酸）溶液中进行，也可在中性溶液中进行。匀染酸性染料染丝的湿处理牢度不及羊毛，故染丝时一般用耐缩绒酸性染料较好。

酸性媒染染料主要用于羊毛的染色，染品的湿处理牢度很高，日晒牢度也较好，但色泽往往不及酸性染料鲜艳。

(六) 分散性染料染色

分散性染料不溶于水，在加入分散剂后以微小晶体颗粒状分散悬浮在水中。染涤纶时匀染性良好，各项染色牢度都很高。染腈纶时虽然染色牢度好，但只能染浅色。染锦纶时湿处理牢度不高。在染涤纶时通常用高温高压染色法及热溶染色法。前者的优点是染得深透，色泽鲜艳，织物手感柔软，但生产效率低。后者为连续性生产，劳动生产率高，适应大批量生产。热熔染色法一般在200℃左右的高温下进行，此时腈纶有泛黄现象，故热熔染色法不适用于腈纶的染色。

（七）阳离子染料染色

阳离子染料是用于腈纶染色的一种重要染料。这种染料在水溶液中离解成色素阳离子，而腈纶在水中带阴电荷，所以染料阳离子很快吸附在纤维表面，并在较高温度下扩散入纤维。这种染料染腈纶时色泽鲜艳，日晒、水洗牢度较好，染色方法简单，但易产生染色不匀，必须严格控制染色过程，使染料一开始即均匀上染。

三、印花

印花工艺一般包括花筒雕刻、色浆调制、印制花纹和后处理四个过程。织物印花方法按工艺不同分为直接印花、拔染印花、防染印花和转移印花；按机械设备不同，又可分为滚筒印花、平板式筛网印花和圆筒式筛网印花三种。

（一）直接印花

1. 反应染料直接印花

反应染料是我国目前使用最广泛的棉布印花染料，也适用于毛、丝织物的印花。在丝织物上印花时，印花后的汽蒸时间较直接染料印花时间短，故可节约蒸汽并提高劳动生产率。反应染料印花的优点是色谱齐全，色泽鲜艳，色浆配置简便，印花疵病较还原染料和可溶性还原染料印花为少。缺点是氯漂牢度及气候牢度较差，且易造成浮色。印花棉布烘干后要透风冷却，一般要经过汽蒸和充分水洗。

2. 涂料直接印花

涂料印花是将黏着剂和均匀分散的颜料印在织物上，经焙烘等处理后，在织物上形成树脂薄膜，而颜料则机械地固着在纤维上。它适用于各种纤维织物的印花，目前主要用于棉布、合成纤维及其混纺织物。随着化学工业的发展，合成黏着剂质量的提高，涂料印花有了新的发展。涂料印花的特点是工艺简便，色谱较广，拼色方便，所得花纹轮廓清晰，但摩擦牢度及织物手感尚不理想。

3. 分散性染料直接印花

分散性染料印花适用于纯涤纶织物。涤棉混纺织物则多用分散性染料和反应染料拼混印花。在印制浅色涤棉织物时可只用分散性染料，使涤纶上色而棉纤维基本留白。在印制中、深色涤棉织物时，需用两类染料印花，使棉与涤纶均上色，否则有明显的银丝现象。在印花织物烘干后，先进行热熔，使分散性染料扩散并染着涤纶，然后进行汽蒸，使反应染料扩散并染着棉纤维，最后再水洗并烘干。

4. 直接染料直接印花

直接染料直接印花较广泛地应用于丝织物，在黏胶纤维织物上也有应用。由于直接染料的湿处理牢度较低，故很少用于棉织物印花。

5. 酸性染料直接印花

酸性染料直接印花一般用于毛条印花及丝织物印花，很少用于毛织物印花，其湿处理牢度也较低。

6. 可溶性还原染料直接印花

由于这种染料亲和力较小，价格较贵，主要用于中、浅色花纹的印花。在工艺中不仅用于棉、麻及黏胶纤维制品，还用于丝织物。

（二）拔染印花和防染印花

拔染印花和防染印花主要用于印制中、深色满地花布，它能使地色丰满。但拔染印花和防染印花的工艺复杂，成本较高，对前、后处理的要求也比对直接印花的要求高。防染印花虽较拔染印花简便，但其花纹轮廓不及拔染印花精细。

1. 拔染印花

织物先染上底色，再用拔染剂（或染料和拔染剂）印花，借化学作用破坏印花部分的底色，这种印花方法称为拔染印花。拔染印花底色丰满，与花纹相互吻合，适用于印制比较细致的满地小花纹图案。拔染分为拔白与色拔两种。在织物底色上用拔染剂印花获得白色花纹的称为拔白。用染料和拔染剂印花，在破坏底色染料的同时，用另一种染料印制出有色花纹的称为色拔。拔染印花所用的底色染料有反应染料和直接铜盐染料，一般均用还原染料作为花色进行拔染。丝织物的拔染印花与棉织物基本相同。丝织物还可用耐缩绒酸性染料作为拔染的底色染料。

2. 防染印花

在织物上预先印上一种能防止底色染料上染的防染剂，以防止花纹处上染，这种印花工艺称为防染印花。我国农村流行的一种传统蓝白花布即为防染印花布。防染印花常用的染料是反应染料。

（三）转移印花

分散性染料遇热会升华，能染着在织物上。这一性质被用来发展转移印花新技术。办法是先将花样印在纸上，然后将印好的纸与织物叠合，使花面与织物密接，再经热压处理，花样就印到织物上。目前多用以印涤纶长丝针织品和涤纶织物。涤纶得色量高，色泽鲜艳，牢度好，印花时张力小，印后又不需进行热固、水洗和烘干，不会使针织品变形。转移印花对运转技术要求较低，不排放污水。但是花纸印刷成本较高，不能印天然纤维织物，花样渗透性差等困难尚待突破。

国外正在探索湿法转移印花和真空转移印花。湿法转移印花是以亲水性物质为基质，染料存储在基质中，以水为介质使花样从纸转移到织物上。这样，就不必依靠染料的升华，也就不受分散染料的限制，不经高热，可对各种纤维织物进行印花。但是印花后仍需要固着、水洗和烘干等常规后处理。真空转移法是在热辊上部加密封罩，通过抽气造成负压，可使色泽渗透性增强，得色量增加，或者在较低的温度和压力下印花，以适应不耐高温、重压的织物。

四、整理

织物经炼漂、染色、印花后，再通过物理的或化学的方法进一步提高品质的加工过程叫做整理。整理方法可大致分为物理方法、化学方法以及物理和化学联合法三类。物理方法是指利用水分、热量和压力、拉力等的机械作用，如拉幅、轧光、电光、轧纹等的暂时性整理，以及起毛、剪毛、机械预缩处理等的耐久性整理。化学方法是指利用化学药剂使纤维发生化学反应而改变其物理、化学性质，如淀粉上浆、防水、防火、防蛀等暂时性整理，以及合成树脂上浆、防水、防火、防皱、压烫整理等耐久性整理。物理和化学联合方法是指缩绒和耐久性的轧光、电光、轧纹等整理。上述整理方法的划分实际上并无严格界限，一种整理过程常常兼有多种整理效果。

（一）棉型织物的整理

棉型织物的机械整理包括定幅、轧光、电光、轧纹、预缩等整理；化学整理包括硬挺、柔软、增白、防缩防皱等整理。

1. 硬挺整理

为了增强织物的“身骨”，使其具有平滑、硬挺、厚实、丰满等手感，为了提高织物的强力和耐磨性，并改善其外观，要对织物进行上浆，称为硬挺整理。硬挺整理通常在浸轧机上进行。

浆液由天然浆料或合成浆料、填充剂、着色剂以及防腐剂等组成。目前浆料已很少用粮食，而多采用野生浆料和合成浆料，如田仁粉、羧甲基纤维素（CMC）、聚乙烯醇（PVA）。用热塑性或热固性合成树脂（如氨基树脂、聚丙烯酸酯）和纤维素制剂（如纤维素锌酸钠溶液）对织物进行整理，可获得较耐久的硬挺性，且有耐洗的效果。

浆液中加适量填充剂如滑石粉等，可增加织物重量，使其具有厚实、滑爽的手感，轧光整理时效果更佳。浆液中加入适量着色剂可改善上浆后织物的光泽，如用无色的直接染料荧光增白剂 VBL 或 VBU 处理棉布，可获得增白效果，可使花布的白底更白，对漂白布、浅色印花布均适用。在淀粉浆液中加入适量防腐剂如甲醛、硼酸等，具有防腐作用。

2. 柔软整理

棉织物经炼漂和印染加工后，由于纤维上原有的油脂、蜡质减少，织物手感硬板粗糙，通过柔软整理可使织物柔软滑爽。柔软整理所用设备与硬挺整理相同。

柔软整理所用的柔软剂种类较多，较早应用的为甘油，现在常用的是丝光膏乳液和太古油等。近年来采用柔软剂 VS、防水剂 PF、RC 等，可得耐洗性较好的柔软效果。

3. 定幅整理

织物在整理前的加工过程中经常受到经向张力，造成经向伸长，纬向收缩，并产生幅宽不匀等疵病，因此棉布（包括涤棉混纺织物）在染整加工基本完成后必须进行定幅整理，利用棉纤维在湿态下具有一定可塑性的特性，借机械引力使织物逐渐伸张，并在缓慢干燥过程中，调整织物的经、纬纱状态，将门幅拉阔到规定尺寸，这一过程是在定幅机上进行的。棉织物多用布铗定幅机。

4. 轧光、电光及轧纹整理

轧光整理是在轧光机上在湿热条件下对棉织物施以压力，将织物中的纱线压扁，竖立的绒毛压伏，从而使织物表面平滑，光泽增强。电光整理的原理与轧光相似，但轧光整理仅将织物轧平，而电光整理则利用电光机上的钢制辊筒，在织物表面压出许多平行斜线，这些斜线对光线进行有规则的反射，使织物光亮夺目。轧纹整理也是利用棉纤维在湿热条件下的可塑性，通过轧纹机上一对分别刻有阳纹与阴纹的硬、软辊筒，将织物轧压出凹凸花纹。

轧光与电光的目的是增加织物光泽，轧纹的目的是使织物轧压出凹凸花纹。这些整理都是为了增加织物的美观效果。轧光、电光与轧纹整理一般都不耐久，但若与树脂整理联合进行，就可提高其耐洗性。

（二）真丝绸整理

丝织物整理的主要目的是充分发挥丝纤维的特性，如悦目的光泽，柔软的手感，良好的弹性等。有时进行特殊整理是为了增重与丝鸣。整理过程随丝织物品种要求而异，一般为轧水、定幅、干燥、轧光。真丝织物除某些绫、缎为了增进其耐磨性和硬实性而采用可溶性淀粉、糊精或白明胶进行单面上浆外，大都很少上浆。相反，往往采用柔软剂（如油酸皂、土耳其红油等）进行柔软处理。

绢丝织物的整理一般为热轧光（熨平）、上浆、定幅、烘干、冷轧光（轧平）、揉布和整纬。

丝绒类织物要求绒头牢固直立，绒面整齐平坦。为了使绒毛固定，常对已经剪毛、精炼、染色后的织物进行单面上浆。由于绒头多由黏胶丝制成，绒面易被压扁、压皱，常采用合成树脂及耐久性防水剂进行抗压、防水整理。

丝织物过分收缩与伸长，会影响织物的特性与品质，在加工过程中应予注意。最后干燥时应采用超速喂布针铗定幅机、悬挂式干燥机。

（三）毛型织物的整理

毛型织物整理的目的，是充分发挥羊毛的柔软性、弹性和不易折皱等优点，提高产品的服用性，有时通过化学处理，达到防蛀、防毡缩的目的。毛型整理的特点是松式整理，即整理尽量在无张力状态下进行。

精纺产品由于纱支高，组织紧密结实，整理时要求织物表面光洁，织纹清晰，手感丰满，光泽柔润。整理过程主要包括煮呢、烘呢、定幅、刷毛、剪毛、热压及蒸呢等。

粗纺毛织物由于纱支低，组织疏松，整理时要求织物紧密厚实，表面绒毛覆盖均匀整齐，绒毛不易脱落，无起球现象。整理过程主要有缩绒、烘呢、定幅、起毛、刷毛、剪毛和蒸呢等。

1. 煮呢

煮呢是精纺毛织物湿整理的第一道工序，目的是使织物在湿热状态下定型，使以后加工时织物不产生歪斜、折皱和收缩。经煮呢后织物呢面平整，尺寸稳定，光泽耐久，手感改善，且可提高对染料的吸附性。单槽煮呢机适用于薄型织物及部分中厚织物，双槽煮呢机主要用于哔叽、华达呢等织纹清晰的织物和中厚花呢类织物。蒸煮联合机生产效率高，有利于生产连续化。

2. 缩绒

缩绒是粗纺毛织物整理的基本工序之一，目的是使织物的长度与宽度有一定程度的收缩，表面覆盖一层绒毛，增加织物厚度，使手感柔软、结实，保暖性好。缩绒方法按所用缩绒剂的不同，分为碱性缩绒（包括肥皂缩绒）和酸性缩绒两大类。经碱性缩绒的织物紧密、厚实、丰满，但手感较硬。碱性缩绒成本较低，一般用于素色的中低档织物。其中肥皂缩绒手感柔软，呢面丰满，光泽好，常用于色泽鲜艳的高中档织物。酸性缩绒速度较快，缩后织物强力高，弹性好，起球落毛少，但手感较硬，常用于强力要求较高的织物，特别适用于厚重织物，如造纸毛毯、印花用毛衬布，但不适用于含有纤维素纤维的混纺或交织织物。缩绒机有轻型缩绒机和重型缩绒机之分，此外还有洗缩联合（两用）机。

3. 烘呢、定幅

毛织物经脱水后就进行烘呢、定幅，使织物干燥，并具有一定幅宽。由于织物较厚，一般采用多层式热风针铗定幅机。

4. 起毛

起毛是利用钢针或刺果在织物表面均匀地拉出一层绒毛，遮盖住织纹，使织物松厚柔软，手感丰满，保暖性增强，外观优美。大部分粗纺毛织物均经起毛整理，其起毛程度视织物要求而定。起毛机有针布起毛机和刺果起毛机两种。针布起毛机的起毛作用剧烈，产量较高。起毛时两种机器可配合应用。

5. 刷毛

毛织物在剪毛前后，都应经过刷毛。剪毛前刷毛的目的是去除织物表面的散纤维和杂质，同时将织物表面的纤维尖端刷起，以利剪毛。剪毛后刷毛的目的是去除织物表面附有的被剪下的短纤维、绒球等。通过刷毛还可使呢面绒毛顺向一个方向。织物在刷毛前一般需经汽蒸处理，使纤维柔软，以利于刷毛。

6. 剪毛

精纺毛织物与粗纺毛织物都需经过剪毛，但二者要求不同。精纺毛织物剪毛时要求将织物表面绒毛剪去，使呢面光洁，织纹清晰。粗纺毛织物剪毛时要求将织物上参差不齐的绒毛剪平，但仍保持一定长度的绒毛，使呢面平整，手感柔软。剪毛机有纵向剪毛机、横向剪毛机和花式剪毛机之分，通常使用纵向剪毛机。

7. 热压（烫呢）

热压是利用湿、热及压力，消除织物的皱纹和折痕，使呢面平滑。织物先给湿，进入回转式热压机（又名烫呢机），与加热金属表面接触和摩擦，整理后的织物具有一定的光泽。热压产生的光泽不够自然，且不能持久，织物手感板硬，伸长大，故近来精纺毛织物多数不经热压，只有要求纹路清晰的华达呢、哔叽等，为了避免电压压平贡子而仍用热压。热压后再经蒸呢，可使织物身骨平挺，光泽柔和，故热压常安排在蒸呢前进行。

8. 蒸呢

蒸呢是指将织物在一定温度、湿度及压力下进行处理，目的除了定型外，还有改善织物手感，并使其光泽柔和。

9. 电压

电压是大部分精纺毛织物，尤其是薄型织物的最后一道整理工序。电压机用水压加压，通电加热，在规定温度下处理一定时间。织物经电压后呢面平整，手感柔软滑润，并有一定光泽。

10. 防蛀

毛织物易受虫蛀。防蛀整理是用防蛀剂（普遍使用的有萘、樟脑等）使蛀虫幼虫中毒死亡。此法较经济，但必须在密闭容器中进行。防蛀剂挥发完后即失去作用。也有采用染料型防蛀剂，可在织物染色前后进行。同时也可在染液中加入防蛀剂，但对染料上染速度有影响。近来正研究将有机化合物与羊毛结合，进行羊毛变性处理，使之成为防蛀纤维，蛀虫不食。

（四）化纤织物的整理

黏胶纤维弹性差，受外力作用后易变形，在染整加工尤其是在湿处理时，应避免或减少织物承受张力，特别是最后干燥过程必须在无张力的干燥设备上进行，以减小黏胶纤维织物的潜在缩率。黏胶纤维织物的形状稳定性较差，为了提高质量，应进行防缩防皱整理。

合成纤维织物的整理过程与真丝织物及黏胶纤维织物相似。由于合成纤维具有热塑性，在精炼、染色等湿热加工过程中产生的收缩与皱痕很难除去，通常必须在湿热加工前先经热定型处理，即织物在保持一定尺寸的条件下加热一定时间，再以适当速度进行冷却。其目的是防止缩皱，保持织物形状稳定。定型处理有针铗拉幅法和热辊筒法之分。前者的织物在扩幅状态下处理，容易保持所需的形状与尺寸，尤其适用于针织物加工。涤纶及其混纺织物除进行热定型外，还可进行防皱防缩树脂整理。

（五）防缩防皱整理

1. 机械防缩

棉布经漂炼印染并经定幅整理后，在干燥状态下的尺寸虽较稳定，但落水或洗涤后即发生收缩。为了减少织物收缩，可进行防缩整理。目前多采用机械预缩整理。其原理是在织物加工到最后时，进行机械处理，使织物的经纱收缩增加，织物的长度缩短，以消除其中潜在的收缩。所用的设备有超速喂布针铗定幅机、毛毯压缩式防缩整理机以及橡胶带压缩式防缩机等。

黏胶纤维织物只采用上述防缩处理，往往不能达到形状稳定的目的，通常还要用合成树脂进行整理。

机械预缩整理对某些合成纤维及其混纺织物也有一定效果。

2. 防皱整理

棉织物和黏胶纤维织物的弹性较差，穿着时易生皱痕，为了克服这一缺点，可以进行防皱整理。防皱整理由于普遍采用合成树脂，故习惯上又称树脂整理。合成树脂的种类很多，一般采用水溶性的树脂初缩体，使其渗入纤维内部并树脂化。防皱整理过程大体包括树脂初缩体的制备、织物浸轧处理、低温干燥、焙烘、皂洗等。先制备树脂初缩体，然后根据织物要求稀释成一定浓度的浸轧液，再加入适量催化剂、柔软剂、润湿剂、热塑性树脂等，以改善树脂整理品的手感、耐磨度。织物经浸轧后在针铗拉幅干燥机上低温干燥，再在针铗热风定幅机或悬挂式焙烘机上进行高温焙烘，使树脂初缩体在纤维内部树脂化。焙烘后，织物还要经过皂洗，以洗除未起作用的化合物和表面树脂等，最后进行水洗、干燥。经防皱整理的织物往往也有防缩的效果。

3. 毛织物防毡缩整理

羊毛具有鳞片，弹性好。毛织物在洗涤过程中除出现一般的缩水外，还发生毡缩，会严重影响织物的尺寸稳定性。防止毡缩的方法有破坏羊毛鳞片层法与使聚合物沉积于纤维表面法两类。前者又称减法防毡缩处理，有氯化处理和氧化处理之分。近来广泛用三氯异三聚氰酸或其钠盐处理，可使织物处理均匀而不泛黄。用次氯酸钠与高锰酸钾混合溶液处理织物的效果也较好。此外，也有用过氧化氢、高锰酸钾和其他氧化物处理的。利用聚合物（树脂）沉积于羊毛纤维表面的方法亦称加法防毡缩处理。总之还有多种整理方法，如将羊毛用溶于水的二胺类处理，再经溶于有机溶剂的二酰氯处理，使聚合物薄膜与纤维牢固结合，获得防毡缩的效果。

4. 涤棉混纺织物耐久压烫整理

耐久压烫整理使织物不仅有良好的防皱性，而且具有良好的弹性和平整外观，制成服装后再经适当的压烫，能获得清晰持久的褶裥，方法有预焙烘法与延迟焙烘法两种。印染厂主要采用预焙烘法。其整理过程与一般防皱整理相似：浸轧树脂初缩体→烘干→焙烘→放冷→打卷→成包→进仓→成衣→压烫→成品。

（六）防水防火整理

1. 防水整理

防水整理包括防水与拒水两种。①织物表面涂一层不透水、不溶于水的连续薄层，如橡胶、沥青等材料，叫做防水整理。处理后的织物既不透水，也不透气，常用作遮盖布、帐篷等。②拒水整理是改变纤维表面性能，使织物不易被水湿润，但能透气，可用于制作雨衣等织物。拒水整理剂有铝皂、维兰 PF、有机硅等。其中铝皂处理的拒水效果不耐久；维兰 PF 能与纤维发生化学作用，使纤维本身获得拒水性，因此拒水效果好，且耐皂洗及干洗。用有机硅进行拒水处理，拒水耐久效果也较好。

2. 防火整理

某些特殊用途的织物要求具有防火性能。防火整理又称阻燃整理，即有阻止、遏制火焰蔓延或离开火焰后不发生阴燃的作用。纤维素纤维织物的防火整理剂种类很多，有钛、锑等金属氧化物或卤化物。织物用氯化钛或氯化锑的水溶液浸渍后，再经碱中和，烘干，使钛或锑盐沉积在织物上，可获得阻燃效果。此法较简便，但不耐久，整理后织物手感粗硬，宜与其他防火整理剂一起使用。将硼砂、硼酸及磷酸氢二铵按一定比例混合后处理织物，可获得良好的阻燃效果，但遇水会失效，故只用于不常洗涤的织物。用磷酸氢二铵和硫酸氢钛处理织物，可获得耐久的效果。应该指出，用于纤维素纤维的防火整理剂，一般对涤纶纤维不具有防火作用。合成纤维应按纤维特性分别选用适当的防火整理剂。

第二节 新型染整技术

随着科技的发展，不少其他领域的新技术正被应用到纺织品染整中来，主要有喷墨印花、纤维辐射改性、生物酶处理、微胶囊技术、功能染料、天然染料等新型染整技术。

一、喷墨印花

纺织品的喷墨印花开始于 20 世纪 70 年代，旨在开发不接触印花系统，用数码产生多色图案。利用计算机辅助设计系统可以快速生产分色图案，不需要生产网版，而且具有几乎瞬时就能改变图案的功能，使此技术具有非常大的吸引力。

（一）喷墨印刷的分类、灰度

1. 喷墨印刷的分类

按照喷墨印刷的原理，可分为选择性偏移带电液滴（连续产生液滴）和按需液滴两类。

（1）连续喷墨（连续产生液滴）印刷：油墨是在高压下强制通过一个小喷嘴，直径分布在 10～100pm 的范围内，出来的油墨液流分成细小的液滴，这种液滴是由电压转换器在高频下激发贮存 6S 而被强制形成，这样导致了有规则和受控方式形成液滴。液滴产生后，有选择地加以控制（电制偏移），形成图像。

（2）按需喷墨（DOD）印刷：只有在需要时才喷射油墨液滴到基质物上，油墨是不带电的。DOD 印刷通过一定的方式，对油墨施加突然的机械、静电、热振动等作用，使油墨产生液滴，可分为热振动按需喷墨印刷系统、压电按需喷墨印刷系统和采用电磁阀按需喷墨印刷系统等。

2. 喷墨印刷的灰度

彩色喷墨印刷机一般是通过调节喷射到纸张表面每一个小面积内的原色油墨的比例来组成所希望的色谱。有两种达到这一目的的方法：①用点纹矩阵组成每一个像素；②在纸张表面上喷射大小可变的原色油墨小滴，在表面上混合油墨来达到上述目的。

（二）纺织品喷墨印花的特点

随着数字式电脑，特别是计算机辅助设计（CAD）技术用于纺织品印花的图案设计和雕刻后，喷墨印花在纺织品中有了快速的发展，而且它特别有利于打样，可以大大减少投产准备时间，提高加工效率。其主要优点有以下几点：①设计非常灵活，不需要制网；②换批效率高，只需将新图案或色位的数值信息送到喷墨印花机即可换批；③不受图案中颜色套数限制，可印出高质量的色调效果；④只需使用恒定的基本色油墨（黄、品红、青和黑色）就可得到所需的各种颜色；⑤直接在织物上有效混合可得到颜色，不需另外进行配色操作；⑥操作过程容易控制和效率高，可以极大地减少浪费（换批时色浆和织物的浪费可避免）。

（三）纺织品喷墨印花的油墨（色浆）

用于纺织品印花的油墨或色浆既要满足印花质量，又要符合喷射设备和烘干时间的要求。其中最主要的参数是油墨的表面张力和黏度。表面张力不仅决定着液滴的形成液面弯曲度，也影响液滴对织物的润湿和渗透。油墨的表面张力必须低于纤维的表面张力。油墨的黏度需足够高，才能保证纺织品在烘干和汽蒸时有足够的花纹清晰度，可选用假塑性流变性的合成增稠剂作糊料而增加黏度。

（四）纺织品喷墨印花的工艺

纺织品喷墨印花的工艺过程随所使用的染料而异。地毯喷墨印花主要用酸性染料，涤纶织物则是用分散染料，纤维素纤维目前研究最多的是用反应染料。其工艺如下：织物前处理→烘干（印前烘干）→喷墨印花→烘干（印后烘干）→汽蒸（常压汽蒸，120℃，8min）→水洗→烘干。

喷墨印花为了获得良好的印制效果，经过退浆、漂白和丝光的棉织物还需进行印前处理。前处理的方法之一是用具有较高假塑性流变特性的高分子或增稠剂溶液预先浸轧印花织物，以保证染料有很好的上染和固着，既防止印花时染液渗化，又不妨碍染料的上染固着。有时也加入一些表面活性剂或溶剂，以保证染料在固色时有良好的溶解状态。

（五）纺织品喷墨印花的发展趋势

1993 年出现了“奇妙印花”系统。该系统有两排印花头，每排 8 个，每个印花头包括 1360 个喷嘴，印花分辨率是 360dpi，印花速度是 1m/min。该系统采用 8 种染料，每种基本颜色有 256 种深度，并有很高的精度。该系统可对宽达 160cm 的棉毛织物进行印花。该系统可用活性、酸性和分散染料的水基油墨对棉和丝绸、锦纶和涤纶织物印花。

在新的印花技术方面，有多喷嘴系列印花机，可组成宽达 3.96m 的印带的印花组件，每个组件采用 8 个喷嘴，印制宽度为 0.408m，印花分辨率为 120dpi，连续印花速度为 20m/min；还有应用水基颜料喷墨技术，该技术可用于紫外线或电子束固化系统下的圆网和喷墨颜料印花。

喷墨印花这一高新技术，虽有速度低和需经前处理的缺点，但其在纺织品印花中依然有良好的发展前景。可以想象终有一天，CAD 在 VDU（视频显示装置）上显现的图像，可以通过喷墨印花技术控制 CMYK（青、品红、黄和黑色）印花头，最终在纺织品上印出所需的颜色，再在紫外线光照下，快速完成上染、固色，而不需水洗，得到像彩色相片一样的图像。

二、生物酶在染整加工中的应用

酶是一种生物催化剂，通常是由生物体产生的具有催化作用的一类蛋白质。它具有一般蛋白质的物理化学性质，诸如沉淀作用、变性作用、成色反应等；一般酶都具有蛋白质的一级、二级和三级结构，有的还具有蛋白质的四级结构特征。它的高效率，专一性，不需要高温、高压、强酸和强碱的作用条件，可以获得低消耗、高产率、高质量和一些特殊功能的效果。随着酶的生物工程的进步和对纺织品及环境无害的要求越来越高，酶在纺织染整中的应用越来越被重视，而且经过酶处理的纺织品可以产生许多特殊的功能，可促进纺织品的高档化和提高其附加值。

染整加工中目前应用的酶品种主要有淀粉酶、纤维素酶、蛋白酶、脂酶、过氧化氢酶等数种。按酶的作用，在实际中只应用了水解酶和氧化还原酶。

（一）酶退浆、精炼、脱胶和漂白

酶在染整加工中应用最早且一直应用至今的包括酶退浆和脱胶。

1. 淀粉酶退浆

淀粉酶有高度的催化专一性，可以将淀粉催化水解变成可溶状态，易于洗去，达到高效退浆的目的，而又不损伤纤维素纤维。淀粉酶的主要成分为淀粉-1，4-糊精酶（α-淀粉酶）、淀粉-1，4-葡萄糖苷酶（β-淀粉酶）、淀粉-1，6-糊精酶。

酶退浆的工艺过程：浸渍（充分润湿与糊化）→保温堆置（充分水解）→水洗后处理。

2. 脱胶

（1）果胶酶脱胶。果胶酶是一个多组分酶体系的总称，一般包括原果胶酶、果胶酯酶和聚半乳糖醛酸酶等几种。

将果胶酶于40℃，pH值4～5条件下处理棉织物，不仅可去除果胶，提高毛细管效应，手感柔软厚实，而且对棉的潜在损伤少。果胶酶和纤维素酶同时作用，具有生化抛光作用。

（2）蚕丝脱胶。蚕丝的脱胶一般分三步进行，先用纯碱和表面活性剂前处理，使丝胶膨润、软化，从而使酶容易发生作用；之后进行酶处理，丝素和丝胶都是蛋白质，但前者属线状蛋白质，后者属球状蛋白质，选用的蛋白酶只能使球状蛋白质水解，不能使线状蛋白质水解，从而达到去除丝胶保护丝素的目的。酶处理后，充分进行水洗，去除水解产物，最终达到脱胶的目的。能做蚕丝精炼脱胶的酶以碱性蛋白酶最为普遍，主要有胰蛋白酶、木瓜酶和细菌蛋白酶等。

3. 酶在漂白加工中的应用

蛋白酶对羊毛上天然色素有脱色作用，选择适当的酶，不仅可以将色素从羊毛纤维中分离出来，也可能直接发挥催化反应，破坏有色结构，达到消色或漂白目的。酶在漂白中的另一用途是去除残余的过氧化氢。

（二）纤维素酶

1. 纤维素酶的类型

根据对纤维素分子β-1，4-糖苷键的作用方式，纤维素酶主要可分为三种类别，即可任意切断纤维素分子中β-1，4-糖苷键的内切酶（EG），主要从没有还原基末端开始切断β-1，4-糖苷键成纤维素二糖剩基的外切酶（CBH）和将纤维素二糖等低分子葡聚糖分解成葡萄糖的β-葡萄糖苷酶（BG）。

2. 纤维素酶的影响因素

（1）纤维结构对纤维素酶的作用会有影响，对不同结晶度的纤维应选用不同的纤维素酶制剂。

（2）染色与纤维素酶处理的相互作用：一般来说染色对酶处理有阻碍作用，一是染料被吸附在纤维分子链上，阻止了酶分子活性部位对纤维分子链的靠近、结合和催化作用，染料分子越大，芳环共面性越强，染料浓度越高，遮盖的面积也越大，抑制作用越强；二是染料可能和酶形成不活泼的染料——酶络合物而起抑制作用，尤其在染料和酶同浴染色时发生。而酶处理对纤维素纤维的染色性能的影响也表现在两方面：一是纤维素分子结构的变化；二是纤维素纤维超分子结构的变化。酶处理后，纤维失重率低时，水解作用主要发生在无定型区，无定型区体积减少，纤维表面更光洁，此时染色性能降低；随着酶处理的进一步进行，结晶区从有序结构变成无序结构，纤维的染色性能提高，但此时纤维的机械强力损失较大。

（3）处理条件与工艺对纤维素酶处理的影响：pH 值、温度对纤维素酶活力的影响如图 7－1 所示。阳离子和阴离子表面活性剂对酶催化有抑制作用，而非离子表面活性剂对酶活力影响很小，表面活性剂的电性起了重要作用。对金属离子来说，Na^{+}、K^{+}等轻金属离子对纤维素酶有活化作用，而 Cu^{2+}、Mn^{2+}等离子则对其有明显的抑制作用，而且高锰酸钾（$KMnO_4$）会将纤维素酶氧化而使其丧失活力。酶处理过程中搅拌会加速酶反应的进行。

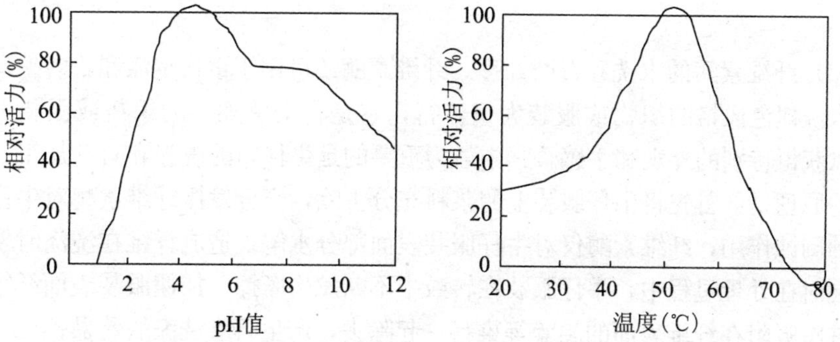

图 7－1　pH 值与温度对酶活力的影响

3. 纤维素纤维织物的酶处理

纤维素纤维织物用酶处理可获得多种有商业价值的效果，可以提高织物的服用性能。根据处理的目的不同，可进行生化抛光、柔软滑爽、改善光泽以及石磨水洗等加工。所有加工都是建立在纤维素酶减量处理的基础上。

（1）棉织物用纤维素酶的减量处理。通常作为减量处理主要是改善织物的柔软、弹性和悬垂性，可以使粗硬的棉织品提高品级，改善触感和吸湿性。减量加工大多数采用液流染色机和水洗机。棉织物的失重率控制在 3%～5%为好。酶处理棉织物的失重率与许多因素有关，包括纤维素酶的种类、酶浓度、温度、pH 值、加工设备及液流速度等，还和纤维、纱线及织物的组织结构和前处理（丝光、漂白）条件有关。

通常酶活力高、酶浓度高，失重率高；当 pH 值为 4～4.5，温度为 40～50℃时，减量最高。一般来说，酶纤维减量后润湿性变化不大，但硬挺度减小，即手感变柔软。在减量处理时，纤维素酶处理以轧堆法较为有利，也可以使用液流染色机、绳状染色机处理。

(2) 纤维素酶的抛光处理。纤维素酶减少纤维或织物表面茸毛、小球，提高织物的光洁性，即进行所谓抛光整理。生化抛光主要用于棉、麻天然纤维以及容易起毛、起球的 Tencel 等人造纤维织物。生化抛光由于改变了纤维的结构，去除了纤维末端，起球数量显著减少，而且这种作用是耐久性的。

加工方式主要是间歇性的，可采用喷射染色机、绳状水洗机等设备进行加工。基本条件如下：①酶制剂用量：酸性纤维素酶 0.5%～3.0%（占织物重量比例），中性纤维素酶 3.5%～15%（占织物重量比例）；②处理温度：酸性纤维素酶 45～55℃，中性纤维素酶 55～65℃；③处理液 pH 值：酸性纤维素酶 4.5～5.5，中性纤维素酶 5.5～8.0；④处理时间：20～120min；⑤运转速度：80～150m/min；⑥浴比：5∶1～15∶1。处理过程中可加适当助剂控制 pH 值和稳定处理液，处理完后一般加少量纯碱处理 10min，或于 70～80℃处理 10min，使酶失活。

(3) 纤维素酶的水洗和石磨处理。纤维素酶还可用于生化洗涤和石磨整理。近年来水洗褪色风格的织物或服装大量流行，它是将染整加工的织物或服装进行水洗，以获得特别的外观和手感。其中最为重要的是牛仔布的洗涤和石磨加工。生化洗涤的原理是：首先将牛仔服装上的浆料充分去除，充分发挥纤维素酶对牛仔服装表面的剥蚀作用，纤维素酶仅对牛仔服装表面部分水解，造成纤维在洗涤时发生脱落，同时在处理过程中，牛仔服装在转鼓中不断发生摩擦，加速服装表面纤维的脱落，并将吸附在纤维表面的靛蓝等染料一起除去，产生石磨洗涤的效果。

4. 蛋白质纤维纺织品的酶处理

和纤维素纤维及其制品加工一样，基于酶加工具有少污染、非腐蚀性、不用剧烈化学品和赋予产品高新性能的特点，酶在蛋白质纤维中的应用也备受重视。这包括羊毛的生化水洗、脱脂、生化漂白、生化柔软和抛光、生化防毡缩等方面，在丝绸加工中也有重要的应用，包括丝绸脱胶、抛光和柔软等方面。

(1) 羊毛纤维的基本结构和酶对羊毛的作用机理。众所周知，羊毛由鳞片层、皮质层和细胞间物质（CMC）组成，鳞片层富含胱氨酸，结构紧密，皮质层是羊毛的主体，决定羊毛的强度等机械性能，CMC 以网状结构贯穿于整个羊毛纤维中。酶对羊毛的催化作用是发生在底物（羊毛）和酶（液体）的界面上，是多相反应。电镜照片显示酶从 CMC 进入羊毛再沿 CMC 进入皮质层与鳞片层而发生催化水解作用。反应的第一步是酶对羊毛的吸附，吸附时当酶分子的活性部位和羊毛表面的肽链产生专一结合形成络合物，降低了反应活化能力，加速了水解反应，反应后分离水解产物，酶则继续起催化作用，这样由表及里不断进行。由于酶易从 CMC 进入羊毛皮质层，在酶处理时需选择合适酶种并严格控制工艺参数（温度、pH 值、酶浓度、反应时间等），以免过度损伤羊毛。

（2）羊毛纺织品酶处理。主要用于防毡缩，改善手感和舒适性，改善染色性与可纺性等几方面。用于防毡缩一般需经氧化（用过氧化氢等）或还原（用亚硫酸盐等）预处理，再经蛋白酶（木瓜、枯草杆菌、胰蛋白酶等）处理。预处理的目的是打开鳞片层胱氨酸二硫键，使蛋白酶易于降解鳞片层而达到防缩效果，但是现在据报道已有专门降解羊毛鳞片层的酶种用于羊毛防毡缩处理。在改善毛织物服用性能方面，酶处理毛织物大大减少了起球，外观更洁净，手感更柔软，悬垂性得到提高，减少了粗毛纱的刺痒感，服用性能得到改善。另外，毛织物经酶催化水解后，会产生更多的亲水基团与间隙，这样可大大提高上染率和染料的吸尽率，增加了织物的颜色深度，同时可实现羊毛的低温染色并提高了色牢度。而且酶处理对天然染料染色性能的提高效果更好。

三、微胶囊技术在染整加工中的应用

微胶囊技术是一种特殊的包装技术，将某种物质用某些高分子化合物或无机化合物，采用机械或化学方法包覆起来，制成直径 1～500pm，常态下稳定的固体颗粒，而该物质原有的性质不受损失，在适当条件下又可释放出来，这种微粒称为微胶囊。构成微胶囊的主要材料是芯材（或称核材）和壁材（或称囊材）。常见的几种微胶囊的形状如图 7－2 所示。

图 7－2 常用微胶囊的形状

（一）微胶囊的制备

通常分为三个阶段：形成三相体系、壁材集结和壁材固化。以水或溶剂作为介质，加入芯材与壁材，激烈搅拌而形成各自分散的微细颗粒即三相体系；然后作为壁材的树脂在芯材微粒周围集合沉积胶囊化，最后采用冷却、交联、硬化等措施对沉积在壁材外层的高分子物固化形成稳定的微胶囊。常用的制作方法有喷涂法、凝聚法、界面反应法、物理性方法和微生物法等。

（二）微胶囊染料和涂料

指芯材为染料或颜料的微胶囊，壁材是各种天然或合成高分子物。在染色与印花中可达到多种特殊效果。如多色微粒子印花，由于染料贮存在微胶囊中，向纤维转移和上染固着后，呈现出微细的雪花颗粒状颜色，如果是多种颜色的染料，则可得多色的雪花状色彩。此外还有转移微胶囊印花，微胶囊静电染色、变色染料的微胶囊染色与印花等。

（三）微胶囊功能整理

采用微胶囊技术可以对纺织品进行各种功能整理以达到阻燃、防皱、防缩、拒水、拒油、抗静电、杀虫、抗菌、柔软、香味等效果。

香味整理的香味是由具有挥发性香气的物质产生的，香气的释放是一个持续的过程。对香气物质微胶囊化可提高香味整理质量和延长香味织物的使用寿命。香气物质微胶囊有两种，①开孔型，不断释放香气。②封闭型，经受压或摩擦使得壁材破裂而释放香气。日本生产了一类芳香纤维材料，利用反应性有机聚硅氧烷树脂将香料吸附到各种不同纤维上而制得，用尿素—甲醛或三聚氰胺—甲醛树脂作壁材。制得的微胶囊直径在 10～20μm，所含香料如茉莉花油或檀香木油。在穿着过程中，微胶囊逐步破裂而释放出香气。

四、功能染料在染整加工中的应用

功能染料不同于常规染料，它不仅涉及光与色，而且扩展到光、热、电、磁、光化学及生物化学等边缘学科，是现代科技中重要的一类高新材料，具有极其广泛的应用，在纺织染整加工中的应用才刚起步，主要在喷墨印花、变色印花、热扩散转移印花或电子照相等方面得到了应用，而且发展很快。

（一）热变色染料和颜料的应用

颜色随温度而变化称为“热变色性”或“热敏变色性”。随温度变化而变化的物质可分为无机和有机两大类。热变色性又可分为可逆性和不可逆性两类，用于纺织品的热变色染色染料或颜料一般属可逆性。

1. 无机类热变色染料和颜料

许多金属和无机化合物具有热变色性，它们产生热变色的机理主要有：发生相变、配位体几何形状变化、不同分子结构间的平衡变化、溶剂化离子中溶剂分子数的变化（例如脱水）。主要有过渡金属化合物和有机金属化合物。

2. 有机类热变色染料和颜料的应用

有机类热变色染料的变色有三种不同的途径：晶格结构变化引起变色（液晶）；发生立体异构引起变色；发生分子重排引起变色（有机变色染料和颜料）。有机类变色染料对温度敏感性远大于无机类化合物，且颜色浓艳，用于纺织品的变色染料主要是有机类。

液晶热敏变色的机理是其结构随温度变化而引起光反射和透射性能发生变化。液晶变色的优点是变色灵敏度高，一般在温度变化不到 1℃就会引起颜色明显变化，而且选用不同液晶材料可在很广的温区发生变色，例如 20～100℃的温区。不足之处主要是价格高，对化学物质非常敏感，且对纤维没有亲和力，必须靠黏合剂固着于纤维上。

（二）光变色染料和颜料的应用

物质颜色随光照而变化称为“光致变色性”或“光敏变色性”。用于纺织品的光变色染料或颜料一般均属可逆性，且对变色灵敏性和牢度要求均较高。

一般有机化合物分子结构变化引起光变色有以下几种途径：①反式/顺式光异构，②离子化，③氢原子转移，④价键变化，⑤氧化还原反应。

制成微胶囊的光变色材料可以采用涂料印花或涂层加工进行应用，为了增强光变色效果，这种光变色材料最好印在黑底色上。

（三）近红外线吸收染料和红外线伪装染料的应用

红外线吸收染料是指对红外线有较强吸收的染料，是光—电系统的关键材料之一。目前主要开发用于红外线照相增感剂、激光光盘信息记录介质、光促疗法、军事防护用隐身材料等。

红外线伪装染料（或颜料）指的是一些红外线吸收特性和自然环境相似的染料，由于其红外线吸收和自然环境的相似，故可伪装所染物体，使它们不易被红外线观察所发现，主要用于军事装备和作战人员的伪装。伪装染料除了具备伪装颜色的红外线反射曲线，还必须能承受十分恶劣的环境，各项色牢度要求很高。少数经筛选的还原染料不仅有很好的红外线吸收性能，而且各项色牢度也可达到要求，这些染料具有蒽醌结构，特别是具有蒽醌—苯并蒽酮—吖啶多环系的骨架结构，例如 C. I. 还原棕 1、C. I. 还原绿 3、C. I. 还原黑 27 等。还原染料仅限用于纤维素纤维织物。红外线伪装染料和颜料主要通过染色、颜料印花、本体着色、涂层和红外荧光着色等方法应用于纺织品中。

（四）荧光染料和颜料的应用

一般认为能在可见光范围内强烈吸收和辐射出荧光的染料称为荧光染料。荧光染料和荧光颜料与荧光增白剂的不同之处在于后者仅是吸收紫外线而发出可见光；它们与近红外线染料也不同，后者是吸收可见光而发射近红外光。荧光染料和荧光颜料的视觉效果既包括对可见光选择吸收后产生的颜色，又包括它们吸收紫外光后发射可见光的颜色。

荧光染料和普通染料一样，分子中具有很长的共轭体系，还常带有一些稠环。结构公开的商品染料有 C. I. 分散黄 11、C. I. 分散黄 139、C. I. 分散黄 232、C. I. 分散红 303。其分子的重要特征是具有僵硬性，这样可以减少分子内部的热运动，减少激发态能量的损耗，提高荧光发射效率。

C. I. 分散黄 139 在涤纶、醋酯纤维和锦纶上呈亮绿光黄色，有良好的耐光、耐碱和耐升华牢度。C.I. 分散黄 232 能使涤纶染上艳丽的荧光黄色，耐光、耐升华和耐洗牢度均佳，亦可制成荧光颜料用于涂层和涂料印花。C.I. 分散红 303 是呈黄色的红色荧光染料，可用于涤纶染色。

一些水溶性的阳离子染料也有很强的荧光，如 C.I. 碱性红 12、C.I. 碱性红 13、C.I. 碱性黄 40 等，主要用于腈纶染色，也可制成荧光颜料后应用。

荧光颜料是将荧光染料溶解在无色透明的树脂中制成染料固体溶液，然后加润湿剂、分散剂等助剂，经过研磨、分散而制成的。

另外光化学染料还广泛应用于电子照相及静电、离子、磁性成像三种非接触印制技术中。利用染料的热升华性能，新出现了热扩散转移和热蜡转移技术，它们均不需事先印制带有图像的转移纸，而只需涂有染料的色带，通过电脑控制的热头打印色带就可进行转印图像。

五、泡沫染整技术在染整加工中的应用

所谓泡沫染整，就是采用尽可能多的空气来取代配制整理液时所需要的水，通过空气，将整理剂在水或其他溶液中的浓溶液或悬浮液膨胀转化。在泡沫加工过程中，工作液中的部分水被空气替代，替代程度越高，水的消耗越少，节能越多。泡沫染整可以节约用水量及烘燥织物上所含水分所消耗的能源，并在某种程度上提高加工成品的质量，提高生产效率，减少废水的排放量，降低染料及化学品的泳移，能更有效地利用工作液中的化学品和染料，减少化学品的消耗以及控制染料和化学品在纤维或织物内部的渗透。

泡沫染整的一般过程为：发泡→施加泡沫→泡沫迅速破裂被织物吸收→烘干→(焙烘)→后处理。

（一）泡沫上浆

泡沫上浆是以泡沫为介质对经纱进行上浆的一种新工艺。经纱泡沫上浆是使可以产生泡沫的浆液均匀地分布在经纱上，黏附于经纱的泡沫浆经过压浆辊时，泡沫在轧点处破裂，气体溢出，浆液附着在经纱上，使经纱获得可织性。泡沫上浆技术以低能耗、快速为主要特征，可节省大量加工用水，减轻污水排放量以及对污水的处理压力。

泡沫上浆新工艺正以其吸液率低、节能好、车速高、毛羽少、缠结少和渗色少等优点，日益受到人们的重视。

（二）泡沫染色

泡沫染色作为一种节能、节水的新型加工技术逐渐被人们所重视。泡沫是由液膜包围着气体所形成的。它是由大量气体分散在少量液体之中形成的微泡聚集体，并以液体薄膜相互隔离，且具有一定的几何形状，是一种微小多相、黏状不稳定的体系。利用泡沫染色法进行还原染料悬浮体染色，可使悬浮体分布均匀，

提高悬浮体染色的匀染性能。发泡剂一般为表面活性剂，不仅可以发泡，同时还具有分散作用。将泡沫染色与常规染色比较可发现，前者赋予织物更好的匀染性。这两种方法进行悬浮体染色对比发现，织物的摩擦牢度、汗渍牢度、水洗牢度以及日晒牢度基本相同。

（三）泡沫印花

泡沫印花最早应用在地毯印花中，进而推广到绒类织物印花及一般纺织品的印花。泡沫印花借助于空气，使少量的液体形成泡沫，泡沫携载着染料或涂料及各种助剂，施加到足以均匀覆盖全部织物的程度，从而以较低的给湿量完成整个印花过程，形成表面印花效果，进而达到节省能源染料，改善织物手感的目的。在泡沫印花加工中，由于刮刀和轧辊等对泡沫施加的压力及纤维和毛细管的作用使泡沫破裂，染料由于没有“糊料”的载体，就立即停留在原处，这样就构成了其精细的印花效果。所以一旦泡沫色浆触及织物，要求尽快破裂，这样对印花质量是有益的。

（四）泡沫整理

1. 树脂整理

棉织物防皱整理，目前最常用的整理剂主要是树脂整理剂。织物经树脂整理后，能达到满意的折皱回复角，但这种满意的折皱回复角是以牺牲织物的强力和耐磨性能为代价的。经大量试验发现，整理时整理剂施加不均匀是主要原因，而产生不均匀施加的主要原因是在织物焙烘过程中整理剂发生泳移。

2. 泡沫防水、透湿整理

目前，如对衬衫等织物使用常规的浸轧法作为拒水整理工艺，织物两面都有拒水性，就不能吸汗，穿着时会感到不舒适。若整理过程中先用泡沫施加拒水剂，使拒水剂只浸透到织物的一半厚度，再在反面按同样方法施加吸湿剂，也渗透一半就可以制出一种既有拒水效果又有吸汗和排汗功能的双面整理织物，织物反面的吸湿性得到了提高，透湿效果也较理想。

3. 泡沫阻燃涂层整理

对面料进行阻燃的方式有多种，如浸轧阻燃液、直接背涂、发泡涂层等，目前国内通常使用的是前两种。浸轧阻燃液易造成色变、手感发硬、鸡爪印，产生盐析等；直接背涂也会影响手感，而且透气性差。国外英、美等少数国家在阻燃涂层方面采用比较先进的发泡涂层，在面料的背面涂一层阻燃泡沫胶层，利用该阻燃层使织物难以着火。发泡涂层的优点是阻燃性好、手感柔软、透气性好、成本低，因此这种方法具有非常广阔的发展前景。

六、生态染整技术

选择生态纤维原料是生产生态纺织品的重要途径，如 Lyocell 纤维、天然彩色棉花、聚乳酸纤（PLA）、甲壳素纤维、大豆蛋白纤维、竹纤维、可降解合成纤维和用回收材料制成的纤维等。

（一）前处理

棉布前处理冷轧堆高效练漂及碱氧一步法工艺是一个节能、高效、污水少的成熟工艺。该工艺缩短了传统的工艺流程，节约了大量物料及劳动力，减少了废水的排放。由于工艺技术的变革，设备投资减少，后工序高难度品种的染色质量大为提高。

（二）染色

1. 仿生染色技术

生物色素稳定分布在生物体的组织中，可以是固态，也可以是液态，它们和相邻组成都有很好的相容性或相关性。有的是分子上直接连接了一些非色素组成，有的则是紧密吸附在相关组成上。这些特点对染料生产和染色加工具有重要的指导作用。模仿生物中色素（如叶绿素、花红素、动物黑色素等）的结构、分布和功能，进行仿生染色，将是一种新的生态染色途径。

2. 超临界二氧化碳流体染色技术

超临界二氧化碳对染料的溶解能力比气体大得多，甚至比液体还强，但又和气体一样，可以均匀分布在整个容器中，对纺织品有很强的渗透作用。该技术用于分散染料染涤纶等合成纤维，具有上染速度快、匀染、透染、重现性好、染色过程短、染后不必水洗和烘干、无废水产生的优点，被认为是较理想的染色工艺。

3. 活性染料（环保型）染色技术

低盐染色，降低电解质污染活性染料是阴离子染料，直接性低，浸染时要加入大量中性电解质促进上染。若电解质流失到自然界水源中，污染严重。为解决此问题，近年来，国内外开发了低盐染色的活性染料和染色工艺。

低盐染色法主要包括三方面的内容：①适合低盐染色的染料；②低盐染色工艺；③合理的染色后处理。

低盐染色对染料的要求：①在保证合适水溶性的前提下，尽量减少磺酸基团；②具有高的直接性，又有较好的移染和易洗涤性；③具有高的固色率，多为双活性基，特别是异双活性基染料，在低盐下能迅速上染纤维，且有较好的移染性、较快的固色速率，水解染料易洗除。

低盐染色工艺的特点是用盐量低，只是传统工艺的1/3～1/2，而且在较小的浴比和较低的温度下染色，也能保证染色均匀，固色率高。深浓色染色，降低水解染料污染活性的染料中深色越来越多，特别是染藏青和黑色。

降低染色污染的主要途径是：①增加染料分子深染的显色性，如选用新的发色体，提高发色程度；选用新的母体染料，提高分子的芳环共平面性与线性，提高形成氢键的能力；组合成双或三活性基染料，提高固色率，特别是异双活性基染料，并改进活性基间的连接基。②科学混配染料，改进染料的染深性，利用一些分子结构相似的染料所具有的协同效应，合理混配，提高上染率，一些活性基不同的染料混配可提高染料固色的温度适应性；乙烯砜类活性基水溶性的变化可改善直接性；选用适当助剂可改善染料的深染性及增深、匀染、易洗和牢度等相容性。③合理控温，添加电解质和助剂、碱剂，最好根据染料的染色特征值进行受控染色。染色后经过充分合理洗涤后再用固色剂或交联剂处理。

（三）印花

1. 数码喷墨印花技术

数码喷墨印花技术起源于喷墨打印技术，工艺简单，无须制网打样，可实现即时交货，自动化程度高，全程计算机控制，生产环境适应性强，颜色丰富多彩，墨水无浪费，无环境污染，是真正的生态型高技术印花工艺。用于纺织品数码喷墨印花的墨水是该印花方式的关键材料，不同于传统的印花色浆有许多更高的物理化学性能要求，其中黏度、表面张力、稳定性颜色鲜艳度和各项牢度是最重要的指标。其施加量非常小，但给色量要高。目前，用于数码喷墨印花的染料主要是活性、分散和酸性染料，当前急需解决的问题是墨水的稳定性和不再需要前后处理墨水程序的开发。

2. 静电电子印花技术

静电电子印花技术是日本京都、理光等 4 家公司共同研制的 21 世纪的印花装置。2002 年 11 月在日本试制成了与喷墨印花装置完全不同（不使用喷嘴）的静电电子印花装置。目前已有单色到 4 色的印花装置，今后会发展到 8 色以上印花装置。静电电子印花具有效率高、流程短、成本低、环境污染小等优点，是生态纺织品印花首选的印花方法。静电电子印花装置与喷墨印花机完全不同、不使用喷嘴，运转率比喷墨印花高 20％以上，清晰度为 720 dpi，生产速度是喷墨印花机的 50 倍，而每平方米所需染料、油墨的价格则为喷墨印花的 1/200，被誉为日本 21 世纪新型印花装置的代表。它将带来 21 世纪全球印花工艺的极大变革。

课后习题

1. 染整的基本工序包括哪些？
2. 请简述几种印花的区别。
3. 请简述功能染料在染整加工中的应用。
4. 请简述泡沫染整技术加工的一般过程。

第八章　服装材料

学习目标

1. 学会面料选用的一般方法，能够区分不同质量的面料
2. 掌握服装的一般维护方法，对于需要特殊维护的服装要掌握其维护方法

第一节　服装的面料

服装的外观风格特征及穿着性能归根到底是由组成它的材料的结构特征及性能所决定的。对服装材料的性能与其结构间的关系，用俗语“原料是根据，结构是基础，后处理是关键”即能充分说明织物结构特性在服装选材中的重要地位和作用。织物的结构形态特征分为机织物、针织物、无纺织物及毛皮与皮革等。

一、机织物

两系统（或方向）的纱线互相垂直，并按一定的规律交织而形成的织物为机织物。

基本组织是各类组织中最简单、最基本的组织，是构成各种变化、花式组织的基础。基本组织包括平纹、斜纹和缎纹三种组织。

（一）平纹组织

1. 组织参数

平纹组织是所有织物组织中最简单的一种。其组织规律是一上一下，两根交替成为一个完全组织。

2. 特点

平纹组织经纬纱交织点最多，纱线屈曲多，所以其织物布面平坦，身骨挺括，质地坚牢，外观紧密，但手感偏硬，弹性小。在实际使用中，根据不同的要求，采用各种方法，如经纬纱线粗细的不同、经纬纱密度的改变，以及捻度、捻向和颜色等的不同搭配、配置等，可获得各种特殊的外观效应。

3. 常用平纹织物

平纹组织广泛应用于棉、毛、丝、麻织物中，如各种布面平整的平布、质地

细密的纺类、清晰菱形颗粒的府绸、呈现明显凹凸横条纹外观的四罗缎、起绉效应的泡泡纱和乔其纱，以及隐格效应的凡立丁、派力司、薄花呢、法兰绒等。

（二）斜纹组织

1. 组织参数

斜纹组织的特点在于经向短浮长或纬向短浮长依次阶梯式排列，在织物表面构成连续的斜线。其组织每根经纱的运动相同，但起点不同。

2. 特点

斜纹组织有经面、纬面及双面斜纹之分。凡织物表面经组织点占多数的，如2/1为经面斜纹，反之，纬组织点占多数的如1/3为纬面斜纹。经面斜纹的反面是纬面斜纹，但斜向相反。正反两面两种组织点的比例相同，但斜向相反，称为双面斜纹。斜纹线的倾斜程度也有差别，斜纹组织以斜纹线与水平线交角α表示斜纹倾斜角，α越大，表示经密越大，斜线越陡直。称$\alpha > 450°$时的斜纹为急斜纹，$\alpha < 450°$时的斜纹为缓斜纹，而当$\alpha = 450°$时表示织物经纬密相等。斜纹组织较平纹交织点少，有浮长，其织物较平纹柔软厚实，光泽也较好，但坚牢度不如平纹织物，其表面的斜纹线可根据选择捻向和经纬密度比值而达到清晰明显或纹路饱满突出、均匀平直的效果。

3. 常见斜纹织物

纹路平坦的斜纹布、哔叽、贡子突出的卡其、华达呢等。

（三）缎纹组织

1. 组织参数与特点

缎纹组织是基本组织中最复杂的一种组织。它的特点在于每一根经纱（或纬纱）上都只有一个单独组织点（经组织点或纬组织点），相邻两根纱线上的单独组织点之间有一定间距，并被两旁的经浮长线或纬浮长线所遮蔽，使织物表面几乎全由一种经浮长线或纬浮长线所组成，故其布面平滑匀整、光泽良好、质地柔软。

2. 常见缎纹织物

缎纹组织应用范围较广。在棉、毛织物中多采用五枚缎纹组织，得到直贡呢、横贡呢、横贡缎等，在丝织物中多采用八枚缎纹组织，得到各种光泽较好的素缎、花缎或缎地起花织物。

（四）变化组织

变化组织是在原组织的基础上，加以变化（如改变纱线的循环数、浮长、飞数、斜纹线方向等）而获得的各种派生组织。变化组织可分为三类：平纹变化组织（包括重平组织、方平组织等）、斜纹变化组织（包括加强斜纹、复合斜纹、角度斜纹、山形斜纹、菱形斜纹、芦席斜纹等）、缎纹变化组织（包括加强缎纹、变则缎纹等）。

平纹变化组织的织物，有的外观呈现凸条纹效应，多用以设计府绸、麻纱、罗布等，有的则外观平整，手感松软有弹性，光泽较好，常作为衣料、银幕等织物的边组织。斜纹变化组织织物外观呈现各种斜纹效应，有的显示多条斜纹并行，有的则阴阳对分，还有的表现出人字形、芦席状等，因此，被广泛地应用在棉、毛、丝、化纤等各种织物设计中。缎纹变化组织织物相对于缎纹组织而言，在设计上更趋随意、自由，因此得到了广泛应用，如在缎条、缎格织物及顺毛大衣呢、女式呢等织物中都有应用。

（五）联合组织及其他复杂组织

联合组织，两种或两种以上组织（原组织或变化组织）用不同的方法联合而成的一种新组织，称为联合组织。联合组织表面都有特殊的外观效应，常见的有如下几种：条格组织、透孔组织、网目组织、凸条组织、蜂巢组织、绉组织，这些组织都在服装、装饰织物上得到广泛应用。

复杂组织，复杂组织指的是经纬纱中，至少有一种是由两组或两组以上系统的纱线组成。这种组织结构能增加织物的厚度而表面密致，提高织物的耐磨性而质地柔软，或得到一些特殊的性能等。根据其组织结构的不同，可分为二重组织、双层组织、起毛组织、毛巾组织、纱罗组织等几类。它们广泛应用在秋冬季服装、装饰用布（床毯、椅垫）及工业用布中。

二、针织物

针织物形成方式不同于机织物，它根据生产方式的不同，可分为纬编针织物和经编针织物。纬编针织物是将纱线由纬向喂入针织机的工作针上，每根纱线按照一定的顺序在一个横列中形成线圈编织而成；经编针织物是采用一组或几组平行排列的经纱于经向同时喂入针织机的所有工作针上进行成圈而形成的针织物，每根纱线在各个线圈横列中形成一个线圈。不论哪种针织物，其线圈都是最基本的组成单元。线圈的结构不同，线圈的组合方式不同，构成了各种不同的针织物组织，包括基本组织、变化组织和花色组织三大类。

（一）纬编针织物

1. 基本组织

(1) 平针组织。针织物中结构最简单的组织，由连续的单元线圈单向相互串套而成，在织物正反面形成不同外观。该组织横向延伸性大，但易卷边和脱散，广泛用于内衣、外衣和各类袜品种。

(2) 罗纹组织。是一种双面组织，由正面线圈纵行和反面线圈纵行组合配置而成，根据正反面线圈纵行相间配置的数目不同，不同名称和性能的罗纹组织。罗纹组织有很好的弹性，多用于各类内衣制品及要求有拉伸性的服装部位（如衣服的下摆、袖口和领口及弹力衫等)。

(3) 双反面组织。双反面组织也称“珍珠编”，由正面线圈横列和反面线圈横列相互交替配置而成，可以有不同组合方法而形成凹凸条纹或花纹。该组织具有纵、横延伸性和弹性相近的特点，多用于毛衣、运动衫或童装等成形产品。

2. 变化组织

变化组织是在一个基本组织的相邻线圈纵行间，配置另一个或几个基本组织的线圈纵行而成，如常用的双罗纹组织。双罗纹组织又称双反面组织，它是由两个罗纹组织彼此复合而成，在织物正反面均形成相同外观的正面线圈，其广泛应用于内衣和运动装。

3. 花色组织

纬编针织物有各种花色组织。它们是在基本组织或变化组织基础上，采用各种不同的纱线按一定规律编织不同结构的线圈而形成，如衬垫组织、集圈组织、菠萝组织、波纹组织、长毛绒组织、衬经衬纬组织等。这些组织在内外衣、毛巾、毯子、童装及运动装上都得到了广泛应用。

(二) 经编针织物

1. 基本组织

经编针织物的基本组织有编链组织、经平组织和经缎组织等。

(1) 编链组织。每根纱始终在同一针上垫纱成圈的组织称为编链组织，其各根经纱所形成的线圈纵行之间没有联系，有开口和闭口两种。由于纵向拉伸性小，又不易卷边，常作为衬衫布、外衣布等少延伸类织物、花边窗帘等制品的基本组织。

(2) 经平组织。每根经纱轮流在相邻两根针上垫纱，每个线圈纵行由相邻的经纱轮流垫纱成圈，由两个横列组成一个完全组织。这种组织具有一定的纵、横向延伸性，且卷边性不显著，常与其他组织复合用于内衣、外衣、衬衫等针织物中。

2. 变化组织及其他组织

在经编织物中除以上组织外，还有经绒、经斜等许多组织，这些组织在内衣、外衣、羊毛衫等方面都有广泛的应用，这里不作介绍。

三、无纺织物

无纺织物，又名非织造布。是指不经传统的纺纱、织造或针织工艺过程，由一定取向或随机排列组成的纤维层或由该纤维层与纱线交织，通过机械钩缠、缝合或化学、热熔等方法连接而成的织物。与其他服装材料相比，无纺织物具有生产流程短、产量高、成本低、纤维应用面广、产品性能优良、用途广泛等优点。无纺织物的发展速度很快，已成为一项新兴的产业，被越来越多地用于服装行业的各个领域中。

无纺织物的结构，按纤网的组成及形成方法，可分为以下几类：

1. 纤网结构无纺织物

(1) 纤维黏合法。是将短纤维铺叠成薄片状的纤维网，通过把纤维网本身或纵横的重叠使纤维相互黏合而制成布状，包括黏合剂黏合和热熔黏结。

①黏合剂黏合。指采用合成树脂或合成纤维黏着剂来固定纤维层，使纤维网被固化黏结而变成不能分离的无纺织布。根据黏合剂类型和加工方法，可分成点黏合、片膜黏合、团块黏合以及局部黏合等结构。这种类型的无纺织物具有较好透气性，但手感较硬，多用于墙布和用即弃产品中。

②热熔黏结。指预先在纤维网中加入热熔性纤维，当重叠的纤维网通过加热轧光机时，在轧点或轧纹作用区域内的热熔纤维熔融产生加固作用，从而与其他纤维相互黏合。这种无纺织物有较好的过滤性能、弹性和蓬松度，以及较好的透气性、吸湿性，适于制作冬季服装的絮填料、被褥料、过滤布、汽车用布及簇绒地毯基布。

(2) 相互纠缠纤维的黏合无纺织物，指将适当的纤维网重叠，通过一定的方式（如针刺、缝编等），使纤维相互很好地纠合而制得的类似于毡结构的无纺织物。依据作用方式，可分为针刺法、射流喷网法、纺黏法及缝编法无纺织布。

①针刺法无纺织物。采用数千枚特殊结构的钩针，穿过纤维网反复做上下运动，使整个纤维网变成相互缠绕、纠缠、彼此不离的致密毡状无纺布。该类产品有很广的用途，可广泛用于土工布、床毯、过滤材料、针刺毡及人造革底布等。

②射流喷网法无纺织物。也称无针刺法非织造布。它是利用许多束极强的水流射向纤网加固成布。它具有较高的强力、丰满的手感和良好的透通性，适用于服装的衬里、垫肩等。

③纺黏法无纺织物。合纤原液从纺丝头压出制成长丝的同时，利用产生的静电和高压气流，使纤维无规、杂乱地落在金属帘子上，然后经过加热滚筒进行热定型制成无纺织物。纺黏无纺布具有通气、透水等优点，大量用于农业和畜牧业的保温材料。

④缝编法无纺织物。指将无规排列的纤维网，用多头缝纫机多路缝合，使成为结构较紧密的无纺织布。这类布有接近传统服装材料的外观和性能，被广泛用于服装面料和人造毛皮底布、衬绒等。

2. 纱线型缝编结构无纺织物

(1) 纱线层。缝编纱线型缝编无纺布，由经纬纱铺层，缝编纱按经平组织编织，进行加固纱层的无纺织物。该织物兼有机织物和针织物的外观，具有良好的尺寸稳定性和较高的强力，适于外衣面料。

(2) 纱线层。毛圈型缝编无纺布，纬纱铺叠成网，由缝编纱形成的编链组织所加固。毛圈纱在缝编区中进行分段衬纬，在布面上呈隆起的毛圈状。可用于装饰布、服装衣料等。

无纺织物的兴起虽然不过半个世纪，但发展速度很快。与一般的交织布比，由于其结构和加工方式的独特性，使其具有广阔的应用前景。其产品已广泛地应用到民用服装、装饰用布、工业用布、医疗用材料及军工和高尖端技术等许多领域中，发展开发的产品有几百种，如各种服装衬料、窗帘、医疗保健用即弃产品、土工布、过滤布、坐垫、墙布、地毯、婴儿尿布、包装材料及农作物保温棚等。

四、毛皮与皮革

裘皮与皮革是珍贵的服装面料。一般将鞣制后的动物毛皮称为裘皮，而把经过加工处理的光面或绒面皮板称为皮革。裘皮是防寒服装理想的材料，取其保暖、轻便、耐用，且华丽高贵的品质。皮革经过染色处理后可得到各种外观风格，深受人们的喜爱。

（一）毛皮的构造与组成

毛皮兽的毛皮是由毛被和皮板组成的。毛被由针毛、绒毛和粗毛三种体毛构成。针毛生长数量少，是长而伸出到最外部的毛，呈针状，具有一定的弹性和鲜丽的光泽，给毛皮以华丽的外观；绒毛生长数量多，是在针、粗毛下面密集生长着的纤细而柔软的毛，主要起保持调节体温的作用，绒毛的密度和厚度越大，毛皮的防寒性能就越好；粗毛的数量和长度介于针毛和绒毛之间，毛多呈弯曲状态，具有防水性和表现外观毛色和光泽的作用。

皮板是由表皮层、真皮层和皮下层组成的。表皮层很薄，在皮革加工中被除去。真皮层是原料皮的基本组成部分，也是鞣制成皮革的部分，分上下两层。皮下层的主要成分是脂肪，制革工序中要除去。

（二）天然毛皮

天然毛皮主要来源于毛皮兽。一般兽毛皮是由表皮层及表面密生着的针毛、绒毛、粗毛组成。用作服装材料的毛皮，以具有密生的绒毛、厚度厚、重量轻、含气性好为上乘。就服装用毛皮来说，有以下几种。

1. *貂皮*

貂皮分紫貂皮、白貂皮、黑貂皮、水貂皮等。其针毛粗、长、亮，毛被绵软，绒毛绸密，质软坚韧，为高级毛皮。用于服装的外套、长袍、披肩等。

2. *水獭皮*

水獭皮毛被密生着大量的绒毛，其中含有粗毛，属针毛劣而绒毛好的皮种，其皮板坚韧有力。多用于服装的长、短大衣，毛皮帽等。

3. 狐狸毛皮

因生长地区不同，狐狸有各种品种，如红狐狸、白狐狸、灰狐狸、银狐狸等，其毛皮质量也有差异。一般北方产的狐狸皮品质较好，毛细绒足，皮板厚软，拉力强。狐皮的毛色光亮艳丽，属高级毛皮。多用于女式披肩、围巾、外套、斗篷等。

4. 羔皮

羔皮指羔羊毛皮，其毛被花弯绺絮多样，无针毛，整体为绒毛，色泽光润，皮板绵软耐用，为较珍贵的毛皮。一般用于外套、袖笼、衣领等。

5. 绵羊皮

绵羊皮属中档毛皮，其毛被毛多呈弯曲状，粗毛退化后成绒毛，光泽柔和，皮板厚薄均匀、不板结。主要用来做帽、坎肩、衣里、褥垫等。

6. 狗毛皮

狗毛皮毛皮特点是针毛峰尖长，毛厚板韧，颜色甚多，一般用在被褥、衣里、帽子上。

7. 兔毛皮

兔毛皮属低档毛皮，毛色较杂，毛绒丰厚，色泽光润，皮板柔软。可用于衣帽及童大衣等。

（三）天然皮革

各种兽皮、鱼皮等的真皮层厚度比较厚的原皮，经处理制成熟皮革。衣用皮革主要是服装革和鞋用革，多以猪、羊、牛、马、鹿皮为主要原料皮，此外鱼类皮革、爬虫类皮革也用于服装的装饰革及箱包等的加工制作。目前，我们常见的几种服用皮革如下。

（1）兽皮革：牛、羊、猪、马、鹿

（2）海兽皮革：海猪

（3）鱼皮革：鲨、鲸、海豚

（4）爬虫皮革：蛇、鳞鱼

其中牛皮革、猪皮革、山羊皮革、绵羊皮革和马皮革是使用最多的天然皮革，下面分别进行介绍。

1. 牛皮革

牛皮革的结构特点是真皮组织中的纤维束相互垂直交错或略倾斜成网状交错，坚实致密，因而强度较大，耐磨耐折。粒面毛孔细密、分散、均匀，表面平整光滑，磨光后亮度较高，且透气性良好，是优良的服装材料。常用于袋料、运动上衣、鞋类及皮包类等。

2. 猪皮革

猪皮的结构特点是真皮组织比较粗糙，且又不规则，毛根深且穿过皮层到脂肪层，因而皮革毛孔有空隙，透气性优于牛皮，但皮质粗糙、弹性欠佳。粒面凹凸不平，毛孔粗大而深，明显地三点组成一小撮则是猪皮革独有的风格。主要用于制鞋业。

3. 山羊皮革

皮身较薄，真皮层的纤维皮质较细、在表面上平行排列较多，组织较紧密，所以表面有较强的光泽，且透气、柔韧、坚牢。粒面毛孔呈扁圆形斜伸入革内，粗纹向上凸，几个毛孔成一组呈鱼鳞状排列。被用于做外套、运动上衣等。

4. 绵羊皮革

绵羊皮革的特点是表皮薄，革内纤维束交织紧密，成品革手感滑润，延伸性和弹性较好，但强度稍差。广泛用于服装、鞋、帽、手套、背包等。

5. 马皮革

比牛皮革组织稍粗，可用于制鞋。其毛孔稍大呈椭圆形，斜伸入革内，成波浪形排列。马皮革在服装上用得较少。

五、人造毛皮与皮革

裘皮与皮革服装的天然优越性，加深了人们对它的偏爱，其价值也随之大幅度地上涨，到今天，一件做工精细的高档裘皮服装，价值连城，已成为一种富有、高贵身份的象征。为了降低天然毛皮与皮革产品的成本，扩大其来源，近年来，人造毛皮与皮革有了较大发展。

（一）人造毛皮

人造毛皮是指采用机织、针织或胶粘的方式，在织物表面形成长短不一的绒毛，具有接近天然毛皮的外观和服用性能。

针织人造毛皮是指在针织毛皮机上采用长毛绒组织，由腈纶、氯纶或黏胶纤维做毛纱，在织物表面形成类似于针毛与绒毛的层结构。其外观相似于天然毛皮，且保暖性、透气性和弹性均较好。

机织人造毛皮是采用双层结构的经起毛组织，经割绒后在织物表面形成毛绒。这种人造毛皮绒毛固结牢固，毛绒整齐、弹性好，保暖与透气性与天然毛皮相仿。

人造卷毛皮是采用胶粘法，在各种机织、针织或无纺织物的底布上粘满仿羔皮的卷毛纱线，从而形成天然毛皮外观特征的毛被。其表面有类似天然的花绺花弯，毛绒柔软，质地轻，保暖性和排湿透气性好，不易腐蚀，易洗易干，被广泛地应用于各个方面。

（二）人造皮革

人造皮革主要是在棉布、化纤布等底布上，涂有乙烯、尼龙等，使表面具有类似于天然皮革的结构。乙烯涂制的人造革与天然皮革相比，有许多优点，如耐用性好、弹度、弹性好、不易变形、耐污易洗等，但缺少透气性和吸水性，影响穿着的舒适感。尼龙树脂制成的人造革比乙烯涂层人造革有所改观，增加了一定的透气和透湿效果。

聚氨酯合成革是近年发展起来的一种人造皮革，目前使用较为普遍。既具有较好的耐水性和耐磨性，又提高了其透水汽性，仿真效果好，有类似于动物皮革的纤维结构，加之易洗、易缝、易修补、价格便宜，因此成为一种广泛、普遍使用的产品。

第二节　服装的辅料

广义上讲，服装辅料应是指面料以外的一切服装材料，但因其品种繁多，种类复杂，一般都只是指衬料、线带、纽扣和花边等服装材料。

一、服装衬料的种类与作用

衬料是服装加工中最重要的辅助材料，主要用在衣领、两肩、胸部、裤腰、袖口等部位，一般都有较面料略高的硬度和弹性，而且又是衬在服装的里层，所以衬料常被视为服装的支撑骨架。目前除西装外，一般服装也常使用衬料，但不同的服装、不同的面料以及服装的不同部位应选用不同的衬料。

（一）服装衬料的种类

按造型特点的不同，可以将衬料分成衬布和衬垫两大类别，分别简称为“衬”和“垫”。实际上它们都起衬料的作用，但前者基本上是平面形的，即取布的形式；而后者则是立体的，取用的是它的三维形态。

衬布和衬垫都可以根据所用材料的不同、用途的不同、用作衬料的机理不同而分成许多类型，现简介如下。

1. 衬布类

近年来由于新纤维、新材料的广泛引用和纺织品成形方法和成形技术的进步，特别是组合型纺织复合材料的出现，使衬布的功能和品种有了很大的发展。现将主要的几种介绍如下：

（1）棉布衬，又称软衬，常见的棉布衬有粗布衬与细布衬，平纹组织，表面平整有粗布感，质地软，有一定的挺括度与弹性，属于低档衬布，用于服装某些边缘部位的拉紧与定型。

（2）麻布衬，属麻织物，平纹组织，具有比较好的弹性，常用作普通衣料的衬布。另外还有一种麻衬，是用麻与棉混纺的平纹织物浸上胶汁而成，具有质地硬挺滑爽、富有弹性与韧性的特点，但因缩水较严重，需缩水后再用。

（3）动物毛衬。动物毛衬类比较常用的是马尾衬和黑炭衬。马尾衬是马尾毛与羊毛交织的平纹织物，其幅度大致和马尾毛的长度相同，马尾衬的特点是弹力足、不折皱、挺括度高，主要用作高档服装的胸衬，一般用于男女中厚西装、大衣等。黑炭衬一般是由牦牛毛、羊毛、棉、人发混纺的交织品，多为深灰色与杂色，用平纹组织，其特点是硬挺且富有弹性，能赋予服装很好的造型，多用作中高档面料的衬布，如男女中厚型服装的胸衬等。

（4）化学衬。化学衬的品种很多，包括化学硬领衬、树脂衬和热熔黏合衬。化学硬领衬和树脂衬由于材质较硬，作为衬布过于硬挺，给人以不适的感觉，近年较少应用。热熔黏合衬是将热熔胶涂于底布或基布上制成的衬布，使用时不需繁复的缝纫加湿，只需在一定的温度、压力和时间条件下，使黏合衬与面料或里料黏合，从而使服装挺括、美观而富于弹性。由于黏合衬可使服装加工简化并适宜工业化生产，使服装获得轻盈美观的效果，所以被广泛采用，成为现代服装生产的主要衬料。由于热熔胶及底布的种类和性能多种多样。衬布的加工方法各异，因而，黏合衬的种类很多。

2. 衬垫类

衬垫是为了显示服装有穿着合体、挺括、美观的造型而采用的一种垫物。

（1）肩垫。肩垫是衬在上衣肩部的三角形垫物，作用是使肩部加高加厚，人体穿着后，肩部平整，可以达到挺括美观的目的。除大衣、西装之类需用垫肩外，一般女装衬衣也有用垫肩的。垫肩有用白布絮棉做成的，也有用泡沫塑料压制成的，后者是用聚氨酯泡沫塑料经切割压制而成，亦称海绵垫肩，特点是柔软而富于弹性，肩形饱满，目前已广泛应用。

（2）胸垫。胸垫衬在上衣胸部，可使胸部丰满而体现人体的曲线美，高档面料的胸垫多用马尾衬加填充物做成。

（二）服装衬料的作用

对服装来说，衬料能起到以下作用：有利于获得满意的造型；有利于提高服装形态的稳定性；有利于提高服装造型线条的清晰程度；改进了服装的抗折皱性、耐用性能和其他相关的服用性能；改善了面料的可加工性能和加工质量。

二、黏合衬布

黏合衬布是通过在衬布上涂布热熔胶形成的。热熔胶是一种可以使衬布与面料黏结在一起的胶粘剂，一种以热塑性树脂为主要成分的粉状聚合物。热熔胶具有一定的熔点，使用时只要将黏合衬布裁成需要的形状，然后将涂有热熔胶的一面与面料的背面相贴，经压烫即融成为一定黏度的黏流体而浸润于面料背面，使衬布与面料成为一体。

（一）黏合衬布的分类

一般是按涂层方法、涂布形成、底布种类、热熔胶种类和应用性能进行分类。

（1）按涂层的几何图形分：有有规则点状黏合、无规则点状黏合、断线状黏合、计算机网点状黏合（胶粒间距相等但排列无规则）、网状黏合、裂纹薄膜状黏合（在热熔胶薄膜上有六角形裂纹）等（见图8-1）。

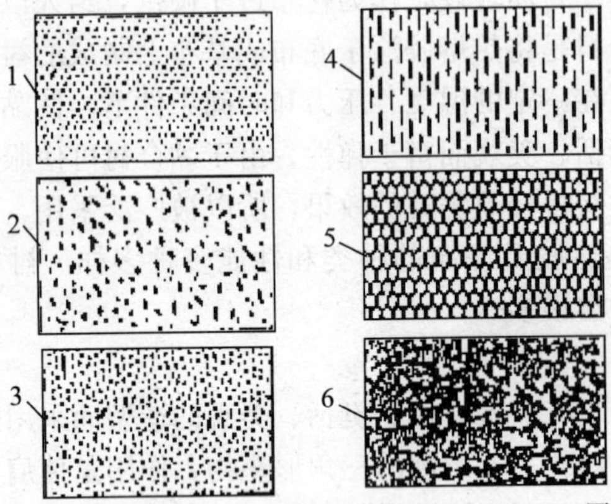

1—有规则点状 2—无规则点状 3—计算机点状 4—断线状 5—网状 6—裂纹薄膜状

图8-1 以各种几何图形涂布的黏合衬布

（2）按涂层方法分：有用撒黏法、喷射法和熔融法生产的衬布。

（3）按底布种类又可分为：梭织黏合衬、针织黏合衬、无纺黏合衬，它们分别用这三类织物作底布。

（4）此外根据使用的热熔胶是一种还是两种或两种以上混合，又可以分成单胶黏合衬及混合胶黏合衬。

（5）按热熔胶种类可分为：聚乙烯黏合衬，用聚乙烯（PC）作热熔胶；聚酰胺黏合衬，用聚酰胺（PA）作热熔胶；聚酯黏合衬，用聚酯（PET）作热熔胶；聚氯乙烯黏合衬，用聚氯乙烯（PVC）作热熔胶；乙烯—醋酸乙烯共聚物黏合衬，用乙烯—醋酸乙烯共聚物（EVA）作热熔胶；聚氨酯黏合衬，用聚氨酯（PU）作热熔胶。

（二）黏合过程与黏合机理

1. 黏合过程

两个同类或不同类的固体，依靠介于两者表面之间的另一种物质牢固地结合在一起，称为黏合；介于两固体间的物质称为黏合剂；两边的固体物称为被黏物。对于黏合衬布来说，黏合剂是纺织用热熔胶，被黏物为底布与面料。

纺织材料和热熔胶的黏合，是在一定温度、机械压力和作用时间下，通过热熔压烫来实现的。黏合过程大致分为以下三个阶段。

（1）热熔胶受热熔融为黏流体，具有流动性。

（2）熔融的热熔胶浸润织物表面并渗入面料和底布的纱线缝隙及其周围。

（3）加压并在降温后去除压力，热熔胶固化并固着在两层织物之间。

2. 黏合机理

理想的黏合应是热熔胶与织物的黏合力大于热熔胶的内聚力。热熔胶与纤维之间的黏合力可能由以下几种形式的“结合”所产生。

（1）机械嵌入结合，指固化后的热熔胶镶嵌在纤维缝隙之间，把纤维联结在一起的一种结合方式，故也称为机械嵌入结合。由于热熔胶并不能完全浸润纤维间隙，所以这种结合的形成在很大程度上受两相接触点多少的限制。织物表面的粗糙程度、毛细管大小、热熔胶的黏度都会影响这种结合。

（2）扩散结合，指热熔胶分子与纤维分子间通过相互扩散而形成的一种结合方式。这时分子将相互渗透至对方，把二者熔合在一起，扩散程度越大，则黏合牢度越高。

（3）物理吸附结合，指在热熔胶分子与纤维分子间产生结合链的结合方式。其结合牢度视热熔胶的种类与纤维种类而定，若能形成牢固的结合力，黏合强度就高。

3. 黏合的破坏

衬布与面料间的黏合，在服装使用了一段时间以后就会被破坏，如果黏合有缺陷，破坏还会提前。根据黏合破坏部位的不同，可以归纳成四种破坏形式，如图 8－2 所示，即织物破坏、热熔胶内聚破坏、剥离破坏和混合破坏。正常的破坏形式应该是前面两种形式，如果是这样破坏，表明黏合的目的达到了。剥离破坏是因为黏合没有实现预想的作用，但实际的破坏形式主要还是混合破坏。

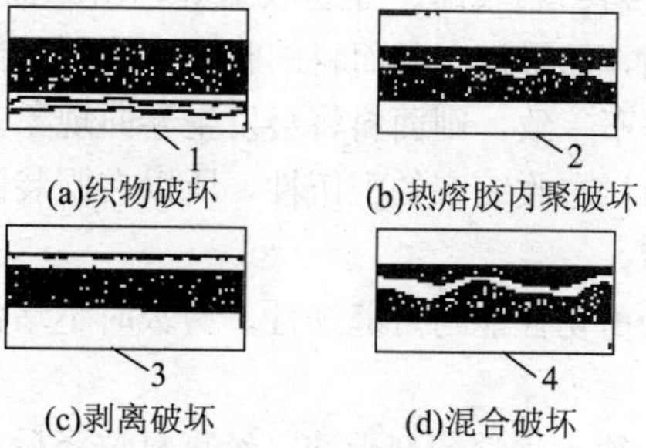

图 8－2　黏合破坏类型

4. 黏合衬布的质量要求

黏合衬布虽然用作服装衬里，但其质量要求在某些方面甚至还严于面料。衬布除应有一般的外观质量要求外，还应有内在质量与服用性能的要求，如表 8 - 1 所示。

表 8 - 1　服装用黏合衬布的质量要求

项目		衬衫黏合衬		外衣黏合衬	
		优级品	一级品	优级品	合格品
剥离强度 N/2.5cm		≥10.88	≥7.84	≥12.74	≥8.82
缩水率（%）	经向	≤1.0	≤1.5	≤2.5	≤3
	纬向	≤1.0	≤1.5	≤1.5	≤2
热收缩率（%）	经向	≤0.4	≤0.6	≤0.6	≤1.0
	纬向	≤0.4	≤0.6	≤0.6	≤1.0
耐洗性能（次数）	水洗	≥20	≥10	≥5	—
	干洗	—	—	≥5	≥5
渗料性能		不渗料	不渗料	不渗料	正面不渗料，背面轻微渗料

(1) 衬布与不同面料的黏合均应达到一定的剥离强度，特别是剥离强度的均匀性。因为任何局部脱胶都会引起剥离破坏，这一要求与热熔胶涂布是否均匀有关。此外，热熔胶的黏合性、底布和织物的纤维种类、织物组织、表面光洁度与表面处理，以及压烫加工工艺等都会影响剥离强度。

(2) 衬布与面料的收缩率要一致。在服装的加工使用过程中，面料和衬布都要发生收缩，如洗涤收缩、热收缩、缝纫收缩等，由于面料和衬布黏合在一起，二者的收缩会相互影响，如果衬布和面料的收缩一致则可保持面料形态不变；但如果衬布和面料的收缩不一致，则面料将会发生卷曲现象。这种衬布与面料收缩的一致性，称为面料与衬布收缩率的配伍性，所以在服装配料时，一定要根据面料的性能慎重选用衬布。

(3) 应具有良好的剪切性能与可缝纫性。剪裁时不玷污刀片，缝纫时不玷污针眼。

(4) 外衣黏合衬必须耐化学药剂干洗，经重复洗涤后也不脱胶、不起泡。一般外衣，特别是丝绸、毛料常用的洗涤方法为干洗，即用有机溶剂去除织物上的油污，因为干洗剂对热熔胶一般都有影响。

(5) 衬衫黏合衬应可耐 90℃ 以下热水洗涤，而外衣黏合衬要耐 40℃ 以下温水洗涤，洗后不脱胶、不起泡。因为洗涤过程中，水分子会渗入黏合界面被热熔胶与纤维吸收，如果是在剧烈搅拌和揉搓条件下洗涤，就可能会发生局部脱胶现象。

(6) 外衣黏合衬还应具有柔软的手感，而衬衫黏合衬则应具有适当的硬挺度并有较好透气性，以保证穿着舒适。

(7) 压烫黏合时应不会出现正面（面料一侧）或背面（衬布一侧）有渗料现象。同时，热熔胶还应具有一定的抗老化性，在衬布使用期内不出现老化泛黄现象。

三、服装里料

服装的里料俗称夹里。当前除夏季服装外，一般服装均使用里料，包括各种裙装。

(一) 里料的选择原则

在选用什么织物作里料时，应注意以下几个方面的要求。

(1) 注意里料的缩水率不能过大，应与面料大体相当。里料缩水过大或过小，都会使服装不平挺甚至走样。若里料缩水率过大，可让里料预留 1cm 的虚边以防缩水。

(2) 里料的色牢度要好，以免洗涤时褪色，使面料搭色不协调，影响服装美观。里料色泽的选配要适当，一般里料色泽要与面料相似，特别是男装。女装里料色泽可浅于面料。

(3) 里料的透气性、吸湿性要好，特别是薄型裙装。对于秋冬服装的面料来说，还要有一定的保暖性。

(4) 里料要光滑，易于穿脱，耐磨牢度要好，并具有一定的柔软性。

(5) 应根据面料的档次，选择相应档次的里料。如毛料西服，一般要选用美丽绸做里料；而涤棉两用衫，选用府绸类即可。注意经济但又要不失服装的身价。

(二) 里料的主要品种

适合做里料的纺织品很多，习惯上使用的主要有以下这些品种。

(1) 棉布类：如市布、府绸，特别是后者，适合做春秋两用衫、夹克衫之类的服装里料。

(2) 丝绸类：如塔夫绸、羽纱、花软缎、素软缎、洋纺、电力纺。

(3) 化纤类：如美丽绸、尼丝纺、无光纺、涤平纺等。

(三) 里料的作用

里料主要起以下几方面作用：①使服装有挺括感；②起保暖作用；③保护服

装面料，尤其是对呢绒类面料；④作为填充料的夹层，不会使絮料裸露在外面；⑤可使衣物易穿脱和对薄型、透明、半透明面料的服装起遮蔽作用（如裙装），使服装雅观大方。

四、服装填料

填料是服装面料与里料之间的填充物，主要用于冬季服装的防寒保暖。

（一）服装填料分类

（1）絮类填料：棉絮（棉花）、丝绵（蚕丝）、羽绒、骆驼毛等。

（2）纺织品填料：长毛绒、毛皮、仿真毛皮、非织造絮片等。

（二）填料的主要品种及用途

1. 絮类填料的主要品种及用途

（1）棉花主要用于做衣、裤、被子及做垫衬等，皮棉需加工成网状絮棉方可使用。

（2）丝绵是由茧丝或剥取蚕茧表面的乱丝（茧衣）整理而成的片状丝网，主要用于衣、裤及被子等。

因丝绵的原绵呈丝片状，在使用上有一些特殊要求，故用前要先把丝片逐步绷开，直到整个丝片完全蓬松舒展成丝絮（称为丝绵）为止。丝绵和棉絮不一样，棉花的纤维短，可撕成一束一束的；但丝绵却不容易撕开，绷丝绵就是将两手伸在丝片中间慢慢抖动，逐步绷开，反复操作。绷开时应根据服装的长度，需要多长就绷多长。

（3）骆驼毛分细毛与粗毛两种，细毛为驼绒，与绵羊毛相似，强度大、光泽好、保暖，是高级粗纺织物原料；粗毛用作填料，可直接用来絮衣服。骆驼毛使用方法与棉花类似，但保暖效果大大优于棉花，既轻又软，且经久耐用，洗涤后晾干翻晒，保暖性不变，是很好的天然絮料。

（4）羽绒是近年来使用最广泛的填料，羽绒制品有质轻、保暖、松软等特点，羽绒包括鸭绒、鹅绒，作填料使用的羽绒需要用特殊设备将羽绒装入已成型的衣服（或其他制品）套子内，然后将口封闭。

2. 纺织品填料的主要品种及用途

（1）絮片。目前常用的絮片是腈纶短纤维及中空涤纶短纤维制成的网状集合体。它们的保暖性好，质轻，絮片厚薄均匀，而且使用时可以根据尺寸裁剪，极为方便。此外还有驼毛与腈纶的混合絮片，能综合两种纤维的优点。

（2）驼绒布，亦称骆驼绒，实际上是一种针织绒布，并不是用骆驼的绒毛织造的。只是由于织物的外观特征，尤其是取棕色的绒布，同骆驼的毛绒十分相似，因此称为骆驼绒。驼绒布为针织起毛织物，绒身质地松散，手感柔软、丰满、厚实，绒面蓬松、富有弹性、保暖性强。

驼绒布根据原料分，纯毛驼绒布起绒纱为羊毛纱，混纺驼绒布起绒纱为羊毛与黏胶混纺纱，腈纶驼绒布起绒纱为腈纶短纤维纱。驼绒布的底部多由 29tex 或 28tex 棉纱织成，起绒纱均为 250～133tex 纱。根据织造方法分，则有圆机布与经编布两大类产品。圆机产品为圆筒状，需经整理改成平面独幅，此类产品为素色驼绒；经编机织驼绒布是先将毛纱染色，在经轴上排成不同的花纹图案，织出产品多为条子驼绒布。驼绒布织成后必须再经起毛机做出毛处理，以产生厚密的绒毛。

驼绒布重量通常在 440g/m^2 左右，其中所含毛的重量为 30%～50%，根据驼绒品种而异，所用毛的品质及含量对驼绒布质量影响很大。驼绒布的绒面有倒顺方向区别，以手抚摸如果顺手而平，便为顺向；如毛乱，则为倒向。

各种驼绒布用途基本相同，作保暖填料用时可直接制成服装里料，色泽鲜艳的也可作儿童外衣面料、帽子、斗篷等。

五、线带类材料

连接材料所起的作用是把衣片连接起来形成服装，并保证服装能正常使用，所以，有时也称它为固紧材料或固紧件。属于这种作用的服装材料主要有线、纽扣和拉链。

（一）线类材料

线是服装缝制中必不可少的材料，根据线类所用的原料大体可分为两大类：一类是用棉纤维制成的线，另一类是用化学纤维制成的线。

1. 棉线

常用的棉线有轴线与宝塔线两种卷装形式。

轴线采用的是由单股棉纱合股加捻制成的线。这种线若再经过炼染、上浆、打蜡等工艺处理，可被制成光滑、柔韧的蜡光线，若是经过丝光处理的则称为丝光线。轴线多用于家用缝纫机，轴线分类如表 8－2、表 8－3 所示。

表 8－2　轴线按支数、股数及长度的分类

序号	长度（m）	线密度（tex）	股数	是否上蜡
1	412	13.9	3	上
2	457.2	13.9	3	上
3	914.4	13.9	3	上
4	183	18.2	6	否
5	183	13.9	6	否
6	183	9.7	6	否

表 8-3　　轴线按色泽的分类

编号	色泽	编号	色泽	编号	色泽
1	白	9	深蓝	17	枣红
2	浅灰	10	宝蓝	18	紫红
3	中灰	11	草黄	19	米色
4	深灰	12	黄绿	20	米黄
5	蓝灰	13	果绿	21	米褐色
6	月白	14	墨绿	22	鹅黄
7	月蓝	15	粉红	23	咖啡
8	品蓝	16	大红	24	黑色

宝塔线长度较长，经过炼漂、丝光和烧毛处理后，线的表面无细绒毛，质地柔软光滑，便于缝纫，也便于在快速运转中退解。宝塔线容量大，使用时不需要经常换线，因此多为工业缝纫机用线。

2. 化学纤维线及混纺线

(1) 化学纤维线有涤纶线、锦纶线、维纶线等，混纺线常见的是涤棉线。

①涤纶线大多数是用100%涤纶短纤维纱制成的合股线，特点是强度高，约为棉线的1.6倍；耐磨性能好，约为棉线的2.5倍；缩水率小，约为0.4%。其主要卷装品种有线球、轴线及宝塔线。

②锦纶线是用纯锦纶长丝纱制成的股线，有线球线与宝塔线两种。锦纶丝线一般用于缝制化学纤维织物，也用于呢绒、羊毛衫的缝制。特点是：抗断裂强度高，耐磨性能好，吸湿性小，弹性高。但锦纶丝线的耐热性能不够好，因此其熨烫温度不宜过高。

③维纶线是用纯维纶短纤维纱制成的合股线，有宝塔线与线球线等种类。线球线一般用来锁眼和钉扣，而宝塔线则用来缝制厚实的帆布制品。维纶线特点是：断裂强度高于棉线20%～40%，耐磨性能低于锦纶线，但比棉线高一倍左右，最大优点是化学稳定性能好。

(2) 涤棉混纺线是由65%涤纶和35%棉混纺纱制成的股线，优点是：强度高、耐磨性好、缩水率小、柔软性及弹性均良好，因能适应较高缝纫速度，涤棉混纺线是目前使用最广泛的一种线，可用来缝制各种衣服。

3. 特种用线

特种用线指的是金银线与绣花线。

(1) 金银线。目前使用的均为涤纶金银线，是以聚酯薄膜（或聚酰胺薄膜）真空镀铝，外表涂以无色或有色透明涂料，或把真空镀铝聚酯薄膜与未镀铝聚酯薄膜进行层合，再切割成扁条，加以不同颜色的涂料制成彩色金银线。其特点是发脆易断，不抗揉搓，很少真正作连接线材使用，而是起点缀装饰作用。

（2）绣花线。是缝制服装的装饰用线，由蚕丝长丝纱、黏胶长丝纱、锦纶长丝纱、涤纶长丝纱制成。色泽鲜艳，花色品种繁多，应用时需视衣料的色泽采用相应的绣花线。

六、紧扣类材料

（一）纽扣

纽扣的种类很多，分类方法也各异，一般可以按原料、结构、用途进行分类，但多数按原料进行分类。

1. 塑料纽扣

塑料纽扣包括胶木纽扣、聚苯乙烯纽扣、珠光有机玻璃纽扣。

（1）胶木纽扣。用酚醛树脂加木粉冲压成型，多以黑色为主。胶木纽扣多为圆形的明二眼与四眼扣，表面发暗不光亮，质地比较脆、易碎，规格有5～13mm不同大小的品种，价格低廉，为低档男女服装及童装的裤扣等。

（2）电玉纽扣。用脲醛树脂加纤维素填料冲压成型。圆形的有明眼与暗眼的区分，其特点是表面强度高，耐热性能好，不易燃烧，不变形，色泽好，晶莹透亮，有玉石一样的感觉，故也称电玉纽扣。颜色有多种，有单色的，也有夹色的。这种纽扣经久耐用，价格便宜，多用于男女中、低档服装及童装。

（3）聚苯乙烯纽扣。亦名苯塑纽扣，用聚苯乙烯塑料注塑成型。以暗眼为主，纽扣表面花型很多，色泽有黄、白、果绿、粉红、天蓝、橘红、咖啡等多种。特点是光亮度、透明度均好，耐水洗，但质地较脆，表面强度低、多用于童装。

（4）珠光有机玻璃纽扣。是用聚甲基丙烯酸甲酯加入适量的珠光颜料浆，先制成板材，然后经切削加工成表面闪有珍珠光泽的纽扣。以圆形为主，有明眼扣与暗眼扣之分。珠光纽扣的特点是色泽鲜艳夺目，花色品种繁多，质地坚韧而柔软，但耐热性差，一般用作衬衫、西装、大衣、皮革服装的纽扣。

2. 金属纽扣

真的金属纽扣不多，只有电化铝纽扣、四件扣、按扣等，而大多数则是各种塑料纽扣，在外面镀上各种不同的金属电镀层。

（1）电化铝纽扣。用铝薄板切割冲压成型，表面经电氧化处理后呈黄铜色，有各种形状。这种以铝代铜的纽扣质轻不易变色，一般用于女外衣及童装。

（2）四件扣。由上下四个部件的结构组成，原料是金属材料外表镀锌或铬。四件扣启开拉力为1.45kg，这种纽扣合启方便，坚牢耐用，可作羽绒衣及夹克衫的纽扣。

（3）按扣（揿钮）。原料主要是含铜的合金，一般分大、中、小三种规格，大号适宜于沙发、被套、棉衣等，中小号用于内衣、单衣及童装。

另外还有镀铬纽扣、镀铜纽扣、古铜纽扣等，由塑料注塑成型以后，在表面电镀而成。质地很轻，具有庄重富丽的感觉，适宜于外衣用扣。

3. 皮革纽扣

采用皮革的边角料，缝制成条带后再编结成型，用于猎装及皮革服装，有丰满厚实的感觉。

4. 衣料布纽扣

衣料布纽扣分两种，一种是包布纽扣，另一种是编结纽扣。包布纽扣亦称包扣，通常用衣料的边角料包上胶木纽扣，用手针缝制而成。其特点是与衣服的协调性好但不耐用，此种纽扣多用于女装和便装。编结纽扣又称盘花扣，是用衣料的边角料或丝绒制作的，由纽襻和纽头两部分组成。这种纽扣为我国传统的中式服装纽扣，穿用编结纽扣，显得有民族特色。

5. 木质纽扣

木质纽扣是用桦木、柚木经切削加工制成的纽扣，有本色与染色的两种，圆形的少，异形的多，一般有竹节形和橄榄形的，特点是富于真实感，显得自然大方。

6. 贝壳纽扣

贝壳纽扣是用水性的硬质贝壳材料加工制成的，正面为白珍珠母色，呈天然珍珠效应，多为圆形的明眼扣。贝壳扣的特点是质地坚硬，光感自然，但颜色单调，有点发脆，多用作男女浅色衬衫的纽扣及医用消毒服纽扣。

除以上介绍的几种纽扣外，随制造技术的不断发展，纽扣的材料、式样、颜色等正不断翻新。

（二）拉链

拉链主要用于服装的门襟、裤门等处，也用于手提包、票夹等以代替纽扣，常用的拉链有以下几种。

1. 塑料拉链

塑料拉链又称树脂拉链，是用树脂加工成链齿，然后压在纱带上。这种拉链手感柔软舒适，色泽比较多，质地坚韧、轻巧、不怕水，链齿的附着力比金属拉链还牢，不易脱落，用于运动衫、夹克衫、羽绒服、工作服、救生衣等。

2. 金属拉链

金属拉链的链齿是用铝或铜制作的，然后把链齿安装在纱带上，用拉链头控制拉开或闭合。服装使用拉链可省去挂面和叠门，也不必开纽扣眼，简化了服装制作工艺，穿脱也方便。金属拉链多用于运动衫、夹克衫、口袋、门襟等。

3. 无形拉链

无形拉链是用锦纶丝圈或聚酯丝圈与纱带组合而成，依靠硬质丝圈间的啮合形成固紧，无链齿。它比金属拉链及塑料拉链细巧、耐磨而且有轻滑感，适用于妇女及儿童单薄衣衫。

(三) 选择紧扣材料时应遵循的原则

(1) 应考虑服装的种类，如婴幼儿及童装紧扣材料宜简单、安全，一般采用尼龙拉链或搭扣；男装注重厚重和宽大，女装注重装饰性。

(2) 应考虑服装的设计和款式，紧扣材料应讲究流行性，达到装饰与功能的统一。

(3) 应考虑服装的用途和功能，如风雨衣、游泳装的紧扣材料要能防水，并且耐用，宜选用塑胶制品。女内衣的紧扣件要小而薄，重量轻而牢固，裤子门襟和裙装后背的拉链一定要自锁。

(4) 应考虑服装的保养方式，如常洗服装应少用或不用金属材料。

(5) 考虑服装材料，如粗重、起毛的面料应用大号的紧扣材料，松结构的面料不宜用钩、袢和环。

(6) 应考虑安放的位置和服装的开启形式，如服装紧扣处无搭门不宜用纽扣。

七、服装装饰材料

我们把一般的服装装饰材料称作花边。花边种类繁多，花边也是装饰材料最不可缺少的组成部分，是女装及童装重要的装饰材料，包括机织花边和手工花边。机织花边又分为梭织花边、刺绣花边和编织花边三类；手工花边包括布绦花边、纱线花边和编织花边。服装花边重视的是审美性、耐久性和洗涤性，选择和应用花边时，需要权衡花边的装饰性、穿着性、耐久性三个特性，根据不同的需求加以选择。

如今，我们的生活日新月异，随着个性时代的到来，在追求时尚的年代里，许许多多的装饰材料都成为现代的流行元素，如手钉珠片、手绣棉线花、手摇系列产品、印度丝徽章等，都被很多时尚大师收录，酝酿成一件件服饰精品。

八、商标和标志

服装商标就是服装的牌子，是专用在本企业服装上的标记，也是服装质量的标志。随着人们商品意识的加强，对服装商标越来越重视，它虽对服装功能不起直接影响，但对服装质地确实起到监督作用，也对消费起到指导和宣传作用。商标按原料分类有：纺织品印制的商标、纸制商标、编织商标、革制商标和金属制商标。

标志是用图案表示的视觉语言。标志的内容有：成分组成、使用说明、尺寸规格、原产地（国）、条码、缩水率、阻燃性等。标志是由国家颁布的标准说明和图案构成的。设计优美和制作精良的商标和标志，不但给予人们美学上的享受，而且可提高服装本身的身价，起到良好的宣传效果。故无论生产制造商或消费者都应充分重视商标和标志，同时应按法律规定去使用它们。

第三节　服装面料的外观风格

一、风格的基本概念

风格，是指材料的物质属性刺激了人的感官后形成的一种涉及心理映射的感觉效果。按此解释，服装面料的风格就是指面料的外观形态与其他质地特征刺激了感觉器官以后，对面料形成的一种和感觉有关的心理感受。这种感受可以来自以下七个方面。

（一）形感

形感指从衣料在特定成型条件下形成的线条和造型中获得的视觉效果。如：衣料的赋型性、成裥能力、悬垂性、线条的细腻性、贴身性及造型的对称性均属于形感的范畴。

（二）像感

像感是指由纺织品表面形象所提供的一种视觉效果。衣料的颜色和图案是像感的一个方面，但对衣料的风格而言，与质地有关的织纹图像提供的视觉效果在像感中起着十分重要的作用。

（三）光感

光感即光泽感，是指光泽所形成的视觉效果。光泽感和物理学中的光泽不同，它除了由光泽强弱引起的感觉效果外，还有由反射光分布组成与结构的差别引起的感觉差异。

（四）色感

色感指能辨别不同波长光波的感觉，亦称色觉。人不只能辨别亮度，也能察觉色这种光的质的差异。人在接受了纺织品色彩的刺激以后，会形成涉及心理映射的感觉效果是十分典型的风格现象，而且不同心理素质和不同艺术修养的人，心理映射的特点不一样，它们可以从色彩刺激中获得冷热、轻重、软硬、明快、欢乐、沉静等不同的感觉效果。

（五）手感

手感指手在平行及垂直于织物平面方向上移动时所获得的触觉效果。用来刻画手感的语言是很丰富的，如滑爽、粗糙、细腻、膨松、厚实、凉爽、柔软、丰满等。此外，衣料发生弯曲、剪切等复合变形行为时的感觉信息，也可以从手感中获得。

（六）舒适感

舒适感通常是指热舒适感。即衣料在人体周围形成的热湿环境给人体提供的一种和人的生物物理有关的感觉效果。

（七）声感

声感主要是指织物与织物间摩擦时的声响所引发的感觉效果。这一风格概念是从蚕丝的"丝鸣"中得到启发形成的，蚕丝经特殊处理后，会发出一种类似于谐音结构的声音，并同时能提供具有黏滑运动特征的滑糯手感。

二、服装面料的色彩与色感觉

色彩是外观风格中一个很重要的主题，是一种最大众化的美感表现形式，但同时也是一个交叉有多种学科的技术科学和艺术科学。服装业作为一种消费品制造业，围绕着服装的成型与消费，会在不同的层次上对服装的色彩提出不同的理解和要求。

（一）物体色与光源色

任何非发光体的颜色都是由对照射光线有选择地吸收、透射和反射来决定的，服装面料属非发光体。通过吸收和反射形成的颜色称为表面色，通过吸收和透射形成的称为体积色。表面色和体积色都是在有选择吸收的基础上形成的，所以都属于物体色。

如果物体没有对照射光线有选择地吸收，只是把照射的光线全部反射回去，那么这时形成的颜色就不是物体的颜色而是光源的颜色。光源色应该有和光源相同的光谱分布。

分清物体色和光源色的概念对纺织服装有十分重要的价值。如果面料所用的是具有原纤构造的纤维素材，而且构造中原纤间距尺度能方便照射光线的进入，吸收并再反射的机会就会增加。这样的素材不仅可以使产生的颜色是物体色，而且因为进入纤维内的光线多，能够使物体色得到更好的表达，这就是通常所说的发色好。相反，如果进入纤维内的光线少而直接从表面反射得多，就不可避免地会在形成的颜色中包含较大比例的光源色。白色的光源色，对物体颜色的正确表达一定是不利的。如果这个面料所用的是一种非原纤构造的纤维素材，而且透明度也不高，那它所形成的颜色中，必定是光源色比例增高，而物体色比例减少。这样的面料，色感觉的效果一定比前一种面料差。

（二）色感觉的客观量度

色感觉是一种心理物理学现象，而引发色感觉的光刺激则是一种物理现象。

因此，可以通过对光刺激的物理量度，从客观上去认识色感觉的物理内涵，并可依托这样的客观量度实现对色感觉的间接表征。

对光刺激作物理量度的主要内容有以下三个。

1. 亮度

可以通过量度反射（或透射）光线的强弱程度来表达亮度水平。

2. 主波长与光波谱曲线

可以通过量度可见光的光谱波长曲线，了解到波长与能量的对应情况，以及具有最大能量的主波长与形成色感觉的光刺激范围。

3. 纯度

可以通过量度未混入白、黑、灰（即非彩色系）刺激的窄带单色刺激（能量）得到。

（三）色感觉的主观响应

人眼在接受光刺激后所引发的主观响应称为色感觉。生活需要色彩的原因，就是因为色彩会对人的心理和行为产生影响，甚至使人产生种种富于情感的响应，因此色彩对日常生活起着重要的作用。

那么色彩是通过哪些因素对人的心理产生影响的呢？从心理学的角度，人们提出了三个心理学量度作为描述这种心理影响的要素，称为色感觉的三个视觉属性，简称颜色三属性，即色相、饱和度和明度。有了这三个心理量度，不仅可以认识色彩的心理效应和情感响应，并且也可以据此去识别色差并作色差鉴别。

现分别将这三个心理学量度的概念和含义介绍如下。

1. 色相（色调）

色调是色彩的一种最基本的感觉属性。这种属性可用以区分光谱上的不同部位，即按红、橙、黄、绿、青、蓝、紫等色感觉来区分色谱段。如果没有了这种视觉属性，世界就只能是一个黑白的世界，而不是彩色的世界。所以，我们可以根据物体有无色调属性，将所有物体引发的色感觉分成两大体系，即有彩色系与非彩色系（色彩视觉）。

（1）有彩色系：指具有色调属性的色感觉。只有属于有彩色系列的色感觉，才有色调、饱和度、透明度这三个心理学量度。

（2）非彩色系：指不具备色相属性的色感觉。这实际上是指由黑色、白色和处于这二者之间的各种深浅不同的灰色组成的色系。所以，非彩色系也称黑白系列或五色系列。在由白至黑当中出现系列不同等级的灰色过渡，实际上只是一个明亮程度的变化。因为白色是一种反射率为100%的无选择反射，而黑色的反射率是零。所以，在这个系列里，反射率高就接近白色，反射率低就接近黑色。这就是说，对非彩色系列来说，它只有明度这样的心理学量度。

2. 明度

明度是一种用来区分非彩色系的色觉明暗层次的视觉属性。前面已经指出，它取决于物体的选择反射能力，即光刺激能量水平的高低。

明度同样也可以用来区分有彩色系色觉明暗层次。

根据明度感觉的强弱，从最明亮到最暗可以分成三段水平，白——高明度端的非彩色觉；黑——低明度端的非彩色觉；灰——介于黑白之间的中间层次的明度感觉。

3. 饱和度

饱和度是一种用来对有彩色系中各种色彩视觉的鲜艳程度进行描述的视觉属性。鲜艳程度越好，说明色素物质的浓度越高，颜色越浓艳，饱和度也越高。

用来说明饱和度的词汇，大家熟悉的有浓、淡、深、浅等。如果饱和度等于零，那就说明讨论的对象不属于有彩色系，而是非彩色系的。

（四）视觉传达的心理影响与色感觉转移

1. 视觉传达的心理影响

视觉传达所要做的就是通过视觉去传播由色彩构成所引起的视知觉信息，也就是说，这时视觉传达所传播的是一种属于符号体系的视知觉信息。按知觉心理学的观点，符号就是图像，视觉传达就是图像识别。所以，色彩（图像）信息明晰有效的表达，应视为视觉传达的基本要求。

视觉传达既然是知觉心理学问题，心理作用就不可能不对传播的视知觉信息产生影响。这种影响主要表现在色彩（图像）的判读性和目视性上。

2. 色感觉转移

服装需要色彩是因为色彩具有唤起情感的力量，能提供形式美感，即它能通过对人感官的刺激引发美好的情感响应，这实际上就是服装色彩的风格特征。

色感觉除了色调、明度和饱和度这三个属于它自身的视觉属性外，还有许多从与色视觉有关的其他感觉经验中衍生出来的新感觉属性，其中最有价值的就是由色视觉引发出来但并非色视觉的感觉属性。例如由色视觉引发的色彩的冷暖（温度）感、空间感、重量感、时间感等。这样一种从与色视觉有关的其他感觉经验中衍生出新感觉的方法过程，被称为色感觉转移。

三、服装面料的形态风格

服装面料的形态风格，是指衣料因赋型或造型中形成的线条形态刺激视觉器官后，所形成的一种涉及心理映射的感觉效果或称情感响应。形态风格可以通过织物的刚柔性、赋型性和形态稳定性等物理概念间接加以表达。

形态风格在服装设计中有非常重要的作用，主要是因为这种感觉直接来自视觉，而服装虽有保暖遮体的要求，但穿给自己和别人看才是最主要的目的，即视觉上的形态美可以决定对这件服装的取舍。

（一）面料的刚柔性

刚柔性是指织物抵抗弯曲变形的能力。弯曲刚度与弯曲弹性模量常被用来评价织物的这一性能。

1. 刚柔性的表征方法

刚柔性的测定方法很多，但都是根据弯曲刚度越大越难弯曲的原理设计的。有直接测定弯曲刚度的，也有间接测定的，后者因简便实用，应用更广。在实际工作中，斜面法的应用最为广泛。

斜面法是用抗弯长度 C（cm）的大小来表示织物硬挺度的，抗弯长度的定义式是：

$$C=lf(\theta)=l\cdot\left[\frac{\cos\frac{1}{2}\theta}{8\tan\theta}\right]^{\frac{1}{3}}$$

式中：l——滑到斜面上的织物长度（滑出长度 mm）；

θ——斜面角。

因为我国规定 $\theta=45°$，所以上式可改变为：

$$C=0.487l$$

设织物弯曲刚度为 B（cN·cm）、弯曲弹性模量为 q（N/cm^2），可求出它们与抗弯长度（滑出长度）间有如下关系：

$$B=9.8G\times(0.487l)^3\times10^{-5}$$

$$q=\frac{117.6B}{t^3}\times10^{-3}$$

式中：G——织物重量（g/m^2）；

t——织物厚度（mm）。

弯曲刚度和弯曲弹性模量表征刚柔程度的意义并不等同。弯曲弹性模量是一个和材料形态尺寸（如织物厚度）无关的参量，而弯曲刚度除与弹性模量有关，还与织物厚度有关。

实际操作时，常用抗弯长度取代弯曲刚度来进行比较，得到的只能是一种比拟的结果，只能作为参考。正确做法是先分别测出经、纬向的弯曲刚度或弯曲弹性模量，一般测定经、纬各 3～5 块，再计算其平均值作为织物的抗弯刚度。现行标准规定织物的总抗弯刚度 B，是由经、纬向抗弯刚度的几何平均值来表示的：

$$B=\sqrt{B_J B_w}$$

式中：B_J——织物经向的抗弯刚度；

B_w——织物纬向的抗弯刚度。

2. 影响刚柔性的因素

（1）纱线的弯曲刚度。纱线的弯曲刚度是决定织物弯曲刚度的主要因素。而决定纱线弯曲刚度的因素主要有纱线的弯曲弹性模量和细度，决定纱线弹性模量的因素主要是纤维的弹性模量和纱线结构。在众多的影响因素中，有实际操作意义的主要是纤维的弹性模量和纱线的细度。

纤维弹性模量低的，纱线的弯曲刚度就小，反之就大。纱线细的（号数低或支数高的），不仅纱线的弯曲刚度低，而且织入织物后形成的厚度也小，织物的弯曲刚度可以有较大幅度的减少。由于形态尺寸（细度、厚度）和材料弯曲刚度之间的关系是一个高次方的反比例关系，所以实际上形态尺寸对刚柔性的影响要比对弹性模量的影响大。

（2）织物的组织和紧度。织物的组织和紧度与织物弯曲刚度有关。在其他条件相同的情况下，平纹组织应较刚硬，但随织物中纱线浮长的增加，经纬纱间交织点的减少，织物的弯曲刚度便会降低。在经向（或纬向）紧度一定的条件下，纬向（或经向）弯曲刚度值一般与纬向（或经向）紧度成正比，经向紧度和纬向紧度的变化都能引起织物刚柔性的变化，这说明存在于纤维及纱线之间的摩擦效应对织物的弯曲刚度能起积极的作用。

（3）染整工艺对织物刚柔性的影响很大，尽管不同织物有不同的工艺，但改进刚柔性的方法原理都是相似的，现选择几项简要说明如下。

①精炼、退浆、起绉处理。在这一过程中，织物以水为介质，在不同温度（压力）和机械力条件下进行处理。织物在成形时积累产生的许多应力应变，可以被全部或部分消除，消除越多，织物越柔软。

②柔软剂、硬挺剂等助剂处理。这些助剂的作用形式大多不同，但其原理不外是增加或者削弱纤维内部的联系、纱线中纤维之间的联系、织物中纱线在接触点处的联系。如果是增加联系，织物就会刚硬，如果是削弱，织物会变软。

③对热塑性织物作热定型处理。这主要是利用热塑性材料在不同转变温度范围内有不同形变的性能，使纱线间接触点“固化”，纤维的聚集态结构改变，从而达到改变刚柔性的目的。

（二）面料的悬垂性

悬垂性是指织物在自重条件下形成造型线条的能力和特点，属赋型性研究的范畴。被广泛采用的伞形悬垂性及其测定，就是一个十分典型的讨论赋型性的方法，它在表达织物的形态风格上有非常重要的价值。测定悬垂性的现行方法是，把一块圆形织物同心地置放在一个比它直径更小的硬质圆盘上。这样，露在圆盘外的织物即因自重而下垂。在下垂时，圆面料将改变为锥形的悬垂曲面，曲面上有多根在综合力作用下形成的坡状凸条，凸条的空间形态和面料做成服装以后因自重形成的物理线条之间应有相近的形态特征。因为这种测定方法简便，因此很快就被纺织服装界所接受。其实，除此之外，还有一些使用其他造型条件考察织物赋型性的方法，例如在方形或矩形的硬板上下垂织物，在类似于舞台幕布的造型条件下考察织物线条的纵向特征等。

（三）面料的形态稳定性

不同的衣料在不同的使用条件下保形能力的差异是十分显著的，这对于多层结构的服装、镶拼式服装，或是衣料与缝线的配伍将产生影响。

1. 在机械力作用下的形态稳定性

织物的抗皱性与织物弹性是有密切联系的。服装在穿着或洗涤过程中因受到挤压，有时表面会形成一些不规则的皱痕，或在某些部位产生畸变，从而使服装的外观和形态变差。织物抵抗由于搓揉而留下变形的能力，称为抗皱性。有时抗皱性也可理解为当释去引起织物折皱的外力后，织物在急、缓弹性变形恢复力的作用下逐渐回复到起始状态的能力。从这个含义上来理解，抗皱性可称为折皱弹性或折皱回复性。

折皱回复性的表征方法取决于它的测定方法，目前国内外普遍使用的是通过折痕恢复能力进行评定的凸形法和条形法。我国和国际标准（ISO）用凸形法，美国、日本等采用条形法，但正在向凸形法过渡。在使用凸形法和条形法时，用来表征折皱恢复的指标是不同的。

2. 湿加工中的形态稳定性

织物浸渍在水中会引起尺寸变化或造成局部变形（皱缩、起拱、水渍印），这是由于织物中的纤维遇水膨化，纱线直径增粗引起织物结构变化所致。织物变形在水中的大小与织物的结构和加工方法有关。通常，织物的经纬向都要发生收缩，但经向（长度方向）收缩程度要高于纬向收缩程度（高捻织物另议），天然纤维和人造纤维衣料的收缩程度要明显高于合成纤维衣料的收缩程度，强捻织物的收缩程度又要高于低捻或无捻织物的收缩程度。对织物在水中的收缩程度可以用缩水率指标表示：

$$缩水率=\frac{l_0-l_1}{l_0}\times 100\ (\%)$$

式中：l_0——试样原长，或是服装主要部位的原始尺寸；

l_1——试样在冷水中浸渍（时间为30min）后晾干的尺寸。

这可以是按规定程序洗涤烘干后的尺寸，也可以是服装主要部位收缩后的尺寸。

缩水率指标不仅是服装厂验收衣料的主要考核项目，而且也是计算用料的主要依据之一，如遇缩水率过高的情况，服装厂还要采取“预缩”措施，以防止其不良影响。但有些织物也会出现缩水率为负值的情况，这是由于织物加工过程中纱线所受到的内应力在吸湿过程中得到松弛，同时纱线在水中的弹性下降所致。这种情况往往是在服装洗涤过程中发生，针织面料或织物结构松散的面料容易出现这种情况。

3. 热加工的形态稳定性

织物在干热、湿热、饱和蒸汽、熨烫、定型、沸水等不同形式的受热方式下也会产生收缩变形或局部变形，从而造成服装的结构与造型走样，或外观形态变差（产生皱缩、打泡等现象）。合纤衣料在玻璃化温度以上会产生热收缩现象，羊毛织物在湿热条件下，受机械力反复作用（挤压、搓揉）时也会产生“毡缩现象”。棉、麻、黏胶纤维织物具有较强的防热收缩能力。织物受热前后的尺寸变化程度可用“热收缩率”指标来表达，缩水率公式中的 l_0 和 l_1 分别是织物的原始尺寸和热处理后的尺寸。

4. 影响形态稳定性的因素

影响织物形态稳定性的因素甚多，诸如纤维的性质和形态尺寸、纱线和织物的结构等，其中尤以纤维的性质更为重要。此外，坯布的染整工艺对其也有很大影响。

(1) 纱线捻度和织物结构的影响。纱线捻度适中的织物抗皱性好，因为捻度过小，纱线中纤维松散，纤维间易产生不可回复的位移，使抗皱性能变差；纱线捻度过大，纤维产生的变形大，折皱弯曲时纤维可再提供的变形小，若这时纤维间相对滑移增加，织物便容易起皱。

织物的紧度对折皱回复性的影响规律是：紧度的提高，使织物中纱线之间的摩擦增加，使折皱回复角有减少趋向，容易起皱。

在织物组织中，平纹组织织物的抗皱性较差，斜纹组织织物的抗皱性好一些。一般规律是，织物组织中交织点少的、织物厚的，抗皱性好。因此在设计织物时，紧度和组织结构配合适当，在一定程度上也可以改善织物的抗皱性。

如果坯布具有较好的折皱回复性，则最后成品的质量也会相应提高，若再经抗折皱整理（如树脂整理），折皱回复性的提高幅度将远比调整织物结构带来的影响大，染整工艺对织物折皱回复性改善能起重要作用。

(2) 纤维性质的影响。当织物折皱时，纤维在织物弯折处受到弯曲，纤维的外侧被拉伸，内侧被压缩，故在形成折皱的外力去除后，处于应变状态的纤维变形可得到恢复，恢复的程度取决于纤维的拉伸变形恢复能力。

许多资料指出，织物的折皱恢复性与纤维在小变形下的拉伸恢复能力成线性关系，同时，还受纤维初始模量的影响。例如涤纶，在小变形下它的拉伸恢复能力较高，且初始模量也比较大，所以织物的折皱恢复性也好。

四、服装面料的光泽感

光泽应来自光线在织物表面的反射，对服装来说，这是一个很重要的风格指标。由于织物表面不可能是光滑平整的镜面，同时，纤维也都是半透明的材料，因此当光线从光源射到织物表面上时，除一部分光线被吸收外，其余的光线都转变为反射光、折射光和透射光。其中从织物表面反射出来的光线便形成了织物的光泽，也就是面料的光泽。入射光线在织物表面反射、折射与透射的情况如图 8-3 所示。

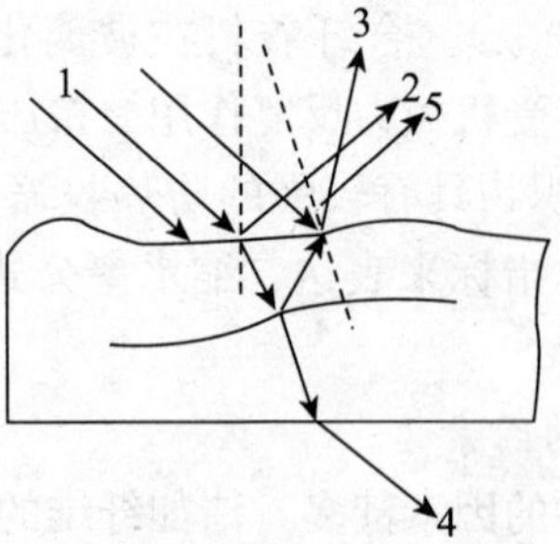

1—入射光 2—表面正反射光 3—表面散热反射光 4—透过光 5—来自内部的散热反射光

图 8-3　光线在织物表面的反射模型

由于应用要求不同，光泽与光泽感有多种表征方法，现介绍几种常见的表征方法。

（一）以变角光度法为基础的表征方法

所谓变角光度法，就是用一定角度入射光照射面料表面时，用反射到不同角度上的光量大小及其分布（绘成变角光度）来表征光泽与光泽感曲线。如果反射光量的测定是在入射面内进行的，则称为二次元变角光度曲线〔如图 8-4（a）中，$\alpha-\beta$ 的关系〕；如果测量是在与入射面垂直的平面内进行的〔如图 8-4（a）中，$\alpha-\beta-\gamma$ 的关系〕，则称为三次元变角光度曲线，如图 8-4（b）所示，图中 1、2、3 分别表示入射角，为 20°、40°、60°，虚线与实线分别给出的是在两种 β 角条件下变光角度下的变角光度曲线。这两类曲线都反映整个反射光量的大小和分布状况，可以从中提出一些特征值作为表征光泽与光泽感的指标基础，其中镜面光泽度与对比光泽度就是两个使用比较广泛的特征指标。现以二次元变角光度曲线为例，说明它们的特点。

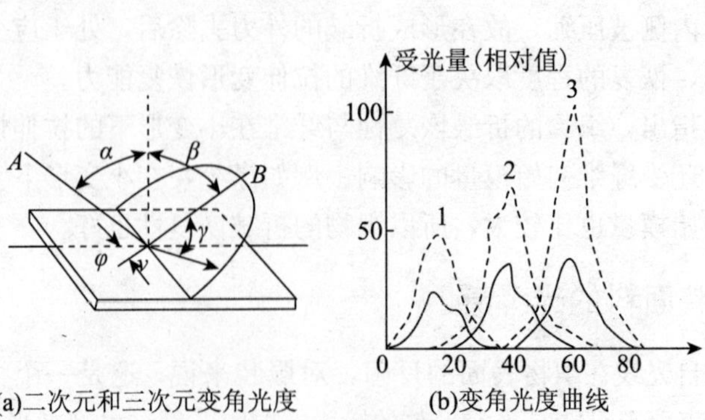

(a)二次元和三次元变角光度　(b)变角光度曲线

图 8-4　变角光度法

（二）以杰弗里斯回转法为基础的表征方法

杰弗里斯回转法是将试样放在一个绕中心轴回转的圆形框架中，如图 8－5（a）所示的入射方向将光线射向织物，然后在反射方向取出不同回转角 θ 时的反射光强度而形成的曲线，即称之为杰弗里斯光泽度曲线。

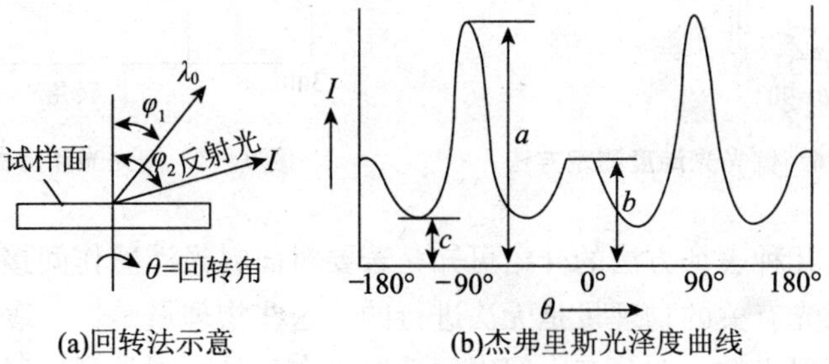

图 8－5 杰弗里斯回转法

由于织物是由经纬纱交织而成的，不仅表面不平，而且这种不平还可能是有方向性的，所以杰弗里斯光泽度曲线上交替出现的波峰一般都和织物的经向及纬向相对应，而波谷一般来说是在经纬线的对角线方向上，这就是每一个试样的峰谷值往往都是稳定在一个光强水平上的原因。

（三）以偏光测定法为基础的表征方法

图 8－6 为这种测定方法的示意图。在该示意图中，试样放在一回转平台上，入射光以与该平面法线 NN 成 α 的角度射向试样，并在反射角亦为 α 角度的方向上接受反射光 I，α 按全反射角（布儒斯特角）的数值选取。测试时，试样随平台绕 NN 轴回转，在受光侧置一偏光器，分别接受垂直及平行于入射平面的反射光 $I_{\perp}$ 与 $I_{/\!/}$，据此获得的偏光光泽度曲线如图 8－7 所示，图中横坐标为 θ 角，即试样平台的回转角度。$\theta=0°$或 180°时，试样对应的位置织物的经向或纬向与入射面相垂直，$\theta=90°$或 270°时，织物的经向或纬向与入射面平行。

据此给出偏光光泽度 G_P 的定义式是：

$$G_P=\frac{I_{\perp}-I_{/\!/}}{I_{\perp}+I_{/\!/}}$$

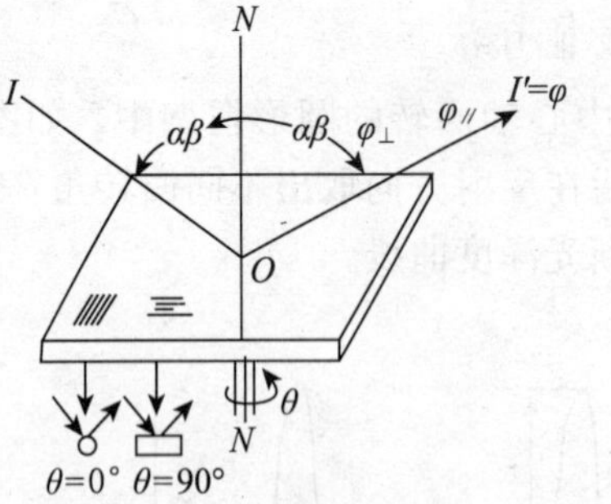

图 8-6　偏光光泽度测定方法

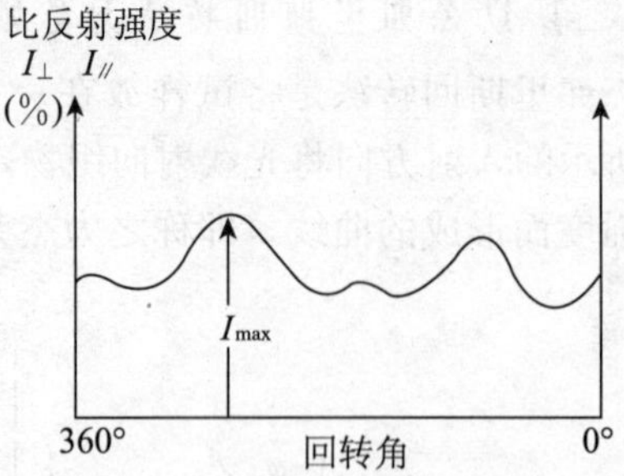

图 8-7　偏光光泽度曲线

通过以上几种表征方法的介绍可知，若要对面料光泽感作间接表征，离开以下这些与反射光有关的物理量是无法进行的，这些物理量是：①表面反射光的数量；②表面反射光的方向分布；③表面反射光中各种不同类型反射光组分的结构比例。

第四节　服装材料的性能

一、服装的耐用性能

和一般的纺织品一样，服装也有耐用性的问题，导致损坏的原因都和穿着有关。因为服装的损坏也就是纺织品的损坏，所以可以引用纺织品讨论耐用性的方法来讨论服装的耐用性能。导致穿着损坏的原因有多种，如在机械力作用下损坏，在化学或者物理的作用下损坏等，抵抗这种损坏的能力称为耐用性。

（一）耐机械力破坏性能

使纺织品破坏的主要机械力是拉伸力，或者是以拉伸力为主同时还包括其他形式机械力的综合机械力。纺织品在这些机械力作用下的破坏可以是一次性破坏，也可以是在远低于破坏强度的机械力反复作用下的疲劳破坏，尽管实际穿着时的破坏情况和这两种典型的破坏形式有所不同，但对这两种典型破坏形式的分析应有助于对实际破坏机理的认识。

1. 一次性破坏

根据穿着使用的特点，纺织品在一次机械力作用下的破坏形式主要有拉伸破坏、撕裂破坏和顶裂破坏三种。

（1）拉伸破坏。拉伸破坏的试验方式和所取得的负荷—伸长典型曲线（简称拉伸曲线）如图 8-8（a）、（b）所示。从典型曲线上看，从开始拉伸直到最后断裂破坏，在三个不同的时段，其负荷和伸长间的关系有三种不同的特征。

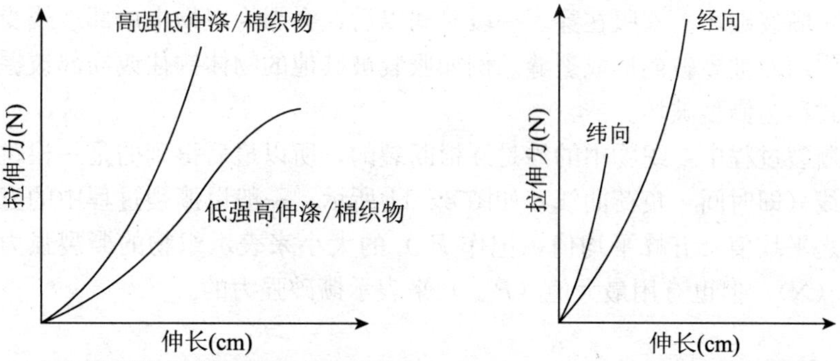

(a) 涤/棉织物典型的负荷—伸长曲线　　(b) 棉府绸的负荷—伸长曲线

图 8-8　负荷—伸长曲线

实际上，由于各种织物所采用的纤维不同、纱线不同、织物结构不同，所以，它们的负荷—伸长曲线和典型的负荷—伸长曲线一般都有很多的差别。图 8-9 所示就是从麻、棉、毛、蚕丝（长丝）织物上得到的负荷—伸长曲线。

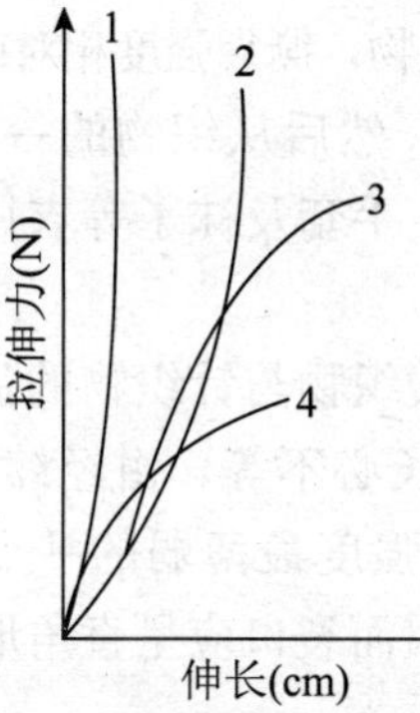

1—麻织物　2—棉织物　3—毛织物　4—蚕丝织物

图 8-9　麻、棉、毛、丝织物的负荷—拉伸曲线

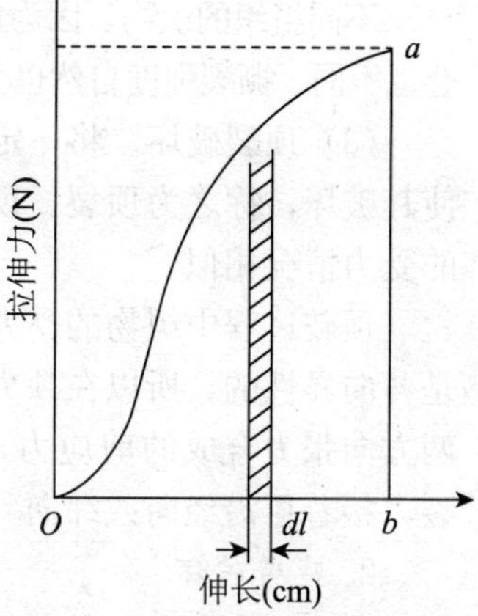

图 8-10　根据织物的拉伸曲线表达断裂功

拉伸破坏的主要指标：①断裂强度，指织物受力拉伸至断裂时所承受的最大负荷，一般以牛顿（N）表示，该值越大，表明织物抵抗外力作用的能力越强，服装的使用寿命越长；②断裂伸长率，指织物受力拉伸至断裂时所产生的最大伸长率（%），断裂伸长率主要反映织物断裂伸长变形能力的高低，其影响因素与强力的影响因素相似；③断裂功，指在外力作用下拉伸到断裂时，外力对织物所作的功，如图 8-10 所示，*Oa* 曲线下的面积 *OabO* 即为断裂功。

（2）撕裂破坏。衣服在穿了一段时间以后，会因为织物中局部纱线受到集中负荷的作用而被撕破或形成裂缝。例如服装被其他的物体钩住或局部被握持时的破坏形式称为撕裂破坏。

在撕裂过程中，织物中的纱是逐根断裂的，所以最后得到的是一根跳跃式的撕裂曲线（即时间—负荷曲线）如图 8-11 所示。一般以撕裂过程中的五个高点负荷值之平均值（五峰平均值，记作 P_5）的大小来表示织物的撕裂强力，单位为牛顿（N），但也有用最大值（P_{max}）来表示撕破强力的。

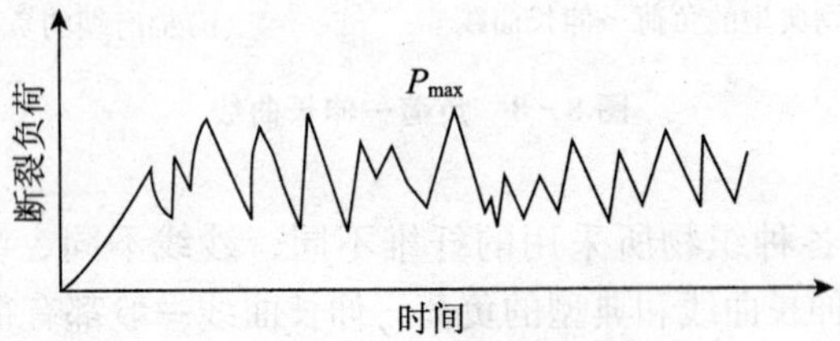

图 8-11　织物的撕裂曲线

不同组织的织物，因为单元组织中的交织次数不同，纱线间可产生相对移动的机会也不同，撕裂强度自然也会不同，如平纹组织的织物，撕裂强度相对就要低一些。

（3）顶裂破坏。将一定面积的织物四周固定，然后从织物的一面垂直加力，使其破坏，称之为顶裂。顶裂与服装膝部、肘部、手套及袜子等衣用织物穿着时的受力情况相似。

顶破过程中织物的受力是多向的，已知一般梭织物与针织物的强度和变形多是各向异性的，所以在顶力作用下各向产生的伸长必不等，由经纬（或直与横）两方向张力合成的剪应力，将首先在变形最大、强度最薄弱的一点上使纱线断裂，接着再沿经向或纬向（直向或横向）撕裂，因而裂口应呈直角形或直线形。

2. 疲劳破坏

典型的疲劳破坏是在纤维或者纱线这样一些线状集合体上实现的。方法是给它们施加一个远低于其断裂强度的拉伸力，然后再卸力，加力，卸力，加力……反复进行拉伸，最终使材料就在这样一个远低于其断裂强度的水平上被提前破坏——这就是疲劳破坏。纺织材料之所以会有这样的破坏形式，主要因为纺织纤维具有急弹性变形、缓弹性变形和塑性变形这三种变形共生的组合变形特征。在作反复拉伸时，中间虽有卸去外力的过程，但大部分缓弹性变形这时并不能消失，再加上还有一部分共生的塑性变形留存，所以反复拉伸便反复堆积，最后当堆积的变形级增到断裂伸长时，材料就会发生破坏。

3. 磨损破坏

磨损破坏也可以被看作是在反复拉伸机械力作用下的一种破坏形式，但施力的位置不是在材料的端部而是在表面，实际上这就是一种作用在纤维表面的摩擦力。在这样的条件下产生的破坏，能间接表达服装在穿着过程中臀部、膝部、肘部、领子、袖口、裤腰等部位的破损规律。

（二）耐热与耐燃烧性能

在服装的穿着与加工中经常要碰到热的问题，加热也是纺织服装中一种十分重要的制造手段，但过量的热或是在不合适的制造环节上加热又会带来严重的质量问题。此外，在穿着中也有在热条件下洗涤，在热环境中穿着、承受在其他能量（如光能量）转换而来的热条件下生存等问题，所以耐热也是服装一个重要的耐用性能。

1. 耐热性能

对已成形的纤维来说，受热后强力一般都要下降，下降的幅度随温度、时间和纤维的种类而异。纤维在高温下保持原有物理机械性能的能力称为纤维的耐热性，耐热性可用材料受热后性能变化的幅度来衡量，表 8－4 中给出了几种主要纤维的耐热性数据。

表 8－4　　几种主要纤维的耐热性能

纤维	剩余强力（%）				
	20℃未加热	100℃经过		130℃经过	
		20 天	80 天	20 天	80 天
棉纤维	100	92	68	28	10
苎麻纤维	100	62	26	12	6
亚麻纤维	100	70	41	24	12
蚕丝纤维	100	73	39	—	—
黏胶纤维	100	90	62	44	32
涤纶纤维	100	100	100	96	95
锦纶纤维	100	82	43	21	13
腈纶纤维	100	100	100	91	55
玻璃纤维	100	100	100	100	100

由表 8－4 可见，棉、涤纶、腈纶和黏胶的耐热性比较好，蛋白质纤维一般都比较差。

加热对纤维物理机械性能影响的另一种形式表现在加热后的色泽变化上。一般来说，在强力损失上耐热性表现比较差的，色泽的变化也比较显著。如羊毛在100～140℃时即变黄；强力损失表现比较差的锦纶纤维，色泽的耐热性也远不如其他的合成纤维好；而强力损失表现比较好的涤纶纤维，甚至在150℃中长时间加热也不变色。

2. 耐燃烧性能

纤维按其燃烧能力的不同可分成：易燃的（如纤维素纤维、腈纶）、可燃的（如蚕丝、羊毛、锦纶、涤纶、维纶）、难燃的（如氯纶）和不燃的（如石棉、玻璃纤维）四种。

燃烧性好的纤维不仅会引起火灾，而且燃烧时会损伤人的皮肤。各种纤维所能造成的危害程度与纤维的点燃温度、火焰传播的速率和范围以及燃烧时产生的热量有关。表征纤维及其制品燃烧性的指标有两种：一种是用来表示纤维容不容易燃烧，一种是用来表示它经不经得起燃烧。前者表征的是一个可燃性的问题，后者表征的则是一个耐燃性的问题。

改善纤维的防火性能有两个途径：一是对制品作防火整理，二是制造难燃的纤维。近年来由于军用服装和航空事业发展的需要，这方面的研究进展很快。防火整理的工艺有多种，均在后整理时进行。目前制造的难燃纤维有两种类型，一种是对一般纤维作防火变性处理，另一种是用专门的难燃聚合物纺制防火纤维。

3. 抗熔性

纺织品被热体溅落时熔成孔洞的性能称为熔孔性。抵抗这种性能的能力称为抗熔性。

涤纶、锦纶等因属于热塑性合成纤维，当其制品瞬间接触到超过其熔点的火花或其他热体时，接触部位就会因吸收到热量而开始熔融，并随着熔体的溅落向四周收缩，在织物上形成孔洞。最后由于火花的熄灭或是热体的脱离，以及孔洞周围已熔断纤维端的相互黏结，而使孔洞不再继续扩大。与上述合成纤维不同，天然纤维和黏胶纤维在受热体溅落时，既不软化也不熔融，如果温度过高只会分解或燃烧。

实践表明，天然纤维的抗熔性比较好，涤纶和锦纶比较差，但若将它与天然纤维特别是与棉混纺，抗熔性就可明显提高。

（三）耐光与耐化学侵害性能

1. 服装的耐光性能

服装的耐光性能表现在两个方面：一是作为一种纤维材料，在服装接受光照，特别是光照中的紫外线作用后，纤维的结构和性能受到损害的程度；二是衣料所染上的颜色在光照后是否有变化。这两者对服装的耐光性能都有重要的影响，为区分二者在耐光能力上的不同要求，前者通常被称为织物的耐光性，而后者则被称为染色织物日晒牢度。

(1) 耐光性。纤维经日照后，性能会发生种种变化。其中，最主要的是纤维分子有了不同程度的裂解，对于不同的纤维，裂解的程度和结果是不一样的，除有强力损失外，还同时伴随有颜色的变化。

几种常用纤维日晒后的强力损失情况可参见表 8－5。

表 8－5　常用纺织纤维日晒的强力损失

纤维	日晒时间（h）	强力损失（%）	纤维	日晒时间（h）	强力损失（%）
棉	940	50	黏胶	900	50
亚麻	1100	50	涤纶	600	60
蚕丝	200	50	锦纶	200	36
羊毛	1120	50	腈纶	900	10～25

(2) 染色的耐晒性。织物在作为衣料使用的过程中通常都需被染成各种各样的颜色。这些颜色在使用过程中，由于汗浸、水洗、日晒等种种原因，常会发生不同程度的变化（如褪色），而影响到服装的使用寿命。目前针对不同的褪色原因有不同的测试评价方法，其中又以染色织物在日照下的变化（染料的日晒牢度）最为典型。

染料的日晒牢度，可以用在一定条件下染色样品发生可辨认的褪色现象所需的暴晒时间来衡量，但更为普遍的是采用不同日晒牢度的标样，在规定条件下一起暴晒进行比较的评定方法。试验时将试样和八个级差标样一起放在规定条件下暴晒，到试样发生一定程度的褪色时，看它和哪个标样的褪色速率相当，便可评出试样的日晒牢度等级。日晒牢度共分八级，其中，八级最好，一级最差。

2. 耐化学侵害性

纤维在纺纱、织造和染整加工过程中会接触很多化学药物，由于这些化学药物的作用，织物的强度、表面状态等均可能会发生变化，其变化的程度取决于织物中纤维的化学性能和化学药物的浓度、温度、接触时间等因素。混纺织物由于构成织物的纤维种类和比例不同，因而耐化学药物侵害的能力也就不同。

(四) 耐起毛起球性能

1. 起毛起球的机理

服装在实际穿用与洗涤过程中，由于表面不断经受外力的作用而使纤维端露出于织物表面，呈现许多令人讨厌的毛茸，即为起毛。若这些毛茸在继续穿用中不能及时脱落，就会互相纠缠在一起，并被揉成许多球形小粒，通常称为起球，这种现象常出现在长丝织物上。根据实际观察，这类织物的起球过程包括四个阶段，如图 8－12 所示。

（1）在外力作用下，纱中某些纤维被磨断，或产生毛茸并露出于织物表面，或有少量单纱被钩出而形成纱环，如图 8－12（a）所示；

（2）织物表面的毛茸（或纱环）相互纠缠扭结，如图 8－12（b）所示；

（3）形成毛球，如图 8－12（c）所示；

（4）毛球脱落，如图 8－12（d）所示。

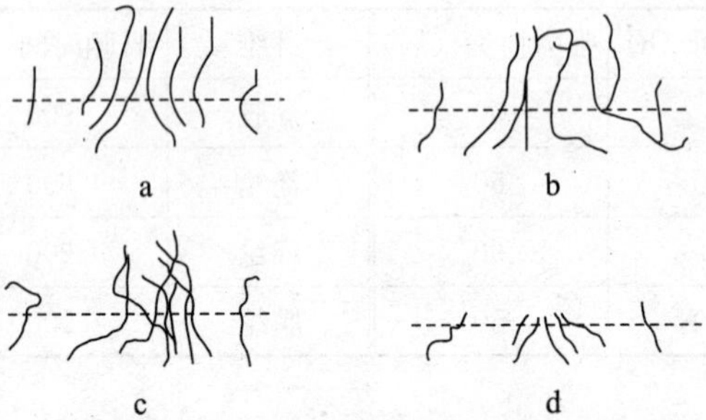

图 8－12　织物起毛起球过程

织物的起球现象，在棉、毛、蚕丝织物，以及醋酯和黏胶等天然纤维或再生纤维织物中很少发生，但在各种合成纤维的纯织或交织织物上就容易产生。织物的起毛起球现象不仅会使织物外观恶化，而且会降低织物的服用性能。

2. 影响起毛起球的各种因素

影响织物起毛起球的因素主要有：组成织物的纱线品种、纱线与织物的结构和染整后加工。

（1）原料与起毛起球的关系。①纱线种类。起毛起球现象多见于短纤维纱织物。长丝织物中除了以锦纶、涤纶为原料的长丝织物（多为低弹丝织物）会产生一些起毛起球的现象外，一般很少产生。而短纤维纱的织物中，又以锦纶、涤纶和丙纶为严重，腈纶等织物次之。这些纤维的织物容易起毛起球的原因与纤维性状有密切的关系，主要是纤维间抱合力小、纤维的强度高、伸长能力大，特别是耐疲劳与耐磨性好，故纤维容易凸出到织物表面，而一旦凸出在表面又很容易形成小球，而且不容易脱落。这样，小球便会越磨越多，越磨越紧。②纤维细度与断面形态。一般来说，纤维越细越易起球，纤维越粗则起球越少。就断面形态来说，则是圆形断面的纤维最易起球，这主要是因为相对于其他几种常用的异形截面而言，圆形截面的刚度最小，比较软，易纠缠。细纤维易起球显然是出于同样的原因。

（2）纱线和织物的结构与起毛起球的关系。织物的起毛起球还与纱线和织物的结构有关，纱线的捻度越大或网络度越高，纤维之间抱合越好，织物的起毛起球程度就越低。复捻纱线一般较单捻纱线不易起毛起球。

在织物的组织结构中，平纹组织的起球数较少，皱纹组织的起球现象较严重。一般来说，有长浮线组织的织物易于起毛起球。绸面比较平整，光滑的织物则较凹凸不平的织物不易起毛起球，织物的密度高或是紧度大的，起毛起球的可能性较小。

（3）染整工艺与起毛起球的关系。通过染整工艺改善与避免起毛起球现象，是目前实际生产中一项极其重要的加工手段。在这方面，现在常用的技术措施有这样几种：

①剪毛和烧毛。为了使织物上的毛茸难以扭结成球，可先把易于从织物中脱出的纱线或纱环，用刷布的方式将其拉出，然后将其剪除，称为剪毛。烧毛是使簇出的纤维或纱环分解熔融，也有助于防止起毛起球。

②热定型。织物经过热定型处理以后，纱线在织物中的位置以及纱的捻回得到固定，因为提高了纱线在织物中的稳定性，同时也使织物表面更为平整，故不易起毛起球。

③树脂整理。通过树脂整理在织物的纤维表层形成一层保护膜，使茸毛和纱环不再簇出织物表面，也可以消除起毛起球。

二、衣料的服用性能

织物作为服装材料使用时，与穿着有关的物理性能称为服用性能。服用性能主要讨论的是和服装保护身体，以及人与环境之间生理相容功能有关的各种物理性能。

（一）吸湿与润湿性能

1. 吸湿性能

（1）吸湿能力。织物从空气中吸收水分（气态水）的性能称为吸湿性，把所吸收的水分向空气中排放的性能称为放湿性。因为织物的吸放湿能力是由织物中的纤维来实现的，所以织物的吸湿放湿性能也就是织物中纤维的吸湿放湿性能，这说明织物的吸放湿能力应和织物中纤维的种类、织物的纤维组分、纤维的内部结构及纤维的表面积有关，而外界温湿度条件的差异则和吸放湿能力的表达有关。

衡量织物的吸湿放湿能力，可以用回潮率这一指标，在织物上使用时，回潮率是用织物中所含水分重量与织物干重之比的百分率（%）来表示的。

不同纤维织物在回潮率上的差异可参见表 8－6，表中的 t 表示温度，RH 表示相对湿度。

表 8-6　　不同纤维的回潮率　　单位：%

纤维种类	t=20℃，RH=65%	t=20℃，RH=95%	t=20℃，RH=100%
棉	7～8	12～14	23～27
苎麻	12～13	—	—
蚕丝	11	19～22	36～39
羊毛	15～17	26～27	33～36
黏胶	13～15	29～35	35～45
黏胶（全芯层）	12～14	25～35	—
醋酯	6.0～7.0	10～11	—
涤纶	0.4～0.5	0.6～0.7	1.0～1.1
锦纶 6	3.5～5	8～9	10～13
锦纶 66	4.2～4.5	6～8	8～12
腈纶	1.2～2	1.5～3	5～6.5
丙纶	0	0～0.1	0.1～0.2
维纶	4.5～5	8～12	26～30

在一些特定的应用场合，织物中含有的水分量也可以用其他一些形式的指标来表示：如以所含有的水分重量和含水织物重量相比的百分率（%）来表示的含水率；以织物在规定温湿度和时间条件（t＝20±3℃；RH＝65%±3%；时间：24h）下形成的回潮率作为吸放湿能力比较依据的标准回潮率。

（2）吸湿机理。吸湿是一个比较复杂的物理化学现象，有关吸湿的理论也很多。一般认为，吸湿时水分子先停留在织物的纤维表面，以后再向内扩散，它首先以化学键直接结合在大分子的亲水基团上，故称之为直接吸水。这是一种化学吸水，水分子紧靠在纤维大分子结构上，结合坚牢，吸湿速度快且吸湿时会放出热量。然后，继续进入的水分子会重叠吸着在已被吸收的水分子上，称为间接吸收水。它与直接吸收的水之间以范德华力相结合，结合松弛，吸收速度也较慢。最后，当水蒸气压力足够大时，水分子便会逐渐充填到纤维内部的微小孔隙内，形成毛细管凝结水，这是一种物理吸水。由此可见，纤维吸收的水分子绝大部分都应该进入结构松弛的无定型区，不能进入结构紧密的结晶区。

（3）影响吸湿的因素。①纤维大分子的组成。纤维大分子的亲水基团越多亲水性越强，吸湿时可形成的直接吸水量就越多，衣料的吸湿性就越好。

②纤维的结晶度。若纤维结晶区中分子排列紧密整齐，由于亲水基团间基本都形成了稳定的化学结合键，已不可能再去亲和水分子，因此结晶度越高，吸湿

能力越差。

③纤维的比表面积。单位重量纤维所具有的表面积，称为比表面积，比表面积越大，纤维的吸湿性越强。

④纤维内伴生物的性质和含量。纤维中含有多种伴生物，如棉纤维中伴生有棉蜡和果胶，化学纤维中伴生有油剂等，它们都会影响纤维的吸湿能力。若伴生物是疏水性的则使纤维吸湿能力下降，亲水性的则能使纤维吸湿能力上升。

⑤环境的温湿度。在一定温度条件下，相对湿度越高，空气中水蒸气的分压就越大，水分子到达纤维表面的机会越多，吸湿量就越大。相对而言温度对吸湿性的影响要小得多，一般随着温度的升高吸湿性下降。

2. 润湿性能

(1) 润湿性。润湿是指物体表面气体被液体取代的过程，用这样的概念形式去说明纤维的润湿过程应该是可以的，但对于织物来讲不完全如此，因为它是一个有孔隙的纤维集合体，存在于织物中纤维或纱线间孔隙的毛细效应，这时也会参加并影响织物的润湿过程，现分别说明如下。

①纤维的润湿。当液体滴落到纤维表面时，该液滴或是展开并覆盖在纤维的表面，或是仍以液滴的形式停留在纤维的表面，或是处在这两种状态之间的任意一个中间状态。不同的状态通常用从液滴与纤维的接触界面起经液体内部到达气液界面的夹角 θ（见图 8－13）来表示，这个夹角称为接触角。

a. 当 $\theta=0°$ 时，表示水分已在纤维表面覆盖并可无限展开，故称这时的状态为最大润湿或完全润湿。

b. 当 $\theta=0°\sim180°$ 时，表示有许多不同程度的完全不润湿状态和不同程度的润湿状态。通常 $\theta>90°$ 时叫做不润湿，$\theta<90°$ 时叫做润湿，θ 越小润湿性越好。

c. 当 $\theta=180°$ 时，表示水分只能在纤维的表面形成球状液滴，故称这时的状态为完全不润湿。

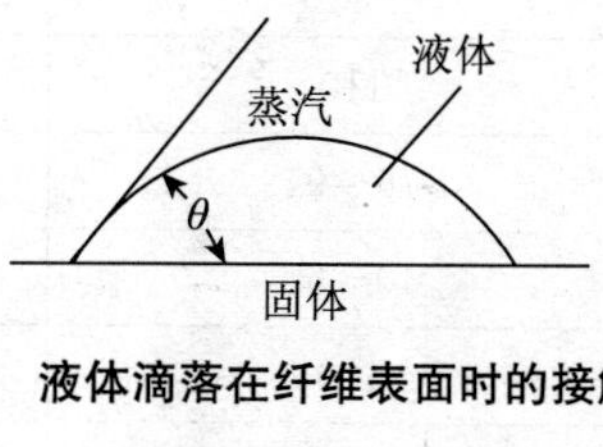

图 8－13 液体滴落在纤维表面时的接触角模型

②织物的润湿。织物和纱线都属于纤维集合体，纤维集合体的润湿除了应包括纤维的润湿外，还应有来自纤维间或纱线间孔隙毛细效应所形成的润湿，当集合体与液态水接触时，这些孔隙会给集合体提供毛细吸水的能力。这一能力可以用毛细隙道处于水平位置，即不存在外力场的势能差时，由隙道中呈弯月形曲面的液体界面张力在隙道上产生的附加压力 P（Pa）表示：

$$P=\frac{2\alpha\cos\theta}{R}$$

式中：R——孔隙半径；

α——液体界面张力（N/m），20℃时水的界面张力值为0.0725N/m；

θ——液体的接触角。

这时通过毛细隙道的液体流量 q（m^3/s）和流动速度 v（m/s）分别为：

$$q=\frac{\pi R^3\alpha\cos\theta}{4\eta L}$$

$$v=\frac{q}{\pi R^2}=\frac{R\alpha\cos\theta}{4\eta L}$$

式中：η——黏滞系数（Pa）；

L——毛细隙道长度（m）。

（2）吸湿对纤维性能的影响。从服装的穿着要求来看，织物有一些性能在吸湿以后所发生的变化还是很重要的，现列举数点说明如下。

①强力与伸长。纤维吸湿以后，强力、伸长、弹性、刚度等许多机械性质都会发生变化，虽然放出水分以后一般都能恢复，但由于制衣和使用（洗涤）有时是在湿态下进行的，所以吸湿后的性质变化仍然是很重要的。在表8-7中给出了几种不同纤维在润湿前后强力和伸长的变化情况，可用来间接说明润湿前后织物强力伸长的变化情况。

表8-7　纤维在润湿状态后涤纶强伸度变化

纤维	湿干强度比（%）	湿干断裂伸长比（%）
棉	110～130	106～110
麻	110～130	122
桑蚕丝	80	145
柞蚕丝	110	172
毛	76～94	110～140
黏胶	40～60	125～133
涤纶	100	100
锦纶	80～90	105～110
维纶	85～90	115～125

②吸湿膨胀。纤维吸湿以后会使自己的体积增大，这一现象称为吸湿膨胀，一般放湿以后，还会恢复成原来的形状。许多高分子材料都会吸湿膨胀，但纤维

的吸湿膨胀有一个很重要的特点，那就是纤维的径向膨胀大于纤维的纵向膨胀。这种典型的各向异性特征与纤维聚集态结构中大分子主要是沿纤维长度方向取向有很重要的关系。表 8－8 中给出了各种纤维在水中的膨胀性能。

表 8－8　　纤维在水中的膨胀性能　　单位：%

纤维种类	直径增大率（S_D）	面积增大率（S_A）	纵向增大率（S_L）	体积增大率（S_V）
棉	20～30	40～42		42～44
蚕丝	16.3～18.7	19	1.3～1.6	30～32
羊毛	15～17	25～26		38～41
黏胶	25～52	50～114	3.7～4.8	74～127
铜氨	32～53	56～62	2～6	68～107
醋酯	20～30	6～8	0.1～0.3	
锦纶	1.9～2.6	1.6～3.2	2.7～6.9	8.1～11.0

③吸湿放热。当水分和纤维分子上的亲水基团结合形成氢键时会放出一定的热量，称为吸湿放热性能。当纤维原来的回潮率较小时，吸湿放出的热量比较多，随原有回潮率的增高，吸湿放出的热量会逐渐减少。

不同纤维的吸湿放热能力有很大差异，表 8－9 中给出的是一克重干燥纤维从开始吸湿到完全润湿时，放出的热量值（称为吸湿积分热，单位为 J/g）。

表 8－9　　各种纤维的吸湿积分热（初始回潮率为零）　　单位：J/g

纤维种类	棉	麻	蚕丝	羊毛	黏胶	醋酯	涤纶	锦纶	腈纶
吸湿积分热	46.0	46.5	69.1	112.0	105.5	34.3	3.0	30.6	7.1

（二）透通性能

可以把与织物透气、透汽（透湿）、透水及防水能力有关的性能称为透通性能。

1. 透气性

织物透过空气的性能称为透气性。透气性对服装的卫生性有重要意义，夏季用衣料必应具有良好的透气性，以使人体热量能及时向环境散发，调节人体到舒适状态。冬季用衣料则应具有较小的透气性，以使服装内空气能保持静止状态，防止因空气流动而使人体的热量散失，提高服装的保温性能。

织物的透气性常用透气率 B_p（ml/cm^2·s）表示，它是指在织物两边维持一定压力差的条件下，单位时间内通过单位面积的空气量。透气率越大，织物透气性越好。透气率 B_p 的表达式为：

$$B_p=\frac{V}{AT}$$

式中：V——在 T 秒时间内通过织物的空气量（ml）；

A——织物的面积（cm^2）；

T——时间（s）。

影响织物透气性的因素主要有织物密度、经纬纱细度、纤维截面形态、纱线捻度、织物的组织结构和后整理等。

2. 透汽性

织物透过水汽的性能称为透汽性，又称透湿性。织物的透汽性是一项重要的舒适性能，直接关系到衣料排放不显汗（气态水）的能力，透汽性是在热环境中维持人体热平衡的决定性因素。

织物的透汽性有三种作用：①织物的调气作用，由于织物中纱线之间的空隙可以允许空气透过，因此当接近皮肤的服装内空气层中水蒸气分压大于周围环境中蒸汽分压时，水蒸气便会从分压高的地方向低的地方弥散，这是汗液蒸发的主要方式；②衣料的吸湿作用，织物中纤维具有一定的吸湿放湿能力，皮肤出汗时，服装内空气层的相对湿度很高，织物吸收了这一部分水汽以后，即把它向服装外相对湿度较低的环境放出，如果这时衣服只被汗水浸湿，液体状态的水分也同样会向周围的环境中蒸发；③服装内空气层的对流作用，湿度大、温度高的服装内空气会通过对流被周围环境中湿度低的空气取代，从而带走服装内空气中的水分，如在人体运动时，这种对流去湿的作用十分突出。

织物的透汽性能可以用绝对透汽量或相对透汽率来表示。

（1）绝对透汽量 A_a：是指从覆盖有织物试样的盛水容器中，单位时间内透过单位面积试样排放出来的水汽量。

$$A_a=\frac{A}{TF}$$

式中：A——经过 T 个小时（h）后，从覆盖试样的容器内蒸发出去的水分量（mg）；

F——覆盖试样的容器可供蒸发水的面积。

（2）相对透气率 A_0：是指覆盖试样时蒸发透过的水汽量，相对于不覆盖试样时蒸发的水汽量的百分率。

$$A_0=\frac{A}{B}\times 100\%$$

式中：B——不覆盖试样时，经过 T 小时（h）后，容器内水的蒸发量。

影响透汽性的因素主要有纤维自身的吸湿能力、纤维结构、纱线结构、织物结构和后整理加工等。

3. 透水性与防水性

液态水从织物的一面渗透到另一面的性能，称为织物的透水性。防止液态水从织物的一面渗透到另一面的性能，则称为织物的防水性。

液态水透过织物可以有三个途径：①纤维吸收水分子，使水从纤维内部通过，渗透到衣料的另一面；②通过毛细管效应使织物内纤维或纱线润湿，让水能渗透到织物的另一面；③使用水压迫使水分子透过织物内空隙而到达另一面。

作为衣用织物，透湿透水是基本功能。

（三）热传导性能

服装对热传导性能的要求是双重性的，由于穿着环境的不同，有时要求服装有良好的热传导性能，而有时则又要求服装有良好的保（体）温能力，即较差的热传导能力。对一个织物来讲，要同时满足这两方面的应用要求是不现实的。所以，通常对后一项要求即保温的要求，要通过其他的集合体形式来解决。如果这个集合体仍然是在纺织品的基础上形成的（如金属镀膜纺织品），那么就可以给它一个新的提法，叫做纺织结构集合体。

但不管是导热，还是保温，实际上都是热传导性能的两种表现形式。

1. 表征热传导性能的指标

热传导性能也就是通常所说的导热性能，它讨论的是在两个不同温度的物体之间，热量从高温物体向低温物体传递的过程。表征热传导性能的指标有多种，这里介绍常用的三种指标。

（1）传热系数与热传导率。传热系数 λ 是指当厚度为 1m，两表面间温差为 1℃时，在一小时内通过 $1m^2$ 面积衣料的热量（单位为 J/m・℃・h），即：

$$\lambda=\frac{Q_a}{F\cdot\Delta T\cdot t}$$

热传导率 K 是指在上述条件下，通过厚度为 a 的织物的热量（单位为 J/（m^2・℃・h））也称为单位热传导，其倒数称为单位热阻：

$$K=\frac{\lambda}{a}=\frac{Q}{F\cdot\Delta T\cdot t}$$

式中：Q——通过织物的热量（J）；

a——织物的厚度（m）；

F——织物的面积（m^2）；

ΔT——温差（℃）；

t——时间（h）。

（2）绝热率与绝热指数。因为热量的直接测定比较困难，所以，实际使用中通常是通过间接指标进行表征，在纺织服装上，经常使用的两个间接指标是绝热率 T 与绝热指数 C。

$$T=\frac{Q_0-Q_1}{Q_0}\times 100\%$$

式中：Q_0——热体表面未包覆试样时维持恒温所需供给的热量；

Q_1——热体表面包覆试样时维持恒温所需供给的热量。

$$C=\frac{t_2}{t_1}$$

式中：t_1——热体表面包覆试样时，冷却到规定温度所需的时间；

t_2——热体表面不包覆试样时，冷却到规定温度所需的时间。

（3）隔热值。隔热值也称为服装保温力，隔热值为一个克罗的服装所具有的热阻值为：

$$1\text{克罗}=0.18\ (℃\cdot m^2\cdot h/kcal)$$

隔热值的单位用克罗表示，克罗的定义为：在室温 20～21℃，相对湿度小于 50%、风速不超过 0.1m/s 的环境中，一个安静坐着或从事轻度脑力劳动的人，其代谢产热量约为 50（kcal/m^2·h），若这时所穿服装能令他感觉舒适并使皮肤平均温度保持在 33℃，则该服装的隔热值即为一个克罗。

2. 影响导热性的因素

（1）衣料的结构及性能对导热性的影响。①衣料的厚度：衣料的厚度与其隔热值成正比，通常可按每毫米 0.15 克罗计算。②所用纤维的比重：比重小的纤维，因内部结构疏松，隔热值大；比重大的纤维，隔热值便小。③所用纤维的导热系数：纤维的导热系数越大，导热性越好，隔热效果越差。④衣料的体积重量：体积重量对导热性的影响，是通过衣料含有的空气量和空气的流动状况来表达的。静止的空气很难导热，所以体积重量越小，空气量越多，导热性越差。但空气一旦流动，导热性就很好。⑤衣料表面的粗糙度：衣料表面的粗糙度取决于纤维特性及加工方法，粗糙的衣料表面具有大量的颗粒空隙，可使衣料不贴近皮肤和相邻的服装。

（2）汗液脏污对衣料导热性的影响。来自人体皮肤和外界环境中的脏污物，都可能堵塞织物中纱线之间的空隙，影响衣料中静止空气对导热性的影响。由于外衣和内衣的污垢都是固体物质，它们的导热性要比空气大，因此，衣服一旦脏污，隔热值一般都要减小。

（3）环境条件对衣料导热性的影响。①风的影响。风的压力是一个重要的外界条件，风压的大小与进入人衣服的气流量有关。微风时，加在衣服上的风压为 0.3～0.4mm 汞柱；中等风速时，约等于 7.8mm 汞柱，强风时，约等于 27.4mm 汞柱。此外，风的方向也有影响，垂直于人体纵轴的气流，对服装隔热值影响最大，侧风影响较小。②湿度的影响。因吸湿性而存在的水分子，不会改变织物的透气性，但若因其他原因使织物含水过大，其导热性就要增大，隔热值就要下降。③气压的影响。在高原地区和高空，由于大气压力降低，空气密度变小，衣料的导热性就会下降，这种情况对高原地区防寒保暖有利。

(4) 运动对衣料导热的影响。运动对导热特性的影响，实际上是风和湿度的综合作用。

(四) 卫生防护性能

1. 织物的带电能力

(1) 纤维的介电性质。已知按传导电流能力的大小，可以把一般材料分为导电材料、半导体材料和电绝缘材料（电介质）三类。常用的纺织纤维属电介质，它传导电流的能力仅为导体的 $1\times10^{-14}\sim1\times10^{-10}$，如将它置于电场中，它就会被电场所极化，极化的程度可用介电常数 ε 来表示：

$$\varepsilon=\frac{C_1}{C_0}=\frac{Q_1}{Q_0}=1+\frac{Q'}{Q_0}$$

式中：C_0——以真空为介质的电容量；

C_1——以纤维为介质的电容量；

Q_0——以真空为介质时，电压为 V 的平板电容器上聚集的电荷量；

Q_1——以纤维为介质时，电压为 V 的平板电容器上聚集的电荷量；

$Q'=Q_1-Q_0$——感应电荷量。

ε 越大，表示纤维储存电能的能力越大，真空介质的 $\varepsilon=1$，空气近似于 1，一般纤维材料均在 2～5 的范围内。

(2) 纤维的带电现象。纺织纤维即为不良导体，所以当人体的各个部分有活动时，就会由于皮肤与衣服之间或者衣服与衣服之间的互相摩擦，而在衣料表面聚集起许多电荷。因为纤维不易导电，积聚起来的电荷就会引发所谓的静电现象。

纺织纤维的静电现象主要在受摩擦时发生，摩擦会使两个接触面发热，由发热产生的能量使表面层的分子和基团发生运动，使电荷从一个表面层向另一表面层迁移，从而在两个表面层之间形成一定的接触电势差。这一表面电势差的存在必然会引起两个表面极性基团的不同取向，即形成一个表面带正电而另一个表面带负电的表面带电现象。

2. 织物对脏污的吸附

导致衣服脏污的原因很多，简单来说，一方面是自身脏污，另一方面是环境污染。内衣脏污即属人体自身造成，从皮肤排泄出来的水汽、汗液、皮脂及皮屑，是衣服脏污的主要来源。内衣上脏污的东西多了，就会堵塞纱线之间的空隙，使静止空气减少，隔热值下降，衣服的透气透湿性下降，并造成服装内空气层温湿度增高，容易繁殖可引起皮肤病的各种细菌和霉菌。脏污外层衣服的物质很多，如外界环境中的煤烟、尘土，餐桌上的食品、油漆、化妆品等。这些东西本身不一定很脏，但落到外层衣服上不仅会使衣服脏污，且会使空气中的细菌、霉菌繁殖，在衣服上留下斑点。

如果衣服上再有静电作用那就更会从空气中吸附大量尘土，使外层衣服更易脏污。空气越干燥，尘土越多，衣服上的静电也越多。这样的污染既有损衣服，也对人体有害。

3. 织物对皮肤的刺激

因衣服刺激皮肤引起炎症的原因有多种，有的是纤维造成的，有的是染色助剂、整理剂和残留在衣服上的洗涤剂造成的，也有的是附着在衣服上的汗液等分泌物造成的。

（1）由纤维引起的皮肤刺激。合成纤维制作的内衣，穿着时可能会因为对皮肤有刺激引发斑疹，这是合成纤维织物（抗原）与皮肤（抗体）相结合而引起的一种过敏反应。此外，合成纤维在制造中曾使用过多种化学物质。这些化学成分接触人体后，有的可能不刺激皮肤，而有的可能影响很大。

（2）由染料引起的皮肤刺激。衣服上的染料不可能由口进入消化道，但可通过皮肤被少量吸收。当然这是极微小的，一般不会引起皮肤炎症，且染料有色牢度的要求，一般也不会被吸收到体内。不过也有一些缺乏色牢度的染料，对敏感性高的人来说，仍有可能引起危害。

（3）由整理剂、助剂引起的皮肤刺激。这是当前最大的问题。近年来出现的各种特殊整理，如树脂整理、洗可穿整理、永久免烫整理、拒污整理，它们所用的药剂都具有一定的刺激性，或者就是含有毒物质。进行特殊整理后，如果水洗不充分，就可能转移到人体上。一般含有0.05％游离甲醛的服装，因甲醛溶于汗液，穿着时就有可能引起皮炎，特别是有特殊敏感体质的人。

此外还有一些有毒物质不是在织物后整理中注入，而是在纤维生成过程中注入。

4. 织物对有害气体的吸收与扩散

服装能从外界空气吸收不等量的有害气体。如果衣服从有害气体浓度高的地方吸收了毒性气体，然后随人的活动再释放到其他地方，这件衣服就是一个有害气体的传播者及空气的污染源，因此衣服与有毒气体接触后必须进行脱气处理。

三、织物的加工性能

（一）织物的可缝性

1. 织物的纰裂与可缝性

（1）织物的纰裂。纰裂的形成与交织点纱线的表面状态和交织点处纱线的交织阻力有关，前者主要取决于纱线的种类、支数和纱线的表面形态，后者则主要取决于织物的密度配置和纱线的挠曲性能等因素。一般来说，在工艺密度大和经纬纱交织角小的织物上不易产生纰裂，而在纱的细度较小且表面光滑的薄型长丝织物上就比较容易产生纰裂，这类织物的可缝性问题便比较突出。

（2）织物的可缝性。可缝性主要表现在织物承受缝纫加工的便易程度和缝纫加工对服装品质的影响上。前者只是在加工厚重型织物或有特殊构造的织物时才表现得比较突出，后者主要表现在加工一般织物时，在缝接处是否会出现因穿着受力而在纱线间产生脱散移位的现象。

2. 纰裂的表征方法

从本质上讲，纰裂的度量与表述应该是一个属于感觉量评价范畴的问题，所以对纰裂的度量也可以有主观评价和客观评价两种类型的度量方式。

（1）主观评价法。目前用于测量纰裂的徒手评定法就是一种主观评价法。这种方法是用左手和右手的食指和拇指掐住织物，用力向反向扯拉，尽量让受拉方向的纱线能在相与交织的另一系统纱线上产生滑移。如果纱线的交织阻力不足，这时纱线间就会移位，然后目测移位后的纱线间距离与未拉织物中纱线间距离的差异，以判明纰裂是否形成。

这种测量评价的方法简单易行，但人为的影响比较大，很难作定量的比较。因此，这种方法常用在只需要对是否产生纰裂作出推断的场合。

（2）客观评价法。客观评价的方法就是借助其他与纰裂现象有关的物理量或者几何量去推断纰裂发生的程度。由于纰裂的视觉效果是直接来自纱线间距这一几何尺寸的变化，因此在客观评价法中又可再分为直接测量法和间接测量法两种类型。

①直接测量法是以直接量度受外力扯拉的织物中纱线间距的尺寸来表征纰裂的程度。在实施这种度量方法的过程中，受力的方式必须统一，通常采用的是沿织物表面方向施以规定大小的表面摩擦力和剪切力。

②间接测量法主要是借助测量因纰裂所导致的其他物理性能来间接表征纰裂的程度。目前被使用的有这样两种方法。

a. 缝迹滑脱阻力法，这是一种直接模拟衣料可缝性效果的评定方法。这种方法是先将织物按经纬向分别裁取出经长纬短和纬长经短的条形试样（40cm×5cm），然后把每一块试样剪成两段，并把它们的短边按一定的缝合方法缝接在一起（针距 6 根/厘米），再用织物强力机测出缝迹脱开时的强度，以判明纰裂对可缝性的影响。

b. 抽拔阻力法，按经向和纬向分别取出 11cm×2cm 的条形试样，在试样一端沿短边方向开一 0.3cm 宽、1cm 深度的小口，然后从另一端抽出位于小口宽度范围内的纱线，测定抽拔出一定长度时的抽拔力，用来表示织物抵抗纰裂的能力。沿经向抽拔时，测出的应该是纬纱对经纱的滑脱阻力（忽略相邻经纱的阻力影响），反之则为经纱对纬纱的阻力滑移。

（二）织物的洗涤性能

1. 洗涤的基本过程

洗涤可以简单地定义为：从浸在某种介质（一般为水）中的物体表面去除污垢的加工过程。在此过程中，可借助一些化学物质（洗涤剂）来减弱污物与物体表面的黏附作用，通过施以机械力搅动，使污垢与物体表面分离并悬浮于介质中，最后再将污物洗净冲走。

洗涤的作用过程可以用下列关系式来表示：

织物×污垢＋洗涤剂＝织物＋污垢×洗涤剂

一般的污垢可分为液体污垢及固体污垢两大类。前者包括一般的动、植物油以及矿物油（如原油、燃料油、煤焦油等），后者主要为尘土、泥、灰、铁锈、炭黑等。液体污垢和固体污垢经常是一起出现成为混合污垢，并往往是取液体包住固体微料黏附在织物表面的形式。此种混合污垢与织物表面黏附的本质，基本上与液体油类污垢的情形相似。液体污垢和固体污垢在物理性质和化学性质上存在较大差异，故二者从织物表面上去除的机理亦不相同。

2. 液体污垢的洗涤

洗涤作用的第一步是用洗涤液润湿织物表面，否则，洗涤液的洗涤作用不易发挥。洗涤作用的第二步是油污的去除，即润湿了纤维表面的洗涤液如何把油污顶替下来。液体污垢的去除是通过“卷缩”机理（洗涤液优先润湿表面，而使油污“卷缩”起来）来实现的。

液体油污原来是以铺展的油膜形式附着于纤维表面的，在洗涤液优先润湿的作用下，被逐渐卷缩成为油珠，直至最后被冲离纤维表面。

3. 固体污垢的去除

固体污垢的去除，主要是用表面活性剂去消除固体质点（污垢）在纤维表面上的黏附力。所以在洗涤过程中，首先是对污垢质点及表面进行润湿，然后再通过在固/液界面上形成的扩散双电子层，让质点与固体表面带上相同的电荷，利用发生在二者之间的互斥作用，使黏附强度减弱。

由于纤维表面在水中一般皆带负电荷，因此在一般情况下，使用负离子表面活性剂会提高固体质点与纤维表面的界面电势，减弱它们之间的黏附力，有利于质点自纤维表面除去，这同样也可以使分离了的质点不容易再沉积到纤维表面。

固体污垢的去除，与质点大小有很大的关系。经验表明，污垢质点越大，越容易去除，小于 0.1μm 的质点，就很难从纺织物上洗掉。

另外，对于固体污垢来说，即使有表面活性剂存在，如果不对纤维表面上不同大小质点的受力情况施加机械作用，也很难将它们除去。所以，必须加上一点机械力以助溶液渗透。

4. 干洗

干洗是指在有机溶剂中进行的洗涤过程。对于某些沾有重油污的衣料，或者是在水液中形态尺寸十分不稳定的衣料，以及其他不适合水洗或不易洗净的衣料，则需改用干洗的方法。一般使用轻石油烃或氯化烃等有机溶剂去洗沾有重油污的衣料，用它们去溶出织物上的重油污。为了洗去可能同时存在的水溶性好的或亲水性强的污垢，有时还需要在该体系中加入少量水和表面活性剂。

干洗中，一般都是使用油溶性的表面活性剂，如石油磺酸盐、烷基苯磺酸钠（或胺盐）、烷基酚等。

（三）织物的熨烫性能

熨烫是服装获得所需平面和线条效果的一个重要手段，经熨烫的服装不仅平整、挺括、折线分明，而且还富有立体感。熨烫是通过温度、湿度（水分）和机械压力对衣料的共同作用而完成的，其中温度是最重要的。

1. 熨烫机理

熨烫的本质是一个热定型问题。通过加热的方法把纺织品已取得的形状加以固定或将因变形而产生的内应力加以消释称为热定型。热定型广泛应用于纺织加工的各个环节，在服装加工中，熨烫是实现热定型的主要加工手段。

由于所用纤维素材不同，服装实现热定型的原理（也就是熨烫的机理）也是不同的。

（1）热塑性纤维。①典型的热塑性纤维都有三种随温度升高而变化的物理状态或称力学状态、凝聚态。在温度比较低时，纤维显示的是类似于刚体的性能，称为玻璃态；温度升到相当程度以后，又表现出有类似于橡胶的性能，称为高弹态；再升高温度则会出现类似于液体的流动状态，称为黏流态。②熨烫热定型经常利用的是在玻璃态与高弹态之间实现转换的玻璃化温度这个转变点。对这类纤维来讲，只要把熨烫温度设定在玻璃化温度之上，然后把织物在这一温度水平上得到的形状保持住，并把温度降到玻璃化温度以下直到冷却，所得到的形状即被固定，故称熨烫即为热定型。

（2）非热塑性纤维。这类纤维没有热塑性纤维的物理状态转移问题，所以在热定型时的应力衰减过程和热塑性纤维是不同的。对这种纤维来讲，应力的衰减主要是通过一般的力学松弛过程进行的，即在保持形状不变的情况下，应力随保持时间的增加而衰减，先快后慢，加热不是它们形成应力衰减的主导因素。热的作用只在于促进力学松弛过程的进行，所以这类纤维的热定型效果一般都没有热塑性纤维好，只有羊毛稍为突出一些。如有充分的定型条件，也能得到比较好的定型效果，其他纤维都只能通过定型获得一般的形态稳定效果。

2. 影响熨烫效果的外界因素

从材料学的角度来分析，影响熨烫（热定型）效果的外界因素主要有以下几项。

(1) 温度与时间。温度越高，时间越长，应力衰减的幅度越高，熨烫的效果越好。

(2) 外力场的大小。在外力场比较大，或者说纤维所得到的变形量比较大的情况下，熨烫前后的应力衰减比例也比较大。同样，应变大的，应力衰减的幅度也大。

(3) 熨烫介质。常见的熨烫介质是气体分子和水分子。水分子对熨烫效果的影响是很显著的，它主要表现在以下两个方面。

①由于熨烫时，这些介质分子分散到了纤维分子间的空隙中，并吸附于纤维分子极性基团的表面，使部分原来存在于纤维分子侧基之间的作用，转换成了水与水之间的作用，而新的作用比原来的作用要小得多，可以起到一种帮助分子移动的润滑作用。

②对于热塑性纤维来讲，吸附了这些介质分子以后，纤维分子的自由链段将会进一步增加，并使分子链更为柔软，因此玻璃化温度也会相应下降一些，这对熨烫是有利的。

3. 热收缩

服装加工中能引起热收缩的加热方式有：沸水收缩、热空气收缩和在饱和蒸汽中收缩三种。因为纤维内部结构的不同，它们在这三种加热方式中得到的收缩率之间并无明显的相关性。例如在饱和蒸汽中的加热（190℃加热 15min），涤纶的热收缩率约为 14%，远大于锦纶 6（约 7%）。但在沸水中，涤纶只有 7%而锦纶 6 却高达 11%，这显然与涤纶的吸湿能力远低于锦纶有关。尽管在热空气中涤纶的热收缩能力大于锦纶，但进入水中以后，由于它吸湿极少，而锦纶吸湿较多，即能让较多水分子进入纤维分子之间，通过水来削弱它们之间的联系并促进分子的活动，所以它自然就会表现出比涤沦高的沸水收缩率。

在服装的加工和使用中，热收缩问题非常重要。特别在加工过程中，因为许多服装都是在松弛条件下（即在无张力的条件下或约束不重要的条件下）接受热处理的，稍不注意就会出现严重的加工质量问题，包括缝纫线和织物的热收缩性能是否配伍，这些都是加工中必须特别关注的问题。

第五节 面料的选用与服装的维护

一、面料的选用原则

（一）消费者对服装的要求

1. 服装外观的审美性

服装的外观美是由服装的款式、面料的颜色、光泽和图案花型、布面纹路等构成的。

2. 服装的安全舒适性

舒适性定义可以归结为人与环境之间相互协调，并且使人在生理、物理和心理方面达到一种令人愉悦的状态。换言之，舒适性包含生理舒适性、物理舒适性和心理舒适性。也可以从反面、即不舒适的感觉来描述，即服装的安全舒适性是指无痛、无不舒适感觉的一种中性状态。舒适性包括吸湿性、透气性、保暖性、柔软性、伸缩性、重量和化学性能。

3. 服装的易管理性

易洗涤、保养便利、可机洗，洗后不需要熨烫，以及能防污、防蛀等。

4. 服装的经济性

在任何情况下，服装都不是纯粹的艺术品，服装的实用性和艺术性都依赖于它的经济性。服装作为消费资料与社会经济的产物，和人们生活的经济水平密切相关。人们在购买衣服时，不会忽视价格因素。所谓高档、低档等都是服装的经济要素。人们在追求美和实用的同时，会根据自己的经济条件，认真组织自己的衣柜，理性消费占有一定的主导地位，讲究物美价廉、经济实惠是一种朴实的社会风尚。

5. 服装的流行性

服装中的流行现象是一种复杂的人类社会心理的反映，它是指在一定时空范围内，某种服饰在一个群体中所形成的主导穿着倾向。在社会历史发展进程中它除了受到经济条件的限制外，更受到人类社会多种精神因素的制约。它的产生离不开人的心理活动变化和社会科技发展水平。

（二）服装面料的合适性

1. 服装应该符合穿衣者的条件

这些条件包括性别、年龄、职业、用途、经济状况、文化程度和文化习惯等。

2. 穿衣的目的

人们穿衣服的目的无外乎就是保暖御寒、遮羞、审美、标志等。

3. 穿衣的环境

如居家、旅游、宴会、职场等，其服装的面料选用是不同的。

4. 穿衣的时间

在不同的时间穿不同的衣服，如睡觉休息时应选用舒适柔软的。

5. 穿衣的档次

在不同的场合穿不同档次的衣服也是很有讲究的。

二、不同风格的服装面料的选用

风格是人们通过感觉对材料的综合评价。在多数情况下，人们利用手感和视觉对织物的力学特性和适用性作出判断，指出其内在性能特点和表面特征，结合用途分析其适合程度。织物的手感就是通过手的触感，判断衣料是轻薄飘逸还是厚实挺括；是活络还是板硬；以及是否有身骨，是滑、挺、爽的风格，还是滑、挺、糯的风格等。可以说面料决定服装的造型与风格。下面是各种风格面料的选用。

（一）光泽效果面料

这类面料感觉华丽、富贵，特别是在光线的照耀下反光特别强，有很强的装饰性。其闪耀效果容易使形体有膨胀的感觉，因此适宜体型窈窕而又均匀者穿着。在服装总体造型上应该以合体、简洁、袖长为宜，因此礼服、表演服、青春服装等选择这类面料较多。

（二）柔软型面料

这类面料悬重效果好，造型线条光滑而流畅体贴，服装轮廓自然舒展，能柔顺地体现着装者的体形，主要用于各种春夏季的衬衣、裙子、裤子等。包括各类绸缎、结构放松的针织、乔其纱、细织亚麻、雪纺或罗纱等。

（三）挺括型面料

这类面料硬挺爽朗，有一定的体积感和扩张感，能形成丰满、硬朗的服装轮廓。挺括型面料主要包括：棉、涤棉、平布、亚麻布以及马裤呢、海军呢、麦尔登呢等各种中厚型呢绒毛料和化纤织物。

（四）透明效果面料

透明的面料轻巧、精致，给人以优雅飘逸、朦胧神秘的感觉，适用于表现优美、浪漫效果的服饰，常用于时装、内衣、表演服、礼服等。薄透型面料分为柔软飘逸和轻薄硬挺两种，主要包括：真丝乔其纱、巴里纱和纤透明薄纱类织物、烂花织物、蕾丝面料等，以及薄绸、乔其纱、蝉翼纱、纯棉细布、罗纱等。

（五）平整型面料

平整型面料属轻、薄、透的面料，给人的感觉就是高档、细致、缜密、有品位，常用于正式场合穿着的服装。这类面料的表面比较平整，特别适用于简洁大方、强调线条的造型设计，如职业装、校服等服装。

（六）立体感面料

立体感面料是指表面具有明显激励效果的面料，如各种提花面料、花色纱线面料、轧褶面料、割绒面料、植绒面料、烂花绒面料、满地秀面料、绗缝面料等，这种面料给人以层次丰富、内涵深邃、立体感强的感觉，有较强的感染力、服装潇洒、充满活力。

（七）弹性面料

弹性面料主要是指针织面料，以及有棉、麻、丝、毛等与氨纶混纺的织物。添加了氨纶的面料特别适合制作紧身服装，还特别适用于运动装、健美服装等。

（八）粗厚、蓬松面料

粗厚、蓬松面料有表面绒毛蓬松的粗花呢、膨体纱大衣呢、松结构花呢、顺毛大衣呢、裘皮面料等。这类织物感觉蓬松、柔软、温暖，有扩张感，常用于冬季服装或作为一些服装的局部装饰。

（九）绒毛型面料

绒毛型面料是指面料表面起绒或有一定长度细毛的面料，如灯芯绒、平绒、乔其绒、金丝绒以及动物毛皮和人造毛皮等。这类面料有丝光感，显得柔和温暖，绒毛增加了厚重感和魅力。

（十）真皮

是由动物的皮加工而成，真皮种类繁多，品种多样，品质不同。

三、不同类型服装的面料选用

（一）卫生保健（如表 8－10 所示）

表 8－10　　卫生保健类服装的选择目的及要求

目的服装	面料选用原则
冬装	以保暖防寒为目的，选用中厚粗纺呢绒、轻便坚固的锦纶图层绸缎、棉羽绒面料、柔软舒适的全棉、绢丝织物、华丽的丝绸、锦缎等
夏装	以凉爽透气为原则，选用舒适轻薄、干爽凉快的抹布、绢和棉以及棉/涤、毛及毛/涤细薄衣料

续 表

目的服装	面料选用原则
风衣	以保证良好外观造型，不易脏污、易于穿着的原则选用挺括抗皱、防燃、防污整理的涤/棉或全棉卡其、斜纹及简单变化组织类衣料
雨衣	以防水、保型、易于穿用为原则，选用扩挺抗皱、防水功能整理的涤/棉卡其类或锦纶类图层塔夫绸、斜纹绸等衣料
内衣	以舒适柔软、坚牢易洗为原则。可选用全棉细布类，黏胶及其混纺、氨/棉弹力、氨/绢弹力府绸等衣料
防护衣	可根据各种防护条件需要为原则，选用防燃、防污整理，或耐辐射、耐高温等新材料组成的衣料

（二）生活活动（保证人体正常生活和活动，如表8-11所示）

表8-11　生活活动类服装的选择目的及要求

目的服装	面料选用原则
工作服	适应劳动条件，以坚牢耐用、易洗快干为原则。可选用纯涤、涤/毛、涤/棉、维/棉、丙/棉等混纺斜纹、平纹或其他简单变化组织衣料
家用便服	应以舒适方便、经济为原则，可选用全棉、涤/棉、涤/黏、毛/黏混纺衣料或人工纤布、真丝绸、麻及麻混纺布等适时令的衣料
睡衣	根据消费条件可选用华丽高贵的真丝缎类、绉类，舒适耐用的棉布、绢绸、绒布、毛巾织物等
运动衣	以满足人体多功能需求，舒适坚牢为原则，可选用防水透湿、吸汗快干的腈/棉、黏/棉等机织、针织衣料

（三）道德礼仪（保证端正、大方、适当，如表8-12所示）

表8-12　道德礼仪类服装的选择目的及要求

目的服装	衣料选用原则
社交服	根据各国各民族的习惯，官员使节的地位和原则可选用高档精纺或粗纺呢绒、丝绒、软绒、锦缎、涤棉高支细纺府绸等
礼仪服 婚礼服 晚礼服	男用以潇洒庄重为原则，可选用黑白两色为格调礼服呢、华达呢、涤/棉高支府绸等衣料
	女用以华贵高雅为原则，可选用紫红、白色、粉、蓝等色为格调的丝绒、软缎、锦缎、乔其纱等衣料

（四）装饰审美（突出个性，新、奇、异，如表8－13所示）

表8－13 装饰审美类服装的选择目的及要求

目的服装	衣料选用原则
装饰服 上街服 休闲服	以满足个人爱好及适应时令为原则，可选用优雅娴静的仿鹿皮、绒织物、朴实美观舒适的棉、黏/棉、绢丝锦绸，华贵艳丽的丝绸类，廉价的涤丝纱绢等，还有坚牢耐用的靛蓝劳动布、风格别致的绉纱、轧花布、粗犷的抹布等衣料
旅游服	以色泽鲜明艳丽、轻便耐磨、易洗快干、经济美观为原则，可选用锦纶塔夫绸、防水绸、涤纶仿丝、仿麻等衣料

（五）职业类别标志（色彩款式的统一，如表8－14所示）

表8－14 依据职业类别标志的服装选择

目的服装	衣料选用原则
职业装	以职业标识为原则，可选用涤/毛、涤/棉、人造丝和纤丝绸为材料，按职业类别确定色调，军服为草绿、银灰或白色为主，医护服主要有白色或醒目淡蓝色。袈裟为红黑、黄色为基调，显示身份标志统一
团体服 制服	要保证统一标志和经济原则，可选用棉及人造棉、涤/棉布、锦纶绸等色泽鲜明、价格低廉的中档衣料；以严肃风纪为原则，可选用色泽标志明显的涤/棉、化纤中档衣料，适应执勤、岗位工作方便，耐用为主

（六）装扮（突出特点功能，如表8－15所示）

表8－15 根据装扮的服装选择

目的服装	衣料选用原则
舞台服 戏装 表演服	以适应角色或转变的需要为原则，可选用涤纶仿真丝、仿麻织物、涤/黏、涤/棉混纺布、丝绸的绫、锦、缎、罗、纱、绡类、劳动布、全棉花布、漂白布、杂色布等，以色彩鲜艳明快、华贵高雅、深暗、质地坚牢、价格低廉为宜

（七）根据不同的心理和生理要求选择（如表8-16所示）

表8-16　　根据不同的心理和生理要求的服装选择

适用人群	衣料选用原则
青年	富有朝气、色泽明快、艳丽时尚，对新花色、新款式接受得快，富有刺激性或挑战性是他们的首选，对质地要求不高，但价格适中，不宜太贵
成年男女	多以表现心理的成熟、社会地位、经济地位为主要特点，应选用高标准、质量优、典雅、色泽款式协调的服装，价格中高档
老年人	因心理已经成熟，有稳定的心态，固定的生活方式和社会地位，因此色彩不宜太刺激，款式要大方，穿着舒适，尺寸方面应尽量弥补因老态而体形不好的缺点，做工考究，质地优良，价格为中高档
儿童	应体现出天真、好奇、活泼等特点，以面料舒适、款式自如为主，色泽鲜艳，图案新颖大方，以满足他们的心理，面料以天然为佳，化纤混纺为辅，价格不宜太贵

（八）根据消费水平加以选择（如表8-17所示）

表8-17　　根据消费水平进行的服装选择

档次消费	衣料选用原则
高档次	质好价高的品牌或名牌产品，以丝绸、毛或混纺织物为佳
中档次	中档面料为主，可考虑天然纤维纯织或化纤混纺材料
低档次	选用价格适中、坚牢耐用的材料为宜，如人造棉、各种化纤或化纤混纺、纯棉、麻等面料

总之，对服装面料的选用应尽其用，并以适当的价格达到特定的使用目的。有时一种服装体现出几种特性，选用者在考虑选用条件的同时，还是应有所侧重。任何一种面料或款式的服装都不可能同时打动所有的选用者。因此，应突出主题，突出个性化，使服装世界表现出百花齐放、万紫千红的景象。

四、服装的正确穿着及日常维护

只有正确穿戴和正确维护才能使服装经久耐穿。对于价格昂贵的真丝、毛呢、毛绒服装必都须精心穿用及维护。

真丝服装特别娇气，不能暴晒，避免摩擦、损伤、污染，洗涤时不可以用洗衣机洗涤，正确方法是用冷水手工轻柔洗涤，配合专用的“丝毛洗涤剂”或“丝绸洗涤剂”等中性优质洗涤剂进行洗涤，污渍的部位只能用手或软毛刷轻轻洗涤，过水时加入3%食用的白醋浸泡2～4分钟再进行清洗，并且应在阴凉处阴干，采用反面熨烫法，在中温150℃熨烫，这样既可保持颜色的鲜艳，也能减少褪色。

毛呢、毛绒服装的弹性较好，但承受强力很低，所以穿着时必须避免粗糙、剧烈的摩擦，避免磨损布料及防止起球，如果表面出现一些起球现象，要等毛球浮起离开布料时，小心翼翼地进行手工修剪毛球，切记不能用力拉扯，一旦发生破损小洞应及时修补，避免二次扩大，羊毛材质的内衣、内裤避免贴身穿，不应与皮肤直接接触，以避免人体分泌物造成的污染。毛呢、毛绒服装应按标注的洗涤方法进行洗涤，不宜水洗，应选择信誉好、洗涤质量好的干洗店进行正确干洗。

即使服装标签上标注可机洗或手工水洗的羊毛服装，在洗涤时，时间也不要过长，洗涤速度调整在轻柔洗涤的状态。手洗时，用冷水浸泡时间不应超过15分钟，洗涤剂和清洗方法与丝绸服装的方法相同，洗后不能直接拧绞，仅能挤压，在阴凉通风处阴干，待晾晒到半干状态时，进行平整、整形，蒸汽熨烫的温度应以不超过200℃为宜。

皮革服装穿着时必须防止摩擦、刮划，以免出现损坏而影响使用；严禁暴晒、火烤，因为高温会造成皮革收缩、严重变形；如接触到水，要及时用干净的布擦干，避免皮革表面发硬。皮革服装只能用专业干洗、避免水洗、机洗。

五、服装穿着时的安全问题

服装的面料在染色和后期处理等过程中需要加入各种的染料、助剂等，特别是棉、麻、丝质面料的服装，穿着时很容易起皱，尺寸稳定性比较差。所以现在很多产品都要经过免烫、防皱、防缩等特殊工艺处理，从而达到可穿着的效果，可是在这些处理过程中所用的整理剂或多或少的会产生对人体有害的物质，当这些有害物质残留在服装上达到一定量的时候，就会对人的皮肤，甚至人体健康造成不同程度的损害。但大家也不用害怕，由于这些残留物在水中会被稀释，大部分有害物质会被水冲洗掉，所以，购买回来的新服装，尤其是内衣、内裤、单裤等，穿用前最好进行水洗（标注干洗的服装可除外），并用少量中性洗涤剂进行清洗。通过清洗处理，一是可将一部分有害物质冲洗掉，二也可将衣服在生产、运输、存放等过程中积压的灰尘、污垢冲洗掉，以便大家放心穿着。

六、服装保养的注意事项

（一）保持清洁

存放服装的房间和包装要保持干净，要求没有异物及灰尘，防止异物及灰尘污染服装，同时要定期进行消毒。

服装在收藏存放之前要保证干净。服装在制作和流转中会受到外界及人体分泌物的污染。对这些污染物如不及时清洗，长时间黏附在服装上，随着时间的推移就会慢慢地渗透到织物纤维的内部，最终难以清除。另外，这些服装上的污染物也会污染其他的服装。

服装上的污垢成分是极其复杂的。其中有一些化学活动性较强的物质，在适当的温度和湿度下，缓慢地与织物纤维及染料进行化学反应，会使服装污染处变质发硬或改变颜色，这不仅影响其外观，同时也降低了织物牢度，从而丧失了服装的穿用价值。皮革服装上的污垢如不及时清洗，时间久了会使皮革板结发硬失去弹性，而难以穿用。

总之，为了避免上述各种不良后果的产生，要将服装清洗干净之后再储存堆放。

（二）保持干度

保持干度就是要提高服装收藏存放当中的相对干度。在上面一节里讲了污垢中的有机物质，在适当的温度和湿度下会发生酸败和霉变。而服装的自身就是有机物质，除化纤是由高分子化合物组成外，棉、毛、丝、麻的化学成分是葡萄糖聚合物和蛋白质。

由于服装都带有霉菌，当自然纤维织物在长期受潮下，也会发生腐败和霉变现象，而使织物发霉、发味、变色或出现色斑。在有污垢存在的情况下，表现就更为突出。为防止上述现象的发生，在收藏存放服装时要保持一定的相对干度。为此可采取以下措施：

（1）选合适的地点或位置。收藏存放服装应选择通风干燥处，避开潮湿和有挥发性气体的地方，设法降低空气湿度，防止异味气体污染服装。

（2）服装在收藏存放前要晾干，不可把没干透的服装进行收藏存放，这不仅会影响服装自身的收藏效果，同时也会降低整个服装收藏存放空间的干度。

（3）服装在收藏存放期间，要适当地进行通风和晾晒。尤其是在伏天和多雨的潮湿季节，更要经常通风和晾晒。晾晒不仅能使服装干燥，同时还能起到杀菌作用，防止服装受潮发霉。

（4）在湿度较大的仓库储存服装时，为了确保服装不受潮发霉，可用防潮剂防潮。用干净的白纱布制成小袋，装入块状的氯化钙（$CaCl_2$）封口。把制成的氯化钙防潮袋放在仓库里，勿将防潮袋与服装接触，这样就可以降低仓库中的湿度，从而达到保干的目的。当防潮袋中的氯化钙由块状变成粉末时，就证明防潮袋中的氯化钙已经失效，要及时进行更换，并要经常对防潮袋进行检查。

（三）防止虫蛀和鼠咬

在各类纤维织物服装中，化纤服装不易招虫蛀，天然纤维织物服装易招虫蛀，尤其是丝、毛纤维织物服装更甚。棉、毛、丝、麻服装的织物纤维是由葡萄糖的聚合物和蛋白质所构成，具有一定的营养性。天然纤维都具有亲水性的特点，有着很强的吸湿回潮性能，能使自身保持一定的湿度。这就给蛀虫创造了较好的滋生条件，因此常招虫蛀。丝、毛织物纤维是由蛋白质构成，营养更为丰富，所以丝、毛织物服装更易招虫蛀。

服装上的一些有机污垢也能为蛀虫增加营养，会使虫蛀更为严重。为了防止服装虫蛀，除了保持清洁和干度外，还要用一些防蛀剂或杀虫剂来加以防范。虽然一些农用杀虫剂可以驱杀蛀虫，但对服装和人体有害，故不用之。樟脑丸是从樟树的根、干、枝、叶蒸馏产物中分离而制成的，樟脑丸具有很强的挥发性，挥发出的气味就能防止虫蛀。樟脑丸之类的防蛀剂有一定的增塑性，用量过多，集中或直接与织物接触，时间久了会渐渐地加快织物的老化程度，影响服装的使用寿命。这些防蛀剂，特别是樟脑丸含有一定数量的杂质，如直接与织物接触会造成污斑。尤其是白色、浅色丝绸织物接触樟脑丸会泛黄，影响外观。因此在使用时，应把樟脑丸用白纸或浅色纱布包好，散放在箱柜四周，或装入小布袋中悬挂在衣柜内。使用防蛀剂时要注意它的用量。防蛀剂的用量，一般只要在存放服装的箱柜中能嗅到樟脑丸的气味就可以了。

要注意到，经日晒和熨烫后的服装，要在凉透后再放入储衣箱，以免因服装温度较高而加快防蛀剂的挥发。

储存服装时应离地隔墙，不在仓库里放置食物和水，开关仓库门时要注意，防止鼠趁机而入。在墙角放置鼠饵，捕鼠器来防鼠。

（四）保护衣形

直观上平整、挺括的服装能给人以很强的立体感、舒适感。尤其是现在，对衣形的要求就显得更为重要。衣形可以体现出服装的风格和韵律，是现代服装的灵魂。因此在包装存放服装时，一定要将衣形保护好，不能使其变形走样或出现褶皱。

（1）对于衬衣衬裤及针织服装可以平整叠起来存放，对于外衣外裤要用大小合适的衣架裤架将其挂起。

（2）挂时要把服装摆正，防止变形，衣架之间应保持一定的距离，切不可乱堆乱放。

（3）装箱时将服装整齐按码摆放，封箱时避免损伤服装，使其变形，破损。

第六节　服装设计

一、服装设计的概述

（一）服装设计的概念

服装设计是科学技术和艺术的搭配焦点，涉及美学、文化学、心理学、材料学、工程学、市场学，色彩学等要素。“设计”指的是计划、构思，设想、建立方案，也含意象、作图、制型的意思。服装设计过程“即根据设计对象的要求进行构思，并绘制出效果图、平面图，再根据图纸进行制作，达到完成设计的全过程”。服装设计是运用各种服装知识、剪裁及缝纫技巧等，考虑艺术及经济等因素，再加上设计者的学识及个人主观观点，设计出实用、美观，及合乎穿者的衣服，使穿者充分显示本身的优点并隐藏其缺点，衬托出穿者的个性，设计者除对经济、文化、社会、穿者生理与心理及时尚有综合性之了解外，最重要的是要把握设计的原则。设计原则是说明如何使用设计要素的一些准则，是经过多年经验、分析及研究的结果，也就是美的原则在服装上的应用。

（二）服装设计的原则

1. 统一原则

统一（Unity）也称为一致，与调和的意义相似。设计服装时，往往以调和为手段，达到统一的目的。良好的设计中，服装上的部分与部分间，及部分与整体间各要素——质料、色彩、线条等的安排，应有一致性。如果这些要素的变化太多，则破坏了一致的效果。形成统一最常用的方法就是重复，如重复使用相同的色彩、线条等，就可以造成统一的特色。

2. 加重原则

加重（Emphasis）亦即强调或重点设计。虽然设计中注重统一的原则，但是过分统一的结果，往往使设计趋于平淡，最好能使某一部分特别醒目，以造成设计上的趣味中心。这种重点的设计，可以利用色彩的对照（如黑色洋装系上红色腰带）、质料的搭配（如毛呢大衣配以毛皮领子）、线条的安排（如洋装上自领口至底边的开口）、剪裁的特色（如肩轭布及公主线的设计），及饰物的使用（如黑色丝绒旗袍上配戴金色项链）等达成。但是上述强调的方法，不宜数法同时并用，强调的部位也不能过多，并应选择穿者身体上美好的部分，作为强调的中心。

3. 平衡原则

平衡（Balance）使设计具有稳定、静止的感觉时，即是符合平衡的原则。

平衡可分对称的平衡及非对称的平衡两种。前者是以人体中心为想象线，左右两部分完全相同。这种款式的服装，有端正、庄严的感觉，但是较为呆板。后者是感觉上的平衡，也就是衣服左右部分设计虽不一样，但有平稳的感觉，常以斜线设计（如旗袍之前襟）达成目的。此种设计予人的感觉是优雅、柔顺。此外，亦须注意服装上身与下身的平衡，勿使有过分的上重下轻，或下重上轻的感觉。

4. 比例原则

比例（Proportion）是指服装各部分间大小的分配，看来合宜适当，例如口袋与衣身大小的关系、衣领的宽窄等都应适当。黄金分割的比例，多适用于衣服上的设计。此外，对于饰物、附件等的大小比例，亦须重视。

5. 韵律原则

韵律（Rhythm）指由规律的反复而产生柔和的动感。如色彩由深而浅，形状由大而小等渐层的韵律，线条、色彩等具规则性重复的反复的韵律，以及衣物上的飘带等飘垂的韵律，都是设计上常用的手法。

（三）服装设计过程

1. 服装设计创作过程

服装设计是一个艺术创作的过程，是艺术构思与艺术表达的统一体。设计师一般先有一个构思和设想，然后收集资料，确定设计方案。其方案主要内容包括：服装整体风格、主题、造型、色彩、面料、服饰品的配套设计等。同时对内结构设计、尺寸确定以及具体的裁剪缝制和加工工艺等也要进行周密严谨的考虑，以确保最终完成的作品能够充分体现最初的设计意图。

服装设计的构思是一种十分活跃的思维活动，构思通常要经过一段时间的思想酝酿而逐渐形成，也可能由某一方面的触发激起灵感而突然产生。自然界的花草虫鱼、高山流水、历史古迹，文艺领域的绘画雕塑、舞蹈音乐以及民族风情等社会生活中的一切都可给设计者以无穷的灵感来源。新的材质不断涌现，不断丰富着设计师的表现风格。大千世界为服装设计构思提供了无限宽广的素材，设计师可以从各个方面挖掘题材。在构思过程中设计者可通过勾勒服装草图借以表达思维过程，通过修改补充，在考虑较成熟后，再绘制出详细的服装设计图。

2. 绘制服装设计图

绘制服装效果图是表达设计构思的重要手段，因此服装设计者需要有良好的美术基础，通过各种绘画手法来体现人体的着装效果。服装效果图被看作是衡量服装设计师创作能力、设计水平和艺术修养的重要标志，越来越多地引起设计者的普遍关注和重视。

服装设计中的绘画形成有两种：一类是服装画，属于商业性绘画，用于广告宣传，强调绘画技巧，突出整体的艺术气氛与视觉效果；另一类是服装效果图，用于表达服装艺术构思和工艺构思的效果与要求。服装效果图强调设计的新意，注重服装的着装具体形态以及细节描写，便于在制作中准确把握，以保证成衣在艺术和工艺上都能完美地体现设计意图。

(四) 服装设计中前提条件

服装所具有的实用功能与审美功能要求设计者首先要明确设计的目的，要根据穿着的对象、环境、场合、时间等基本条件去进行创造性的设想，寻求人、环境、服装的高度谐合。这就是我们通常说的服装设计必须考虑的前提条件——TPO原则。TPO三个字母分别代表Time（时间）、Place（场合、环境）、Object（主体、着装者）。

1. 时间（Time）

简单地说不同的气候条件对服装的设计提出不同的要求，服装的造型、面料的选择、装饰手法甚至艺术气氛的塑造都要受到时间的影响和限制。同时一些特别的时刻对服装设计提出了特别的要求，例如毕业典礼、结婚庆典等。服装行业还是一个不断追求时尚和流行的行业，服装设计应具有超前的意识，把握流行的趋势，引导人们的消费倾向。

2. 场合、环境（Place）

人在生活中要经常处于不同的环境和场合，均需要有相应的服装来适合这不同的环境。服装设计要考虑到不同场所中人们着装的需求与爱好以及一定场合中礼仪和习俗的要求。一件夜礼服与一件运动服的设计是迥然不同的。夜礼服适合于华丽的交际场所，它符合这种环境的礼仪要求，而运动服出现在运动场合，它的设计必然是轻巧合体而适合运动需求的。一项优秀的服装设计必然是服装与环境的完美结合，服装充分利用环境因素，在背景的衬托下更具魅力。

3. 主体、着装者（Object）

人是服装设计的中心，在进行设计前我们要对人的各种因素进行分析、归类，才能使人们的设计具有针对性和定位性。服装设计应对不同地区、不同性别和年龄层的人体形态特征进行数据统计分析，并对人体工程学方面的基础知识加以了解，以便设计出科学、合体的服装。从人的个体来说，不同的文化背景、教育程度、个性与修养、艺术品位以及经济能力等因素都影响到个体对服装的选择，设计中也应针对个体的特征确定设计的方案。

二、服装设计的方向

服装造型元素，即视觉元素都是由点、线、面、体、材质、肌理等要素构成的。点在服装中主要表现为领子、口袋、纽扣、服饰结、胸花、首饰等较小面积的形状。线表现为分割线、门襟线、衣摆线、装饰线、轮廓线等，线的长短受服装造型结构的影响。不同的面料，不同的形状的面多层次地搭配，大面积图案的组成，能够使服装更加丰富，富有韵律。空间效应包括量感、触觉感、节奏运动、线条、影、色彩等。我们在服装的选择中主要关注服装的色彩、款式、面料。

色彩最能成为创造艺术氛围、感受人们心灵的因素。款式是指服装的外形，设计者把握外轮廓的形态，掌握结构线的设计。面料是服装的基础。我们选择服装是要先观察色彩，后观察款式，然后仔细揣摩面料。色彩很重要，要根据肤色选择服装色彩。

(1) 皮肤发灰：衣着主色应为蓝、绿、黑色，不宜采用白色、粉红和粉绿。

(2) 皮肤黝黑：宜穿暖色调的衣服。以白色、浅灰色、浅红色、橙色为主，也可穿纯黑色衣着。不宜与湖蓝色、深紫色、青色、褐色搭配。

(3) 肤色偏黄：要避免穿亮度大的蓝、紫色服装，而暖色、淡色则较合适。

(4) 肤色较白：不宜穿冷色调，一般可以选用蓝、黄、浅橙黄、淡玫瑰色、浅绿色一类的浅色调衣服。穿红色衣服可使面部显得红润。还要根据体形选择冷暖色。暖色有扩大感、亲近感，冷色有收缩感、疏远宁静感。体形较胖的选则冷色，较瘦选择暖色。

选择面料要根据具体需要。如买内衣可选棉布材质的，因为棉布轻松保暖，柔和贴身，吸湿性、透气性甚佳。制作夏装可选用麻布，它的优点是强度极高，吸湿、导热、透气性甚佳。毛衣可以选择腈纶，因其染色鲜艳，弹性好，柔软保暖。款式也很重要，一定要符合身材，扬长避短，体现个性。还要关注做工方面，仔细检查纽扣处、袖口、裤缝有无脱线。

三、服装的配色原则

(一) 对比与和谐

对比色是利用两种颜色的强烈反差而取得美感，常常被人选用。如黑白相衬，对比强烈，但能够取得和谐的效果。

使用对比色时要注意：上下衣裤色彩应有纯度与明度的区别。服装的色彩可根据配色的规律来搭配，以达到整体色彩的和谐美。全身色彩要有明确的基调，还应与季节协调：

1. 春天

要穿明快的色彩，如粉红色、豆绿色或浅绿色等。

2. 夏天

以素色为基调，给人以凉爽感。蓝色、浅灰色、白色、玉色、淡粉红等。

3. 秋天

穿中性色彩，金黄色、翠绿色、米色等。

4. 冬天

穿深沉的色彩，黑色、藏青色、古铜色、深灰色等。

（二）对称与均衡

左右对称衣服上的各种色彩能在视觉上取得均衡。

（三）面积比例论

配色中较强的色要缩小面积，较弱的颜色要适当扩大面积，这是色彩均衡的一般法则。当然，如果强烈的色彩占主导，会更有感染力。注意两种颜色不能平分秋色，在面积上应有大小之分、主次之别。

（四）配色明快论

在视觉上，不能过分刺激，也不能界限不明，暧昧不清。穿衣时不要用相似颜色的衣服，要有色彩上的对比和跳跃。

（五）配色目的论

配色的目的是调和，同时要考虑实用性和目的性。可用邻近色进行调和，如黄与绿，黄与橙。

（六）配色体型论

1. 体型肥胖者

宜穿墨绿、深蓝、深黑等深色系列的服装，因为冷色和明度低的色彩有收缩感。颜色不宜过多，一般不要超过三种颜色。线条宜简洁，最好是细长的直条纹衣服。

2. 体型瘦小者

宜穿红色、黄色、橙色等暖色调的衣服，因为暖色和明度高的色彩有膨胀的感觉。不宜穿深色或竖条图案的衣服，也不宜穿大红大绿等冷暖对比强烈的服装。

3. 体型健美者

夏天最适合穿各种浅色的连衣裙，宜稍紧身，并缀以适量的饰物。

（七）配色性格协调法

不同性格的人选择服装时应注意性格与色彩的协调：

（1）沉静内向者宜选用素净清淡的颜色，以吻合其文静、淡泊的心境；活泼好动者，特别是年轻姑娘，宜选择颜色鲜艳或对比强烈的服装，以体现青春的朝气。

（2）有时有意识地变换一下色彩也有掩短扬长之效，如过分好动的女性，可借助蓝色调或茶色调的服饰，增添文静的气质；而性格内向、沉默寡言、不善社交的女性，可试穿粉色、浅色调的服装，以增加活泼、亲切的韵味，而明度太低的深色服装会加重其沉重与不可亲近之感。

（八）服装对比色及邻近色搭配法

对比色是利用两种颜色的强烈反差而取得美感，常常被人选用。选择相近的邻色作为服饰的搭配是一种技巧：一方面两种颜色在纯度和明度上要有区别；一方面又要把握好两种色彩的和谐，使之互相融合，取得相得益彰的效果。一般邻近色的搭配有：黄与绿，黄与橙，红与紫。使用时要注意：

（1）上下衣裤色彩应有纯度与明度的区别。

（2）两种颜色不能平分秋色，在面积上应有大小之分、主次之别。

（3）服装的色彩可根据配色的规律来搭配，以达到整体色彩的和谐美。全身色彩要有明确的基调。主要色彩应占较大的面积，相同的色彩可在不同部位出现。

（4）全身服装色彩要深浅搭配，并要有介于两者之间的中间色。全身大面积的色彩一般不宜超过两种。如穿花连衣裙或花裙子时，背包与鞋的色彩，最好在裙子的颜色中选择，如果增加异色，会有凌乱的感觉。

（5）服装上的点缀色应当鲜明、醒目、少而精，起到画龙点睛的作用，一般用于各种胸花、发夹、纱巾、徽章及附件上。

（6）上衣和裙、裤的配色示例：淡琥珀—暗紫；淡红—浅紫；暗橙—靛青；灰黄—淡灰青；淡红—深青；暗绿—棕；中灰—润红；橄榄绿—褐；黄绿—润红；琥珀黄—紫；暗黄绿—绀青；灰黄—暗绿；浅灰—暗红；咖啡—绿；灰黄绿—黛赭；

（7）万能搭配色：黑、白、金、银与任何色彩都能搭配。配白色，增加明快感；配黑色，平添稳重感；配金色，具有华丽感；配银色，则产生和谐。

（九）配套时装的色彩搭配方法有以下几种

（1）分块对比搭配法通过对比起到调和的作用。例如采用几何条格或块面图案面料设计的服装配套，色彩搭配有对比、有调和，给人以艺术美的享受。

（2）端庄统一的搭配法色彩统一而显得融合和高雅。例如上下衣裙是白色，配上白色提包、白色皮鞋、白色眼镜、白色耳环，取得服饰色彩的统一。或是点缀着鹅黄色腰带、鹅黄色胸花、鹅黄色提包和皮鞋，别有一番韵味。

（3）强烈对比衬托法通过对比显示主色调的效果，起到深浅相衬的作用，例如玫瑰红的外套（或黑、黄、紫罗兰外套），内衣是白色，配上白色提包、白色帽子、白色项链，深浅相衬，或是黑白相衬，对比强烈，但能够取得和谐的效果。

（4）调和缓冲法缓冲过渡，和谐衔接，调和统一。例如一件红色衣裙，往往采用白色镶嵌袖口和领边，使之缓冲过渡，红色冲淡，取得调和效果。

（5）点缀装饰法起到画龙点睛的作用。在统一色调中，如素净的冷色调中，点缀一点暖色调。如穿着蓝地黑花的上衣和裙子，深蓝色帽子，帽边是黑色的，仅项链用金色和朱红，来点缀装饰。

（6）呼应协调均衡法前后上下呼应装饰，能显示和谐统一的美感。

四、服装设计元素

（一）服装设计元素的概念

在当代服装设计商业运作中时常提及“设计元素”一词，那么，到底什么是服装设计中的“设计元素”呢？根据《辞海》的解释，“元素”的定义如下：

（1）一般指化学元素。

（2）见“集”：具有某种属性的事物的全体称为集，组成集的每个事物称为该集的元素。

可见，元素最初是被应用在化学和数学领域的名词，是指构成事物的基本物质的名称。这是普遍意义上对元素的理解。服装设计中的“元素”概念是借用了元素的化学、数学概念，引申指服装设计中具有鲜明特征的，构成服装的具体细节的集合，包括色彩、造型、图案、材质、装饰手法等能够传达设计者设计理念的服装构成。设计师脑子里千奇百怪的设计理念就通过元素符号这一媒介进行物化的表现，借此传递流行和时尚的信息。

（二）服装设计元素的种类划分

服装设计是诸多实用设计中和人关系最为紧密的设计，社会、历史、艺术等生活中所有可见的题材都可以成为女装设计元素的题材。这些看似千变万化的元素并非杂乱无章随意呈现的，可以根据形态属性对其进行分类。

1. 外轮廓元素

外轮廓元素指服装的外部造型，即剪影轮廓。服装造型的总体印象是由外轮廓决定的，它进入视觉的速度和强度高于服装的内轮廓，是服装款式设计的基础。常规有 A、X、Y、O、H 等细分，已为人们熟知，这里不再赘述。

2. 内轮廓元素

内轮廓元素指服装的内部造型，即外轮廓以内的零部件的边缘形状和内部结构的形状。如领子、口袋等零部件和衣片上的分割线、省道、褶裥等内部结构均属于内轮廓元素的范围。

3. 色彩元素

色彩元素包括了色彩的色相、纯度、明度等色彩属性。服装设计元素里的色彩元素不仅指单一的色彩，还包括服装个部分色彩间的搭配。服装色彩元素主要呈现四大特性，即民俗性、与人的适应性、流行性、材质关联性。

4. 图案元素

图案元素指以印染、刺绣、提花、钉缀等各种手段在服装表面形成的抽象的或是具象的，具有形式美感的装饰符号。图案元素风格鲜明，具有易识别的特点，有时候流行的重点往往就是某种图案元素。

5. 材质元素

材质元素是指服装主体部分制作面料的质地、色彩、触觉的综合反映。材料是服装的物质基础，色彩和款式都要直接由材料来实现。

6. 工艺元素

工艺是实现服装设计理念的重要途径，工艺上的变化创新常常能让服装设计师迸发出新的创作灵感，从工艺中发掘新的设计点。服装上的工艺元素可以分为传统工艺和创新工艺两大类别。

7. 装饰附件元素

装饰附件元素是指服装主体之外对服装起到画龙点睛效果的附件，如：花边、腰带、纽扣等。这些装饰附件大多同时兼具一定的审美功能和实用功能，也有纯粹为美观而设计的。

（三）服装设计元素应用手法

1. 确定元素

如何对以上诸种元素进行取舍和组织是服装设计中的重要环节，这个过程也就是元素的具体设计应用。首先要根据设计理念对具有不同风格的千差万别的设计元素进行选择，这个过程受到当时流行风潮和所服务的品牌风格的影响，确定适合表达的元素以后再根据设计师的个人审美和设计能力将这些元素组织起来。

2. 组织元素

当组成一件服装的各元素确定之后，就可以考虑如何运用设计的美感将这些元素组合在一起构成一件完整的服装了，总体上来说美就是统一与变化的协调。统一是各元素之间的一致和调和，变化是各元素之间的差异与矛盾。变化是使设计中形成对比，从而在形象、秩序、色彩等方面有所突破和创新，产生丰富的层次感。“变化”体现了服装中元素之间个性的千差万别，“统一”体现了各个元素的共性或整体联系。对这双方的合理应用，正是创造和谐的服装美感的技巧所在。

在进行元素组合运用时，同时要对选定元素的形态、材质、数量进行综合考量。相同的元素可能由于形态、材质和使用数量的不同而得到完全不同的设计效果。这种对元素形态、材质和数量的控制是和具体的设计组合方法结合在一起的，在设计时根据最初设计思想和品牌理念，选择元素的形、质、量，结合不同的组合手法和审美规律，不断调整以使之达到最佳状态。元素之间的组织手法是在创造服饰美的过程中，对各种元素之间的构成关系不断探索和研究，结合一般形式美法则总结得出的构成规律，现分述如下。

（1）夸张。就是指在设计中运用突出描绘对象某一特点的方法，使设计在体积、大小、数量等方面与人们平时所熟知的常态造型形成强烈的反差。夸张并不局限于夸大，还可以把设计对象的特征进行缩小。夸张手法在服装设计中颇为常见，可以分为数量上的夸张和形态上的夸张两种。夸张的对象除了装饰物外，还可以是服装的基本部件。由于服装基本部件是人们平时最为熟悉的，所以这种夸张往往能够起到引人注目的效果。

(2) 重复。就是指在设计中使某个元素反复出现，形成一定的视觉冲击。一般来说，这种单位元素的重复出现注重形式感，力求形成一定的节奏感。重复可以使平淡的元素由于多次出现而加深观者的印象。元素在重复的时候可以是将单一元素不加改变，简单重复，也可以将基本元素在形态上略作变化加以重复。

(3) 易位。就是指打破常规的服装部件位置，对设计元素进行新的组合。易位改变人的常规思维，往往给人耳目一新的视觉冲击。易位的运用往往由于打破了人们的思维定式而使服装展现出易于常态的前卫效果，能够凸现服装与众不同的个性，适合较为前卫的服装风格，易位的幅度越大，跟常态服装的反差就越大，给人的视觉冲击力也越强。

(4) 打散。打散是一种分解组合的构成方法，是指将某个完整的元素分割为多个不同的部分、单位，然后根据一定构成原则重新组合。打散后的元素和原型元素不同，而且打散后的元素各不相同，但这些元素之间又有共通之处，统一之中蕴涵着变化。打散的元素构成手法在服装中多通过图案的变化来表现。解构主义风格的服装包括两个含义：一是指单件服装本身的比例关系，如上衣的长宽比例等；二是指装束中各个单件服装之间的比例关系，如衣裙之间的长短比例、衣裤之间的空间比例等、肩宽与衣摆的宽度的比例，还有色彩、材料、装饰部分的分配面积比例等。

(5) 比例。是指一件事物整体与局部、局部与局部之间的比例关系。运用在服装设计中，就是指服装的各个单位元素与整体服装、单位元素之间的配比关系。

(6) 呼应。就是指相同或相近的设计元素，或同一元素的某一部分在服装主体各部分之间出现两次以上，在视觉上产生相互关联、照应的效果。呼应在成套服装设计尤其是二次设计中的应用最为广泛，多以色彩、图案在非主体服饰上的出现为主。

元素在具体运用时必须要有全局观念，不能将之割裂开来单纯考虑单个元素的美感，必须明确服装最终所要呈现的风格和特征，协调好各元素和系统的关系，才能创造出和谐、富于美感的服装作品。

(四) 结论

将服装分解到元素的状态进行分析，从以往偏重感性的设计方式中提炼出相对理性的设计方法和途径，可以更好地从细节上对服装进行整合，对于掌握服装风格起到了一定的辅助作用。设计元素在设计实践中遵循着一般设计共通的形式法则，可以从形态、质态、量态和结构上对其进行控制，在服装上用鲜明的视觉语言形成独具美感的构图。将服装设计化解为各级元素的重组和再造，对元素的组合规则的理解和应用可对具体的设计操作起到一定的指导作用。这是一种特殊的打散构成表现，是以服装本体为对象进行打散后再重新组合，形成特殊的服装结构和着装效果。

五、服装设计元素的布局

在绘画艺术作品中，人物、景色成为构成的主要元素。平面设计是以设计的内容作为构成布局的元素。而服装设计布局的元素是由设计者的思路，服装人体结构和工艺制作技术，服装服饰搭配等组成，其中设计布局包括：外轮廓造型、款式、装饰、线、面，以及各种图型、色彩等。服装结构是指服装在衣片上产生的结构线条，工艺是指制作服装而选用的各种手段，搭配是指内外衣，上下装、衣服与配件的各种关系。

（一）水平线布局

水平线在视觉上给人以安静、静止、祥和、沉着、宽广、理性等印象，在服装设计中，由水平线布局构成的服装效果，能给人以舒展、稳定、平静、庄重之感觉。

1. 水平线上部分布局

设计目标集中于领、胸、肩等部位，在服装设计运用中甚广，胸部是设计的重点。

2. 水平线附近布局

设计元素集中在服装的腰线周围，由于服装分成上下两部分，因此下摆线的长短就显得比较重要，这影响整个服装的比例效果，要结合黄金分割的设计来进行塑造，比如 3：5.5 等比例关系。

3. 水平线下部分布局

设计中心集中于臀部周围区域，服装布局有偏重感觉，因此设计中要避免头重脚轻之感。要结合面料，色彩及配件来进行协调，一般在这些位置上进行设计，比如采用打褶、绣花、缉线、蝴蝶结、拼贴等形式，以此产生华美、富丽的气质。

4. 水平线上中下分别布局

设计集中于领、胸、肩、腰、臀等。这种方式布局能产生上下呼应的效果，在服装设计中属于比较平稳协调的设计。但要注意彼此间的比例关系。

（二）垂直线布局

垂直线给人的感觉是上进、积极、坚强、耿直、刚毅、简单、单纯等。由此构成的布局有挺拔、细长、苗条、轻快之效果。垂直布局是常用的设计技术手段，这种布局形式能使视觉集中于分布处或游离于各分布处之间。因此引申出以下几种形式：

1. 中心线附近垂直布局

设计集中于门襟两则，视觉上相对集中、醒目，呈静止状态，一般用在较为保守的服装上。

2. 偏左部分垂直线布局

设计集中于服装的左部区域，整体上呈不对称、不平衡状态，有动感，但要注意在整体上作适当考虑，以此达到左右视觉上的基本平衡。

3. 左右垂直线布局

设计集中在左右两侧，这种布局四平八稳，在一般成衣设计中较为常见。

(三) 斜线布局形式

斜线给人感觉为不稳定，活泼，有动感等，在视觉上往往能产生动态效果。斜线一般采用的角度为45°，在设计中能使空间分成几大部分。斜线布局主要有以下几种：

1. 单向斜线布局又可分为局部和整体两种

(1) 局部设计斜线集中在肩、胸、腰、臂下摆等处。

(2) 整体设计斜线分布于全身，在视觉上能产生韵律美感，如斜纹图案或斜向的装饰线条。

由于布局不对称：在设计中往往运用一些设计细小结构来达到整款的视觉平衡。这种设计手法较多运用在晚装设计中。

2. 按设计方法有向内和向外倾斜两大形式

向内设计能增强人的修长感，向外设计布局会加沉重感。主要运用在裙装中。

(四) 曲线布局形式

曲线形式各种多样，可以是规则的圆形椭圆形，也可以是不规则的曲线形式。它在视觉上给人柔软、温和、优雅、女性化、率真、可爱、丰满、天真、完美之感觉，并能在视觉上形成流动感。由于曲线是所有线条中最适合表现女性人体曲线的优雅线条，因此被广泛运用于女装的服装设计中。比如：裙装的波浪状卷边，喇叭裤的荷叶边等。

曲线布局形式包括外轮廓曲线布局和内部结构曲线布局两部分。

1. 外轮廓曲线布局形式

这是最能考虑女性人体因素的一种布局构思，通过表现女性的曲线美感来设计外轮廓曲线。设计重点在女性的腰部、臀部、胸部。用于整体处理造型设计在展现女性优美的轮廓曲线有X形、S形等。

2. 内部结构曲线布局形式

设计重点在领、胸、腰、后背、手臂、臀、下摆等部位，可以是平面镶拼分割，也可用立体状布料来表现。内部结构曲线布局有规则与不规则之分，规则曲线布局是通过设计折裥、分割线、装饰物等均匀曲线所形成。如：公主线、插肩油等。

不规则曲线布局则呈现不均匀的分布，有不对称感，有流动的视觉效果，款式上带有一定的创意，在服装中常采用这种不规则的设计布局。

1. 弧线布局形式

弧线呈弯曲状态，兼有直线和曲线的性格特征，衣袖上，弧线给人以柔中带刚，刚柔并举之效果，是阴柔、妩媚、稳重、优雅的表现，并具有方向性，可以是内凹，也可以外凸，内凹弧线较为饱满而外凸有一股张力，弧线的弯度也可以给人以不同的感觉，弯度越大，弹性觉越强，反之越弱。在服装设计中，弧线布局可以是纵向分布，也可以是横向设置，设计部位集中于领、胸、腰、臂、腿、下摆。弧线布局一般用于对称设计，内凹适合表现优雅、柔美，外凸的服装设计比较有青春气息。

2. 交叉线布局形式

交叉线是直线之间的互拥交汇，在空间中交于一点，在视觉上给人一种冲撞感，具有一定的形式感觉，在服装设计上体现为几个几何图案的分割，分割后的四周线式快速向中间集中，视觉集点也在交叉点形成，因此引点是完全合适造型的独特装饰品点缀。在交叉线布局中，如果是对角正交叉，则显得四平八稳，服装上比较保守拘谨；如采用不规则支配交叉则显得多姿多样，如运用面料相互缠绕形式的交叉布局，采用有镂空配饰交叉等手段进行服装设计布局。

3. 折线布局形式

折线是两条不同方向的直线相交汇，在视觉上给人以有力、明确、沉着等感觉，在设计上装饰、点缀的区域，一般在折线附近。如礼服中的V形领口设计。

4. 放射线布局形式

放射线是许多直线相互间密集交叉，由交叉点向外放射，在视觉上给人们闪光醒目感觉。视觉效果属于发散开放型的具有很强的视觉冲击力。在服装设计中主要运用服装的绞饶、打结、抽褶等工艺方法来表现，一般采用立裁方法加以完成。其特点是放射点既是其力的中心又是设计的中心，是吸引人的视觉焦点。一般在肩、腰侧、腋下、前胸，后背等。

5. 锯齿线布局形式

锯齿线即Z字形线是连续的折线、属于较为古老的线条形式之一。在视觉上给人以突兀、坚韧、力量、男性化感觉，用于领、肩、胸、腰等。较明显的部位，有规则与不规则，整体上成垂直或水平线状态。不规则布局呈现不对称和不均衡状态，形式上更为活泼自由。要注意运用形式美法则进行协调统一。

6. 十字线布局形式

十字线是水平线和垂直线的相互交叉，因此在视觉上十分突出。给人结实、稳定、厚重、醒目之感觉，常用在是女装设计中，可分为对称和不对称两大类布局构图。

(1) 对称式十字线布局有以下三种情况：水平线居中（在腰线附近），垂直线居中（龙门襟附近）水平线向下偏移。垂直线居中，产生水平线下沉，而垂直线有明显向上生长的感觉。设计重心在臂、膝、下摆等部位。水平线向上偏移，垂直线居中产生水平线向上伸展，而垂直线明显向下沉。设计重心在胸，领、肩等部位。

(2) 不对称式十字线构图有两大类：一类是垂直线偏左，水平线分别处于上、中、下三个区域，或水平线条分布于上、中、下区域外，这类设计构图在实际运用中比较有限，主要因为人的视觉习惯偏向右边；另一类是垂直线偏右边，水平线分布于上、中、下区域。十字线布局时在剩余部分即空白区域可根据突发情况安排设计元素，来填补空白。

课后习题

1. 如何对光刺激面料的服装进行维护？
2. 服装穿着的安全问题指的是哪些问题？
3. 如果一个体型偏胖的人，应该怎么对他进行服装搭配及服装配色的选择？

第九章　纺织产品的开发

学习目标

1. 了解我国目前纺织业的发展水平
2. 掌握新开发纺织产品的特点

第一节　绿色纺织品的开发

一、绿色纺织品开发动向研究

绿色纺织品指符合环保和生态指标要求的纺织品，它所包含的范围相当广泛，从纺织生产、消费者的影响到生态处理，包括原料的取用、无害的生产过程和能源利用、产品用后的回收利用、对环境污染程度等整个生产过程，其中如何尽量减少生产过程污染，做到“无过程污染”或“零污染”成为当今绿色纺织品的重点发展方向。绿色环保服装的特定含义是指经过毒理学测试并具有相应标志的服装。为创造未来美好的生态社会，一些国家投人了大量的科研经费和人力进行研究。绿色纺织品的动向及产品大致有：

（一）无污染、少污染纤维

采用生产过程无污染或少污染纤维：如市场上已经出现的 Tencel 纤维、牛奶纤维、甲壳素纤维、罗布麻纤维、木浆纤维以及有机天然纤维（指一种作物不论什么化学品都不应当接触它，不仅如此，而且有待种植这种作物的田地在种植前至少应有三年未施用化学品而生成的纤维）。

（二）可回收再利用的纺织品

如利用回收合成纤维制品再制成地毯、窗帘、绳索、轮胎线及渔网等产品。日本号召企业远离聚氯乙烯，用维纶膜或丙纶薄膜替代聚氯乙烯膜作衬衫包装材料。目前国内布制购物袋已开始逐渐替代“满天飞”的超薄塑料袋。

（三）水土保持用纺织品

开发防止地面水分蒸发、保持土壤湿度的保湿布，用布料做成灌溉通水管，防止土壤流失的土壤增强纺织材料等。

（四）超细轻薄仿真织物

开发超细轻薄仿真织物，可以减少原材料的消耗，进而达到节约能源的目的。

（五）生物酶的利用

在染整湿加工过程中利用生物酶达到少污染无污染工艺：

（1）利用纤维素酶水解除去棉及其混纺织物上的毛羽和微纤以替代烧毛工序，且质量大大超过传统的烧毛质量，还能节约能源，又无粉尘及废气污染环境；

（2）采用淀粉酶退浆，杜绝了酸或碱或氧化剂退浆所产生的化学品污染，且对纤维无任何损伤作用；

（3）用果胶酶、脂肪酶、蛋白酶等酶处理替代传统的棉及混纺织物的精炼，以减少造成污染环境的污染源；

（4）用色素酶替代传统的次氯酸钠或双氧水或亚氧酸钠化学漂白剂的漂白；

（5）废弃掉能致癌和过敏的染料，选择能被酶解的染料进行染色和印花，以便使污染水中的残余染料易被酶解而脱色。

（六）生产可降解的纤维

如上海纺织研究院和上海有机化学研究所共同研究的可降解的绿色纤维，避免纺织品对地球环境造成污染。

（七）无毒功能性保健纺织品

如磁疗被褥、防紫外线高支高密府绸、药枕、花香枕、促进血液循环被、仿生被、防菌抗臭床上用品、远红外被套、活性炭织物、陶瓷织物等。

（八）基因导入改良作物

如美国农业生物技术公司利用能够产生天然聚合物的细菌，将这种细菌的基因导入棉花细胞中去，培育出一种特殊棉花，它们的棉纤维芯是一种化纤，这种棉纤维保温性和强度均高于普通的棉花纤维，用它制成的纯棉制品可同时具有棉纤维的舒适、化纤的耐用等特点。

（九）采用天然矿物色素、天然植物染料染色

如北京纺织研究院印染室研制的矿物色素对棉织物染色的项目；辽宁柞蚕丝绸染色。

（十）无水染色技术

德国发明的无水染色技术是一种无毒无污染的绿色技术。涤纶超临界二氧化碳无水染色即是此种方法的应用。

（十一）开发光线折射形成多种色彩的纤维

如日本东京工业大学和会社结合，开发出多层复合纤维，复合层间距为0.8m左右，白光经该纤维折射后，会发出清新的亚马逊蝴蝶的色彩，十分高雅，且不用染色。

（十二）废除氟里昂加工

如北京凤凰时装装饰品公司利用世界银行赠款和环保贷款实施氨醋软泡无氟转换技术，采用二氯甲烷和快速熟化装置替代氟里昂，使服装海绵（聚氨醋软泡）垫肩生产告别了氟里昂。另外，对于空气及污水的过滤性纺织品的开发也将成为今后的发展方向。

二、天然彩色棉系列纺织品最具“生态”“绿色”“环保”功能

天然彩色棉是一种与生俱有的天然色彩的棉花。天然彩色棉花是一个老课题，在苏联、美国、秘鲁、法国、巴西、澳大利亚、英国先后都有种植，只是由于那时种植的彩棉产量低，遗传性、成熟度差，纤维强度低，可纺性差，色泽不鲜，一直未取得突破性的进展。1982年美国南部地区研究中心经过改良品种的研制，发展到现在已有50多万亩的彩棉种植，每亩产量达70～90kg，由彩棉制成的服装已面向欧洲、日本和美国市场，产品大受欢迎，美国还因此受到联合国环境署的嘉奖。我国现在是继美国之后的第二个天然彩色棉种植大国。

我国在引进彩棉种子的基础上，经过研究，已获得国际独有的彩棉种子核并采用雄性不育杂交技术，实现了绿色种植；在工业上实现了纺纱、织布和成衣的“无过程污染”的加工生产。我国现在所培育的彩色棉花，主要的物理性能如单纤细度、强度、伸长率等，已和白棉相近。根据彩棉目前达到的物理性能，对彩棉纤维常用以下几种方法进行纺纱：①与白色天然纤维混纺——这种混纺保持天然纤维的特性及环保性，可以配以不同比例，形成各种不同色调、亮度和鲜艳度的成纱，便于织造多种彩色的面料；②与合成纤维短纤维混纺——混入少量合成纤维（通常共10%）如涤纶等，可提高成纱强度而不改变其彩棉特性和环保性；③以合成纤维（如涤纶、尼龙、氨纶等）长丝为纤芯进行包缠纺——这种成纱工艺既保持了彩棉的天然特性又具有新颖的优点，由于增加了芯纤的特性，成纱强力提高，成衣后具有好的保形性；④彩棉纤维与其他功能性纤维混纺，成为不需染色而具有环保保健功能的织物。

彩棉成纱后进行织造，根据“由小到大”“由里而外”的原则，织造婴儿、

儿童和成人衬衫、T恤所需的面料，天然彩色成纱可直接进行色织和针织，为了防止织造过程污染，不采用化学浆和针织用油剂，后整理不用化学丝光剂，而采用生物酶处理达到丝光效果，对成人服装选用无甲醛免烫剂处理。在织造过程中，还特别注重具有手感好、弹性好、柔软性好、穿着舒适、水洗后天然色彩亮度鲜艳提高的彩棉特性，在面料设计上可大做文章，例如针织时不但开发平针织物，还要开发罗纹织物、紧绒织物、弹力织物、针织呢、包缠强捻乔其络等。

天然彩色棉在种植过程中可以不使用有污染的化肥和农药等有毒物质；采用有机耕作法（用有机家肥和生物防治手段耕种）避免对土地的污染和破坏；彩色棉纤维在纺纱、织布、制衣过程中无须染色或使用漂白剂，也无须煮炼等工艺处理，织物上没有任何化学残留物质，不仅降低了生产成本，更重要是避免了加工时对水资源的污染和穿着时染料等有害化学残留物对人体的危害，在工业上实现了纺纱、织布和成衣“无过程污染”的加工，从种植到加工全过程“零污染”，整个过程既不污染环境，也不被环境所污染。环境标志在我国推行已经六年了，以前纺织产品只有四种获得了环境标志认证，这四种产品大部分为未经印染的丝绸，故不存在致癌化学品，但这一“绿色标志”并未波及纺织服装业。

总之，天然彩色棉系列纺织品面向的是有现代意识的新一代，提倡的是一种人与大自然的和谐一体的感觉，让人联想到高品质、现代化的令人安心的生活方式。当今环保意识、健康消费正成为一种时尚。回归自然、还地球以绿色、还穿着以健康、还时尚以厦始。购买和穿着绿色服装会受到人们的尊敬，能体现出较高的素质和修养，穿着带有“生态标志”的服装是现代人的生活方式，也是健康的品味、永恒的时尚。选择了绿色服装的品牌也就是选择了一种爱护生态环境、珍惜人类家园的生命态度，是对人类赖以生存的地球环境的一种珍视、爱护和奉献。只有关心地球环境和个人生活环境，讲求生活质量的人才是天然彩色棉系列纺织品的理想顾客。

第二节　新型纤维开发

创新是以新思维、新发明和新描述为特征的概念化过程。它具有三层含义：第一，更新；第二，创造新的东西；第三，改变。创新是人类特有的认识能力和实践能力，是人类主观能动性的高级表现形式，是推动民族进步和社会发展的不竭动力。一个民族要想走在时代前列，就一刻也不能没有理论思维，一刻也不能停止理论创新。就新型纤维而言，发现其自身的特点，开发新型纱线、面料，才能使纺纱、织造、染整阶段分别产生新技术、新工艺、新产品。

一、利用新型纤维开发新产品

（一）新型天然纤维素纤维

1. 赛帛尔（CEIBOR）

赛帛尔纤维俗称木棉，是攀枝花树、英雄树、烽火树等木本植物果实的纤维，是一种天然野生的纤维素纤维。

该纤维具有五大特点：①野生；②抗菌；③保暖，木棉纤维有着高达80%～90%的中空度，是天然生态纤维中最轻、中空度最高的纤维材质，是目前世界上最佳的天然保暖纤维材料；④超轻，木棉纤维的线密度0.4 ～ 0.8 dtex，仅为棉纤维的1/2，是目前生态纤维中最细、最轻的纤维；⑤不起球，经试验，赛帛尔纤维制成的织物表面比电阻低，抗静电效果好，不起球。

2. 椰壳纤维

（1）椰壳纤维的组成与性能。

椰壳纤维顾名思义是椰子壳产生的纤维，主要由纤维素、木质素、半纤维素以及果胶物质等组成，其中纤维素含量占46% ～ 63%，木质素占31% ～ 36%，半纤维素占0.15% ～0.25%，果胶占3% ～ 4%，还有其他杂糖、矿物质类等。该纤维中纤维素含量较高，半纤维素含量很少。该纤维具有优良的力学性能，耐湿性、耐热性也比较优异。该纤维呈淡黄色，直径一般为100 ～ 450 μm，长度为10 ～ 25 cm，密度为1.12 g/cm^3，是具有多细胞聚集结构的长纤维，一束椰壳纤维包含30 ～ 300根甚至更多的纤维细胞，呈圆形。从椰壳纤维横截面结构的聚集态结构看，椰壳纤维中结晶化的纤维呈螺旋状潜伏在不定形的木质素与半纤维素中。

（2）椰壳纤维的开发应用。

椰壳纤维的成纤过程：椰子壳→浸泡→脱脂→机械打松→挑选→成纤。目前只有一小部分椰壳纤维用于工业生产，主要用来生产小地毯、垫席、绳索及滤布等；由于椰壳纤维具有可降解性，对生态环境不会造成危害，故可用于加工控制土壤的非织造布；此外，椰壳纤维韧性强，还可替代合成纤维用作复合材料的增强基等。

（3）椰壳纤维开发存在的问题。

印度、斯里兰卡、菲律宾等国家是椰子生产大国，也是椰壳纤维的主要供应国，我国也具有丰富的椰壳资源，但对椰壳纤维的应用几近空白。传统提取、加工椰壳纤维的工艺过程使制得的纤维粗、重、不均匀，导致其最终用途十分有限，因而开发合适的纤维提取加工工艺将是亟须解决的问题。

3. 芭（香）蕉纤维

利用废弃的芭蕉茎杆，采用全新的生物酶，经氧化脱胶处理工艺，获得纤维细度达到 0.6 tex 以上的可以纺成 100％的芭蕉纤维细支纱。为了增加芭蕉纤维可纺性，减少加工过程中对纤维的损伤，采用牵切的方法，使纤维长度更适合纺纱加工的要求。该纤维具有强度高、伸长小、质量轻、吸水性强、吸湿放湿快、易降解等特点，纤维的物理机械性能满足纺织加工的要求。纯纺或混纺织物的服用性能好，面料风格近似于麻织物，但是没有麻的刺痒感。目前已经引起人们的极大兴趣。

4. 菠萝纤维

菠萝纤维，习惯叫做菠萝麻，属于叶脉纤维。是菠萝叶脉去其两侧锐刺及胶质后，取出的纤维。每根长度为 80 ～100 cm，直径仅为真丝直径的 1/4。纤维质软、强度较低，无法满足纺织的要求，因此以往只能将菠萝纤维与其他纤维混纺。近来随着纺织技术的进步对菠萝纤维化学处理已有很大改善，对纺织加工的流程和技术也具备一定水平，已经成功地利用不同的纺织技术纺制出菠萝麻的纯纺纱与混纺纱。这种纤维可以做成衣服，也可以制成绳索、缝线、绢丝、纸张等多种产品。菠萝麻织成的织物易于印染、吸汗透气、挺括不起皱、抗湿性强、颜色稍黄带有光泽。更值得注意的是，它还具有良好的抑菌防臭性能，是功能性生态纺织品。据中国纺织科学院测试中心报告，菠萝麻含有天然杀菌、抑菌物质，可有效杀灭细菌，并且抑制真菌和微生物的生长，适宜制作袜子、内衣、衬衫、T 恤、床上用品及装饰织物等。

5. 摩维（Mbary）纤维

摩维纤维是以槿麻为原料，与麻同价，与棉同质的天然植物纤维。适合它的主要有环锭纺和气流纺两种纺纱方式。其纱线主要有以下几种系列：①摩维与棉系列；②摩维与毛系列；③摩维与涤纶系列；④摩维与黏胶系列；⑤摩维与丽赛系列。

（二）新型天然蛋白质纤维（天然彩色兔绒）

彩色兔绒由蛋白质组成，含有多种氨基酸，其织物适合贴身穿着；它还属于髓腔纤维，因而密度小、比重轻，保暖效果好，吸湿性能强；毛鳞片少，且多为斜条状，所以滑爽而且光泽度好。彩色兔绒还有其他动物纤维不可比拟的特性，那就是色彩天然，不含化学有害元素，具有天然的保健作用，能够很好地保护肌肤。目前彩色兔绒的主导颜色有黑灰色、米黄色、棕色。在纺织过程中，如果需要其他颜色，可以相互搭配。彩色兔绒是绿色环保纤维，其本身具有颜色，在产品生产过程中无须染色，既节省了在印染过程中所需的人力、物力、财力，又免除了因染色工艺流程中产生的化学废液对人类生活环境造成的污染和破坏。这是彩色兔绒得天独厚的优势。

（三）新型再生纤维素纤维

自木代尔（Modal）纤维被广泛应用之后，新型再生纤维素纤维层出不穷。

常见的木浆纤维有天丝纤维、丽赛纤维，竹浆纤维有天竹纤维、云竹纤维，黄麻和大麻再生的圣麻纤维；还有功能性再生纤维，如利用纳米技术添加功能性颗粒的再生纤维素纤维有珍珠纤维（如肯诺纤维）、玉石黏胶纤维、竹炭黏胶纤维、防螨黏胶纤维；竹棉再生（如幕赛尔（Mulcel）纤维）；甲壳素黏胶纤维（如康特（Chitcel）纤维），麦饭石黏胶纤维、芦荟营养黏胶纤维、空调黏胶纤维（Outlast）；另有佛莱赛（Foresse）黏胶纤维（东丽公司用熔融纺丝法制得的纤维素系纤维），酷桑丝（Lyocell）黏胶，彩色负离子多功能黏胶纤维等。

（四）新型再生蛋白质纤维

新型再生蛋白质纤维包括牛奶蛋白纤维、蛹蛋白长丝（波特丝）、大豆蛋白纤维、聚乳酸蛋白（PLA）纤维、甲壳素蛋白纤维、海藻复合纤维等。

（五）新型合成纤维

新型合成纤维包括中空保暖纤维（如葆莱绒中空纤维）、蓄光发热纤维、导电纤维（如埃匹克纤维）、玉石纤维、吸湿排汗纤维（如 Cool - Dry 纤维）、银系抗菌纤维、腈纶基 Outlast 空调纤维、可染色丙纶（如波斯纶纤维）、阻燃纤维（如安芙赛）、芳砜纶阻燃纤维、醋酸长丝（赛拉尼斯），以及吸湿排汗的锦纶纤维（如杜邦公司新推出的 Tactel）等。

二、采用新型纤维纺纱的技术创新与注意事项

纺纱厂是新型纤维生产厂的下游企业，又是织造厂的上游企业。所以纺纱厂的新产品开发对织造和染整厂是至关重要的。合理的纤维组合、合理的成分组合和合理的混纺比、优质纱线的条干、不同用途的捻度、单位纱线的质量及质量偏差，纱支的细度及均匀度、纱线的断裂强力及拉伸强度、强不匀率等，对于下游企业能否顺利生产是十分重要的。纺纱对于终端新产品的开发是第一道关键工序。

（一）创新的新型纺纱技术

主要包括紧密纺、喷气纺、赛络纺、集聚纺、复全纺、花色纺、自由端喷气纺。

（二）织造、染整后工序对新型纱线的要求

对于纺纱厂来说，在开发新品种纱线方面，经常是根据自己所掌握的新纤维材料性能进行搭配和排列组合，没有考虑到织造和染整的难易程度，经常给织造和染整企业带来很多麻烦，最终导致纱线无法销售，产品也达不到客户要求。

1. 不同原材料的配比建议

在开发新型纱线时，首先应对各种新型纤维给予分类，了解其中的关键化学成分和染色所需要的基本染料。采取性能相似、相近的纤维互相配伍，原则上主

原料搭配不超过 3 种纤维，尤其对于染色性能和耐酸碱环境完全不同的纤维组合时，更需要注意综合性能和染色的一致性、同色性和色牢度。

2. 不同混纺纱线的配比原则

常规产品的两种纤维配比一般是：55/45、65/35、70/30、80/20。但是，对于消费者追求新奇特和公司为防止模仿抄袭的今天，又不得不打破常规，选取多种纤维不同混纺比，体现多种性能，回避和补充各种纤维之间的不足，表现综合风格之优点，发挥多种纤维之特点，来研究开发难以仿造的新产品。如果采用三种或多种以上不同性能纤维混纺时，建议混纺比一定注意相似、相近，以及主次之分。

3. 不同支数的生产工艺要求

纺纱支数的粗细关键是由设备决定的。在实际生产中，对于不同强度的纤维采用不同的梳理和打击方法是十分重要的。对于下游使用纱线的企业来说，纱线条干不匀率、毛羽大小、断裂强力、强力不匀率、百米质量偏差等，直接影响到上机质量、织造顺利与否、成品质量和布面平整度、门幅克重等。

4. 不同捻度生产不同的产品的要求

捻度的大小主要是根据开发的最终产品要求所决定的，一般来说，针织用纱的捻度小于机织纱，地纱捻度小于面纱，起毛织物地纱捻度小于等于毛圈织物的地纱。特殊的强捻仿麻织物，不同于常规品种，要求高捻度。因此，在设计纱线产品的技术参数时，一定知道其用途才能纺制出合理、合格、合适的纱线。

5. 染色和后整理中遇到的问题

无论纱线染色还是面料染色，对于染色厂最头痛的是不知道纱线或面料中纤维原材料的成分、混纺比。目前，国内外客户对于染色企业的最终成品质量的要求越来越高，对考核的色牢度指标，禁限的化学物质的要求也越来越高。因此，对于纱线和面料采用多种纤维组分混纺时，上染率不同、染色的酸碱环境不同、染料自身的先天牢度达不到要求等问题，往往会造成染色质量不稳定、上色率不均匀、颜色跳灯、色花混乱等结果。此外新型纤维还存在着批与批之间质量不稳定的问题，造成客户续单时因批差过大而引起客户不满意或者退货等后果。不管怎样，新产品的开发既可增加产品附加值，又可提高企业的经济效益，永远是生产企业追逐的目标。面对诸多问题，研发人员还是要不断地研究新技术、应用新材料、开发新产品。

三、用新型纤维、新型纱线开发高档新产品的核心关键点

（一）高支数天丝

木代尔纱线新产品开发与应用高支高密纺织产品是生产高档面料的充分条件，对于以天丝、木代尔高比例或者是纯纺的产品来说，控制缩水率、保证尺寸

稳定性是关键的必要条件。由于生产这类纤维采用的是湿法纺丝，纤维内部留有大量蜂窝而导致缩水率大是关键。多数采用与棉、毛、涤混纺，或者加入氨纶（如 XLA/MS 弹性纤维）提高稳定性。

（二）强捻竹浆纤维、竹碳纤维系列产品的开发应用的提示

竹浆纤维和竹碳纤维同样是采用湿法纺丝，这两类纤维缩水率更大，在采用以上措施的同时，还要加大织物密度、紧度和纱线捻度，目的是尽量减少起毛起球。

（三）采用 PTT 系列纱线开发新产品的应对措施

PTT 纤维属于聚酯家族中的新品，是涤纶 PET 的同族产品。PTT 学名为聚对苯二甲酸丙二酯，是由对苯二甲酸（PTA）和 1，3 -丙二醇（PDO）经过酯化、缩聚而得到的。与 PET 涤纶、PBT 改性涤纶不同的是分子结构内部有奇数的 3 个亚甲基—CH_2—（PET 2 个、PBT 4 个）产生 Z 字结构的三维斜晶椅式结构。因此，比 PET、PBT 表现出较大的伸长、较低的初始模量、较好的拉伸弹性和回复弹性。PTT 纤维综合了尼龙的弹性、耐磨性和耐疲劳性；腈纶的蓬松性、柔软性、染色性和优良的色牢度；涤纶的抗皱性、尺寸稳定性和良好的耐热性；加上本身固有的三维拉伸回复弹性的特点，把各种合成纤维的优良性能集于一身，成为当前国际纺织品市场上最新开发的热门高分子纤维新材料之一。

（1）PTT 纤维具有奇碳的 3 个亚甲基，在湿态下达到玻璃化温度 46℃ ～ 62 ℃时大分子将发生旋转性重新排列，形成类似于弹簧式的椅式结构而产生“记忆性”的拉伸弹性和恢复弹性。在采用筒纱染色时，必须预留足够松的卷绕密度，在染色前进行充分收缩定型、去除纺丝油剂之后，再完成下一步的染色。无论纱线和面料染色时，都要采用分步升温、70 ℃以下低温排放残液的方法，才能够保证最终产品产生良好的拉伸弹性和永久的回复弹性。

（2）PTT 产品采用分散染料低温染色（100℃ ～ 118 ℃），得色量高，色牢度好。

（3）需要根据纱线的组分，选择不同的染料染色。但必须注意升温工艺和染色温度（含毛 100～105℃），以及各道工序排液时要先循环降温至 70 ℃以下再排液，否则，将影响纱线的弹性、手感，严重时可能会失去其弹性和柔软的风格。

（4）筒纱染色的卷绕密度并不是越小越好，最佳的卷绕密度来自于试验。一般为 0.25 ～ 0.34 g/cm^3，具体决定于 PTT 含量和要求的弹性。

（5）PTT 纤维具有多种优点于一身，可生产高档的休闲面料、针织运动服、T 恤衫等。

（6）从节能减排角度看，PTT 纤维系列产品染色，降低了染色温度，节约了能源和生产成本，减少高温排放，有助于实现节约型生产技术的创新。

(7) 目前，从纤维生产到织造、染色、后整理等上下游行业的技术已经成熟，是十分值得推广应用的新材料、新技术、新产品，其发展前景十分广阔。

（四）弹性氨纶长丝、包芯纱、XLA 聚烯烃弹性长丝、包芯（包缠纱）纱开发面料新产品的亮点

陶氏化学 XLA 纤维是一种用熔融纺丝法生产的具有柔软的伸缩性和良好的耐热、耐强酸强碱化学性能的新型弹性纤维。由于陶氏化学的 XLA 生产线已经停产，核心技术转移给上海一家公司，目前的产品叫做“MS 舒弹纤维”（Micro Stretch TM）。MS 舒弹纤维与其他合成纤维一样，具有结晶区和非结晶区。所不同的是：非结晶区的柔性大分子链节链段，由于受到极性的作用，呈特殊的、无规则的点状交联网络结构。与大分子结晶体共存起着物理连接作用。MS 舒弹纤维的弹性是由大分子的结晶度、非结晶柔链的长度与交联网络点的多少而决定的。

MS 舒弹纤维与常规的热塑性弹性聚合物不同，是由共价网络点起决定作用的。随着染色温度升高，交联网络结晶点逐渐熔化，大约在 80 ℃时完全消失。当温度达到 220 ℃时由于整个分子网络存在着共价键的交联结构，仍可保证其完整性。同时结晶体的网络可逆向变化，当温度降至周围环境温度时，又重新形成新的交联结晶体网络。经过织造染整处理之后的 MS 舒弹纤维所形成的点状网络结构仍然保留于产品之中，一般是不能重新拉出或拆出单丝或复丝，烧棉后可以看出，形成了弹性网状结构。

由此可见，对于需要高温预定形的氨纶（如莱卡）面料，因温度控制不当，穿用一段时间就会失去弹性。所以，对于不需要预定形的 MS 舒弹长丝非常适合与羊毛、羊绒、牛奶纤维、腈纶、锦纶等对高温敏感的纤维进行混纺或交织，也更适合需要经过高温达到尺寸稳定的芳砜纶耐热纤维。

第三节　纺织品面料工艺与产品开发

一、染整工艺开发

浸染工艺包括绞缬浸染、聚集浸染以及吊染工艺等九种。浸染工艺，通过传统绞缬和现代聚集扎染技法对棉、麻、丝、毛、涤、黏、锦等梭织、针织面料进行特种染色深加工，可以对国产面料普通单调的外观进行视觉审美功能性开发，形成精致主义写实风格和抽象形式现代风格的各种花形，充满着东方传统手工时代的温情和西方现代构成艺术的形式美。

（一）绞缬浸染工艺

1. 工艺流程

图形设计→快速制版（手工）→在面料或服装上印刷图案→（根据图案进行扎花→染色→洗涤→烘干）n 次→功能性整理→检验→包装成品。（注：n 可根据段染的颜色数来决定。）

2. 工艺原理及特点

绞缬浸染，选用环保型活性染料或酸性染料的染色工艺。在棉、麻、丝、毛、锦等梭织、针织面料上，运用传统扎染技艺的缝、绞、包、缠、折、夹等“绞缬”手法“扎花”，造成一种人为的物理防染效果，在浸染过程中通过这种物理性防染功能，使面料染色后产生出精致、写意或写实的防染图案效果，这种效果是印花手段无法仿效的。

面料采用缝、扎、绞、包等手法处理的部位因染料无法渗入而形成不同视觉风格图案，图案本身也因染液渗入的多少不同形成丰富多样的变化，具有特殊的手工味和艺术美。如灵活运用中国传统的鱼子缬、鹿胎绞和日本和式有松绞等经典扎花技艺，通过浸染工艺对面料进行艺术染整深加工，能将花草、水纹等各种图案表现得栩栩如生，远看似线描写真一般流畅、自然，近观却有着更为细微、精致的“手工感”和耐人寻味的超自然风格。近年来，我国江苏南通地区开发的这种具有精致写实图案风格的绞缬工艺面料，多以精梳棉布、真丝绸缎等天然纤维面料为主，广泛应用在国内外高档工艺女装、日本和服、真丝礼品和高档家纺中，具有很高的文化含量和的工艺附加值。

随着艺术染整技术的成熟，绞缬浸染工艺引入绿色环保概念，不断消化和吸收染整科技新成果，使我国绞缬浸染面料在色牢度、环保性和重演性等各项综合技术指标方面都符合欧洲国际标准。近年来，在原创性和差别化设计理念的导向下，江苏南通地区“艺术染整”企业在运用绞缬浸染工艺特色切入欧洲和日本服饰、家纺主流时尚的市场国际化拓展方面，取得了很好的成效；江苏华艺服饰有限公司以“艺术染整”面料的工艺差别化优势，成为英国玛莎等世界跨国公司产品创新和工艺开发的重要合作伙伴。2005 年，绞缬浸染“艺术染整”面料在弘扬东方传统工艺文化精神的同时，更散发出迷人的现代时尚的艺术魅力。

（二）聚集浸染工艺

1. 工艺流程

图形设计→根据图形设计操作手法→将图案复制到面料或服装上→利用网架等不同的辅助工具放置面料或服装→不同方向和高低聚集定位面料→染色→洗涤→烘干→后整理→检验→包装成品。

2. 工艺原理及特点

聚集浸染工艺在各种棉、麻、丝、毛、涤、锦等梭织、针织面料和混纺、交织面料上进行特种染色加工和面料二次开发，创造出“艺术染整”面料图形案形色交融的抽象大写意风格，是现代扎染工艺中最具创意性、时尚性和丰富艺术表现力的主要工艺之一。

与一般印染和传统民间扎染工艺的后整理工艺不同，聚集浸染工艺根据图案设计不同的风格设计运用不同的染色辅助工具来完成面料的物理性防染。通过对面料进行不同方向和高低的聚集定位，辅以抓、扎、缝、绕甚至装入尼龙口袋，使要染的面料和服装聚集成不同的状态，聚集状态和松紧决定了染色的效果。因此，在操作过程中采用控制面料、服装的局部或全部聚集状态的松紧和高低参数的变化来控制防染效果。染色采用浸染工艺，视面料设计图形清晰和模糊的不同要求，通过调整面料干湿、浸染时间和运动幅度等多种工艺参数的设定和控制，达到形成浸染面料区别于工业染整图案风格的肌理效果，是工艺的关键点。一般来说，这种染色方法对面料和染料的限制性较小。

聚集浸染工艺加工的面料，图案抽象写意、灵动多变、色阶丰富自然，具有西方现代派艺术的形式美感和中国画浓墨泼彩的大写意风格。

从近年来我国柯桥面料市场、国内外国际服装展和流行的工艺、休闲服装品牌中可以看到，运用聚集浸染工艺对国产灯芯绒面料、斜纹棉布、彩色牛仔布、各种精梳棉布、棉氨纶面料、色织布、棉针织面料、真丝面料和涤黏丝绒面料、扬柳皱、锦纶针织泳装面料进行面料二次开发，都取得了较好的视觉艺术效果。

近年来，江苏华艺服饰有限公司、南通银帆扎染工艺品有限公司等企业，结合市场流行趋势和服装、家纺时尚市场的需要，不断提高技术含量和工艺稳定性，既能根据不同面料的个性特点创造性地开发出多种聚集浸染的物理防染技艺，又能积极关注和应用新的染整新型助剂，通过物理防染与化学防染工艺的优化整合，催生出各种抽象图案的全新创意和变幻莫测的面料视觉外观，丰富了我国染整工艺的内涵和染整后整理的艺术表现力，所生产的现代扎染面料成为能够满足客户特殊需求的个性化产品，受到了国内外市场的欢迎。

（三）注染工艺

1. 工艺流程

图形设计→设计处理方法→选择喷注工具→利用网架等不同的辅助工具放置面料→不同方向和高低聚集定位面料或扎、抓、绞、包等→喷注→汽蒸固色、后处理→洗涤→烘干→检验→包装成品。

2. 工艺原理及特点

注染工艺是在借鉴东西方绘画表现技法的基础上，与现代染整技术紧密结合的一种全新的现代扎染语言。注染工艺广泛应用于天然纤维、化学纤维、合成纤维等各种梭织、针织、交织、混纺面料的特种染色后整理，具有较高的产能和工艺稳定性，是2005年我国面料平面图形再造和国产面料视觉创新开发应用最多的“艺术染整”工艺之一。

注染工艺首先要根据图形设计，设定合适的工艺处理方法。通过对面料或服装进行抓、扎、绞缬、遮盖和聚集等手法进行不同的物理防染定位处理，然后用特制的工具对其用配制好的染液和助剂进行喷注、涂撒、淋、刷，着色过程类似画家挥毫泼彩，形成既有一定规律可循而又自由活泼、色斑斓的抽象图形，最后进行一系列的固色、水洗、烘干等工序即形成了具有现代艺术风格的图案。染色原理与一般染整相同，只是在加工手段上有着较大的区别。

注染工艺最大的优点是无须制版，并且不受套色和设备的限制。根据面料成分不同选择并优化染化料的配伍和工艺设计，并可根据创意需要选用多色染料，在面料上同步进行单色和多色交融的现代图形创意和开发，能自由设计具象和抽象图案并可进行不同的组合。通过注染泼彩形成的艺术面料图案，能表现出西方现代艺术的抽象构成、印象派绘画艺术的光影效果、水彩画技法的水色交融和写意中国画彩墨淋漓的视觉艺术效果，具有自由、奔放、节奏感强的个性化审美特征，极具视觉冲击力。注染工艺变化多，生产可控性强，颜色搭配、纹理组合以及面料部位着色效果灵活可控，是一种具有柔性化生产优势、适应面宽、产能较高的成熟工艺。注染工艺广泛适用于时尚面料、高档家纺、艺术时装和现代工艺产品的创意、设计和生产，并且有着快速应对市场流行、特殊面料实时定制需求的突出优点。

在注染工艺面料开发方面，江苏南通、吴江和浙江绍兴等地区都具有较大的产能，且技术成熟，应用广泛。近年来，我国应用注染工艺深加工技术开发、生产、出口的“艺术染整”面料和工艺时尚女装、休闲服、牛仔服装，在欧、美、日等发达国家和地区都具有较高的工艺附加值和一定的竞争优势。同时，与国际流行同步，美特斯·邦威、马克·华菲等国内众多知名品牌的工艺休闲服装的设计和市场开发，也较多地选用该工艺面料进行创意和新品发布。

（四）吊染工艺

1. 工艺流程

效果图的设计→工艺设计→上夹→吊挂→染色→洗涤→后处理→烘干→检验→包装成品。

2. 工艺原理及特点

吊染工艺，作为一种很受市场欢迎的特殊纺染技法，可以使面料和服装成衣产生出由浅渐深或由深至浅的渐进、柔和、安详的视觉效果，与植绒、涂料印花、电脑绣花等工艺结合，传达出简洁、优雅、淡然的审美意趣。

吊染工艺多用于纯棉、真丝等较为高档面料和成衣染色，选用环保型活性染料和酸性染料，在特殊的吊染设备中完成。染色时，根据面料或服装设计要求只让面料或服装着色的一头接触染液，染料的吸入主要靠毛细管效应，随毛细管效应上升的染液吸附到纤维上，由于染料的优先吸附性，越向上染液中剩余染料越少，因此就产生了一种由深到浅逐渐过度的染色效果。在吊染中，很重要的一点是在染色的过程中吊挂的染物必须上下摆动，以使染物的上色量尽量地多。上色原理与一般染色相同，只是在加工手段上有着较大的区别。

该工艺在成衣及定长面料上应用较多，与工艺服装和艺术家纺等下游时尚产品结合比较紧密，能够紧随时尚流行变化，根据品牌设计师和国际买手的特殊定制需要对市场做出快速反应。由于吊染工艺需在特种染色机中完成，工艺比较复杂，产能不大，所以吊染面料和服装工艺附加值较高。近年来，吊染工艺随着PARADA、FENDI等意大利著名品牌和时装设计大师在高级时装中的运用和发布，这种朦胧渐变的特殊染色技法日益成为服装和家纺设计中的一种不可或缺的染整手段，是“艺术染整”的主要工艺语言之一，使吊染工艺更加广泛地应用于精梳棉、真丝等各种高档天然面料和新型改性涤纶面料的深加工。

运用吊染工艺对国产面料和工艺服装进行新的视觉创意，特别是根据市场流行，结合下游终端品牌的时装设计和家纺产品设计等目标市场开发定制面料，是面料再造高端路线的发展方向。如江苏华艺服饰有限公司生产出口到日本的扎染和服面料和英国 Marks & Spencer 的工艺时尚女装，南通恒源印染有限公司吊染加工出口的针织T恤和机织高级毛衫，都进入了纺织服装中高端市场，取得了很好的经济效益。随着国际纺织服装市场的“泛工艺化流行”，通过吊染工艺来整合、嫁接新型涂料印花工艺、静电植绒工艺、电脑绣花工艺、镂空电脑绣珠工艺，形成以色调渐变为背景、现代印染、电脑绣花等工艺图案点缀其间的多工艺柔性化组合，延长的工艺价值链，符合欧洲中高档工艺服装市场的需求，有着较高的工艺附加值和比较好的市场前景。

另外，顺应近年来欧洲主流服装市场流行色彩渐变的视觉形式，应用转移印花技术对新型改性涤纶面料（各种仿真丝面料）进行差别化工艺开发，也是进行面料“吊染”工艺创新的亮点。与面料下游的工艺品牌服装、家纺产品的设计和市场开发紧密结合，选择乔其、雪纺、涤麻等各种新型改性涤纶面料，运用转移印花技术进行横向仿“吊染”，形成面料色彩渐变的全新视觉效果，丰富了国产面料的花色品种。

（五）段染工艺

1. 工艺流程

图形的设计→（扎、包、抓、绞→染或喷、刷→后整理→洗涤）n次→烘干→检验→包装成品。

2. 工艺原理及特点

段染工艺是一种运用辅助材料和“段形”扎染方法对面料、成衣和家纺产品进行扎、捆、包等物理防染和浸染染色，形成单色或多色的自由组合并表现出一种面料图形特殊肌理“残缺美”的现代扎染工艺，它与机械喷染形成的段染风格是不可同日而语的。“段染”图案既充满了原始、手工、随意、浪漫的乡村风情，又传达出一种浓浓的时尚气息，是应用于面料、服装和家纺设计开发较为流行的特种染色工艺。段染工艺以天然纤维的棉、麻织物面料为主要载体，工艺图形以“段纹”的残缺美为特色，抽象、朴实和富于变化。段染工艺可以根据服装设计师、家纺设计师产品开发的需要设计，也可以根据国际买手对图形风格和色彩搭配的选择进行设定，还可以与其他涂料印花、电脑绣花等工艺语言进行综合创意，并能衍生出无数种新的设计方案，具有丰富的艺术表现力。近年来，段染工艺随着 PARADA 、FENDI 等意大利时装设计大师和世界著名品牌在高级时装中的大量运用，自上而下地在全球范围得到迅速传播，很快在面料、休闲工艺时装、时尚牛仔装和家用纺织品的艺术后整理中广泛流行。

段染工艺比较适合于纺织面料下游的工艺时装、休闲服装和艺术家纺的特种面料定制，由于采用浸染方法的段染工艺对面料长度有一定的限制，所以面料的生产数量不大。段染工艺更多地是应用在与时尚终端产品紧密联系的段长面料和成衣后整理，具有多品种、小批量和高附加值的特点。但面料图形边缘的特殊“残缺美”所呈现出的随意、浪漫的乡村风格，与蜡染工艺的“纹裂纹”一样，是段染工艺面料的一种“有意味的形式”，积淀在其中的历史感和手工艺传统的文化意蕴，是现代工业印染和其他工艺方法无法替代的。

段染工艺比较成熟，质量稳定，厂家集中在江苏、浙江等纺织服装加工业比较发达和传统手工艺文化较为发达的地区。与现代扎染产业的迅速发展对应，我国从事段染工艺生产加工的企业以江苏南通地区数量最多并最具产业规模。

（六）拔染工艺

1. 工艺流程

图案设计→面料准备→染色→水洗→烘干→将图案复制到面料或服装上→按图扎花或抓、绕进行聚集→拔色→后整理→洗涤→烘干→检验→包装成品。

2. 工艺原理和特点

借鉴现代扎染的聚集工艺原理，运用拔染工艺对面料进行图形创造是 2005 年我国休闲面料和休闲工艺服装的亮点。

拔染工艺是在已经染好的面料和服装上，根据图形设计的要求采用扎花和聚集手法，把面料或服装的一部分保护遮蔽起来，再把氧化还原剂采用或浸、或喷、或洒到局部被保护起来的面料或服装上，借助其氧化还原性能对染料的破坏消色作用，把未经保护的局部颜色消除，形成白色或浅色的扎花效果图形。

拔染工艺广泛应用于灯芯绒、牛仔布、斜纹棉布、色织布等各种天然纤维有色面料的视觉创新和二次开发。通过不同的聚集工艺与不同的拔色助剂组合进行各种工艺设定，将普通的面料外观整理成具有陌生新奇的图形的视觉效果，是拔染工艺成为“艺术染整”最具艺术表现力的重要原因。与聚集浸染面料浅底深花相反，拔染工艺面料呈现出深底浅花和斑驳无序的抽象图形，创造出一种类似西方涂鸦的“新朋克”风格。拔染工艺满足了休闲服装和家纺市场年轻一族求异创新的心理需求，因而受到国内外时尚设计师和青年人的欢迎，成为面料服装市场前卫、街头和个性化时尚的代言词。

目前，国内外纺织服装市场休闲风和牛仔热持续升温，使拔染艺术染整面料和拔染工艺服装的市场份额不断扩大。与工业印染面料审美风格完全不同的拔染工艺，以其充满活力的面料视觉创意和原创性图形创造，领潮休闲时尚，有着很大的市场发展空间。

（七）喷染工艺

1. 工艺流程

图形设计→面料的准备→或挂、或摊、或聚集→按设计喷色（涂料或拔色剂）→着（拔）色后处理→洗涤→烘干→检验→包装成品。

2. 工艺原理和特点

喷染工艺是现代扎染的辅助工艺，近年来在面料视觉创新、特别是在休闲服装产品的设计开发中应用很多。借鉴平面设计广告的喷绘原理，选用适合的喷枪（配空气缩压机）、配制环保型超细涂料或拔色剂、“染料”，在经过现代扎染聚合工艺前处理的各种面料或成衣上进行图形创意，产生出新的视觉外观。喷染工艺图案无须制版，但在喷染过程中，喷染操作人员的水平和艺术修养决定了喷染“作品”的质量和品位。

喷染工艺选用G型安全型超细涂料（环保型），也可以根据面料手感的不同要求选用特软型涂料，并与一定配比的水、黏合剂和增稠剂配制成喷涂液，直接在聚集处理的面料上喷绘进行，无须后整理。喷染工艺具有节能、节水、短流程和清洁化生产的优点，是一种经济、灵活、柔性化的面料后整理工艺。通过对面料进行横向、纵向、疏密、高低等不同方向的聚集处理，形成面料自然多变的防染区。涂料喷染工艺可既能以单色涂料喷绘制作抽象图案，也可以在面料上进行多次聚合和数次喷色，构成丰富多彩、生动活泼的图案，达到面料视觉创新的目的。经喷染工艺进行视觉艺术后整理的面料，不需要进行特殊后整理，适用于各种天然纤维、化学纤维、合成纤维的梭织、针织、交织、混纺和无纺、PU面料的深加工，是一种适合另类休闲风格面料的设计开发的经济型后整理技术。

此外，喷染工艺选用拔色剂对有色面料进行视觉图形创意，同样有着广泛的应用前景。喷拔工艺对面料进行扎染聚集前处理与喷染涂料工艺原理完全相同，不同点在于：喷涂属于“加法”，喷拔工艺属于“减法”。喷拔工艺常用于天然面料织物如靛蓝牛仔面料、可拔性活性染色的各种梭织、针织休闲面料和工艺时尚服饰的视觉创新和二次开发。通过对原面料的底色进行喷拔、后处理，使单调的普通面料外观呈现出丰富多变的抽象图形，使之“翻新”成为适应市场流行和服装设计师需要的全新时尚面料或成衣。

近年来，在梭织牛仔面料、各种灯芯绒、有色斜纹棉布、涤棉面料、针织休闲服装面料和成衣上，喷染工艺应用十分广泛。Jack & Jones、威鹏、马克·华菲、美特斯·邦威、圣·迪奥等众多热销休闲服装品牌较多地运用喷染工艺，达到了很好的效果；江苏华艺等一批南通现代扎染企业运用喷染工艺及时为国内外客户提供特殊工艺需求的个性化服务，与浸染、注染、段染、拔染和吊染等各种工艺一起，形成了企业“艺术染整”工艺的综合竞争优势。

（八）彩绘染工艺

1. 工艺流程

图形设计→面料准备→绘制图形→染色后整理→洗涤→烘干→检验→包装成品。

2. 工艺原理和特点

彩绘染工艺，可根据市场流行色和流行花形、图案进行即时性开发，最适宜于打时间差，快速上市，赢得效益。还可以结合时装设计师的目标市场和品牌风格定位进行设计开发。与主流时尚市场紧密结合，不断创造视觉差别化的面料图型，提高我国真丝面料产品档次和手绘艺术的品味，是彩绘染色工艺的特点。彩绘染色工艺选用环保型酸性染料，色调一般以中浅色为主，达到保证产品色牢度和清洁化生产的目的。图案刷绘完成后的面料，需要经过汽蒸固色、汰洗、柔软、烘干等后整理工序完成。

彩绘染真丝面料多用于工艺时装和服饰产品开发，是一种纯天然、有手工感并具有高附加值和中国文化特色的高档艺术面料。由于系手工染绘，面料和时尚服饰产品开发多以精品为主，所以产能不大。目前，生产厂家多分布在苏州、吴江、杭州、湖州、南通等丝绸产地和工艺美术产业较为发达的地区，面料以外销和配套中高档时装开发为主，附加值比较高，我国以浙江杭州中国丝绸城的彩绘染真丝面料品种最为丰富。

近年来，全球化绿色生态面料和“泛工艺化”的流行，独具中国文化特色的天然真丝彩绘染艺术面料受到国内外纺织服装市场更多的关注。提高真丝面料产品附加值和真丝服饰产品的文化品味，运用天然多彩色“草木染”工艺开发和生产绿色生态高档手绘染真丝面料和真丝服饰，应该是我国彩绘染工艺今后发展的主要方向。

（九）面料三维记忆成型再造工艺

面料三维记忆成型再造工艺是2005年比较流行和应用较多的一种面料后整理技术，广泛应用于新型改性涤纶面料和含涤30%以上的交织、混纺面料视觉创意的设计开发，成为我国纺织面料出口和休闲工艺服装和家纺产品开发新的亮点。

对国产普通面料进行三维记忆成型的面料再造，打破了面料平面光洁的外观，具有浮雕般的艺术美感。特别是近年来世界主流纺织服装市场休闲化、个性化、差别化和全球“泛工艺化”流行，进一步推动了我国面料开发的设计创意和面料三维记忆成型工艺的发展。

面料三维记忆成型工艺主要包括：热敏辅料记忆成型工艺、绞缬、聚集转移印花工艺、机械压褶成型工艺和绞缬喷染汽蒸定型工艺。

1. 热敏辅料记忆成型工艺

(1) 工艺流程。

图形设计→面料或服装的准备→面料或服装与热敏材料的贴合→热敏定型机热处理→后处理→拆线→检验→成品。

(2) 工艺原理和特点。

热敏辅料记忆成型工艺是根据设计要求，通过电脑绣花机，将面料或服装与热敏材料贴合按设计好的图案绗缝定位，再经热敏定型机高温挤压，利用热敏材料在高温中的强烈收缩的性能，带动了需成型的面料或服装按绗缝定位的形状同步收缩而加工整理成为具有浮雕感的艺术花形面料。

运用该工艺对国产普通面料进行艺术深加工，能产生无数种花形图案的变化以满足市场的个性化需求。可根据市场流行变化和面料下游服装、家纺企业开发新产品的需要，配合设计师进行创意开发和即时定制，有助于改变我国一般面料生产企业的产品设计开发与面料市场和服装、家纺等终端产品设计开发关联度低，时尚性不够等存在的问题。热敏辅料记忆成型工艺还可以通过与转移印花、现代扎染注染工艺的组合，创造出具有原创意义和中国风格的差别化工艺，形成新的工艺竞争优势。该工艺对提高我国纺织产品附加值，适应市场快速发展具有积极意义。

2. 绞缬、聚集转移印花工艺

(1) 工艺流程。

图形设计→面料或服装准备→面料或服装绞缬或聚集定位→转移印花→（后整理）→检验→包装成品。

(2) 工艺原理和特点。

绞缬、聚集转移印花工艺，是采用一些绞缬、聚集以及前面提到的一些变形手法将面料或服装的平面状态进行变化，然后保持变形状态喂入转移印花机（成衣应用液压式转移印花机转印定型），采用转移印花技术将转移印花纸上的花纹转印到面料或服装上，面料或服装绞缬或聚集变形的目的是让其在转移的过程中产生一种不均匀转移的效果，产生一种在整体效果下的不连续印花效果，使花色时隐时现，创造出一种时而清晰、时而朦胧的新的三维视觉风格。这是一种运用现代转移印花技术和传统扎染手工技艺结合的三维视觉面料再造的特种后整理工艺。

这种工艺可根据纺织服装国际流行预测和目标市场需求，选择适合该工艺的新型改性涤纶面料如桃皮绒、涤麻、麂皮绒、乔其纱、雪纺、色丁、涤棉等，运用现代扎染绞缬和聚集技艺进行定位性聚合，然后经高温转印成型，形成面料独特的浮雕肌理与具象、抽象转移印花图案结合的全新视觉外观，完全改变了原来面料同质单一的风格，具有个性化和差别化的艺术特色。

近年来，我国运用该工艺对麂皮绒、桃皮绒、涤麻等新型改性涤纶面料进行面料视觉创新开发，设计出具有独特浮雕肌理和充满异国情调的转移印花图案的面料和工艺时装，畅销欧洲和日本等发达国家地区，成为国产面料“以产顶进”、“低档高做”的新型染整后整理工艺之一。

3. 机械压褶成型工艺

(1) 工艺流程。

图形设计→面料或服装准备→进入压褶机高温压褶成型→检验→包装成品。

(2) 工艺原理和特点。

机械压褶成型工艺采用机械压褶设备，对新型改性涤纶面料和含涤30%以上的各种面料进行面料三维再造，分为电热模压褶工艺和长车汽蒸定型工艺。经过机械压褶成型工艺后整理的各种面料，具有浮雕图形整齐清晰和成型稳定的优点。机械压褶成型工艺产能较大，效率较高，可控性强，是一种比较成熟的面料三维再造工艺。

4. 绞缬喷染汽蒸定型工艺

(1) 工艺流程。

图形设计→面料或服装准备→龙绞缠扎→高温高压汽蒸→拆线→检验→包装成品。

(2) 工艺原理和特点。

绞缬喷染汽蒸定型工艺，具有人机互动，灵活多变、手工艺感强的工艺特点。通过借鉴现代扎染龙绞缠扎和聚集手工技艺，对具有天然质感外观的涤棉、涤麻、含涤薄型牛仔、涤丝等交织面料或含涤色织面料进行扎皱和聚合，经高温高压汽蒸定型后，辅以喷色（G型超细环保型涂料配液）、刷绘、拓印工艺，获得如大理石、云纹、水纹、树皮皱、龙绞缠纹等自然纹样的浮雕肌理效果和多种色彩的组合。这种多工艺组合的面料三维再造，可以随时根据市场流行的变化和客户需求对普通面料进行视觉创新，创造出符合目标市场和具有独特视觉审美风格的前卫、时尚的新型艺术面料。

绞缬喷染汽蒸定型工艺是2005年非常流行的一种面料后整工艺，大量应用于具有前卫休闲风格的男女衬衫、工艺裙装等时尚服装上。

综上所述，面料三维记忆成型工艺及产品开发与常规工业印染后整理工艺不同，具有改变国产普通面料外观、重新创造浮雕艺术视觉效果的“整容再造”功能。与国产面料平面图形视觉创意一样，面料三维记忆成型后整理工艺将传统精美的手工技艺与现代工业染整技术完美结合形成的柔性化生产工艺流程，极大地丰富了面料三维设计语言，并将“艺术染整”工艺表现力提升到新的高度，使纺织面料后整理技术进入到一个“大视觉”艺术创造的文化层面。

目前，面料三维记忆成型再造工艺技术比较成熟，面料后整理生产厂家主要集中在浙江绍兴、江苏吴江和南通地区，成衣后整理以江苏南通地区现代扎染企业为主。设备主要选用特种热敏定型机、液压式转移印花机、特种机械压褶设备和转移印花机、高温高压蒸锅等常用染整设备，但需结合现代扎染绞缬、聚集等手工艺进行面料浮雕图形的设计定位。这是其区别于一般工业染整面料后整理最重要的工艺技术特征。

5. 三维记忆成型面料选择

三维记忆成型工艺既可以对普通面料实现即时定制，也可以根据流行预测消化积压面料并进行新产品开发，它极大地丰富了国产纺织面料的花式品种和视觉艺术效果，成为我国具有差别化工艺竞争优势的面料和服装后整理技术。该工艺以新型改性涤纶面料为主，从季节上可以分为春夏薄型面料和秋冬较厚的面料两大类。

(1) 春夏薄型面料主要有：各种仿真丝类的新型改性涤纶面料，如轻盈纺、春亚纺、乔其纱、雪纺、色丁、五枚缎等。根据市场流行色和流行图案风格的变化，结合客户特殊定制要求，在电脑上进行数码图形创意和工艺设计，具有市场快速反应和图形取材广泛、自由创意的柔性化优点。结合不同面料的手感、质感和悬垂性，选择适合表现的具象花形或抽象几何图形，通过电脑绣花软件处理并输入电脑绣花机，能迅速设计并生产出普通工业印染无法复制的特种浮雕工艺面料来。如热带风情的装饰性花卉叶饰，冷峻理性的几何图形构成，巴洛克风格优美曲线图纹，均可成为面料三维记忆成型深加工工艺表现的题材。通过与其他的一些工艺如转移印花工艺、电脑或手工马海毛粗线绣花工艺和现代扎染注染工艺的综合，可以创造出无数种平面图案与浮雕艺术组合的新工艺和面料不同的艺术视觉外观。

(2) 秋冬较厚的面料主要有：比较厚质的新型改性涤纶面料，如涤丝绒（绒为黏胶纤维、底为涤纶）、桃皮绒、涤麻、涤棉、麂皮绒、含涤牛仔面料等。通过三维记忆成型的艺术染整深加工，形成新的浮雕质感的差别化创新面料，广泛应用在国内外工艺休闲服装品牌的新产品开发，深受日本、英国、法国等主流市场的欢迎。运用三维记忆成型工艺对国产面料进行深加工，拓展并丰富了我国秋冬面料开发品种。

三维记忆成型面料选择应注意积极采用国产新型面料并对其进行优化试验，从中优选出肌理丰富、功能互补、成型记忆好和性价比高的国产面料替代进口面料；创设科学和便于检索的技术参数数据库，建立能满足欧美市场流行的开放式面料实验模型；不断开发新的面料花式品种适应目标市场，突破进口面辅料工艺壁垒，努力降低成本等，这些都是提高产品国际竞争力的关键。

（十）面料视觉艺术染整工艺的主要生产地区和企业

具有一定规模的面料视觉艺术染整企业大多集中在江苏、浙江等纺织服装、家纺产业比较发达的地区。以江苏南通地区发展最快，主要有江苏华艺服饰有限公司、南通市蓝希工艺印染有限公司、南通锦华服饰有限公司、南通恒源印染有限公司、南通银帆扎染工艺品有限公司、南通染之韵工艺服饰有限公司、南通艺龙服饰有限责任公司、南通欣鼎特种布艺有限公司以及浙桐乡蓝印花布有限责任公司、常州吉源麻棉印染有限公司等十多家，但以江苏华艺扎染服饰有限公司最具产业规模。华艺公司的艺术染整工业园区形成了现代扎染、三维记忆成型等针织、梭织、编结和特种工艺面料的深加工和制衣、家纺艺术染整后整理的全部工艺产业链，具有功能强大的工艺自我配套和市场研发能力。

与其他地区相比，南通地区具有丰厚的传统工艺文化积淀和良好的纺织染整工业基础，兼有服装、家纺制造等各种工艺行业的区域经济配套优势的完整产业链和地处上海长三角二小时经济圈的区位优势以及政府对该产业发展的正确引导和支持，使“艺术染整”产业的发展拥有了流行时尚辐射优势、传统工艺资源优势和上下游资源配置的突出优势，吸引了一大批国内外著名服装品牌设计师和跨国公司合作开发，呈现出快速发展的态势。

二、面料视觉艺术染整与现代数码技术的结合

1. 运用数字化辅助设计和三维再造图形定位

在面料平面图形再造和面料三维记忆成型再造时，数码技术支持对国产面料进行视觉创新的开发十分重要。运用数码技术辅助设计，“从‘人机互动’工作性质本身看，现代扎染图案设计吸收数码艺术形成学科交叉新的创作方式，也是‘艺术染整’工艺发展的必然”。面料平面图形再造工艺，在虚拟现代扎染工艺效果、生成多种创新图形进行方案优化与涂料印花、转移印花图案设计整合方面，都是运用电脑设计完成的。电脑绣花、电脑绣珠等工艺同样需要在电脑设计软件辅助下完成图案设计、定位和生产。特别是面料三维记忆成型中热敏辅料记忆成型工艺的各种浮雕图案设计、制版，面料与辅料图案定位的调整和绗缝绣花生产，也必须在数码设计的基础上运用电脑绣花机绗缝完成。

2. 数码喷墨印花的个性化艺术面料开发

数码喷墨印花技术是20世纪90年代以来国际上研制开发的最新印花技术。

它集电子信息、计算机、机械等多种学科于一体，是传统印花技术的一个重大突破。应用数码喷墨印花技术进行个性化的艺术面料开发，能根据市场流行和客户需要实现即时开发和定制功能，满足现代人个性化的特殊消费需求。在欧洲等发达国家，一般生产量在500m以下的面料基本采用数码喷印工艺完成。数码喷印技术，是一种代表着未来印染发展方向的新技术。

面料数码喷墨印花工艺具有无须制版、图形逼真、自由创意、快速反应的突出优势。根据目标市场需求，通过互联网实行全球性资讯共享，工艺配色及图案设计可以瞬间完成，真正实现全球性“零距离”的个性化服务。近年来，我国浙江丝绸集团运用真丝材料、织造等自主核心工艺技术和数码喷墨印花技术结合，积极开发真丝高档艺术面料和真丝高档时尚服饰产品，并引入东方历史题材创作的现代抽象绘画艺术进行品牌定位、文化创意和视觉差别化创新，推出了凯喜雅真丝高档中国艺术时装品牌，取得了很好的市场业绩，成为中国高档丝绸面料品牌和中国丝绸时尚文化象征。

意大利、美国、法国、德国、荷兰、瑞士、日本等世界各国均在发展数码喷墨印花技术，我国杭州宏华公司和开源、金昌等公司也在开发压电式数码喷墨印花设备。近年来，杭州宏华公司进行市场推广颇具成效，并且已经运用自产设备进行一定批量的数码喷墨印花面料生产和订单加工。

3. 数码激光雕印后整理的工艺性面料开发

运用数码激光雕印技术对新型改性涤纶面料和牛仔面料进行雕印进行视觉图形创新，是现代数码科技、激光技术与艺术设计完美结合表现的一种面料后整理手段。近年来我国面料开发、时装设计和家纺产品设计，较多地采用了这种工艺后整理的面、辅料产品。

利用激光雕印机的激光束，在电脑的控制下，激光在涤纶仿真丝面料、乔其纱、雪纺、色丁、桃皮绒、麂皮绒等面料和皮革上进行有规律的光蚀作用，运用这种技术可以在面料上获得类似阴刻、烫印、镂空“剪纸”图案风格和图片写真的视觉效果，可以根据时装设计和家纺设计的要求进行各种花形设计，生产出优美的花边纹饰和空灵通透的镂花效果。数码激光雕印技术在面料视觉创新上的应用，丰富了面料的花色品种，提高了国产面料的档次和工艺附加值。

通过数码设计图案对牛仔面料进行激光雕印后整理，能迅速便捷地做出各种类似写真风格的图案，山光水色、人物花鸟生动形象，栩栩如生。根据设计要求，借鉴艺术牛仔工艺语言，对牛仔面料进行各种肌理效果形式的创意设计和生产。如面料的做旧、破洞、猫须、磨沙、镂空、残缺等各种视觉肌理效果都可以即兴创意，即时完成，具有易用性、安全性、可靠性、高精度、无污染、高档次和柔性化生产的优异特点，是高档牛仔面料和工艺牛仔服装后整理工艺的革命。

目前，意大利生产的FREESTYLE CO_2 系列是具有高度灵活而且简单易用的二氧化碳激光系统，它特别根据客户的要求优化了操作系统，广泛应用于皮革、纺织品、牛仔布、牛仔裤或者其他丝织品上，成为“艺术染整”企业进行面料视觉创新的科技好帮手。

三、面料视觉艺术染整与其他工艺手段的结合

1. 与电脑绣花工艺结合

回归传统、崇尚自然的生活方式和精神追求引发了全球化的“泛工艺化流行”，各种花卉图形、民族纹饰和欧洲经典图案成为今天纺织面料设计、时尚服饰和家纺创意的灵感和重要的设计元素。在精仿棉、棉麻等天然纤维面料和涤棉、新型改性涤纶仿真丝面料多种面料和服装上进行电脑绣花和电脑珠片绣等工艺加工，可以随意选择流行的花色图案对不同质地的面料进行风格各异的创意，或局部镂空，或二方连续构成，或满幅绣花，形成了我国电脑绣花工艺面料面向市场变化的产品视觉创新开发机制。近年来，电脑绣花、电脑珠片绣和特种镂空绣等工艺和工艺面料被广泛应用于时尚工艺女装和艺术家纺产品。它以优雅浪漫的纹饰，精致主义的风格和异域民族风情，极大地丰富了我国面料设计的工艺文化内涵和时尚面料的视觉艺术效果。

2. 与涂料印花工艺结合

运用涂料印花工艺生产出丰富的，可施加“艺术染整”面料再造工艺的基布是一种非常理想的做法。涂料印花与染料印花相比，具有工艺简单、灵活柔性、快速反应、对色方便、节水节电和短流程、清洁化生产的工艺特点。还可通过选择荧光、金银粉、钛膜仿珍珠、发泡剂、环保胶浆、水浆等新型涂料、助剂和最新流行图案花型，进行二次开发和面料再造，形成符合时尚潮流的新的花色品种。涂料印花适合于各种天然纤维面料、化纤面料、合纤面料和交织、混纺面料。

涂料印花与“艺术染整”各种工艺相结合的综合开发，是形成面料独特视觉外观和差别化审美风格的重要工艺，也是2005年在比较前卫流行的艺术纺织面料和休闲服装中较多应用的工艺技术。近年来，国内外服装设计师和家纺设计师选用涂料印花工艺和“艺术染整”工艺结合的面料进行产品个性化设计开发，使抽象朦胧的水墨色韵与优美细致的图案纹样兼工带写，虚实相间，尽显创意本色，具有很高的艺术品味。

3. 与静电植绒工艺结合

静电植绒工艺与现代扎染工艺结合，对国产普通面料进行二次开发也很有特色。我国休闲前卫的男装品牌较多地运用这种工艺进行应季新品的创意和设计开发。

通过静电植绒工艺对国产面料深加工，在面料上形成具有绒面手感和浮雕视

觉的几何图案和花卉纹饰，充满着艺术的美感。结合国际流行色和流行图案风格，在经过“艺术染整”现代扎染的浸染、注染、段染和吊染等工艺深加工的面料上，点缀静电植绒工艺花型，便于形成差别化优势进行目标市场开发，为纺织面料下游的服装、家纺产品的设计开发提供专业化的“艺术染整”服务。静电植绒工艺与现代“艺术染整”结合的面料开发，具有手工艺与一般印染互补和视觉差别化、生产柔性化的优点，独特、综合的技术美和丰富、感性的视觉艺术表现力是它的工艺优势。近年来，我国出口欧洲地区的工艺休闲服装和国内比较前卫时尚的休闲工艺服装中，都比较多地运用了这种工艺。

4. 与磨毛后整理结合

对纯棉和真丝等针织面料进行磨毛后整理，形成柔和的视觉感和绵软的手感。磨毛后整理与现代扎染独特的大写意抽象图形创意的巧妙结合，产生了与普通扎染面料和工业印染面料完全不同的全新视觉审美风格。

对棉针织面料和真丝针织面料进行现代扎染工艺的注染、浸染深加工后，通过磨毛机对面料进行磨毛后整理。“艺术染整”的现代扎染工艺与磨毛后整理工艺的结合，使天然棉和真丝现代扎染针织面料表层形成较厚的绒面，丰富了面料外观视觉，产生了一种舒适的触感，色彩更加柔和，图案质感更加含蓄，穿着更为舒适温暖，具有一种类似欧洲某种经典的、不可替代的视觉审美风格。经该工艺加工的针织棉面料多用于春秋季休闲装，真丝针织面料多用于真丝艺术时装和真丝艺术长巾、方巾等高档时尚服饰产品的开发。

课后习题

1. 简述用新型纤维、新型纱线开发高档新产品的核心关键点。
2. 纺织品开发的工艺都有哪些种类?

参考文献

［1］郭葆青，陈莉菁．纺织材料性能及其识别［M］．北京：化学工业出版社，2011.

［2］邓沁兰．纺织面料［M］．北京：中国纺织出版社，2012.

［3］周曙红．纺织品印花［M］．北京：化学工业出版社，2011.

［4］瞿才新，张荣华．纺织材料基础［M］．北京：中国纺织出版社，2012.

［5］于伟东．纺织材料学［M］．北京：中国纺织出版社，2006.

［6］范雪荣．纺织品染整工艺学［M］．北京：中国纺织出版社，2006.

［7］陈葵阳．纺织纤维与面料分析［M］．上海：东华大学出版社，2012.

［8］周慧煜．花式纱线开发与应用［M］．北京：中国纺织出版社，2009.

［9］布拉德利·奎恩．纺织品设计新势力［M］．杭州：浙江人民美术出版社，2011.

［10］李汝勤，宋钧才．纤维和纺织品测试技术［M］．上海：东华大学出版社，2009.

［11］环境保护部环境影响评价工程师职业资格登记管理办公室．轻工纺织类环境影响评价［M］．北京：中国环境出版社，2012.

［12］左保齐．纺织工程质量管理［M］．上海：东华大学出版社，2010.

［13］严伟，吕明科．亚麻纺纱、织造与产品开发［M］．北京：中国纺织出版社，2005.

［14］蒋耀兴．纺织品检验学［M］．北京：中国纺织出版社，2008.

［15］刘荣清，王柏润．棉纺实验［M］．北京：中国纺织出版社，2008.

［16］董永春．纺织助剂化学［M］．上海：东华大学出版社，2010.

［17］杨荣贤．横机羊毛衫生产工艺设计［M］．北京：中国纺织出版社，2008.

［18］平建明．毛纺工程［M］．北京：中国纺织出版社，2007.

［19］纺织工业科学技术发展中心．中国纺织标准汇编 化纤卷［M］．北京：中国标准出版社，2011.

［20］赵欣，高树珍，王大伟．亚麻纺织与染整［M］．北京：中国纺织出版社，2007.

［21］崔唯，肖彬．纺织品艺术设计［M］．北京：中国纺织出版社，2010.

［22］盛明善．织物样品分析与设计［M］．北京：中国纺织出版社，2003.

［23］陈锡勇．纺织工艺与设备实训［M］．北京：中国纺织出版社，2010.

［24］王进美，冯国平．纳米纺织工程［M］．北京：化学工业出版社，2009.

［25］沈新元．化学纤维手册［M］．北京：中国纺织出版社，2008.

［26］肖丰．新型纺纱与花式纺纱［M］．北京：中国纺织出版社，2008.

［27］朱正峰．纺织生产管理［M］．北京：中国纺织出版社，2010.

［28］上海市毛麻纺织工业公司．毛纺织染整手册（上册）（第二分册）［M］．北京：纺织工业出版社，1981.

［29］瞿炳晋，等．粗纺呢绒生产工艺与设计［M］．北京：纺织工业出版社，2007.

［30］章友鹤．棉纺织生产基础知识与技术管理［M］．北京：中国纺织出版社，2011.

［31］倪忠秀．纺织工业设计与计算［M］．北京：中国纺织出版社，2007.